Kohlhammer

Hanna Kiper
Wolfgang Mischke

Selbstreguliertes Lernen
Kooperation
Soziale Kompetenz

Fächerübergreifendes Lernen in der Schule

Verlag W. Kohlhammer

Alle Rechte vorbehalten
© 2008 W. Kohlhammer GmbH Stuttgart
Umschlag: Gestaltungskonzept Peter Horlacher
Gesamtherstellung:
W. Kohlhammer Druckerei GmbH + Co. KG, Stuttgart
Printed in Germany

ISBN 978-3-17-020149-1

Inhalt

Einleitung 11

Zum Erwerb von Handlungsfähigkeit 11
Zur Unterscheidung von Handlungsfähigkeit, Tun und Verhalten – Selbststeuerungs- und Selbstregulationsfähigkeit – Kooperationsfähigkeit – Soziale Kompetenz

Überfachliche Kompetenzen durch Unterricht befördern 15
Zur Förderung fächerübergreifender Kompetenzen in der Schule – Zum Aufbau dieses Buches

1 Selbstreguliertes Lernen 20
1.1 Selbststeuerung und Wissen 20
1.1.1 Die Wissensgesellschaft und ihre Anforderungen 20
Selbstgesteuertes Lernen in der Wissensgesellschaft – Die Notwendigkeit des Wissensmanagements
1.1.2 Wissensmanagement als motivierte und regulierte Handlung 24
Der problematische Begriff des Selbst – Lernen von Selbstregulation als Eingriff in die Innenwelt
1.1.3 Zur Geschichte des Begriffs ‚selbstgesteuertes Lernen' 29
Eine neue Forschungsrichtung – Psychologische Modelle als Bausteine einer Theorie des selbstgesteuerten Lernens – Das Modell des Selbstmanagements – Das Modell der Selbststeuerung beim Lernen – Motivationspsychologische Überlegungen – Selbstgesteuertes Lernen als Basis für Befragungsstudien
1.1.4 Formen der Handlungssteuerung und der Emotionsregulation 38
Emotion und Wissen – Möglichkeiten der Emotionsregulation – Folgerungen

1.2 Die didaktische Diskussion zum selbstgesteuerten Lernen 48
1.2.1 Die Diskussion um selbstgesteuertes Lernen in der Erwachsenenbildung 49
Zur Unterscheidung von Lernarten – Unterschiedliche Konzeptionen selbstgesteuerten Lernens in der Erwachsenenbildung – Paradigmenwechsel in der Didaktik der Erwachsenenbildung – Lernstrategien und Unterricht – Impulse zur Umgestaltung der Erwachsenenbildung

1.2.2 Selbstgesteuertes Lernen – auch ein Konzept für allgemein
bildende Schulen? 54
Impulse für den Regelunterricht – Slogans in der Diskussion um
selbstgesteuertes Lernen – Selbstgesteuertes Lernen als Ansatz für die
Veränderung von Unterricht – Vermittlung von Motivations-, Volitions-
und Lernstrategien – Gestaltung der Lernumgebungen – Lernbegleitung –
Selbststeuerung und Lernergebnisse – Erlebte Selbststeuerung – Zur
Bedeutung einer soliden Wissensbasis – Zur Rolle der Lehrkraft –
Unser Modell

1.3 Selbstreguliertes Lernen im schulischen Alltag 63

1.3.1 Das erforderliche Wissen für Lehrkräfte 64
Handlungserfolg oder Handlungsmisserfolg und der Aufbau von
Erwartungen – Selbstreguliertes Handeln als langfristig anzulegender
Aufbauprozess – Prüffragen für Trainings- und Unterrichtseinheiten

1.3.2 Selbstregulation lernen im Unterricht 69
Fähigkeiten zum Selbstmanagement – die Überlegungen im Züricher
Trainingsmodell – Selbststeuerung – Selbstregulation und ihre Säulen
in weiteren Trainings – Teilkompetenzen – Fähigkeit zur Selbstbeobachtung – Fähigkeit zur Affekt- oder Impulskontrolle – Fähigkeit, sich
mit eigenen Kognitionen auseinanderzusetzen – Fähigkeit zum Stoppen
hinderlicher Gedanken – Gegenkonditionierung – Fähigkeit zur Selbstinstruktion – Fähigkeit, eigene Ziele zu klären – Fähigkeit, vollständige
Handlungspläne zu entwickeln – Fähigkeit, sich eine Stützstruktur zu
geben – Emotionale Belastungen bewältigen – Umgebungswechsel

1.3.3 Selbstmanagement und die Förderung selbstgesteuerten Lernens ... 78
Lernstrategien – Metakognition – Lernökologische Strategien

2 Kooperation 83

2.1 Kooperationsfähigkeit und Kooperationsprozesse 83

2.1.1 Kooperatives Arbeiten in der Wissensgesellschaft 83
Merkmale kooperativer Tätigkeit in Betrieben, Organisationen und
Institutionen – Schwierigkeiten der Wissenskommunikation –
Ein heuristisches Modell kooperativer Kompetenz

2.1.2 Ausgewählte Ergebnisse der Psychologie der Gruppe 89
Chancen und Probleme von Gruppenprozessen – Problemlösung und
Entscheidungsprozesse in Gruppen – Leistungsmöglichkeiten von
Gruppen – Gruppenstrukturen

2.1.3 Aufgabenorientierte Kleingruppen und Aufgabenarten 97
Zur Klassifikation von Gruppen – Aufgabenarten – Leistungskriterien –
Zur Verwechselung von Wohlbefinden in der Gruppe und Gruppen-
leistungen – Zur Effektivität der Arbeit von Gruppen – Prüffragen mit
Blick auf das Lernen in Gruppen

2.2	Didaktische Überlegungen zum kooperativen Lernen	105
2.2.1	Kooperatives Arbeiten und kooperatives Lernen	106

Zum Begriff des kooperativen Lernens – Theoretische Perspektiven zur Bedeutung des kooperativen Lernens – Kooperatives Lernen – Eine Chance für ungewissheitsorientierte Lerner/-innen? – Bedingungen erfolgreichen kooperativen Lernens – Ein heuristisches Modell für kooperatives Lernen

2.2.2	Die traditionelle Diskussion über Lerngruppen in Schule und Unterricht	111

Die Schulklasse – ein Ort der Begegnung von Gleichaltrigen – Arbeitsformen im Unterricht – Kooperatives Lernen – mehr als Lernen in der Gruppe? – Schwerpunkte in didaktischen und methodischen Studien zum Kooperativen Lernen

2.2.3	Kooperatives Lernen und seine Methoden	123

Methoden beim kooperativen Lernen und die Basismodelle des Lernens – Oberflächen- und Tiefenstrukturen im Unterricht – auch relevant beim kooperativen Lernen? – Ansätze zur Förderung des kooperativen Lernens – Grenzen des kooperativen Lernens – Kooperatives Lernen und Schule

2.3	Kooperation im schulischen Alltag	131

Bedingungen für die Annahme von Hilfe – Helfen in der Schule und Aufgabenbearbeitung

2.3.1	Prosoziales Verhalten und Kooperation	132

Instrumentelle Handlungsmöglichkeiten beim kooperativen Lernen – Erfolgreiche Kooperationsprozesse zur Aufgabenbewältigung – Vergegenwärtigung der Prinzipien der Kooperation durch eine Übung

2.3.2	Lernarrangements und kooperatives Lernen	136

Rollenspiel und Kooperation – Reporterspiel – Dreischrittinterview – Kontrollierter Dialog – Sandwichmethode – Netzwerk – Methode der konstruktiven Kontroverse (Struktuierte Akademische Kontroverse) – Bewertungslinie – Kooperationsskripts – Gruppenrallye – Gruppenpuzzle

3	Soziales Lernen	143
3.1	Zum Aufbau sozialer Kompetenz	143
3.1.1	Die pädagogische Bedeutung des Aufbaus sozialer Kompetenz	143

Lernprozesse im Kontext von Sozialisation und Erziehung – Soziale Erziehung in Elternhaus, Schule und Altersgruppe – Zur Diskussion über soziales Lernen in der Schule – Diskussionslinien zur Begründung sozialer Kompetenz heute

3.1.2	Die ethisch-moralische Diskussion	148

Menschenrechte – Soziale Tugenden – Soziale Normen – Umgangsqualitäten – Soziale Vereinbarungen – Regeln

3.1.3 Die Bedeutung sozialer Kompetenz in der Wissensgesellschaft 150

3.1.4 Was ist soziale Kompetenz? 152

Der Fokus auf soziale Kompetenz in verschiedenen wissenschaftlichen Disziplinen – Soziale Kompetenz als Sammelbegriff? – Exkurs: Verwandte Konzepte sozialer Kompetenz – Verschiedene Fassungen des Begriffs ‚Soziale Kompetenz' – Soziale Kompetenz im Kindes- und Jugendalter – Zum Aufbau sozialer Kompetenz – Die Perspektive der Schüler/-innen – Die Perspektive der Lehrkräfte

3.2 Soziales Lernen in der Schule 170

3.2.1 Schule als Ort sozialen Lernens 171
Fairness und Gerechtigkeit

3.2.2 Konzeptionen, Lernarrangements und Methoden der Moralerziehung 174
Sokratisches Gespräch – Dilemmamethode – Ethischer Diskurs – Normen und Werte und Handlungskompetenzen

3.2.3 Konflikte – Konfliktklärung – Konfliktbearbeitung – Konfliktlösung . 179
Konfliktlösungen – Konfliktlösungen in der Schule – Kommunikation und Konflikte – Konfliktklärungen und Konfliktlösungen im Gespräch – Mediation – Streitschlichtung – Regeln setzen – die Einhaltung der Regeln sichern

3.2.4 Partizipation in der Schulklasse – das Beispiel Klassenrat 196
Der Klassenrat als Gremium und die erforderlichen Handlungsmodi – Persönlichkeitsentwicklung – Gruppenentwicklung – Institutionenentwicklung – Schutz der Personen – Ideale Kommunikationssituation als kontrafaktische Idee – Sicherung der Qualität der Prozesse und Strukturen – Exkurs: Eine ausgewählte Choreographie für den Klassenrat – Oberflächenmerkmale und Tiefenstrukturen im Klassenrat – Zu Fragen der Passung der Choreographie im Klassenrat – Zur Rolle der Lehrkraft im Klassenrat

3.2.5 Die Trainingsraummethode 208
Bewältigung von Ambivalenzkonflikten – Interventionen und Lernprozesse – Sich ein inneres Modell vom Gegenüber bilden, um angemessen zu intervenieren – Ziele klären – Handlungspläne entwickeln – förderliches Verhalten erlernen

3.2.6 Krisen – biographische Brüche – Traumata 221

3.2.7 Opposition – intellektuelle Kritik und soziales Lernen 223

3.2.8 Unterstützung des sozialen Lernens in der Regelschule 224
Zur Aufgabe der Lehrkräfte – Zur Unterscheidung von intentionalem und beiläufigem Lernen als Voraussetzung, die Aufgabe der Schule nicht zu verfehlen – Hinweise zur Organisation sozialer Lernprozesse in der Schule

| 4 | Überfachliche Kompetenzen und Identitätsbildungsprozesse | 232 |

| 4.1 | Die Zielsetzung: der handlungsfähige Erwachsene | 232 |

Wie werden Menschen handlungsfähig? – Die kritische Sicht des Identitätskonzepts – Zum Identitätsbegriff in verschiedenen wissenschaftlichen Disziplinen – Unser Verständnis von Identität

| 4.2 | Prozesse der Identitätsentwicklung | 238 |

Die Überlegungen von Erik H. Erikson – Die Überlegungen von James E. Marcia – Weitere Überlegungen – Zur Integration verschiedener Aspekte im Identitätskonzept von Storch und Riedener – Vom Tun oder Verhalten zum Handeln

| 4.3 | Zur Bedeutung von Identitätsarbeit | 245 |

Identität und Selbstbestimmung – Entwicklungsaufgaben in der Jugendphase – Entwicklungsaufgaben der Jugendlichen in der Wissensgesellschaft – Tätigkeiten als Sinn oder Zweck – zum Modus von Aneignungsprozessen – Überlegungen zur Identitätsentwicklung in der Schule

Anhang – Basismodelle des Lernens	254
Nachwort	258
Literatur	259
Liste der Tabellen und Abbildungen	272

Einleitung

In diesem Band setzen wir uns mit der Bedeutung von Selbststeuerungsfähigkeit, Kooperationsfähigkeit und sozialer Kompetenz in der Wissensgesellschaft auseinander. Diese Auseinandersetzung ist nicht nur moralisch-ethisch motiviert, sondern beschreibt die neuen Anforderungen, die an die Menschen gestellt werden und auf die sie nur unzureichend vorbereitet sind. Wir zeigen, dass neue Modi der Selbststeuerung und Selbstregulation, der Kooperation und der Entwicklung des gesellschaftlichen Zusammenhalts in der Moderne erforderlich werden. Von daher ist eine Schultheorie notwendig, die die Schule als Ort des fachlichen Lehrens und Lernens und als Sozialisationsinstanz versteht, in der diese Modi der Selbstregulation und die erforderlichen überfachlichen Kompetenzen als Grundlage für die Entwicklung umfassender Handlungsfähigkeit angelegt werden. Wir werden darauf verweisen, dass die Schule in der Wissensgesellschaft sich bemühen muss, in ihre Strukturen und Prozesse ein solches Wissen einzulagern, dass es den Kindern und Jugendlichen ermöglicht, nicht nur intentional zu lernen, sondern beiläufig diejenigen Kompetenzen aufzubauen, die heute erforderlich sind. Dafür ist jedoch nicht weniger, sondern mehr Expertise der Lehrkräfte notwendig. Sie müssen nicht nur über fachliche Expertise verfügen, sondern wissen, wie sie einen Beitrag dazu leisten können, dass Prozesse der Identitätsentwicklung im Kontext von Schule und der Erwerb der erforderlichen fachlichen und überfachlichen Kompetenzen als Grundlage umfassender Handlungsfähigkeit gelingen können.

Zum Erwerb von Handlungsfähigkeit

Dass die Schule einen Beitrag zur Fundierung von Handlungsfähigkeit leisten müsse, ist kein neuer Gedanke. In den Überlegungen von Heinrich Roth, einem Grenzgänger zwischen Pädagogik und Psychologie und engagierten Politikberater in den siebziger Jahren des letzten Jahrhunderts, wurde dieses Postulat aufgestellt (vgl. Kiper 2006). In seiner ‚Pädagogischen Anthropologie' (1971) forderte er die Ausbildung von Handlungsfähigkeit und versuchte, sie moralisch-ethisch zu fundieren (vgl. Roth 1971, 381 ff).

Grundlage der (moralischen) Handlungsfähigkeit sei es, dass die Menschen sich aus den Zwängen ihrer eigenen und der äußeren Natur emanzipieren. „Moralischmündige Handlungsfähigkeit als Selbstbestimmung ist nur möglich, wenn der Handelnde über Sachverstand und Sachkompetenz verfügt und über soziale Einsichtsfähigkeit und Sozialkompetenz. (...) Mündige moralische Selbstbestimmung als Höchstform menschlicher Handlungsfähigkeit muss auf intellektueller und sozialer Mündigkeit aufbauen. Beides ist aber nur auf einem langen Weg kognitiven und sozialen Lernens zu erwerben" (Roth 1971, 388 f). Die Grundlage von Handlungsfähigkeit besteht darin, dass Menschen sich Ziele setzen können und die Mittel zum Erreichen der Ziele entdecken. Im Prozess des Aufbaus von Handlungsfähigkeit lernen Menschen sich sacheinsichtig (Sachkompetenz und intellektuelle Mündigkeit), sozialeinsichtig (Sozialkompetenz und soziale Mündigkeit) und werteinsichtig (Selbstkompetenz und moralische Mündigkeit) zu verhalten und zu handeln (Roth 1971, 448). Der Schule kommt in diesem Lernprozess eine wichtige Rolle zu. Roth dimensioniert das Lernen auf verschiedenen Ebenen, nämlich auf der Ebene der Denk- und Erkenntnisleistungen, der sozialen Kompetenzen, des Selbstgefühls, der Selbstregulation (Kontrolle von Impulsivität) und der Motivation und Interessensentwicklung (vgl. Roth 1971, 42 ff.). Mit Blick auf diese Aufgabe entfaltete er eine integrative Theorie des Lehr- und Erziehungsfeldes, die es ermöglicht, die Vielfalt der darin wirksamen Bedingungsfaktoren zu erfassen, u. a. den Lerner, die Lehrkraft (als Person, als Sachverstand, nach dem Grad der fachlichen und methodischen Ausbildung), die Wege und Mittel (Lehrmittel, Unterrichtsmedien, Lehrverfahren), die Lernatmosphäre, die Lernziele, das Erziehungsgefälle, die Erkenntnis der Barrieren, die Art der Sanktionen, das Feedback, die Lerngestimmtheit der Schicht resp. der gesamten Gesellschaft (Roth 1971, 172).

Roth forderte die Fähigkeit zum explorativem „Hinausgreifen über die gewussten, gekonnten und bewährten sozialen Rollen und Verhaltensmuster" (Roth 1971, 478), um für die Lösung sozialer Probleme produktive soziale Initiativen entwickeln zu können, die Entwicklung von Fähigkeiten zur Gestaltung des sozialen Wandels, auch durch produktive Erneuerung der Normen. Der Wissenschaftler betonte die Wichtigkeit, dass Menschen lernen, sich sozial zu steuern, also einen „sozialen Regulator" (Roth 1971, 482) zwischen einem Reiz (von innen oder außen) und die Reaktion zu schieben „zum Zwecke einer den mitmenschlichen Bezügen seines Handelns gerecht werdenden Steuerung seiner Reaktionen und Handlungen" (Roth 1971, 482). Es sei bedeutsam, die Einsicht in das wechselseitige Angewiesensein aufeinander zu entwickeln (Roth 1971, 483). Mit diesen Überlegungen entwickelte Roth eine Konzeption von Handlungsfähigkeit, die das Lernen in der Schule als Grundlage für die Entwicklung der demokratischen und Zivilgesellschaft verstand. Zugleich verwies er auf die neuen Herausforderungen zur Zusammenarbeit und verdeutlichte die Notwendigkeit, die Emotionen, Antriebe und Interessen, die in der Gesellschaft vor allem auf Sachkompetenz, Selbstbehauptung und Durchsetzung zielten, zu kultivieren durch erzieherische Antriebe zu Zusammenarbeit, Solidarität, Ausgleich und Frieden (Roth 1971, 507).

Zur Unterscheidung von Handlungsfähigkeit, Tun und Verhalten

Was unterscheidet die Handlungsfähigkeit von Tun oder Verhalten? Ist jedes gezeigte Verhalten Ausdruck geplanten Handelns oder kann es Schülerinnen und Schülern auch einfach passieren? Wir unterscheiden im Folgenden Handeln, Tun und Verhalten.

Handeln ist in hohem Maße bewusst und zielgerichtet. Es geschieht in der Regel auf der Basis mehr oder weniger umfangreicher Wissensbestände. „Handlungen (...) werden von Aufgaben gesteuert. Sie sind durch einen zielgerichteten Verlauf charakterisiert" (Storch & Krause 2005, 73). Von Handeln wird erst gesprochen, wenn eine rationale, verzerrungsfreie Analyse einer Situation möglich ist, wenn eine Zuordnung von Zielen erfolgt, wenn ein Handlungsrepertoire vorhanden ist, aus dem ausgewählt und das gezielt eingesetzt werden kann.

Tun kann ebenfalls bewusst und zielgerichtet sein; es ist aber weniger komplex und dem Handeln untergeordnet. Beim Tun gibt es in der Auslösung des Verhaltens Anteile unbewusster Steuerung; der rational geplante Handlungsanteil wird von diesem überlagert oder überformt. So kann z. B. aufgrund von Projektionen oder Ängsten auf Aktionen eines Gegenübers heftiger reagiert werden, als das angemessen ist.

Verhalten umfasst willkürliche und unwillkürliche, bewusste und unbewusste Reaktionen. Oftmals erfolgt es reizgesteuert-reaktiv.

Storch und Riedener gehen sogar soweit, zwei Systeme im menschlichen Gehirn für das Zustandekommen von Verhalten resp. Handlungen zu benennen. „Das eine, phylogenetisch ältere, übt eine reizgesteuerte Verhaltenskontrolle aus. Das andere, phylogenetisch jüngere, ist zuständig für bewusste, als willkürlich erlebte Handlungen. Verhalten wird unterhalb der Bewusstseinsschwelle gestartet; man reagiert automatisch, impulsiv und schnell. Das andere basiert auf Logik und Verstandestätigkeit, ist daher an Bewusstseinsprozesse gekoppelt und deutlich langsamer" (2005, 70).

In einem Verständnis von Handeln, dem wir uns hier anschließen, wird *Handeln als eigenständige psychische Gegenstandseinheit* verstanden, die dem Tun und Verhalten vorgeordnet ist. Handeln lässt sich durch die Merkmale der Zielgerichtetheit, „der Bewusstheit, der hierarchisch-sequentiellen Regulation unter Rückgriff auf (soziale und individuelle) Wissensstrukturen, wobei eine Mindestintegration zwischen Kognition, Emotion und Handlungsausführung vorausgesetzt wird" (Wahl 1991, 23), der Selbstüberwachung und Reflexivität kennzeichnen. Es ist hierarchisch organisiert und sequentiell gegliedert. Verschiedene Abläufe finden zeitgleich und in fakultativer Unabhängigkeit voneinander statt; kognitive und emotionale Prozesse sind beteiligt. Es erfolgt eine Regulation des Handelns auf verschiedenen Ebenen (Volition, Emotionen). Handeln geschieht unter Rückgriff auf Wissen, das sich wiederum auf Strukturen und Prozesse bezieht (vgl. Wahl 1991, 20 ff).

Die Unterscheidung von Handeln, Tun und Verhalten ist für Lehrkräfte wie für Schülerinnen und Schüler von wichtiger Bedeutung. Da vielfach Unterricht im Modus der Kommunikation und Interaktion geschieht und es dabei zu Missverständnissen, Konfrontationen, Übertragungen und Gegenübertragung kommt, ist es sinnvoll, sich zu vergegenwärtigen, aus welchem Modus heraus (Verhalten, Tun, Handeln) ein Verhalten gezeigt wird. Von den Lehrkräften als Erwachsenen und als professionellen Experten für das Lehr- und Lerngeschehen darf erwartet werden, dass sie umfassende Handlungspläne für die Gestaltung des Unterrichts und für ihr Handeln im Unterricht entwerfen. Nur auf dieser Grundlage ist der schrittweise Erwerb von Expertise durch gezielte Reflexion des Erfolgs des Unterrichtshandelns möglich. Daher kommt einer Unterrichtstheorie als Handlungstheorie und umfassenden Plänen für das Handeln im Unterricht Relevanz zu (vgl. Kiper & Mischke 2004). Von den Schülerinnen und Schülern wird erwartet, dass sie im Kontext der Bewältigung der Entwicklungsaufgaben Handlungsfähigkeit erwerben. Sie basiert, wie Heinrich Roth annimmt, auf fachlichen Kompetenzen, die im Kontext fachlichen Lernens erworben werden, aber auch auf Selbst- und Sozialkompetenz. Wir gehen davon aus, dass Heinrich Roth und später Hans Aebli (1987) diese Kompetenzen als notwendig benannten, jedoch noch nicht präzise beschrieben, welche Inhaltsbestände und operativen Kompetenzen dabei jeweils bedeutsam werden. Zugleich konnten sie die Überlegungen noch nicht mit Blick auf die Wissensgesellschaft konkretisieren. Genau dies soll in diesem Band geleistet werden.

Selbststeuerungs- und Selbstregulationsfähigkeit

In der Wissensgesellschaft wird die Fähigkeit, lebenslang zu lernen, sich erforderliches Wissen anzueignen und sich selbst in diesem Prozess zu steuern, als relevant angesehen. Von daher ist es nicht verwunderlich, dass vielfach über selbstgesteuertes Lernen, zunächst in der Erwachsenenbildung und zunehmend im Kontext allgemein bildender Schulen, nachgedacht wird. In der Literatur wird (in Anlehnung an die Arbeiten von Zimmerman) *selbstgesteuertes Lernen* so gefasst, „dass die Lerner (erstens) in kognitiver/metakognitiver, motivationaler und verhaltensbezogener Hinsicht den Lernprozess selbst aktiv beeinflussen und somit ihre Lernergebnisse verbessern, (...) zweitens, dass eine selbstbezogene Feedbackschleife während des Lernprozesses wirksam ist, d. h. dass die Lerner im Lernprozess die Effektivität ihrer Lernaktivitäten (...) ‚überwachen' und auf dieses Feedback auf verschiedenen Wegen reagieren, Selbststeuerung beinhaltet drittens ein motivationales Element. (...) Ein weiterer wichtiger Aspekt der Selbststeuerung des Lernens ist (...) viertens die volitionale Steuerung" (Schiefele & Pekrun 1996, 258). Wir werden zeigen, dass der Begriff der Selbststeuerung, auch mit Blick auf Lernen, zu kurz greift. Wir schlagen vor, stattdessen die Frage der Selbstregulation in den Blick zu nehmen. Julius Kuhl (1996) fasst unter den Begriff der Verhaltenssteuerung drei verschiedene Formen der Handlungssteuerung und zwei der Emotionsregulation. Die Selbststeuerung unterscheidet er in eine Form der Selbstkontrolle (als straffe oder autoritär angelegte Form der Handlungskontrolle) und die Selbstregulation (als entspannt-demokratische Volitionsform). Selbstregulative Prozesse helfen dabei, sich selbstbestimmt Ziele zu setzen und die für die Zielerreichung notwendigen Prozessziele, Strategien und Emotionen einzusetzen. Frederik H. Kanfer (1996) entwickelte ein 3-Stufen-Modell der Selbstregulation, das einer Person dazu verhilft, sich Ziele zu setzen, zielgerichtetes Verhalten zu entwickeln und die Ergebnisse einer Bewertung zu unterziehen. Als Momente in diesem Prozess nennt er die Selbstbeobachtung, die Selbstbewertung (und den Vergleich der beobachteten Verhaltensweisen mit den intendierten) und die Selbstbelohnung resp. Selbstbestrafung. Dieses Modell der Selbstregulation menschlichen Verhaltens geht davon aus, dass Individuen sich selbst Normen vorgeben und Prozesse der Selbstverstärkung (basierend auf vorausgehenden kognitiven Prozessen der Norm- und Standardsetzung, Selbstbeobachtung und Selbstbewertung) wählen. Von daher erscheint uns der Begriff der Selbstregulation der umfassendere, weil er Lernaktivitäten und Aktivitäten der Verhaltensregulierung umfasst. „Wer seine Lernaktivität regulieren möchte, kann dies nur tun, wenn er die Angemessenheit seines Verhaltens selbst einschätzt, Diskrepanzen zu Sollwerten erkennt und schließlich über wirksame Strategien der Selbstverstärkung (...) verfügt" (Schiefele & Pekrun 1996, 259). Selbstregulation als eine Form der volitonalen Steuerung wird ergänzt durch die Steuerung von Stimmung, Emotion und Motivation.

Kooperationsfähigkeit

Diese basalen Fähigkeiten des Individuums sind die Grundlage dafür, dass sie miteinander kooperieren können. In der Wissensgesellschaft wird es zunehmend notwendig, dass Menschen zusammenwirken, gemeinsam Ziele abstimmen, ihre Einzelhandlungen koordinieren und gemeinsam Ressourcen nutzen. Wissenskommunikation wird unter Experten unterschiedlicher Fachrichtungen, aber auch zwischen Laien und Experten erforderlich. Ko-Konstruktionsprozesse, Koordinierung von Aktivitäten und verschiedene Formen der Korrektur der Koordination werden erforderlich. Kooperation muss wissensorientiert, auf der Basis eines Verständnisses von Problemstellungen und durch erfolgreiche Wissenstransferprozesse erfolgen. Die damit verbundenen Kompetenzen benennen wir als Kooperationskompetenz. Sie gehen über eine sympathiegestützte Zusammenarbeit hinaus und basieren auch auf der Fähigkeit, Wissen zu kommunizieren. Uns interessieren daher die Fähigkeiten, die in Lehr- und Lernprozessen im Kontext der Schule bewusst angelegt werden müssen, um wissensbasiert und gestützt auf je unterschiedliche Expertise in Kooperationsprozesse zur Lösung von Problemen und zum Transfer von Wissen eintreten zu können.

Soziale Kompetenz

Wir begründen die Wichtigkeit sozialer und emotionaler Kompetenz nicht nur mit ethischen Überlegungen (vgl. dazu Bönsch 1996), sondern beziehen uns auf die Probleme, die aus den neuen Formen der Steuerung der Gesellschaft durch Kontextsteuerung und der Notwendigkeit der Beförderung von Kommunikationsprozessen zwischen den gesellschaftlichen Teilsystemen zur Beförderung von Selbstlernprozessen resultieren. Soziales Lernen wird nicht nur auf einer Ebene der Personen bedeutsam, sondern – im Kontext organisationalen Lernens – zur Voraussetzung der Gestaltung von Modernisierungsprozessen in demokratischen Gesellschaften (vgl. Willke 1996).

Unser Band versucht Fragen der Selbststeuerung und Selbstregulation und der Entwicklung von Kooperationsfähigkeit und sozialer Kompetenz zu verknüpfen und gemeinsame Merkmale dieser Kompetenz zu akzentuieren. Wir beschreiben diese überfachlichen Kompetenzen und gehen davon aus, dass sie durch Schule und Unterricht aufzubauen oder zu vertiefen und weiterzuentwickeln sind (vgl. auch Kiper & Mischke 2006, 28; 31 ff; 127 ff).

Überfachliche Kompetenzen durch Unterricht befördern

Wenn die Forderung nach selbstgesteuertem resp. selbstreguliertem Lernen, nach der Fähigkeit zur Kooperation und zur sozialen Verständigung nicht ein Postulat sein soll, wenn die Forderung nicht nur als Anspruch an die Schülerinnen und Schüler und ihre Eltern gerichtet und damit die Abhängigkeit von fachlichen und überfachlichen Kompetenzen vom Elternhaus und seiner Unterstützung fortgeschrieben werden soll, dann hat die Schule eine doppelte Aufgabe: Sie muss dafür Sorge tragen, dass fachliche und überfachliche Kompetenzen durch Schule und Unterricht aufgebaut werden.

Wie müssen die Strukturen und Prozesse für die Lerner/-innen angelegt sein, damit diese Kompetenzen aufgebaut werden können? Wie müssen die Lernsituationen und Lernumgebungen bzw. Orte des Aufbaus und der Stützung selbstregulierten Verhaltens, der Kooperation und sozialen Interaktion beschaffen sein, um dieses Lernen anzuregen?

Wir haben an anderer Stelle gezeigt, dass Lehrkräfte parallel zur sachlichen Auseinandersetzung mit Unterrichtsinhalten und ihrer bildungstheoretischen Begründung im Rahmen einer didaktischen Analyse vor allem über die dabei relevant werdenden Lernprozesse nachdenken müssen. Wir schlagen eine Lernstrukturanalyse vor (mit Blick auf die Lernprozesse, bei beim Erwerb fachlicher Inhalte durch die jeweiligen

Lerner/-innen relevant werden). Darüber hinaus zeigten wir, dass Lehrkräfte über relevante Lernprozesse nachdenken müssen und führten Basismodelle des Lernens auf, die bei der Planung und Durchführung von Unterricht zu bedenken sind (vgl. Kiper & Mischke 2004, Anhang). Wir führen diese Überlegungen hier mit Blick auf den Erwerb überfachlicher Kompetenzen durch die Schülerinnen und Schüler weiter und fragen danach, wie diese überfachlichen Fähigkeiten durch Unterricht aufgebaut werden können. Wir gehen davon aus, dass Lehrkräfte bei der Planung und Durchführung des Unterrichts und bei der Steuerung der Prozesse im Unterricht nicht allein auf die Vermittlung resp. den Erwerb fachlichen Wissens abheben dürfen. Bei allen Schritten des Lehrerhandelns, bei der Planung des Unterrichts, im Verlauf des Unterrichts bei der Überwachung der (eigenen) Lehrhandlungen und der Lernprozesse der Schülerinnen und Schüler durch Monitoringprozesse und beim Klassenmanagement ist zu bedenken, wie dabei Selbststeuerung und Selbstregulation, Kooperationsfähigkeit und soziale Kompetenz gefördert werden können. Wir werden zeigen, wie dazu passende intentionale und beiläufige Lehr-Lern-Prozesse im Kontext von Schule und Unterricht angelegt werden können.

Der Prozess der Herausbildung von Metakognition, die Stärkung von Motivation und Volition, die Förderung überfachlicher Kompetenzen erfordert die Vorbereitung und Begleitung durch Lehrkräfte, z.B. zur Feststellung der jeweiligen Lernvoraussetzungen, zur Förderung beiläufiger Lernprozesse in klugen Arrangements, zur Bewusstmachung des Gelernten durch Metalernen, zur Überwindung von Lernplateaus, zur Kontrolle und Bewertung prozessualer Vorgänge, zur Überwindung individueller Schwächen, aber auch zur Bewusstmachung und Steuerung von Einstellungen und Ansichten. Dabei gelingt der Aufbau dieser überfachlichen Kompetenzen im Kontext einer Erziehung zur Mündigkeit durch Hilfen zur Korrektur (durch Lehrkräfte als Experten) oder transaktionale Selbstregulation, die durch externales Feedback (z.B. auch durch die Gleichaltrigen) gesteuert wird.

Zur Förderung fächerübergreifender Kompetenzen in der Schule

Mit Blick auf diese Kompetenzen kommen die Schule und ihre internen Strukturen, ihre Schulverfassung und ihr Ethos, die expliziten und impliziten Normen und Werte, das Rollen- und Selbstverständnis der Lehrkräfte und Schülerinnen und Schüler (auch als Peers) und die Qualität der Interaktionen innerhalb und außerhalb des Unterrichts auf den Prüfstand. Wie können Schulen zu förderlichen Entwicklungsmilieus werden? Wie sind passende Strukturen zu schaffen, Prozesse zu gestalten und Ergebnisse zu planen? Wie kann die Förderung von Selbstkompetenz, Kooperations- und Sozialkompetenz einer gemeinsamen Reflexionen zwischen den Lehrkräften, aber auch zwischen den Lehrkräften und den Schülerinnen und Schülern im Gespräch zugänglich gemacht werden und die Ausgestaltung dieser Förderung in den verschiedenen Dimensionen gelingen? Wie können die Lehrkräfte die Fähigkeiten erwerben, auf einer Metaebene über das Geschehen in Unterricht und Schule Auskunft zu geben und in Prozesse einer gemeinsamen Förderung überfachlicher Kompetenzen eintreten? (vgl. Tabelle 1: Aufgaben der Schule bei der Förderung fächerübergreifender Kompetenzen).

Tabelle 1: Aufgaben der Schule bei der Förderung fächerübergreifender Kompetenzen

Dimension	Aufgaben	Mögliche „Instrumente"
Ethos der Schule (Explizierte und implizite Normen und Werte)	Bewusste Explikation der Normen und Werte, Gestaltung der Strukturen, passend zu den Normen und Werten. Austauschmöglichkeiten über die Wahrnehmung der Realisierung der Normen und Werte, Möglichkeiten der Verständigung (und eingeschränkt auch der Verhandlung) über die Gültigkeit der Normen und Werte und ihre Realisierung	Leitbild der Schule, Schulprogramm, Schulordnung, Werteerziehung.
Schulstrukturen, Management, Schulleben, Abläufe	Explikation der Schulverfassung; Möglichkeit zur Etablierung von Partizipationsmöglichkeiten; Möglichkeiten zur Selbst- und Mitbestimmung.	Schulverfassung, Gesamtkonferenz, Schülerversammlungen, Lehrer-Schüler-Versammlungen.
Schulleben	Explikation der Bedeutung verschiedener Elemente des Schullebens und ihrer Gewichtung (Arbeit, Spiel, Fest, Feier, Versammlungen); Einräumen von Gestaltungsmöglichkeiten dieser Elemente resp. ihrer Ergänzung; Möglichkeiten der Reflexion und Metareflexion über den Umgang mit diesen Elementen.	Arbeit, Spiel, Fest, Feier, Ausflüge, Schulfahrten, Versammlungen.
Interaktionen der Peers untereinander	Explikation der Werte, die im Umgang unter den Peers gelten sollen; Aufbau von Kompetenzen, um die gewünschten Fähigkeiten dazu zu erwerben; Chancen für Feedback und Entwicklungsmöglichkeiten; Metareflexion über gelungene und gescheiterte Peer-Interaktionen.	Schulordnung, Klassenordnung, Regeln des Umgangs, Feedback. Lernen von Kompetenzen für den Umgang.
Interaktionen zwischen den Peers und zwischen Lehrkräften und Schülern im Unterricht	Bewusste Gestaltung der Interaktionen in der Schulklasse nicht nur unter dem Gesichtspunkt der Förderung fachlichen Lernens, sondern auch unter dem Gesichtspunkt der Förderung von Selbst- und Sozialkompetenz. Bewusstes Verhalten der Lehrkräfte als Modelle (Verhalten und leitende Gedanken für selbstreguliertes Verhalten); bewusste Gestaltung der Interaktionen und Explikation der dabei leitenden Ideen; Aufbau von Selbststeuerungs- resp. Selbstregulationskompetenz, Kooperations- und Sozialkompetenz.	Klassenordnung, Klassenrat, Gesprächs- und Umgangsregeln, Lernen von Umgangsqualitäten und kooperativen Kompetenzen, helfende Kommunikatio, Meta-Kommunikation über Interaktionen.

Tabelle 1: Aufgaben der Schule bei der Förderung fächerübergreifender Kompetenzen

Dimension	Aufgaben	Mögliche „Instrumente"
Lehr-Lern-prozesse im Unterricht	Gestaltung der Lehr-Lernprozesse im Unterricht nicht nur mit dem Ziel des Erwerbs fachlichen Wissens und Könnens, sondern auch mit dem Ziel des Erwerbs von Selbststeuerungs- resp. Selbstregulationskompetenz, Kooperations- und Sozialkompetenz. Gewichtung der fachlichen und überfachlichen Lernziele (mit Blick auf Zeitbedarfe, Vorgehensweise, Monitoring, Anforderungsprofile).	Feedback, Techniken der Ich-Unterstützung, Lernen über Gruppenprozesse, Soziales Lernen als Erwerb von Wissen.
Lernprozesse des Einzelnen	Wissen um die Wichtigkeit des Erwerbs fachlichen und überfachlichen Wissens und Könnens: Klären der Wertebene und Aufbauprozesse zum Erwerb je spezifischer (überfachlicher) Handlungskompetenzen (Selbstkompetenz, Sozialkompetenz).	Lernen von Lernstrategien, Lernen von Selbstregulationstechniken, Lernen von Techniken der Kooperation, Entwicklungsgespräche.

Die Lehrkräfte haben die Aufgabe, eine Schule und einen Unterricht zu gestalten, der es den Kindern und Jugendlichen ermöglicht, ihre Entwicklungsaufgaben zu bewältigen. Sie müssen in der Lage sein, gesetzte Normen und Werte darzulegen und zu begründen, die Schülerinnen und Schüler, aber auch die Kolleginnen und Kollegen darauf hinzuweisen, wenn Ziele, Pläne, Vorgehensweisen und Verhalten dazu im Widerspruch stehen und Hinweise geben, wie, falls die erforderlichen Kompetenzen nicht vorhanden sind, diese erworben werden können. Das bedeutet, dass Lehrkräfte Ideen darüber entwickeln müssen, wie Schülerinnen und Schüler (und sie selbst) Selbststeuerung und Selbstregulation, Kooperationsfähigkeit und soziale Kompetenz erwerben und stabilisieren können. Dieser Zielsetzung dienen auch Überlegungen in den Kultusministerien verschiedener Länder. Hier wird darauf gesetzt, dass diese Kompetenzen im Kontext eines Seminarkurses oder Seminarfaches resp. in so genannten Methodencurricula erworben werden können. Wir werden Hinweise geben, welche Irrtümer bei der Konzeption solcher Curricula möglichst vermieden werden sollten.

Zum Aufbau dieses Buches

Ausgehend von der vorgestellten Zielsetzung enthält dieser Band vier Schwerpunkte. Wir gehen in jeweils einem eigenen Kapitel auf Fragen des selbstgesteuerten resp. selbstregulierten Lernens, des kooperativen Lernens und des sozialen Lernens ein und diskutieren das Verhältnis zu den jeweiligen Kompetenzen der Selbststeuerungsfähigkeit resp. Selbstregulationsfähigkeit, Kooperationsfähigkeit und sozialen Kompetenz.

Wir erörtern die Bedeutung dieser Kompetenzen in der Wissensgesellschaft, setzen uns mit dem jeweiligen Kompetenzkonstrukt auseinander und diskutieren – oftmals kritisch – vorgestellte didaktische Überlegungen. Wir lassen jedem dieser Kapitel Hinweise folgen, wie Unterricht angelegt sein kann, der den Aufbau dieser Kompetenzen befördern will. Der Band wird abgeschlossen mit Überlegungen zur Förderung des Identitätsaufbaus durch Schule und Unterricht.

1 Selbstreguliertes Lernen

Auf der Basis der Analyse der Gesellschaft als Wissensgesellschaft (oder auf dem Weg zur Wissensgesellschaft befindlichen Gesellschaft) kann gezeigt werden, dass Wissen und damit verbundene Prozesse der Wissensgenerierung, Wissensnutzung, Wissenskommunikation und Wissenspräsentation bedeutsamer werden. Vom Individuum wird die Fähigkeit zum Wissensmanagement erwartet. Diese basiert auf der Handlungsfähigkeit der Individuen. Wir interessieren uns für Prozesse der Herausbildung dieser Handlungsfähigkeit und stellen ein Modell des motivierten Handelns vor. Wir diskutieren kritisch den Begriff des Selbst und zeigen, dass mit Prozessen der Selbstregulation Eingriffe in die Innenwelt verbunden sind. Auf dem Hintergrund dieser Überlegungen diskutieren wir den Begriff des selbstgesteuerten Lernens. Dabei zeichnen wir die Geschichte der Einführung, Verwendung, Kritik und Modifikation des Begriffs seit dem Ende der siebziger Jahre des letzten Jahrhunderts nach und skizzieren die damit etablierte neue Forschungsrichtung. Wir skizzieren das gegenwärtige Konstrukt des selbstgesteuerten Lernens, beschreiben dazu ein Integrationsmodell und erörtern anschließend, wie sich volitionale Handlungssteuerung und Emotionsregulation zueinander verhalten. Wir diskutieren das Verhältnis von Wissenserwerb und Emotionsregulation. Die Überlegungen verweisen darauf, dass die Schule als Sozialisationsinstanz nicht nur fachliches Lernen befördern muss, sondern den Erwerb der Fähigkeit zur Selbststeuerung des Lernens und zur Regulation von Emotionen zu ermöglichen hat.

1.1 Selbststeuerung und Wissen

1.1.1 Die Wissensgesellschaft und ihre Anforderungen

Anforderungen an die Schule und das Lehren und Lernen geschehen im Kontext gesellschaftlicher Entwicklungen. Während in feudalen Gesellschaften auf dem Weg zur Industrialisierung nur geringe Wissensbestände benötigt wurden, die in hierarchisch organisierten und enggeführten Lehr-Lern-Prozessen vermittelt wurden, wird im Kontext moderner Gesellschaften und eines rapiden gesellschaftlichen Wandels vom Einzelnen nicht nur lebenslanges Lernen, sondern zunehmend auch selbstgesteuertes Lernen erwartet.

Selbstgesteuertes Lernen in der Wissensgesellschaft

Lebenslanges Lernen ist dadurch charakterisiert, dass das Lernen in alle Lebenszyklen einbezogen wird, sich Lernnotwendigkeiten und Lernmöglichkeiten ausweiten und Lernchancen wahrgenommen werden. Institutionen verändern sich im Kontext des gesellschaftlichen Wandels; neben die traditionellen treten außerinstitutionelle Lernorte und Formen informellen Lernens. Rasante technologische Entwicklungen bewirken, dass das erworbene Wissen schnell veraltet; lebenslanges Lernen wird zum zwingenden Erfordernis mit der Konsequenz, dass der Einzelne aufgefordert ist, sich in lebenslangen Lernprozessen die für Expertise und Professionalität notwendigen Wissensbestände weitgehend eigenständig anzueignen. Dabei nehmen Informations- und Kommunikationstechnologien Einfluss auf Wege, Medien und Organisationsformen des Lernens. Der Lerner muss institutionelle oder freie, informelle Lernangebote autonom für die Wissensgenerierung und Ausbildung von Expertise nutzen.

„Von einer Wissensgesellschaft oder einer wissensbasierten Gesellschaft lässt sich dann sprechen, wenn Strukturen und Prozesse der materiellen und symbolischen Reproduktion einer Gesellschaft so von wissensabhängigen Operationen durchdrungen sind, dass Informationsverarbeitung, symbolische Analyse und Expertensystem gegenüber anderen Faktoren der Reproduktion vorrangig werden" (Willke 2001, 380).

Willke zeigt, dass im Übergang von der Industrie- zur Wissensgesellschaft das Monopol des Wissenschaftssystems auf Erzeugung und Verwaltung von Expertise zerbricht. In der Folge der Herstellung ‚intelligenter Güter' werden intelligente Dienstleistungen benötigt, die sich durch Wissensbasierung und Technisierung auszeichnen. Die *Wissensarbeit* wird zum allgemeinen Leitmodell. Wissensarbeit „kennzeichnet Tätigkeiten (Kommunikationen, Transaktionen, Interaktionen), die dadurch gekennzeichnet sind, dass das erforderliche Wissen nicht einmal im Leben durch Erfahrung, Initiation, Lehre, Fachausbildung oder Professionalisierung erworben und dann angewendet wird", sondern „dass das relevante Wissen (1) kontinuierlich revidiert, (2) permanent als verbesserungsfähig angesehen, (3) prinzipiell nicht als Wahrheit, sondern als Ressource betrachtet wird und (4) untrennbar mit Nichtwissen gekoppelt ist (…)" (Willke 2001, 4). Neben Land, Arbeit, Kapital wird Wissen zu einer Produktivkraft.

Organisationen müssen lernen, vergemeinschaftete, kollektive Expertise durch Wissensmanagement zu entfalten (Willke 2001, 6). Willke nimmt die Unterscheidung von implizitem und explizitem Wissen auf und zeigt, dass wissensbasierte Organisationen nur dann zur Generierung von innovativem Wissen gelangen, „wenn sie die schwierigen (…) Übergänge zwischen explizitem und implizitem Wissen in routinisierte organisationale Prozesse" fassen, „die fördern, dass individuelles Wissen artikuliert und durch Zugänglichkeit verbreitet wird" (Willke 2001, 15). Der Erwerb des impliziten Wissens eines Meisters durch einen Schüler in einer gemeinsamen Handlungspraxis wird von Willke als Sozialisationsprozess gedeutet. „Der Schüler oder Lehrling beobachtet, ahmt nach und übt unter den Augen des Meisters, ohne dass der viel reden muss. *Externalisierung* dagegen setzt genau dieses Reden (oder Schreiben) voraus. Denn nur expliziertes Wissen lässt sich als Grundlage für Kombination nutzen, also für die organisationale Vergemeinschaftung von explizitem Wissen in den Fällen, in denen eine Organisation für Lernen durch Sozialisation zu groß oder zu verteilt oder zu schnell geworden ist. *Internalisierung* schließlich meint die individuelle Aneignung von neuem Wissen als implizitem, operationalem Wissen, wenn das in der Phase der Kombination erlernte explizite Wissen routinisiert und „verinnerlicht" wird. Internalisierung gründet also auf unterschiedlichen Formen des individuellen und des sozialen Lernens" (Willke 2001, 14f) (vgl. Tabelle 2: Modi der Wissensgenerierung in Organisationen).

Er unterscheidet Erfahrung (Eintauchen in ein Praxisfeld), Kompetenz (Erfüllen der Leistungsregeln eines Praxisfeldes) und Lernen (erprobte Verbindung von Erfahrung und Kompetenz). Das Kernproblem von Wissensmanagement sei „die Verknüp-

Tabelle 2: Modi der Wissensgenerierung in Organisationen (Nonaka 1994, zitiert nach Willke 2001, 15)

Übergang von zu → ↓	implizitem Wissen	explizitem Wissen
implizitem Wissen	Sozialisation	Externalisierung
explizitem Wissen	Internalisierung	Kombination

fung und Rekombination der personalen und der organisationalen Komponenten von Wissen, Lernen und Innovationskompetenz" (Willke 2001, 18) (vgl. Abbildung 1: Personales und organisationales Wissen).
Möglichkeit und Notwendigkeit organisierter Wissensarbeit verändern die Logik der Operationsweise von Institutionen (Willke 2001, 28). Auf diesem Hintergrund geraten die herkömmlichen Formen des Wissenserwerbs, des Lernens und Weiterlernens, des Umlernens und Neulernens, die bestehenden Lernkulturen und darin eingeschriebenen Rollen der Lernenden und Lehrenden, die Infrastruktur der Lernangebote, Art des Lernens und Orte und Träger des Lernens kritisch in den Fokus.

Die Notwendigkeit des Wissensmanagements

Über Wissensmanagement kann auf verschiedenen Ebenen nachgedacht werden. Mit Blick auf die gesellschaftliche Ebene wird nach der Erzeugung und Verteilung des Wissens gefragt, nach dem Zusammenhang von gesellschaftlichen Anforderungen und erforderlichen Wissensarten und Wissensformen. Auf der technologischen Ebene werden technikgestützte Formen der Dokumentation und Speicherung von Wissen, der Bereitstellung und der Vermittlung reflektiert. Auf organisationaler Ebene geht es um die

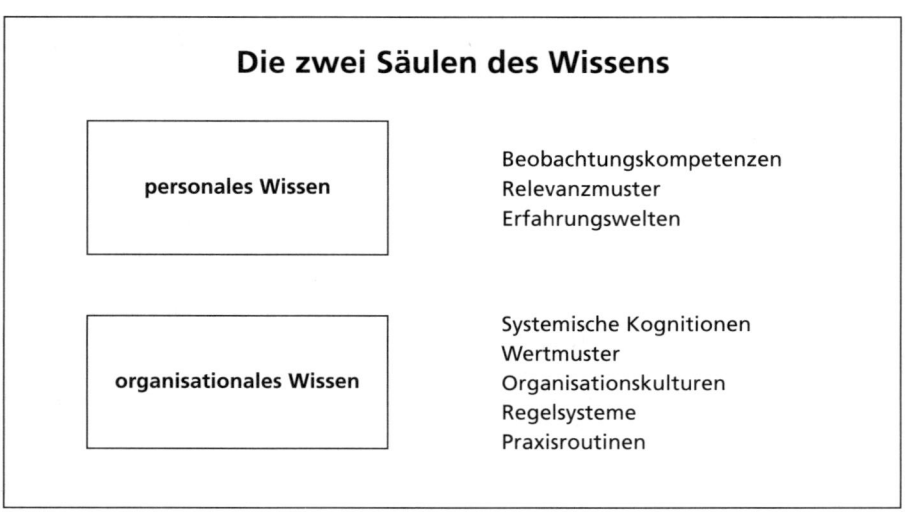

Abbildung 1: Personales und organisationales Wissen (zitiert nach Willke 2001, 18)

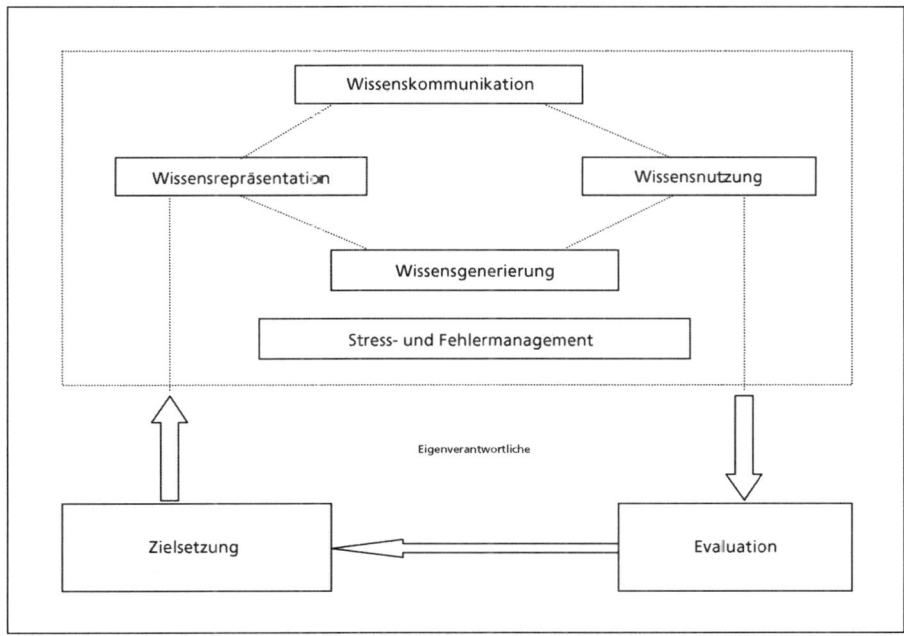

Abbildung 2: Individuelles Wissensmanagement (Reinmann-Rothmeier & Mandl 2000, 26)

zielgerichete Generierung, Kommunikation und Nutzung von Wissen durch die Organisationsmitglieder, um Wissen als zentrale Ressource für die Erfüllung von Organisationszwecken. Auf der personalen Ebene werden Fragen der individuellen Kompetenz im Umgang mit Wissen (subjektive Auswahl, Aneignung, Speicherung, Ordnung, Überprüfung, Anwendung und Weiterentwicklung) in den Blick genommen (vgl. auch Wiesner & Wolter 2000S, 34). Hier soll – basierend auf den Überlegungen von Gabi Reinmann-Rothmeier und Heinz Mandl (2000) – vor allem auf die Ebene des Wissensmanagements durch das Individuum eingegangen werden (vgl. Abbildung 2: Individuelles Wissensmanagement).

Sie entwickelten einen Wissensmanagement-Regelkreis, der aus Zielsetzung, Wissensmanagement-Prozessen und Evaluation besteht. Die Wissensmanagement-Prozesse differenzieren sie aus in Wissensgenerierung, Wissensrepräsentation, Wissenskommunikation, Wissensnutzung und Stress- und Fehlermanagement (2000, 25). Zur eigenverantwortlichen *Zielsetzung* zählen sie die Wissensplanung mit Zielanalyse, Zeitanalyse und Situationsanalyse. Die eigenverantwortliche *Evaluation* umfasst die Wissensbewertung mit formativer und summativer Selbstevaluation. Die *Wissensrepräsentation* umfasst Prozesse der Wissensdiagnose (Analyse des Vorwissens, Analyse des Informations- und Wissensbedarfs) sowie die Identifikation von Informationsquellen außerhalb des eigenen Wissenspools unter Einschluss von Informationssuche und Informationsanalyse. Zur individuellen *Wissensgenerierung* zählen sie die Informationsverarbeitung und Wissenskonstruktion unter Berücksichtigung unterschiedlich präsentierter Informationen (aus Texten, Vorträgen, Bildern und Filmen, multimedialen und vernetztem Material und Lernsoftware). Zur *Wissenskommunikation* zählen sie Prozesse des Informations- und Wissensaustauschs im Rahmen von Ko-Konstruktions-, Kommunikations- und Interaktionsprozessen. Sie sind an die Entwicklung von Teamfähigkeit, Planung, Organisation und Steuerung kooperativer Zusammenarbeit geknüpft. Die *Wissensnutzung* zielt darauf, neu erworbenes Wissen in verschiedenen Situationen anzuwenden. Dazu dienen Formen des Wissenstransfers, der Umgebungsgestaltung und des Coachings. *Stress- und Fehlermanagement* im Rahmen des Wissensmanagement-Prozesses sollen dazu beitragen, Störungen und Fehler zu minimieren durch Strategien der Kontrolle von Aufmerksamkeit und Motivationen, emotionale Selbstbeeinflussung, Strategien zur Bewältigung einer Vielzahl von Informationen und durch kognitive Strategien einschließlich des Umgangs mit Fehlern (vgl. Reinmann-Rothmeier & Mandl 2000, 25 ff).

Reinmann-Rothmeier und Mandl heben in ihren Überlegungen vor allem auf den Prozess des Wissensmanagements ab; die Frage nach dem Wissensprojekt und nach seiner Richtigkeit wird dabei nicht aufgeworfen. Wenn individuelles Wissensmanagement im Kontext von Unternehmen/Organisationen/Institutionen erörtert wird, bleibt die Verantwortung für das Projekt des Wissens bei der Organisation. Mit Blick auf selbstgesteuertes Lernen außerhalb von Unternehmen oder Organisationen bleibt jedoch ungeklärt, wie die Lernerin oder der Lerner eine Kontrolle über die Bedeutung und Wichtigkeit des angestrebten Projektes vornehmen kann.

1.1.2 Wissensmanagement als motivierte und regulierte Handlung

Wissensmanagement durch Personen vollzieht sich in Handlungen dieser Personen, die dabei mehr oder weniger auf organisationale oder informationstechnologische Unterstützungssysteme zurückgreifen. Die Person soll mit ihren Handlungen auf situative Anforderungen reagieren, dies selbstständig und ohne Anleitung einer anderen Person tun und dabei trotz Widerständen in der Sache beharrlich die gesetzten Ziele verfolgen können. Im Prozess der Qualifikation für das Betreiben von Wissensmanagement muss daher diese Handlungsfähigkeit der Person entwickelt werden. Als theoretischen Hintergrund werden wir ein Modell des motivierten Handelns (Rubikonmodell) diskutieren und uns danach mit Vorstellungen über die Selbstregulationsfähigkeit der betroffenen Personen und deren Selbst beschäftigen (vgl. Abbildung 3: Das Rubikon-Modell).

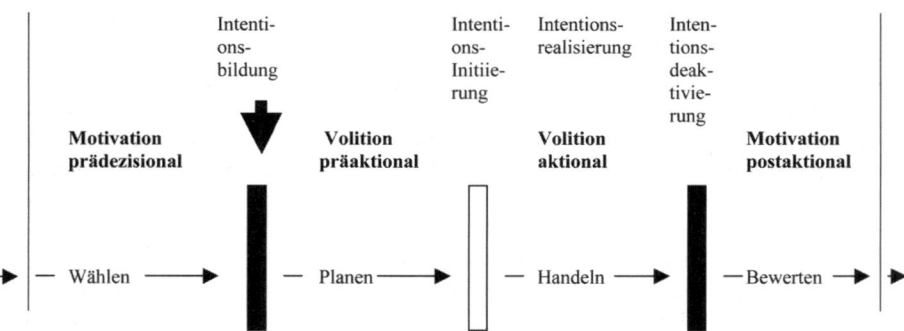

Abbildung 3: Das Rubikon-Modell (nach Heckhausen, 1989)

Das von Heinz Heckhausen vorgelegte Rubikonmodell des motivierten Handelns unterscheidet idealtypische Abschnitte oder Phasen des Handlungsablaufs und verknüpft dabei motivationales und volitionales Geschehen in einer Abfolge. Bei den motivationalen Prozessen geht es darum, welche Bedürfnisse oder überdauernde Anliegen der Person von der Situation aktiviert werden; bei den Phasen der Volition geht es um regulative Prozesse, bei denen darüber entschieden wird, welche Motivationstendenzen bei welchen Gelegenheiten und auf welche Weise realisiert werden sollen. Bei diesem Ablauf wird der Rubikon durch die Intentionsbildung überschritten; die vorher offene Bewusstseinslage des Abwägens wird jetzt auf die Umsetzung einer ausgewählten Intention eingeengt. Ein Handlungsplan wird entwickelt und dann durchgeführt. Die Reflexions- und Bewertungsprozesse der postaktionalen Phase sind der lernwirksame Teil des Geschehens: hier wird die gemachte Erfahrung mit einer Handlung als Erfolg oder Misserfolg verbucht und führt zu Veränderung der Handlungsdispositionen einer Person.

In diesem Modell werden Vorstellungen zur Handlungsinitiierung miteinander verknüpft, die von älteren Theoretikern als unterscheidbare Modi des Operierens verstanden wurden. Beim motivierten Agieren (Verhalten oder Tun) wird davon ausgegangen, dass eine aktuelle Bedürfnislage in der Situation mit Hilfe unwillkürlicher Steuerung und ohne bewusstseinpflichtige Prozesse zur Zielausrichtung des Agierens führt. Volition wird mit antizipierten Bedürfnislagen in der Zukunft und willkürlicher Steuerung (von Emotionen und Handlungen) verknüpft; die Zielausrichtung geschieht dabei über bewusste Repräsentationen (vgl. Solokowski 1996, 488 f). Bei der durch Heckhausen vorgenommenen Verknüpfung wird es notwendig, zwei verschiedene Konzeptionen des Willens zu unterscheiden, *eine imperative* und eine *sequentielle* Konzeption.

- In der *imperativen* Konzeption versteht man unter dem Willen eine Art befehlsartige Durchsetzung eines Ziels, verbunden mit einer Unterdrückung konkurrierender Ziele. Volition wird daher mit zentralen Koordinierungs- und Steuerungsvorgängen in Verbindung gebracht. Es geht um die bewusste Aufmerksamkeitslenkung, Beförderung zielgerichteten Verhaltens und Durchsetzung von Handlungszielen, Handlungsplänen und -abläufen gegen innere und äußere Widerstände (vgl. Sokolowski 1996; Schiefele & Pekrun 1996, 264). Das bedeutet, dass starke Absichten entwickelt, Ambivalenzkonflikte (bei widersprüchlichen Absichten) überwunden werden und im Prozess der Ausführung einer Handlung die Intention gegen ablenkende Einflüsse abgeschirmt werden müssen. Dazu dienen Strategien der willentlichen Handlungssteuerung (vgl. Sokolowski 1996, 494; Kuhl 1996, 684; Schiefele & Pekrun 1996, 264 f), wie z. B. Aufmerksamkeitskontrolle, Enkodierkontrolle, Emotionskontrolle etc.
- Die *sequentielle* Konzeption dagegen versteht unter Volition eine bestimmte Phase in einer Sequenz von motivationalen Vorgängen (vgl. Sokolowski 1996, 487; 492 f). Hier fragt man nach der Möglichkeit der Umsetzung von Absichten in Handlungen. Im Rubikonmodell wird ein Handlungsablauf in Handlungsphasen eingeteilt. Hier folgen Volitionsvorgänge, die für die Planung, Ausführung und Bewertung von Handlungen verantwortlich sind, den Motivationsvorgängen, dem Abwägen und Wählen (vgl. Sokolowski 1996, 494).

„Bei imperativen Modellen wird mit dem Volitionsbegriff eine andere Funktion bezeichnet: Volitionsvorgänge dienen dazu, ein bestimmtes Ziel und die dazu passenden Handlungen gegen konkurrierende andere (gleichzeitig bestehende) abzuschirmen.

Nicht die Umsetzung zielgerichteten Handelns, sondern das ‚Durchsetzen' eines Ziels stellt den Schwerpunkt der Volitionsarbeit dar. Die ‚Arbeit' (erlebbar als Anstrengung) besteht darin, das gewählte Ziel bewusst repräsentiert zu halten und somit auch die affektive Seite des Ziels in der Befindlichkeit erlebbar zu machen. Voraussetzung für diese Arbeit ist eine ‚Realisierungsschwierigkeit' in Form eines Zielkonflikts (...). Der Inhalt der ‚Volitionsarbeit' lässt am deutlichsten die Unterschiede zum sequentiellen Volitionskonzept erkennen: Während es beim sequentiellen Volitionskonzept um eine langfristige Elaboration von Handlungsschritten geht, stehen beim imperativen Volitionskonzept tiefgreifende Umkonfigurationen des aktuellen Gesamtsystems im Vordergrund, welche das Beibehalten des aktuellen Ziels ermöglichen sollen: Handlungskontrollstrategien vermitteln die Änderung der für das anstehende Handeln ungünstigen Emotions- oder Motivationslage, wobei der Erfolg dieser Selbstkontrollmaßnahmen wesentlich davon abhängt, ob es gelingt, das angestrebte Ziel im Zentrum des Bewusstseins zu halten, und irrelevante (etwa lageorientierte Intrusionen) fernzuhalten. Da im Bewusstsein zu einem Zeitpunkt nur ein Inhalt repräsentiert werden kann, wird auf diese Weise den konkurrierenden motivationalen Zielen und Handlungstendenzen der (unwillkürliche) Zugang ins Bewusstsein versperrt – zumindest für eine gewisse Zeit" (Sokolowski 1996, 500).

Welche Instanzen in der Person sind für motiviertes Handeln von Bedeutung? Kognitive Prozesse spielen eine Rolle, z. B. Wahrnehmen, Problemlösen, Entscheiden. Alle diese Prozesse, insofern sie bewusst ablaufen, werden selbstbezogen, als mit der eigenen Person in bedeutsamer Weise verknüpft, erlebt. Ich nehme wahr, ich denke, ich entscheide. Die Bewertungen, Gewichtungen, die eine Person mit Situationen und Handlungen verknüpft, sind Folgen von Erfahrungen, gelebtem Leben, der eigenen Biographie. Diese Erfahrungen werden in einem dynamischen System verarbeitet und gespeichert, das mit der Sammelbezeichnung ‚Selbst' oder ‚Selbstkonzept' benannt wird. Die damit gemeinten Informationen, z. B. über erlebte Erfolge oder Misserfolge oder die sich selbst zugeschriebenen Eigenschaften, wirken als Komponenten an den unterschiedlichsten Informationsverarbeitungsprozessen mit, wie z. B. an emotionalen, motivationalen, kognitiven Prozessen, die sich auf die Welt, aber auch auf die eigene Person beziehen können.

Der problematische Begriff des Selbst

Zu den psychologisch naheliegenden, aber wissenschaftstheoretisch folgenschweren Fehlern gehört die Tendenz der Verdinglichung. Das Selbst ist kein etwas, das man irgendwo im Kopf suchen könnte. Mummendey (2006, 60) schreibt: Ein „Großteil der gegenwärtigen Selbstkonzeptforscher (fällt) hinter die mühsam im Laufe der Psychologiegeschichte erarbeitete Abkehr vom Substanzdenken zurück und spricht vom ‚Selbst' quasi als Akteur, als Person oder zumindest als eine Art ‚homunculus' innerhalb der Person. Anstatt zu realisieren, dass es grundlegende psychische Prozesse wie Wahrnehmen, Denken, Fühlen und Wollen beziehungsweise kognitive, emotionale und motivationale Prozesse sind, die sich sowohl nach außen als auch quasi nach innen auf die eigene Person richten können und deren Resultat das Selbstkonzept oder die Selbstkonzepte sind, ist vom ‚Selbst' die Rede, das unter anderem Motive besitze und Strategien verfolge" (Mummendey 2006, 60). Der Wissenschaftler definiert daher: Das Selbstkonzept einer Person ist die Gesamtheit (die Summe, das Ganze, der Inbegriff usw.) der Einstellungen zur eigenen Person (vgl. Mummendey 2006, 38). Das Wissen, das eine Person über sich selbst haben kann, erwirbt sie keineswegs auf direktem, introspektivem Weg, sondern durch Feedback oder Selbstbeobachtung (vgl. dazu Wilson & Dunn 2004).

Wie ist Wollen oder Handlungsregulation zu verstehen, wenn der Gedanke, dass da eine Instanz wie das Selbst agiert, abgelehnt werden muss? Die Lösung von Carver & Scheier (1998) besteht darin, die Architektur der möglichen Verschachtelung von Prozessen zu beschreiben. Der Ablauf von Wahrnehmung, Verhalten und Wirkung auf die Außenwelt wird als Teil eines kybernetischen Feedbacksystems gedacht, das über

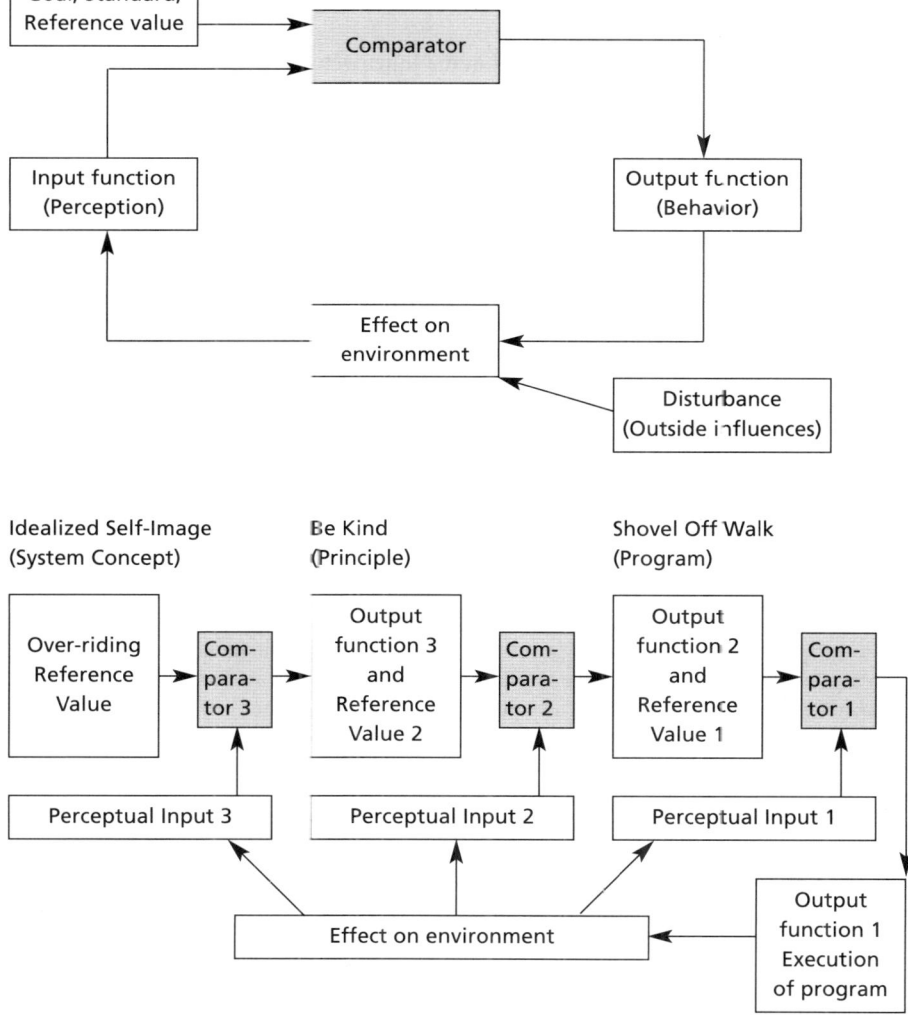

Abbildung 4: Schematische Darstellung eines kybernetischen Rückkoppelungsprozesses (nach Carver & Scheier 1990, 22, zitiert nach Mitmannsgruber 2003, 105)

gesetzte Sollwerte (Ziele, Referenzwerte) und die Erfassung der Ist-Soll-Differenz gesteuert wird. Die Sollwerte können als hierarchisch geschachtelte Strukturen aufgefasst werden, an deren oberster Stelle Elemente des Selbstkonzepts stehen (siehe Abbildung 4: Schematische Darstellung eines kybernetischen Rückkopplungsprozesses).

Selbstgesteuertes Handeln ist demnach keine Handlung, die von einem irgendwie als Substanz gedachten Selbst gesteuert wird. Die Person wäre dabei quasi eine Marionette, die vom Puppenspieler Selbst, der im eigenen Kopf sitzt, gesteuert würde. Selbstgesteuerte Handlungen sind stattdessen Handlungen einer Person, bei denen in besonderem Maße Sollwerte eine Rolle spielen, die in der Biographie der Person eine besondere Bedeutung erlangt haben und daher als konstituierend für die eigene Person erlebt werden.

Lernen von Selbstregulation als Eingriff in die Innenwelt

Um Selbstregulation zu verstehen, betrachten wir zunächst als Beispiele Prozesse, wie Regulation von Emotionen oder Umgang mit Stress, und überlegen anschließend, was diese Erkenntnisse über die Möglichkeit zur Regulation von Lernen aussagen.

- Bei dem von Schwenkmezger, Steffgen und Dusi (1999) entwickelten Training zum Umgang mit Ärger besteht die Intervention darin, der Person Informationen über Ärgerentstehung zu vermitteln, sie zur Selbstbeobachtung anzuhalten, sie mit Techniken der Verarbeitung von Ärger auslösenden Situationen, z.B. Umstrukturierung, vertraut zu machen, die Problemlösekompetenz zu erhöhen und Entspannungstechniken zu vermitteln. Die Selbstkontrolle gegenüber Ärger besteht also darin, die beteiligten Prozesse zu kennen und neue, von außen bereitgestellte Verfahren, auf die eigene Lebenssituation anwenden zu lernen und die neu erlernten Verhaltensweisen zu automatisieren. Alte automatisierte Abläufe werden mithilfe theoretischer Einsichten anders konfiguriert, damit die Person künftig weniger Ärger erlebt.
- Beim Stressimpfungstraining nach Meichenbaum (1992/2003) geht es darum, Informationen über Stress und Stressbewältigung zu erhalten. Basierend auf einer Selbstbeobachtung und einer Auseinandersetzung mit dysfunktionalen Gedanken, Bildern, Gefühlen und Verhaltensweisen werden Problemlösestrategien und emotions- und selbstkontrollbezogene Bewältigungsstrategien in Vorstellungs- und Verhaltensübungen erlernt, also Techniken, die es der Person ermöglichen, in einer künftigen Stresssituation über günstigere Bewältigungsmöglichkeiten verfügen zu können. Zukünftige Situationen, die Stress auslösen, werden dafür im Training vorweggenommen. Die Person erlernt in der ‚Impfsituation' im Beratungszimmer sowohl Techniken der Problemlösung als auch Techniken der emotionsbezogenen Belastungsverarbeitung (z.B. Atemtechniken, Entspannungstechniken, kognitive Strategien der Stressbewertung). Sie können nach ausreichender Übung in der Ernstsituation angewendet werden, um den Stress zu verringern. Als besonders hilfreich hat sich dabei das *Verfahren der Selbstinstruktion* erwiesen. Die Person lernt geeignete innere Monologe, die zur Initiierung von erwünschten Prozessen, wie planvollem Handeln, dienen.

In beiden Verfahren lernt die Person andere Formen des Agierens. Es ist daher keineswegs so, dass ein ‚Selbst' lernt, die ‚Marionette Person' anders zu steuern. Die neue Art des Agierens enthält komplexe Pläne, die alte, für die Person ungünstige automatisierte Prozesse ersetzen oder verändern sollen. Es wird dabei immer ein genaues Wissen über die Abläufe benötigt, die aufgebaut werden sollen. Das Wissen über die Möglichkeit, Steuerung aufzubauen (im Sinne von Carver & Scheier) wird genutzt, um in konkreten Bereichen ein anderes Funktionieren zu entwickeln. Die selbstgesteuert handelnde Person ist also eine, die über den Erwerb von Steuerungshandlungen gelernt hat, in spezifischen Situationen passend zu handeln und dabei zentrale Werte der Person zu realisieren.

1.1.3 Zur Geschichte des Begriffs ‚selbstgesteuertes Lernen'

Ende der siebziger Jahre des letzten Jahrhunderts begann eine Diskussion um selbstgesteuertes Lernen in der Bundesrepublik Deutschland (vgl. Neber, Einsiedler & Wagner 1978; Neber 1982; Weinert 1982). Mit Blick auf den individuellen Lerner unterschied Heinz Neber (1978) drei Arten der Regulationstätigkeit, nämlich 1. eine homöostatische Regulation, 2. einen Störungsausgleich durch Selbstorganisation und Höherentwicklung des Individuums (Lernen und Entwicklung) und 3. eine durch die Kombination der Veränderung der internen Struktur (durch Lernen) und der Umwelt (durch Umweltveränderung) erfolgende. „Lernen wurde schon immer als gesteuerter Prozess konzipiert – entsprechende Modelle variieren jedoch ebenso wie die angenommenen Steuerungsdeterminanten. Hier lassen sich die bekannteren Verstärkungsmodelle, die Lernen als Verhaltensmodifikation beschreiben, ebenso einordnen wie gestaltpsychologische Lernmodelle, die es als Modifikation kognitiver Organisationen beschreiben. Neue, dem komplexen Prozess und methodischen Anforderungen eher angemessene Modelle beschreiben es als Informationsverarbeitungsvorgang, als Aufbau von Informationsstrukturen in einem Gedächtnis. Der Prozess selbst wird kybernetisch beschrieben. Er läuft über eine Anzahl von Stufen – oder als Flussdiagramm konzipiert – über Entscheidungspunkte. Diese Stufen lassen sich als Komponenten gesteuerten Lernens auffassen, sie bilden die strukturelle Grundlage der Steuerung. Das sichtbare Lernverhalten ist dabei stets als zielbestimmte Handlungstätigkeit aufzufassen, die auf internen Planungen und der Auswertung rückgemeldeter Handlungsergebnisse beruht" (Neber 1978, 37).

Die Selbststeuerung als Handlungsregulation wird relevant mit Blick auf die eigenständigen Zielsetzungen des Lerners (Fähigkeit zu Bestimmung von Zielen und zur Entwicklung von Plänen), mit Blick auf die Regulation der Lernhandlungen (Operationen und Strategien der Informationsverarbeitung) und die (zielorientierten) Kontrollprozesse (z.B. durch Vergleich, Bewertung, Auswertung von Rückmeldungen) (vgl. Neber 1978, 38ff).

Franz E. Weinert kritisierte zu Beginn der achtziger Jahre des letzten Jahrhunderts den Begriff, weil er in der Gefahr stünde, zu einem „vieldeutigen, schillernden und ideologieanfälligen Schlagwort" zu verkommen (1982, 99); die Variationsbreite der damit verbundenen Definitionen sei so groß, dass kein gemeinsamer Begriffskern auszumachen sei. (1) Selbstgesteuertes Lernen könne sich auf die aktive Auseinandersetzung eines Lerners mit seiner Umwelt oder sich (2) auf intrinsisch motivierte Aktivitäten beziehen, die durch Selbstbekräftigung aufrechterhalten würden, oder (3) bewusste, planmäßige und absichtliche Aktivitäten meinen, um ein Ziel zu erreichen; Lernen würde dabei zum Werkzeug, um Zwecke zu erreichen. (4) Es könne damit aber auch ein eher offen angelegtes Unterrichtsangebot gemeint sein, das dem einzelnen Schüler „viele und folgenreiche Entscheidungen über Lernziele, Lernzeiten und Lernkontrollen" (Weinert 1982, 101) ermögliche. (5) Als selbstgesteuert würde jedoch auch manchmal bezeichnet, wenn es den Lernern überlassen bleibe, ob und gegebenenfalls was sie zu einem bestimmten Zeitpunkt lernen wollten. Wenn aber Lernvorgänge nicht als selbstgesteuert charakterisiert werden könnten, werde mit dem Begriff nur zum Ausdruck gebracht, das „der Handelnde die wesentlichen Entscheidungen, ob, was, wann, wie und woraufhin er lernt, gravierend und folgenreich beeinflussen kann" (Weinert 1982, 102). Weinert entwickelte einen Kriterienkatalog für die Verwendung des Begriffs des selbstgesteuerten Lernens. Er solle dann benutzt werden, wenn in der Lernsituation Spielräume für die selbstständige Festlegung von Lernzielen, Lernzeiten und Lernmethoden vorhanden oder erschließbar seien, wenn diese Spielräume vom Lernenden wahrgenommen, Entscheidungen über das eigene Lernen getroffen und in Lernhandlungen realisiert würden, wenn der Lernende dabei zugleich die Rolle des sich selbst Lehrenden übernehme und wenn die lernrelevanten Entscheidungen subjektiv als persönliche Verursachung der Lernaktivitäten und Lernergebnisse erlebt würden und Selbstverantwortlichkeit für das eigene Leben einschlössen (Weinert 1982, 102 f). Daneben nannte er zwei weitere Verwendungsmöglichkeiten des Begriffs des selbstgesteuerten Lernens, nämlich „unbeabsichtigtes Lernen als Folge selbstinitiierter Tätigkeiten" und „selbstregulierte Prozesse", die bei jedem Lernen notwendig seien, wie Planen, Steuern, Kontrollieren, Bewerten (vgl. Weinert 1982, 103).

In den neunziger Jahren des letzten Jahrhunderts wurde erneut über selbstgesteuertes Lernen diskutiert, wobei die Ergebnisse verschiedener psychologischer Denkrichtungen aufgenommen wurden. Schiefele und Pekrun nannten als wesentliche Komponenten eines Lernvorgangs „(1) die Zielstellung (Elaboration der Ziele, die mit einer Lernepisode erreicht werden sollen), (2) die während des Lernprozesses durchgeführten Operationen (diese umfassen sowohl Lernaktivitäten, z. B. das Anfertigen von Notizen, als auch Regulationsaktivitäten, z. B. Verringerung der Lesegeschwindigkeit) und (3) zielorientierte Kontrollprozesse (Bewertung des Ergebnisses einer Lernepisode)" (Schiefele & Pekrun 1996, 250). Sie schlugen vor, basierend auf einem Verständnis von Lernen als gesteuertem Prozess, über Grade von Fremd- und Selbststeuerung nachzudenken. Mit der kognitiven Wende in der Psychologie wird der Lerner als Person entdeckt, der aktiv und konstruktiv Informationen verarbeitet und sich selbst steuert mit Blick auf Zielsetzungen, Formen der Selbstbeobachtung, der Selbstinstruktion, der Selbstverstärkung und der Selbstkontrolle. Es wird danach gefragt, wie ein Lerner durch selbstinitiierte Aktivitäten sein Lernen und seine Lernergebnisse beeinflussen kann (Selbststeuerung).

Eine neue Forschungsrichtung

Wird von Schiefele und Pekrun der Begriff des selbstgesteuerten und selbstregulierten Lernens weitgehend gleichgesetzt, so wird zu Beginn des 21. Jahrhunderts vor allem der Begriff des selbstregulierten Lernens (SRL) verwendet. Selbstreguliertes Lernen wird als zentrale fächerübergreifende Kompetenz verstanden, die in den Kanon der Bildungsindikatoren der OECD aufgenommen ist und zu den ‚cross curricula competencies' zählt (vgl. Köller & Schiefele 2003, 156), die in den international vergleichenden Schulleistungsstudien (PISA) mit erhoben werden. Damit konsolidierte sich diese Forschungsrichtung, auch wenn – nach wie vor – darauf verwiesen wird, „dass sich kein oder nur ein geringer Einfluss von Indikatoren des SRL auf Leistungsindikatoren nachweisen lässt" (Köller & Schiefele 2003, 156).

Im Folgenden wollen wir ein Modell selbstgesteuerten Lernens (nach Schiefele & Pekrun, 1996, zitiert nach Wild, Hofer & Pekrun 1994, 212; vgl. Abbildung 5: Ein Modell des selbstgesteuerten Lernens) vorstellen und es im Anschluss diskutieren.

Der Kern des Modells ist der Lernprozess, der hier als Handlung aufgefasst wird. Dabei kommen Planung, Durchführung und Bewertung als Teilprozesse vor. Das Ergebnis ist ein Lernprodukt. Auf diesen Prozess wirken die interne wie die externe Steuerung ein. Das Modell sieht vor, dass diese in unterschiedlichem Ausmaß relevant sein können. Bei den Faktoren der internen Steuerung werden erwähnt: Emotion, Volition, Motivation, Metakognition.

Das Modell ist ein Strukturmodell; es benennt die relevanten Faktoren, aber es beschreibt nicht detailliert genug die Prozesse, um intervenieren zu können.

Beim selbstgesteuerten Lernen geht es um einen besonderen Modus des Lernens. Das Besondere ist dabei nicht der Lernprozess, also die Art und Weise, wie Wissen oder Fertigkeiten erworben werden, sondern die Art der Steuerung. Soll ein sinnvoller

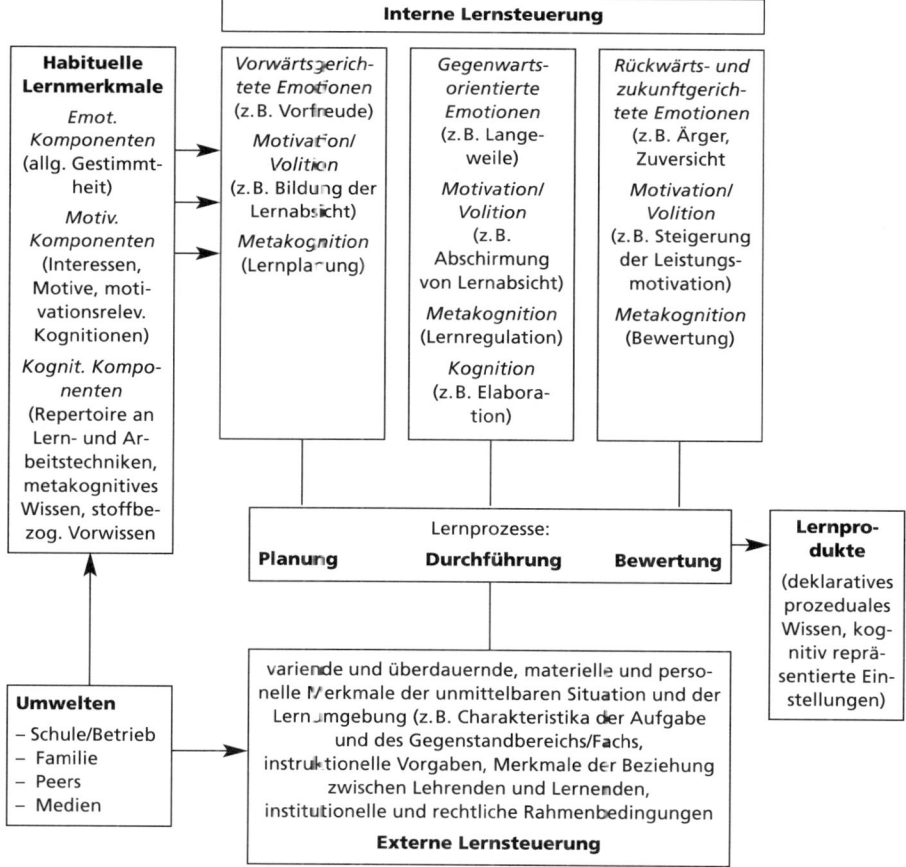

Abbildung 5: Ein Modell selbstgesteuerten Lernens (nach Schiefele & Pekrun, 1996), zitiert nach Wild, Hofer & Pekrun 1994, 212)

Begriff von selbstgesteuertem Lernen gebildet werden, ist demnach zu fragen, inwieweit Lernen fremd- oder selbstgesteuert ablaufen kann. Es ist zu erörtern, was dabei unter Selbst zu verstehen ist und wie die Steuerung durch ein Selbst erfolgen kann.

Beginnen wir bei der Untersuchung des Lernens. Lernen ist ein Sammelbegriff für Veränderungen im Erleben und Verhalten, die nicht durch Reifung erfolgen, die nicht nur kurzfristig, sondern überdauernd sind und die durch Erfahrungen der Person mit der Welt entstehen. Es gibt verschiedene Arten des Lernens, z. B. Lernen durch Kontiguität, Lernen durch Verstärkung, durch Einsicht oder Lernen am Modell. Lernen kann beiläufig erfolgen oder aber beabsichtigt sein. Diese Prozesse sind unterschiedlich in ihrem Bedingungsgefüge. Die Zugehörigkeit zur Klasse Lernen wird nicht über die Ähnlichkeit des Prozesses, sondern über das Resultat, d.h. die überdauernde Veränderung bestimmt.

Lernen ist kein bewusstseinspflichtiger Prozess. Wer feststellen will, ob gelernt wurde, muss prüfen bzw. beobachten, ob eine Veränderung stattgefunden hat. Es gibt kein direktes Bewusstsein der erfolgten Wirkung. Es kann also sein, dass eine Person überrascht ist, was sie gelernt hat und wie viel oder wie wenig sie jetzt kann oder weiß.

Die Tatsache des Lernens ist beobachtbar und daher ist intentionale Nutzung möglich. Eine Person kann wissen, unter welchen Bedingungen sie selbst lernt. Die Herstellung der geeigneten Bedingungen ist dann möglich; der erwartete Erfolg ist aber keineswegs zwingend, sondern muss durch Kontrollen überwacht werden.

Die grundlegende Konstellation ist, dass Lernen ein nicht bewusster Begleitprozess des Handelns ist. Nach entsprechender Beobachtung ist es möglich, Handlungen zu konzipieren, die ausschließlich dem Zweck des Lernens dienen. Damit wird zwar nicht direkt das Lernen durchgeführt, aber in Folge der Lernhandlungen darf erwartet werden, dass Lernen stattfindet.

Dazu ein Beispiel: Wer ein Buch liest, wird dies in der Regel tun, um etwas über Sachverhalte in Erfahrung zu bringen. Die dabei gleichzeitig erfolgende Übung des Lesens und damit die durch Lernen bewirkte Verbesserung und Beschleunigung des Leseprozesses bleibt den Lesern als Prozess unbewusst. Ist der Leser an der Geschichte interessiert, wird er beim Lesen nichts tun, um sich Einzelheiten auf Dauer einzuprägen; dies kann aber ohne Absicht die Folge der Lektüre sein. Wer z. B. Harry-Potter-Romane liest, weiß auf Dauer die Namen vieler Figuren, die er auch ohne explizite Lernabsicht erworben hat. Lesen kann aber auch als intentionale Lernhandlung betrieben werden, z. B. mit der Absicht, die Namen von Tieren oder Pflanzen zu lernen oder Sachverhalte zu verstehen. Beim Lesen als Lernhandlung werden Teilhandlungen eingesetzt, wie z. B. sich Notizen machen, eine Mindmap anfertigen, Selbsterklärungen erarbeiten. Diese kommen beim Lesen zur Unterhaltung nicht zur Anwendung.

Alle Lernprozesse, die denkbar sind, können von einer Person arrangiert werden. Man kann mit der Hilfe von Umweltmanipulation oder durch Hilfe anderer Personen die Lernbedingungen herstellen.

In der üblichen Rede vom selbstgesteuerten Lernen geht es in der Regel um die Steuerung von Lernhandlungen beim absichtsvollen Lernen. Bei den Lernhandlungen erlebt die Person unterschiedliche Grade der Ich-Beteiligung. Bei Lernhandlungen im Modus des *Flow-Erlebens* vergisst der Lerner sich und die Zeit und wird allein von der Entwicklung der Sache getragen. Bei *Willenshandlungen* ist die aufzuwendende Anstrengung spürbar, um bei der Sache zu bleiben und das gewünschte Resultat zu erreichen. Beide Modalitäten der Ich-Beteiligung müssen erworben und gekonnt werden, da sie in verschiedenen Lebenslagen von Bedeutung und nicht gegenseitig austauschbar sind. Die konkreten Lernhandlungen stehen den Personen nicht immer schon als biologische Ausstattung zur Verfügung, sondern müssen durch Lernprozesse erworben werden.

Bei der Etablierung der Forschungen zum selbstgesteuerten Lernen versuchten die Wissenschaftler einen integrativen und holistischen Ansatz zu wählen, der nicht auf Einzelaspekte des Lernens abhebt, sondern verschiedene Komponenten, wie Interesse, Motivation, Emotion, Kognition und Strategien, zusammenführt und die Autonomie des Lerners betont (vgl. Schmitz 2003, 222). Bernhard Schmitz zeigt, dass in der Regulationstheorie (nach Zimmerman) ein systemtheoretisches Regulationskonzept auf das menschliche Verhalten übertragen wird. „Zimmerman (...) beschreibt den Prozess der Selbregulation (...) als Abfolge dreier Phasen: 1. Planung; 2. Handlungs- und volitionale Kontrolle; 3. Selbstreflexion" (Schmitz 2003, 223). Die Wissenschaftler, die in diesem Bereich forschen, sind sich bezogen auf Begriff und Konzeptionalisierung des selbstregulierten Lernens nicht einig, sondern konzentrieren sich in ihren Untersuchungen auf unterschiedliche Aspekte, wie Lernstrategien, Metakognition oder selbstständige Informationsauswahl und deren Sequenzierung, Motivation oder Monitoring und Regulation (vgl. Schmitz 2003, 228). Der Prozesscharakter bleibt in den Untersuchungen weitgehend unberücksichtigt ebenso wie die Grenzen des selbstregulierten Lernens (vgl. Schmitz 2003, 230).

Psychologische Modelle als Bausteine einer Theorie des selbstgesteuerten Lernens

Auf dem Hintergrund diverser psychologischer Theorien (z.B. Lerntheorien, Motivationstheorien, Emotionstheorien, Selbstkonzepttheorien, Handlungstheorien) werden verschiedene Dimensionen der Selbststeuerung des Lernens benannt. Sie heben entweder auf die Strukturen des Lerners oder auf situative Bedingungen des Lernens ab (vgl. Friedrich & Mandl 1997, 241).

Das Modell des Selbstmanagements

Das kognitiv ausgerichtete Modell der *Selbstkontrolle* (nach Kanfer 1996) basiert auf der Überlegung, dass Menschen sich Normen vorgeben und deren Einhaltung beobachten und bewerten. Es geht davon aus, dass Menschen ihr Verhalten steuern bzw. regulieren können durch Selbstbeobachtung, Selbstbewertung und Selbstverstärkung. Wenn eine Tätigkeit durch ein Ereignis unterbrochen wird, setzt ein Regulationsprozess ein. Dabei findet zunächst eine Selbstbeobachtung (Analyse von Fehlern) statt. Es folgt eine Selbstbewertung (Vergleich des Verhaltens oder der Leistungen mit einem Standard) und es kommt zu einer Selbstverstärkung (positive oder negative, selbstverabreichte Konsequenzen). Soll ein Verhalten nicht gezeigt oder verändert werden, werden in einem Prozess der Problemlösung dafür Formen der Selbstkontrolle entwickelt (vgl. Kanfer 1996).

Das Modell der Selbststeuerung beim Lernen

Selbststeuerung beim Lernen bezieht sich auf Aktivitäten, die die kognitive Verarbeitung neuer Inhalte beeinflussen. Dazu werden *Lerntechniken und Lernstrategien* (eine Sequenz einzelner Lerntechniken) gezählt. In der Regel werden drei Arten von Lernstrategien unterschieden, nämlich (1) kognitive Strategien, die Lerner anwenden, um bestimmte Inhalte zu verstehen und zu behalten (z. B. Wiederholungsstrategien, Elaborationsstrategien und Organisationsstrategien), (2) metakognitive Strategien (Wissen über die eigene Person, über Aufgaben, über Lernstrategien und ihre Anwendung, über Planung, Überwachung und Regulation) und (3) Strategien des Managements lernbezogener Ressourcen (Gestaltung der Lernumgebung, Zeitplanung, Anstrengungsmanagement) (vgl. Schiefele & Pekrun 1996, 260 ff). Elke Wild und Judith Gerber fragen nach den Lernstrategien von Lerner/-innen. Dabei verstehen sie unter den Lernstrategien Handlungspläne zum Erreichen von Lernzielen. Diese sind sequentiell zusammengesetzt, mental repräsentiert und situationsspezifisch abrufbar (Wild & Gerber 2006, 59). Sie stellen folgende Taxonomie von Lernstrategien vor (vgl. Tabelle 3: Taxonomie von Lernstrategien).

Tabelle 3: Taxonomie von Lernstrategien (zitiert nach Wild & Gerber 2006, 60)

A. Kognitive Lernstrategien – oberflächenorientierte – tiefenorientierte	Primärstrategien
B. Metakognitive Lernstrategien – Planung – Diagnose/Kontrolle – Adaption	Primärstrategien
C. Ressourcenbezogene Lernstrategien – Strategien zur Nutzung innerer Ressourcen – Strategien zur Nutzung externer Ressourcen	Stützstrategien

Unter *kognitiven Lernstrategien* verstehen sie Lernaktivitäten, die der Informationsaufnahme, -verarbeitung und -speicherung dienen. Dabei werden in der Regel oberflächen- und tiefenorientierte Lernstrategien unterschieden. Bei den oberflächenorientierten Strategien geht es darum, sich Wissen durch verschiedene Techniken einzuprägen; ein tieferes Verständnis wird nicht angestrebt. Tiefenorientierte Lernstrategien zielen auf ein Verständnis von Zusammenhängen; neue Informationen werden systematisch verarbeitet und in vorhandene Wissensbestände integriert. Zu den kognitiven Lernstrategien gehören *Organisationsstrategien* (Lernaktivitäten, die vorliegende Informationen in eine leichter zu verarbeitende Form transportieren, z. B. durch das Erstellen von Zusammenfassungen, Gliederungen, Mindmaps), *Elaborationsstrategien* (Lerntätigkeiten, die helfen, das neu aufgenommene Wissen in die bestehende Wissensstruktur zu integrieren, z. B. durch das Herstellen von Zusammenhängen, das Suchen von Anwendungsbeispielen), *Strategien des kritischen Prüfens* von Aussagen, Argumentationen und Begründungen und *Wiederholungsstrategien* (Lernen durch Memorieren und Wiederholen mit dem Ziel des Einprägens von Fakten oder Zusammenhängen).

Metakognitive Lernstrategien zielen darauf, die eigenen Lernschritte und ihren Erfolg zu kontrollieren. Dazu gehört, das eigene Lernen zu diagnostizieren und zu kontrollieren auf der Basis der Kenntnis der eigenen Stärken und Schwächen. Dabei ist ein Wissen über die eigenen intellektuellen Kompetenzen und die Fähigkeit, eigene Denkprozesse zu überwachen und zu steuern, notwendig. „Metakognitive Lernstrategien können danach gegliedert werden, ob sie primär (a) auf die Planung von Lernschritten, (b) die Prüfung des erreichten Lernfortschrittes anhand der formulierten Lernziele oder (c) auf die flexible Anpassung des eigenen Lernverhaltens ausgerichtet sind. Im Idealfall bilden alle Komponenten einen fein aufeinander abgestimmten Regelkreis, der Lerner in die Lage versetzt, den eigenen Lernprozess ohne externe Hilfe oder gar Kontrolle zu optimieren" (Wild & Gerber 2006, 62).

Tabelle 4: Beispielitems aus dem Fragebogen zu Lernstrategien im Studium (vgl. Wild & Gerber 2006, 60)

Strategie	Beispielitem
Kognitive Lernstrategien	
Organisation	Ich mache mir kurze Zusammenfassungen der wichtigsten Inhalte als Gedankenstütze.
Elaboration	Zu neuen Konzepten stelle ich mir praktische Anwendungen vor.
Kritisches Prüfen	Ich frage mich, ob der Text, den ich gerade durcharbeite, wirklich überzeugend ist.
Wiederholen	Ich präge mir den Lernstoff von Texten durch Wiederholen ein.
Metakognitive Strategien	
Planen	Ich überlege mir, in welcher Reihenfolge ich den Stoff durcharbeiten soll.
Überwachung	Ich stelle mir Fragen zum Stoff, um sicher zu gehen, dass ich auch alles verstanden habe.
Regulation	Ich arbeite Inhalte nochmals langsam durch, die mir beim ersten Lerndurchgang unklar geblieben sind.
Ressourcenbezogene Strategien	
Anstrengung	Wenn ich mir ein bestimmtes Pensum zum Lernen vorgenommen habe, bemühe ich mich, es auch zu schaffen.
Aufmerksamkeit	Beim Lernen merke ich, dass meine Gedanken abschweifen.
Zeitmanagement	Beim Lernen halte ich mich an einen bestimmten Zeitplan.
Lernumgebung	Ich lerne an einem Platz, wo ich mich gut auf den Stoff konzentrieren kann.
Lernen mit Studienkollegen	Ich nehme mir Zeit, um mit Studienkollegen über den Stoff zu diskutieren.
Literatur	Ich suche nach weiterführender Literatur, wenn mir bestimmte Inhalte noch nicht ganz klar sind.

Während kognitive und metakognitive Lernstrategien als *Primärstrategien* bezeichnet werden, versteht man „Maßnahmen, die sich auf die eigene Anstrengung, Aufmerksamkeit und investierte Zeit sowie auf die Gestaltung des Arbeitsplatzes, die Zusammenarbeit mit anderen Lernern und die Nutzung von Informationsmaterialien beziehen" (Wild & Gerber 2006, 63), als *ressourcenbezogene* Strategien.

Es wurden Beispielitems aus dem Fragebogen zu Lernstrategien im Studium aufgeführt (vgl. Tabelle 4, Schiefele & Wild 1994).

Motivationspsychologische Überlegungen

Selbstgesteuertes Lernen ist auch selbst*motiviertes* Lernen. Motivationale Konzepte lassen sich unter vier Kategorien unterscheiden, nämlich aktuelle Motivation (aktueller Wunsch, etwas zu lernen), habituelle Motivation, aktuelle motivationsbezogene Kognitionen (z.B. Erfolgserwartungen) und überdauernde motivationale Überzeugungen (überdauernde Selbsteinschätzungen, Selbstwirksamkeitserwartungen oder Folgeerwartungen). Darüber hinaus ist Selbststeuerung auch Steuerung der eigenen (emotional getönten) Stimmungen (vgl. Schiefele & Pekrun 1996, 266, 272). Motivation hilft, die Wahl der Aufgaben und ihres Schwierigkeitsgrades, die Wahl kognitiver Lernstrategien, das Ausmaß von Ausdauer und den Grad der Anstrengungsbereitschaft zu erklären. Die Frage des Willens wird relevant, wenn Realisierungsschwierigkeiten auftauchen. „Die Beachtung der Realisierungsschwierigkeit als Auslösebedingungen für Willensprozesse ist besonders deshalb wichtig, weil sie die Voraussetzung dafür ist, die bislang stark vernachlässigte Frage nach der Art der ‚Schwierigkeiten' zu erforschen, die durch Willensprozesse zu überwinden sind" (Kuhl 1996, 689).

Selbstgesteuertes Lernen als Basis für Befragungsstudien

Selbstgesteuertes Lernen kann Voraussetzung erfolgreichen Lernens von Wissen und Können ebenso wie Ergebnis des Lernens in Unterricht und Schule sein. Es wird als eine fächerübergreifende Kompetenz verstanden. Die Fähigkeit und der Grad selbstgesteuerten Lernens von Schüler/-innen allgemein bildender Schulen wurde in der ersten PISA-Studie (PISA 2000) – über Befragungen der Schüler – zu erfassen versucht. Dabei interessierten sich die Wissenschaftler für die Fähigkeit zum selbstgesteuerten Lernen und für den Zusammenhang zwischen dieser Fähigkeit und der Lesekompetenz. Sie sprachen dabei von selbstgesteuertem und selbstreguliertem Lernen und setzten die Begriffe gleich. Sie definierten das Konstrukt des selbstregulierten Lernens wie folgt: „Lernende, die ihr eigenes Lernen regulieren, sind in der Lage, sich selbständige Lernziele zu setzen, dem Inhalt und Ziel angemessene Techniken und Strategien auszuwählen und sie auch einzusetzen. Ferner halten sie ihre Motivation aufrecht, bewerten die Zielerreichung während und nach Abschluss des Lernprozesses und korrigieren – wenn notwendig – die Lernstrategie" (Simons 1992). Die Selbstregulation des Lernens beruht demnach auf einem flexibel einsetzbaren Repertoire von Strategien der Wissensaufnahme und Wissensverarbeitung sowie zur Überwachung der am Lernen beteiligten Prozesse. Ergänzt werden diese Formen der Informationsverarbeitung durch motivationale Prozesse, wie beispielsweise Techniken der Selbstmotivierung und der realistischen Zielsetzung. In der konkreten Auseinandersetzung mit Lernanforderungen kann die Regulation dabei mehr oder weniger gut gelingen" (Artelt, Demmrich & Baumert 2001, 271). Artelt, Demmrich und Baumert verstehen unter Selbstregulation einen optimalen Zustand. Er beruht auf einer „Handlungskompetenz, bei der die insgesamt notwendigen und/oder verfügbaren kognitiven, motivationalen und sozialen Voraussetzungen für erfolgreiches Handeln und Leisten zusammenwirken" (Artelt, Demmrich & Baumert 2001, 271). Sie arbeiten mit einem Drei-Schichten-Modell des selbstregulierten Lernens (nach Boekaerts), das drei Bereiche umfasst, nämlich die Regulation des Selbst (Wahl von Zielen und Ressourcen), die Regulation von Lernprozessen (Gebrauch metakognitiven Wissens zur Steuerung des Lernprozesses) und Regulation des Verarbeitungsmodus (Wahl kognitiver Strategien).

Zur *Regulation des Selbst* gehören die Bereitschaft und Fähigkeit, sich selbst Ziele zu setzen, sich selbst zu motivieren und Erfolge und Misserfolge angemessen zu verarbeiten. Dazu gehören aber auch willensgesteuerte Regulationstechniken (z.B. zur Umsetzung von Wünschen und Absichten oder zur Abschirmung von Lernvorgängen gegen konkurrierende Handlungsintentionen).

Zur *Regulation des Lernprozesses* ist Steuerungswissen zur Regulation des Lernprozesses ebenso notwendig wie metakognitives Wissen und sein Gebrauch. Zu den metakognitiven Strategien gehören Planung, Überwachung, Steuerung und Evaluation sowohl des Vorgehens wie des Verstehensprozesses.

Zur *Regulation des Verarbeitungsprozesses* gehören explizite oder implizite Kenntnisse von Strategien der Informationsverarbeitung. „Unter einer Strategie in diesem Sinne versteht man eine prinzipiell bewusstseinsfähige, häufig aber automatisierte Handlungsfolge, die unter bestimmten situativen Bedingungen aus dem Repertoire abgerufen und situationsadäquat eingesetzt wird" (Artelt, Demmrich & Baumert 2001, 272).

In der PISA-Studie wurde vor allem die Frage nach der Selbststeuerung des Lernprozesses (Gebrauch von metakognitivem Wissen und Steuerungswissen mit Blick auf

Ein Modell des selbstregulierten Lernens

Kognitive/metakognitive Regulation	**Motivationale Selbstregulation**

• *Bereichsspezifisches Vorwissen*
 	
• *Kognitive Lernstrategien*
  - Memorierstrategien
  - Tiefenverarbeitung
  - Transformation
 	
• *Metakognitive Strategien*
  - Planung und Zielrepräsentation
  - Überwachung (Monitoring)
  - Korrekturstrategien
	• *Motivationale Orientierungen*
	  - Selbstbezogene Kognitionen (Selbstkonzept der Begabung, Selbstwirksamkeit, Kontrollüberzeugung)
	  - Motivationale Präferenzen (Interesse, Aufgabenorientierung, Ichorientierung, intrinsische Motivation)
	  - Prüfungsangst
	  - Subjektive Theorien der Begabung

	• *Situationaler Motivationszustand* (Aufmerksamkeit, Anstrengung, Ausdauer)

	• **Volitionale Merkmale der Handlungssteuerung**
	  - Abschirmung gegen konkurrierende Intentionen
	  - Umgang mit Erfolg und Misserfolg

Abbildung 6: Ein Modell des selbstregulierten Lernens (vgl. Baumert et al. 2001, 3)

Lernprozesse) resp. nach Strategien der Informationsverarbeitung (Wiederholungsstrategien, Elaborationsstrategien, Kontrollstrategien) gestellt.

Als ein Ergebnis wurde herausgestellt: „Während in Gymnasien und Integrierten Gesamtschulen der Schwerpunkt auf den kognitiv anspruchsvollen Strategien liegt, stehen in Realschulen eher repetitive Strategien im Vordergrund. (...) In Gymnasien verfügen die Schüler/-innen über ein differenziertes Lernstrategiewissen. Im Vergleich dazu ist das Lernstrategiewissen in Hauptschulen gering ausgeprägt" (Artelt, Demmrich & Baumert 2001, 291). Lernstrategiewissen, Leseinteresse und ein positives Selbstkonzept der Lesekompetenz sind zentrale Komponenten der Selbstregulation des Lernens. „Fehlen diese Voraussetzungen selbstregulierten Lernens, ist der Mangel auch nicht durch häufige, undifferenzierte Strategienutzung und hohe instrumentelle Motivation zu kompensieren" (Artelt, Demmrich & Baumert 2001, 296).

1.1.4 Formen der Handlungssteuerung und der Emotionsregulation

Die Willensforschung liefert Hinweise zu Möglichkeiten der *Verhaltenssteuerung*. Unter Volition oder Willen versteht Julius Kuhl „eine Kategorie kooperierender psychischer Funktionen, welche bei Vorliegen von näher zu bestimmenden Realisierungsschwierigkeiten die zeitliche, räumliche, inhaltliche und stilistische Koordination einer großen Zahl einzelner Teilfunktionen innerhalb und zwischen verschiedenen Subsystemen und -funktionen wie Wahrnehmung, Aufmerksamkeit, Kognition, Emotion, Motivation, Aktivierung (,Temperament') und Bewegungssteuerung (,Motorik') aufgrund eines einheitlichen Steuerungsprinzips vermittelt, das wir als ‚Absicht' oder ‚Ziel' bezeichnen" (Kuhl 1996, 678).

Das Willenssystem übernimmt die Koordination verschiedener Einzelfunktionen (antizipatorische Abstimmung oder rückmeldungsabhängige Nachregulierung einzelner Teilfunktionen) durch nicht bewusst repräsentierte Mechanismen oder bewusst einsetzbare Strategien der Handlungskontrolle, nämlich (1) Motivationskontrolle (Stärkung der motivationalen Basis der Intention), (2) Aufmerksamkeitskontrolle und Aufrechterhaltung des Ziels, (3) Enkodierkontrolle (tiefe Verarbeitung solcher Informationen, die die aktuelle Absicht stärken), (4) Emotionskontrolle (Unterdrückung ablenkender oder negativer Gefühle: Beeinflussung der eigenen Gefühlslage zur Sicherung der Handlungsrealisierung), (5) Misserfolgs- und Aktivierungskontrolle, (6) Initiierungskontrolle einschließlich der zeitlichen Abstimmung von Handlungsschritten (vgl. Kuhl 1996, 684).

Der Psychologe unterscheidet die Verhaltenssteuerung in *Handlungssteuerung* und *Emotionsregulation*. Von den drei Formen der Handlungssteuerung seien zwei volitional bestimmt. Die Selbststeuerung als Form volitionaler Steuerung könnte in zwei Formen unterschieden werden, nämlich in die *Selbstkontrolle* (als straffe oder autoritär angelegte Form) und in die *Selbstregulation* (als entspannt-demokratische Volitionsform) (Kuhl 1996, 670). *Selbstkontrolle* (SK) als volitionale Systemkonfiguration basiert auf einer kapazitätsbegrenzten Informationsverarbeitung. SK hilft, wenn Ziele unter Zeitdruck erreicht werden müssen oder wenn man sich zu Aktivitäten quasi zwingen muss. *Selbstregulation* als volitionale Systemkonfiguration (SR) basiert auf der Simultanverarbeitung von Informationen. Sie ist gut geeignet für die kreative Bearbeitung von Problemen und ermöglicht das Zusammenspiel vieler psychischer Funktionen. Als dritte Form der Steuerung nennt Kuhl die *Selbstorganisation* (SO), eine Systemkonfiguration, die ohne zentrale Führung auskommt und bei der sich das Zusammenspiel der einzelnen Teilsysteme von selbst ergibt. Als Ausdrucksform nennt er z.B. die unwillkürliche Aufmerksamkeit oder Flow-Erleben. Die Handlungssteuerung erfolgt entweder durch Selbstkontrolle, Selbstregulation oder Selbstorganisation. Selbstregulation und Selbstorganisation steuern das Verhalten mit Blick auf die aktuelle Bedürfnislage; sie gehen mit Prozessen intrinsischer Motivation einher. Selbstkontrolle steuert das Verhalten mit Blick auf künftige Bedürfnislagen; sie ist an extrinsische Motivation geknüpft. Im Selbstkontrollmodus werden aktuelle Bedürfnisse unterdrückt.

„Zusammenfassend lässt sich sagen, dass sich die beiden wichtigsten Formen der Selbststeuerung durch eine Reihe funktionaler Merkmale unterscheiden: Der Selbstregulationsmodus ist im Vergleich zur Selbstkontrolle gekennzeichnet durch (1) ein breiteres Spektrum von Verarbeitungseinheiten, die am Zustandekommen des ‚Koordinationsauftrags partizipieren (während im Selbstkontrollmodus das Ich als Auftraggeber des Willens aus einem beschränkten Spektrum analytisch repräsentierter Handlungsdirektiven schöpft, (2) ein ausgewogenes Verhältnis zwischen top-down (ziel- und erwartungsgeleiteter Verarbeitung) und bottom-up (emotionsgeleiteter Verarbeitung) Steuerung (im Selbstkontrollmechanismus überwiegt die Top-down-Steuerung), (3) eine daraus resultierende geringere Wahrscheinlichkeit chronischer Konflikte (die durch die Unterdrückung nicht beteiligter Einheiten im Selbstkontrollmodus häufiger sein dürften), (4) eine aus der größeren Partizipationsbreite resultierende größere emotionale Unterstützung willentlich verfolgter Ziele, (5) ein daraus resultierender geringerer zeitlicher und energetischer Aufwand (geringere Dauer und geringere ‚Anstrengung' der volitionalen Aktivität) und (6) eine relativ späte ‚Zuschaltung' volitionaler Unterstützung (hohe Latenz des volitionalen Systems), da es ja zunächst um partizipative ‚Konsensfindung' im System geht" (Kuhl 1996, 673 f).

Die Emotionsregulation geschieht durch Lageorientierung oder durch Kontaktorientierung. In diesen beiden Systemkonfigurationen ist die volitionale Kontrolle reduziert. Der Wissenschaftler stellt sie so gegenüber (vgl. Kuhl 1996, 671 f) (vgl. Tabelle 5: Zur Unterscheidung von Modi der Emotionsregulation):

Tabelle 5: Zur Unterscheidung von Modi der Emotionsregulation

Lageorientierung als Emotionsregulation	Kontaktorientierung als Emotionsregulation
Innenfokus	Kontaktfokus
Regulation des internen Milieus; Anpassung des inneren Milieus an die Lage. Die Kognitionen kreisen um die Lage.	Kommunikation der eigenen Befindlichkeit und Wahrnehmung der Befindlichkeit anderer.
Befriedigung momentaner Bedürfnisse; Erreichen eines antizipierten Ziels.	Sinngewinnung über Erfahrung der emotionalen Bedeutung der aktuellen Tätigkeit; Zunahme des Sinns, abhängig von der Zahl der sozialen Erfahrungsepisoden im Kontakt.
Introversion	Extraversion

Kuhl fragt, wodurch es zu einer Beeinträchtigung der Willenskompetenz kommt und unterscheidet ein *Kompetenzdefizit* und ein *Effizienzdefizit*. Während beim Kompetenzdefizit bestimmte Hilfsfunktionen geschwächt oder zu wenig Strategiewissen über die Selbstmotivation oder Nachregulation vorhanden sind, geht ein Effizienzdefizit meistens mit einer Lageorientierung einher, die davon bestimmt ist, dass sich das Individuum meist mit der Regulation des internen emotionalen Milieus beschäftigt, in seinen volitionalen Funktionen beeinträchtigt und im Handeln blockiert ist. In bedrohlichen Situationen ist das Verhaltensrepertoire darüber hinaus eingeschränkt. Man beobachtet Gefahrensignale und ist daher im Handeln blockiert. Der Innenfokus bewirkt, dass lageorientierte Menschen unter belastungsfreien und freundlichen Bedingungen konsistent orientiert an eigenen Werten handeln, sich als echt und zuverlässig zeigen. Bei starker Selbstkontrolle spielen bei der Steuerung nicht alle Instanzen zusammen mit der Folge, dass – nach der Unterdrückung absichtswidriger Prozesse – es zur Auslösung automatischer Aufmerksamkeitszuwendung auf die eigene Person kommt. Gerade dies kann erneut selbstkontrollierende Unterdrückungsanstrengungen auslösen, um das Handeln auf Zielkurs zu halten (vgl. Kuhl 1996, 699).

Wenn unter Belastungsbedingungen die Emotionsregulation nur eingeschränkt gelingt, zeigen lageorientierte Personen (1) erhöhte physiologische Erregung, (2) die Schwierigkeit, sich willentlich von Misserfolgserlebnissen abzulösen und sich auf neue Aufgaben konzentrieren zu können; intensiviertes Schmerzerleben, (3) perseverierendes (willentlich nicht abschaltbares) Grübeln, (4) erhöhte, willentlich nicht unterdrückbare Ablenkbarkeit, unkontrollierte Perseveration von einmal in Gang gesetzten Aktivitäten, überkomplexe und langwierige Entscheidungsprozesse bei überschnellem Reagieren unter Zeitdruck und das Aufschieben und Nichtausführen von Handlungsabsichten und motivkongruentem Verhalten (vgl. Kuhl 1996, 712). Lageorientierung als Emotionsregulation kann verbunden sein mit einem Ausführen fremdbestimmter Handlungsabsichten, dem verringerten Umsetzen selbstgewählter Absichten und einem verminderten Freiheitserleben (Kuhl 1996, 713 ff).

Auf dem Hintergrund dieser Überlegungen wird deutlich, dass es zu einer Einschränkung oder Beeinträchtigung der Wissensfunktion auf dem Hintergrund der Emotionsregulation durch Lageorientierung kommt. Unter dem Begriff der Handlungsorientierung fasst Kuhl diejenigen Steuerungsformen zusammen, in denen die volitionale Kontrolle nicht reduziert ist. Auf diesem Hintergrund stellen Martens und Kuhl (2005) holzschnittartig zwei unterschiedliche Grundhaltungen gegenüber, eine Gestaltergrundhaltung und eine Opfergrundhaltung (vgl. Tabelle 6: Zur Unterscheidung von zwei Grundhaltungen).

Die Wissenschaftler verdeutlichen, dass die unterschiedliche Einstellung nicht Ursache für eine unterschiedliche Wirksamkeit in der Welt ist, sondern Folge tieferliegender Mechanismen. Sie gehen davon aus, dass sich diese beiden Typen von Menschen in den *Regulationsvorgängen* unterscheiden. Das Erlernen der Regulationsvorgänge geschieht in komplexen Interaktion-, Erziehungs- und Sozialisationsprozessen (vgl. Kuhl 1996).

Handlungsorientierte Menschen sind rascher in der Lage, positive Gefühle (wieder) herzustellen. Ihre optimistischen Überzeugungen sind Folge und nicht Ursache des effektiven Funktionierens ihres psychischen Systems. Positive Gefühle sind die Grundlage für die Verschaltung des Absichtsgedächtnisses mit dem Ausführungssystem. Diese Verschaltung nennen Martens und Kuhl *Willensbahnung*. Dazu gehört die Fähigkeit, eine Absicht zu bilden. Für eine solche Willensbahnung hat sich das Pendeln zwischen

Tabelle 6: Zur Unterscheidung von zwei Grundhaltungen

Gestaltergrundhaltung	Opfergrundhaltung
Menschen sehen sich als Gestalter ihres Lebens.	Menschen sehen sich als Erdulder oder Opfer der Umstände.
Menschen glauben, etwas bewirken zu können.	Menschen glauben, etwas erdulden oder erleiden zu müssen.
Grundmodus: Handeln	Grundmodus: Grübeln
Positive Gefühle	Negative Gefühle
Handlungsorientierung	Lageorientierung

positiven Zielphantasien und der Reflexion der dabei zu überwindenden Schwierigkeiten als hilfreich erwiesen (Martens & Kuhl 2005, 25). Zu emotionaler oder persönlicher Intelligenz gehört die Fähigkeit, zwischen Optimismus und Problembewusstsein zu wechseln und Gefühle zu steuern.

Die Autoren unterscheiden *die lageorientierten Menschen* in die Unbestimmten, die Zögerer und die Aufgeber. Die Unbestimmten hätten Schwierigkeiten, Ziele zu formulieren und Entscheidungen zu treffen (Willenshemmung). Die Zögerer würden die Umsetzung der Ziele aufschieben und die Aufgeber würden zwar Ziele formulieren und an die Umsetzung gehen, bei Schwierigkeiten und Misserfolgen aber aufgeben (Selbsthemmung). Wenn das Arbeitsgedächtnis mit einer Vielzahl neuer und schwieriger Aufgaben belastet wird, wird die Ausführung gehemmt; damit geht eine Dämpfung der positiven Stimmung einher. Damit verbunden ist der Verzicht auf Zielbildungen. Neben Schwierigkeiten, Ziele zu entwickeln, kann es zu einer Schwächung der Selbstmotivierung oder zum Zusammenbruch von Selbstmotivierungsprozessen bei auftauchenden Schwierigkeiten kommen (vgl. Tabelle 7: Kennzeichen verschiedener Grundhaltungen).

Martens und Kuhl zeigen, dass Menschen sowohl über Gestalter- wie Opfergewohnheiten verfügen und dass es – je nach Situation – hilfreich sein kann, aus dem einen oder anderen Modus heraus zu reagieren. Gleichwohl verdeutlichen sie, dass Menschen fähig sein müssten, die jeweils gewünschte und hilfreiche Grundhaltung zu wählen, aus der heraus sie reagieren wollen.

Martens und Kuhl verstehen unter dem *Selbst des Menschen* einen Systemzustand (Martens & Kuhl 2005, 46). Kuhl unterscheidet den Begriff des ‚Selbst' auf folgende Weise: Das Selbst (im Kontext von Überlegungen zur Selbstorganisation) repräsentiert die Gesamtheit der psychischen Verarbeitungseinheiten; das Selbst im Kontext von Selbstregulationstheorien wird als Subjekt der Steuerung im Sinne eines organisierten Systems von emotional unterstützten Strukturen und Prozessen mit subkognitiven Anteilen, wie Bedürfnissen, Motiven und affektiven Dimensionen, verstanden; das Selbst wird bei der Selbstkontrolle zum Objekt der Steuerung (vgl. Kuhl 1996, 683). Versteht man unter dem Selbst einen Systemzustand, erfolgt der Zugang zu diesem Selbstsystem durch *Selbstwahrnehmung*. Die Fähigkeit zur Selbstwahrnehmung bildet die Grundlage dafür, solche Ziele zu entwickeln, die „von der Gesamtheit eigener Gefühle, Motive und Lebenserfahrungen getragen werden" (2005, 46). Die Übereinstimmung nennen sie *Selbstkongruenz*. Gestaltet sich der Zugang zur Selbstwahrnehmung aufgrund von

Tabelle 7: Kennzeichen verschiedener Grundhaltungen

Gestaltermodus	Erduldermodus, Erleidermodus
Intakte Selbstwahrnehmung; Wahrnehmung eigener Gefühle.	Eingeschränkte Selbstwahrnehmung.
Fähigkeiten, Ziele zu formulieren und Willensbildungsprozesse zu gestalten, die in Übereinstimmung sind mit Werten, Bedürfnissen, Gefühlen, Motiven und Lebenserfahrungen.	Im Modus des Unbestimmten: keine Fähigkeit zur Zielbildung und zum Treffen von Entscheidungen.
Fähigkeit zur Wahl zwischen Alternativen; bewusste Entscheidung für oder gegen Anforderungen.	Schwierigkeit, Alternativen zu sehen und eine Entscheidung zu treffen; Schwierigkeiten damit, Anforderungen abzulehnen oder Widerstand zu leisten.
Fähigkeit zur Selbstmotivierung.	Fehlende Kompetenz zur Selbstmotivierung; im Modus des Zögerers oder des Aufgebers: keine Kraft zur Selbstmotivierung oder zur Aufrechterhaltung von Selbstmotivierung bei Schwierigkeiten.
Eigenständige Regulation der Affekte und Emotionen (Fähigkeit zum Herunterregulieren negativer Gefühle).	Eingeschränkte Fähigkeit zur eigenständigen Regulation der Affekte und Emotionen und damit zur Selbstkontrolle; Abhängigkeit von resp. Angewiesensein auf Beruhigung und Ermutigung von außen.
Bewusstsein, die eigenen Reaktionen in der Hand zu haben.	Gefühl der Auslieferung gegenüber Gefühlen und ungesteuert ablaufenden Reaktionen; emotionales Reagieren in Situationen ohne Durchdenken und Berücksichtigen möglicher Konsequenzen.
Übernahme von Verantwortung für die eigenen Gefühle; Verändern und Gestalten der Gefühle; Fähigkeit zur Selbstberuhigung als Möglichkeit, den Überblick zu behalten.	Auslieferung an Gefühle; Verharren in negativen Gefühlen und Verwalten der Gefühle; Abhängigkeit von Stimmungen; Verwalten von Gefühlen.
Bewusstheit über Einstellungen und Werthaltungen.	Vermeiden von Selbstwahrnehmung und damit von Schmerz und Verantwortlichkeit.
Anstreben von ‚Win-win-Situationen'.	Suche danach, bedauert zu werden; Suche nach Leidensgefährten; Konstruktion eines Kreislaufs, der letztlich handlungsunfähig macht.
Wechsel zwischen Nachdenken und Handeln.	Fixieren auf die eigene Lage, auf die Vergangenheit; Grübeln darüber, wie etwas passieren konnte.
Diszipliniertes Umsetzen der Ziele durch Verbindung von Selbstkontrolle und Selbstwahrnehmung.	Einrichten in einer Enttäuschung.
Übernahme der Verantwortung für das Handeln.	Finden von Entschuldigungen und Ausreden.

schwierigen Lebenserfahrungen erschwert oder ist der Zugang zur Selbstwahrnehmung aufgrund negativer Gefühle und Stress blockiert, kann es passieren, dass man den Überblick verliert, keine Ziele mehr formulieren kann, aufgibt oder sich fremdsteuern lässt. Sie gehen davon aus, dass eine Selbststeuerung oder ein Selbstmanagement durch Aktivierung der Steuerzentrale (Einschalten des Willens) möglich ist.

„Die Basis für die erfolgreiche Gestaltung des eigenen Lebens, wie wir sie bei einem Gestalter beobachten können, liegt also in den beiden Formen der Affektregulation. Um schwierige Vorsätze fassen und umsetzen zu können, braucht man *Frustrationstoleranz* und *Selbstmotivierungskompetenz*. Frustrationstoleranz bedeutet: Nicht auf Optimismus und Dauerfreude festgelegt sein, sondern auch schwierige Phasen aushalten zu können, in denen der positive Affekt gedämpft ist. Selbstmotivierung bedeutet zu verhindern, dass in solchen Phasen die Hemmung positiver Gefühle zum Dauerzustand wird, der in Negativismus, Antriebslosigkeit oder gar Depressionen übergehen würde. Beides zusammen, Frustrationen und Schwierigkeiten ernst nehmen und sich immer wieder auch motivieren zu können, ist wichtig für die konsequente Verfolgung von Zielen" (Martens & Kuhl 2005, 47).

Die Psychologen arbeiten zwei verschiedene Formen der *Affektregulation* heraus, nämlich Selbstkontrolle und Selbstregulation. Bei der *Selbstkontrolle* gelingt das Verfolgen eigener Ziele durch „eine Verengung des Bewusstseins auf das momentan wichtigste Ziel" (Martens & Kuhl 2005, 48). Damit verbunden ist eine zeitweilige Hemmung der Selbstwahrnehmung, die dabei hilft, Ziele zu erreichen. Selbstkontrollierte Menschen sind in der Regel disziplinierte Menschen, die Ziele konsequent umsetzen. Diese Fähigkeit zur Selbstkontrolle kann zugleich eine Gefahr darstellen, weil ein Mensch sich der Diktatur selbst- oder fremdgesetzter Ziele unterwerfen kann, ohne (noch) eigene Gefühle und Bedürfnisse wahrzunehmen. Damit kann ein Verlust an Freude, an Kreativität und Flexibilität einher gehen; der Zugang zum Selbstsystem ist gehemmt (Martens & Kuhl 2005, 49). Den Gegensatz zur Selbstkontrolle bildet die Selbstregulation. *Selbstregulation* ist Ausdruck der inneren Abstimmung von Zielen, Werten, Bedürfnissen, Motiven und Lebenserfahrungen. „Hier wird die Selbstwahrnehmung nicht wie bei der Selbstkontrolle unterdrückt, sondern verstärkt" (Martens & Kuhl 2005, 49).

Martens und Kuhl gehen davon aus, dass die Fähigkeit zur Steuerung der Gefühle ermöglicht, ein optimales Gleichgewicht zwischen Selbstkontrolle und Selbstregulation zu halten. „Bei der Zielbildung hat er soviel Selbstwahrnehmung, dass seine Ziele mit der persönlichen Erfahrung und den persönlichen Werten übereinstimmen. Bei der Zielumsetzung kann er vorübergehend so konsequent sein, dass er sich weder von einem inneren noch von einem äußeren Wenn-und-Aber beirren lässt. Für die Zielumsetzung ist es wichtig, positive Gefühle auch in schwierigen Situationen aufrechterhalten zu können. Für die Zielbildung ist es wichtig, auch in riskanten oder bedrohlichen Situationen, negative Gefühle zwar wahrnehmen zu können, aber nicht überhand nehmen zu lassen" (Martens & Kuhl 2005, 50). Bei Menschen mit „Lageorientierung" können Formen der Affektregulation beeinträchtigt sein, nämlich entweder die *Willensbahnung durch Selbstmotivierung* oder die Selbstwahrnehmung durch *Selbstberuhigung und Herunterregulieren negativer Gefühle*.

Emotion und Wissen

Dietrich Dörner erörtert, wie Emotionen auf das Wissen und seine Verarbeitung Einfluss nehmen. Wissen ist für die Organisation menschlichen Handelns, für die Zielelaboration, für die Situationsanalyse, für Planen und das Treffen von Entscheidungen, für die Umsetzung und Kontrolle des Tuns unverzichtbar (vgl. Dörner 2004, 117, 125 f). Für das Handeln sind darüber hinaus Wissen über Heuristiken, Wissen über sich selbst, um sich selbst managen zu können, und Weltbilder (Hypothesen über das Funktionieren der Welt) erforderlich. Dörner erklärt, dass Menschen emotional gesteuert sind. In Gefahr, bei Angst oder Stress, unter Bedingungen von Zeitknappheit, verändert sich die Wahrnehmung; sie wird grob. Das Denken wird eingleisig, Bedingungen für Aktionen und für Folgewirkungen des Handelns werden nicht berücksichtigt; es kommt zu Verwechselungen und eingleisigem Denken. Der Wissenschaftler versteht Gefühle als bewusst, Emotionen als unbewusst, wobei er Gefühle als Selbststeuerungsprozesse versteht. Emotionen übernehmen die Modulation kognitiver und motivationaler Prozesse, indem sie Parameter verstellen und Handlungstendenzen setzen.

Dörner geht davon aus, dass Emotionen mit zwei Bedürfnissen zusammenhängen, nämlich mit dem Bedürfnis nach Bestimmtheit und dem Bedürfnis nach Kompetenz. Das *Bedürfnis nach Bestimmtheit* zielt auf eine regelhaft geordnete Umwelt, deren Gesetze erkannt und deren Prozesse und Entwicklungen voraussagbar sind. Das Individuum entdeckt und erlernt durch Exploration die Regeln der Welt; bei Gefahr reagiert es mit Flucht oder Angriff. Mit Blick auf das Bedürfnis von Bestimmtheit informiert es über die eigene Sicherheitslage. *Das Bedürfnis nach Kompetenz* gehe einher mit dem Gefühl, Probleme bewältigen zu können. Würde sich das Individuum kompetent fühlen, sei die Erregbarkeit herabgesetzt. Umgekehrt, bei mangelnder Kompetenz, befände es sich in einem kräftezehrenden Alarmzustand. „Der Kompetenzpegel ist der ‚Lagebericht' über das Ausmaß der Bewältigbarkeit von Problemen" (Dörner 2004, 119). Auch hier neigt das Individuum zu Flucht oder Angriff, wenn es sich nicht kompetent fühlt, langfristig zum Versuch, die eigene Kompetenz aufzubessern oder zu Explorationen. „Diese beiden Bedürfnisse wirken in ihren Funktionen zusammen und die mit ihnen zusammenhängenden Steuerungen liegen allen emotional gefärbten Prozessen zugrunde" (Dörner 2004, 119). Auf dem Hintergrund der Bedürfnisse nach Bestimmtheit und Kompetenz erklärt er *Angst* als Erleben von Unbestimmtheit und Inkompetenz. Es käme zu Fluchttendenzen. Aufgrund eines hohen Ausmaßes an Aktiviertheit würde Sicherungsverhalten gezeigt; die Möglichkeit zu Explorationen sei eingeschränkt. Ärger resultiere aus der Erfahrung plötzlich absinkender Kompetenz. Ärger bewirke oftmals ein spontanes Handeln verbunden mit einer geringen „Tiefe von kognitiven Prozessen" (Dörner 2004, 120). Mit Blick auf die *Theorie der basalen emotionalen Regulation* geht er darauf ein, wie sie Form und Ablauf der Prozesse des Gebrauchs und der Veränderung von Wissen im Gedächtnis beeinflussen. Ein konsistentes, kohärentes und hochgradig vernetztes Wissen ist daran geknüpft, dass Ruhe und Muße und kein oder wenig Stress, Angst oder Ärger vorhanden sind und es Zeit dafür gibt, sich zu besinnen, Wissen zu rekapitulieren und Verbindungen herzustellen. Dörner zeigt, wie Emotionen auf kognitive Prozesse der Handlungsregulation Einfluss nehmen (vgl. Tabelle 8: Einfluss von Emotionen auf kognitive Prozesse und Handlungen).

Tabelle 8: Einfluss von Emotionen auf kognitive Prozesse und Handlungen

Wissens-bestände	Handlungs-phasen	Kognitive Handlungsregulation	Modifikation der Handlungsregulation durch Emotionen
Zielwissen	Ziel-elaboration	Genau wissen, was man tun will;	Ärger erschwert/verunmöglicht eine Zielkonkretisierung.
		Ober- und Unterziele bilden;	Das Handeln folgt dem Ziel, Missstände auszugleichen (Reparaturprinzip).
		Zielbalancierung vornehmen;	Eine Zielbalancierung ist nicht möglich.
		eine Rangfolge der Ziele (Schwerpunktsetzungen) vornehmen;	Die Schwerpunktsetzung der Ziele erfolgt nach Prinzipien von Bewältigbarkeit und nicht nach Wichtigkeit/Dringlichkeit.
Weltwissen	Situations-analyse	Analyse der Situation	Nur grobe, ungenaue Wahrnehmung der Situation oder affirmative Wahrnehmung.
		Erfassen der Wirkfaktoren in der Situation (mit Blick auch auf die Zukunft)	Wirkfaktoren werden nicht herausgefunden; lineare Extrapolationen.
Weltwissen; Heuristisches Wissen	Planen/ Entscheiden	Durchdenken von Reihenfolge und Koordination von Maßnahmen; Erstellen eines Handlungsplans	Unendliches Planen/ Überplanen aufgrund von Angst;
			keine hinreichende Analyse der (Erfolgs-)Bedingungen;
			Überschätzung von Erfolgswahrscheinlichkeiten;
			starrer Methodismus.
	Tun (Implementation) und Kontrolle des Tuns	Überprüfung des Handelns im Hinblick auf seinen Erfolg; Überprüfen des Zeitaufwandes; Ursachenanalyse für Erfolg oder Misserfolg.	Fehlen von Selbstkritik; ballistisches Handeln; Konservatismus.

Dörner zeigt, dass das Wissen und die kognitiven Prozesse beim Handeln durch Emotionen verändert werden. „Diese Veränderungen sind im Wesentlichen zurückzuführen auf die Modulationen und Handlungstendenzen, die durch ein verschiedenes Ausmaß des Kompetenz- und Bestimmtheitsempfindens ‚gesetzt' werden. Je nach Art und Ausmaß des Bestimmtheits- und Kompetenzempfindens ergeben sich ganz unterschiedliche kognitive Abläufe bei gleichem Weltwissen und ein ganz unterschiedlicher Umgang mit dem Wissen. Einmal wird es flexibel genutzt, dann wieder konservativ, einmal wird es aufgrund von Kontrollen ständig modifiziert, ein anderes Mal gibt es die Tendenz, bewährte Wissensbestände beizubehalten. Auf alle Fälle bedeuten verschiedene Stimmungen und Gefühle einen verschiedenen Umgang mit sonst gleichem Wissen" (Dörner 2004, 132).

Tabelle 9: Elemente der emotionalen Reaktion und ihre Funktionen (nach Levenson 1999, zitiert nach Mitmansgruber 2003, 25)

Elemente der emotionalen Reaktion	Funktion
Systeme für Wahrnehmung und Aufmerksamkeit	Adjustierung von Wahrnehmungsschwellen und der Breite des Aufmerksamkeitsfokus, um die Aufmerksamkeit für anfordernde Ereignisse zu maximieren und die Aufmerksamkeit für ablenkende oder irrelevante Ereignisse zu minimieren
Motorisches Verhalten	Adjustierung der Haltung und Veränderung des Muskeltonus zur Durchführung von zweckgerichtetem Verhalten
Zweckgerichtetes Verhalten	Fixierte Handlungsabläufe, Wechsel in der Hierarchie zu Verhaltensweisen, die in der Bewältigung der Anforderungen hilfreich sind
Ausdrucksverhalten	Gesichtsausdruck, Veränderungen der Stimme und Lautäußerungen, die die beabsichtigte Handlung anzeigen und ein Signal für die Anwesenden darstellen
Zugänglichkeit höherer kognitiver Prozesse	Minimierung der Neuheit der Reaktion, Erhöhung der Zugänglichkeit von assoziierten Erinnerungen, um die Wahrscheinlichkeit zu maximieren, dass über diese Erinnerungen erfolgreich und zeitlich durchführbare Reaktionen gefunden werden
Physiologische Unterstützung	Autonome, zentrale, endokrine und andere physiologische Adjustierung, die die Reaktion des Organismus auf die Anforderung optimal unterstützt

Möglichkeiten der Emotionsregulation

Zur Regulation des Selbst gehört auch die Regulation von Emotionen. Emotionen werden unterschieden in Basisemotionen, Stimmungen und emotionale ‚traits'. *Basisemotionen* sind spezifische Signale; die auslösenden Situationen haben Gemeinsamkeiten, sie treten schnell auf, sind von kurzer Dauer und werden unwillkürlich erlebt; sie gehen mit distinktiven physiologischen Prozessen einher. Sie beeinflussen Handlungen. *Stimmungen* sind von längerer Dauer, weniger intensiv und durch fehlende Objektbezogenheit charakterisiert; sie verändern Kognitionen. *Emotionale ‚traits'* bestimmen eine grundlegend negative oder positive Affektivität. Im Komponenten-Prozess-Modell von Emotionen wird die Bedeutung vorausgehender Bedingungen, von Kognitionen (Bewertung einer Situation mit Blick auf Ziele, ihre Blockade oder Förderung), das eigene Bewältigungspotential und die Bewertung des eigenen Verhaltens mit Blick auf soziale Normen erfasst. Mitmansgruber versteht das Gefühl eines Menschen als Monitor, der die übrigen Subsysteme (Neurophysiologie, Informationsverarbeitung, Aktion, Motivation) interpretiert und damit die Aufmerksamkeit des Organismus auf wesentliche Umwelt- und Innenweltbedingungen lenkt (vgl. Mitmannsgruber 2003, 22) (vgl. Tabelle 9: Elemente der emotionale Reaktion und ihre Funktionen).

Emotionssignale werden als spezifische Kommunikation im System verstanden, die dazu beiträgt, eine Situation zu bewerten, Ziele einzuschätzen (relevant/irrelevant; positiv/negativ, belastend/nicht belastend, nützlich/schädlich, bedrohlich/unbedrohlich, herausfordernd), Pläne zu akzentuieren und Bewältigungsmöglichkeiten zu aktivieren. „Emotionen werden als Teil einer ‚Systemverwaltung' betrachtet, die die vielen Ziele und Pläne einer Person unter eingeschränkten zeitlichen und anderen Ressourcen koordiniert" (Mitmannsgruber 2003, 40). Emotionen legen dabei spezifische Pläne oder Vorgehensweisen nahe. „Die Funktion von Emotionen ist (...) vor allem die eines Mechanismus, der Bedeutung vermittelt. Er unterbricht Handlungen und lenkt die Aufmerksamkeit um (...). Gleichzeitig geschieht dies auf eine Weise, die dem Organismus wesentlich mehr Spielraum lässt als ein Reflex" (Mitmannsgruber 2003, 26). Eine Emotion ermöglicht das Entdecken von Bedeutung und die Vorbereitung einer Reaktion (vgl. Tabelle 10: Die fünf Primäremotionen und zugehörige ‚kritische Zeitpunkte' (junctures) von Plänen und Zielen).

Tabelle 10: Die fünf Primäremotionen und zugehörige ‚kritische Zeitpunkte' (junctures) von Plänen und Zielen (nach Oatlex & Johnson 1987, zitiert nach Mitmansgruber 2003, 42)

Emotion	Juncture of Current Plan	State to Which Transition Occurs
Happiness	Subgoals or goals being achieved	Continue with plan, modifying as necessary
Sadness	Failure or loss of plan or goal	Do nothing/search for new plan
Anxiety	Self-preservation goal threatened	Stop, attend vigilantly to environment, and/or escape
Anger	Plan or goal frustrated or blocked	Try harder, and/or aggress
Disgust	Gustatory goal violated	Reject substance, and/or withdraw

„Eine wesentliche Funktion negativer Emotionen ist es, sich überflüssig zu machen. Negative Emotionen führen zu einer Neugewichtung der Aufmerksamkeit im Hinblick auf aktuelle Ziele und liefern uns wichtige Informationen über Situationen, die nicht unseren Wünschen und Zielen entsprechen, damit wir schnell und doch angemessen (...) darauf reagieren können" (Mitmansgruber 2003, 67). Diese Reaktionen können in einer Veränderung der Umwelt (objektiv-funktionale Bewältigung) oder in einer Veränderung der Bewertung (subjektiv-funktionale Bewältigung) bestehen. Wenn eine effektive Bewältigung von der optimalen Passung zwischen den objektiv gegebenen Charakteristika einer Situation, ihrer subjektiven Bewertung und den gewählten Bewältigungsstrategien abhängig ist, kommt der Regulation der Emotionen eine gewisse Bedeutung zu, weil sie die Wahrnehmung und Bewertung der Situation und die Möglichkeiten ihrer Bewältigung mit beeinflussen. Als Möglichkeiten der Regulation nennt Mitmansgruber:

- *Situationsregulation*, z.B. durch Inputregulation (Stimuluskontrolle durch ein bestimmtes Annäherungs- resp. Vermeidungsverhalten),
- *Kognitive Emotionsregulation*, z.B. durch Veränderung des emotionalen Verhaltens (Ausdruckshemmung), Regulation der Aufmerksamkeit, der Informationsverarbeitung und der emotionalen Interpretation von Ereignissen resp. ihrer kognitiven Bewertung,
- *Regulation des Selbst*, z.B. durch Veränderung der Referenzwerte; Veränderung von Zielen und ihrer Hierarchisierung; Neuausrichtung der Aufmerksamkeit,
- *Regulation von Interaktionen und Beziehungen*.

Daneben ist das Anstreben eines erwünschten Zustands wichtig, z.B. durch Strategien der Ablenkung, durch die Umlenkung der Aufmerksamkeit und Gestaltung angenehmer Aktivitäten, durch den Aufbau und die Aktivierung eines alternativen, adaptiven Modus und durch die Entwicklung konstruktiver Repräsentationen.

Folgerungen

Selbstregulation ist eine in der Architektur der menschlichen Informationsverarbeitung prinzipiell angelegte Möglichkeit, die aber bereichspezifisch durch geeignete Lernprozesse erst entwickelt werden muss. Die Kompetenz zur Selbstregulation (von Handlungen, von Emotionen, von Lernen) ist daher im Verlauf der Schulzeit durch entsprechende Aufgabenstellungen und Hilfestellungen durch die Lehrer aufzubauen. Zunehmende Selbststeuerungskompetenz gelingt nur bei Einsicht in die beteiligten Prozesse und durch den systematischen Erwerb der zugehörigen Handlungspläne. Es ist ein Curriculum zur Entwicklung von Selbststeuerung notwendig, wenn Schule nicht nur auf dem sozialen Kapital der familiären Herkunft aufbauen will, sondern den benachteiligten Schüler/-innen den Erwerb von Selbststeuerung ermöglichen will.

1.2 Die didaktische Diskussion zum selbstgesteuerten Lernen

Die didaktische Diskussion wurde zunächst in der Erwachsenenbildung und Weiterbildung geführt. Didaktische Impulse aus der Erwachsenenbildung wurden in den letzten fünfzehn Jahren verstärkt in die Diskussion um Lernen in den allgemein bildenden und

Berufsbildenden Schulen eingebracht. Wir stellen in diesem Kapitel ausgewählte didaktische Diskussionen vor, wobei wir Wert darauf legen, unzureichende oder gar falsche Konzepte und naive Annahmen über selbstgesteuertes Lernen zu kritisieren. Uns ist es wichtig, die Unterschiede zwischen Kindern und Jugendlichen einerseits und Erwachsenen als Lerner/-innen mit Blick auf die Konzeption des selbstgesteuerten Lernens herauszuarbeiten. Auf der Basis des Zurückweisens von Slogans zum selbstgesteuerten Lernen sollen die Herausforderungen an den Unterricht in allgemein bildenden Schulen verdeutlicht werden. Wir stellen – unter Aufnahme der Unterscheidung von Selbststeuerung und Regulation – ein erweitertes Modell vor und zeigen, welche Prozesse durch Unterricht befördert werden müssen. Abschließend diskutieren wir die Grenzen des Konzepts ‚selbstgesteuertes Lernens' und erörtern die Notwendigkeit der Begleitung auch selbstgesteuerter Lernprozesse durch Lehrkräfte.

1.2.1 Die Diskussion um selbstgesteuertes Lernen in der Erwachsenenbildung

In der Erwachsenenbildung resp. Weiterbildung wird der Begriff des selbstgesteuerten Lernens seit mehr als zwanzig Jahren – oftmals nicht trennscharf – verwandt. Er steht mit einer Vielzahl verwandter Begriffe, wie selbstbestimmt, selbstorganisiert, selbstreguliert, autonom, autodidaktisch etc., in einem Zusammenhang (vgl. Dietrich 1999). Der Begriff des selbstgesteuerten Lernens kann – unter normativer Perspektive – für eine bestimmte pädagogische Programmatik (z.B. Förderung von Mündigkeit und Selbstbestimmung) stehen, unter einer paradigmatischen Perspektive ein bestimmtes, konstruktivistisches Verständnis von Lernen (aktive Aneignung) zum Ausdruck bringen oder unter einer technologischen Perspektive als Mittel zum Erreichen bestimmter Ziele (z.B. Erwerb und gezielter Einsatz von Lernstrategien und Lerntechniken) verstanden werden. Während für die einen selbstgesteuertes Lernen Ausdruck von Emanzipation des Lerners zu sein scheint, kritisieren andere – mit Foucault – den Versuch, dass der Lerner die ursprünglich von außen gesetzten Zwänge nun auf sich selbst ausüben soll. Sie befürchten, dass mit Blick auf die Möglichkeit des selbstgesteuerten Lernens im Kontext lebensbegleitenden Lernens die Grundbildung verkürzt werden könnte (vgl. Dubs 1999, 58).

Zur Unterscheidung von Lernarten

Knowles et al. unterscheiden vier verschiedene Lernarten und damit verbundene Kontrollüberzeugungen (vgl. Tabelle 11: Lernarten und Kontrollüberzeugungen).

Knowles et. al verdeutlichen, dass selbstgesteuertes Lernen zwei Komponenten umfasst: Selbstinstruktion und die persönliche Autonomie, Lernziele und Lernabsichten zu kontrollieren und Eigenverantwortung für den Lernprozess zu übernehmen. Nach seiner Ansicht sind beide Aspekte unabhängig voneinander, da autonome Personen sich dafür entscheiden könnten, unter lehrergesteuerten Bedingungen zu lernen und umgekehrt ein Lernen durch Selbstinstruktion nicht per se mit persönlicher Autonomie gleichgesetzt werden kann. Die Wissenschaftler unterscheiden mit Grow (1991) vier Stufen der Lernautonomie (vgl. Abbildung 7):

Tabelle 11: Lernarten und Kontrollüberzeugungen (vgl. Knowles et al. 2007, 159)

Lernart	Kontrollüberzeugung
Unfreiwilliges Lernen	Keine Kontrolle
Selbstgesteuertes Lernen	Kontrolle durch den Lernenden
(Extern) vermitteltes Lernen	Geteilte Kontrolle zwischen Lernendem und externaler Aufsicht
(Aufgezwungenes) autoritätsgesteuertes Lernen	Kontrolle durch eine Autorität (Organisation oder Individuum)

Während in der amerikanischen Diskussion seit mehr als zwanzig Jahren von ‚self-directed learning' gesprochen wird, wurde dieses Konzept mit einiger Verspätung in die bundesrepublikanische Diskussion der Erwachsenenbildner/Weiterbildner übernommen (vgl. Dietrich 1999; Faulstich 1999; Dubs 1999; Kultusministerkonferenz 2001; Siebert 2001; Straka 2005).

Unterschiedliche Konzeptionen selbstgesteuerten Lernens in der Erwachsenenbildung

Reischmann stellte 1999 in einem Übersichtsartikel dar, dass der Begriff ‚self-directed learning' mit unterschiedlichen Konzepten verbunden ist. Das erste Konzept umfasst intentional von einem Lerner ausgeführte Aktivitäten zum Erwerb von Wissen und Können, meist zum Lösen aktueller Lebensaufgaben, die in der Regel außerhalb von Bildungsinstitutionen stattfinden. Das zweite Konzept hebt darauf ab, dass im Kontext organisierter Bildungsveranstaltungen den Lernern Selbststeuerungsmöglichkeiten angeboten werden. Lehren wird durch Phasen selbstgesteuerten Lernens angereichert. Dabei erfordern Phasen selbstgesteuerten Lernens eher mehr als weniger didaktische Planung. Ein drittes Verständnis versucht, Bedingungen des Selbstmanagements dadurch zu identifizieren, dass erfolgreiche und erfolglose Lerner (mit

Stufe	Lernender	Lehrer	Beispiele
Stufe 1	Abhängig	Autorität; ‚Einpauker'	Frontalunterricht mit unmittelbarer Rückmeldung; Drill; Mängel und Widerstand werden überwunden
Stufe 2	Interessiert	Motivator; Lenker	Inspirierender Vortrag sowie geleitete Diskussion; Zielsetzungen und Lernstrategien
Stufe 3	Engagiert	Facilitator	Lehrer regt Diskussionen an und nimmt als Gleichberechtigter daran teil; Seminarcharakter, Gruppenprojekte
Stufe 4	Selbstgesteuert	Berater	Praktikum; wissenschaftliche Arbeit; individuelles Arbeiten oder selbstgesteuerte Lerngruppe

Abbildung 7: Grows Stufen der Lernautonomie (zitiert nach Knowles et al. 2007, 171)

Blick auf das Selbstmanagement des Lernens) voneinander unterschieden werden. Man versucht, die dazu passenden Eigenschaften von Personen durch Profillisten zu erfassen. Der selbstständige Lerner wird dabei durch folgende Eigenschaften charakterisiert. Er/sie ist „flexibel, ist selbstreflexiv, zeigt Neugier und Offenheit, ist logisch und analytisch, verantwortlich und selbstbewusst, hat Durchhaltevermögen und ein positives Selbstbild, verfügt über Lernstrategien und Lernmethoden, evaluiert sein/ihr Lernen" (Reischmann 1999, 45). Es wird auf Personeigenschaften abgehoben, die sowohl Einstellungen als auch Fähigkeiten umfassen. In einem vierten Ansatz erscheint selbstgesteuertes Lernen nicht als Mittel zum Zweck, sondern als Ziel. Mit dem Begriff des selbstgesteuerten Lernens werden daher verschiedene Konzepte verbunden, die auf Ziel, Zweck, Persönlichkeitscharakteristika und Arbeitstechniken abheben. Die Wirkmächtigkeit des Begriffs ergibt sich gerade aus seiner Unschärfe und aus einer „positiven Semantik von Freiheit, Demokratie und Selbstverwirklichung" (Reischmann 1999, 47).

Die Kultusministerkonferenz (KMK) versteht unter selbstgesteuertem Lernen „ein konstruktives Verarbeiten von Informationen, Eindrücken und Erfahrungen, über dessen Ziele, inhaltliche Schwerpunkte, Wege und äußere Umstände die Lernenden im Wesentlichen selbst entscheiden und bei dem sie die von anderen entwickelten Lernmöglichkeiten und fremdorganisierten Lernveranstaltungen jeweils nach den eigenen Bedürfnissen und Voraussetzungen gezielt ansteuern und nutzen" (Beschluss der KMK vom 14.4.2000). In diese Definition geht das Ermöglichen von Selbstbestimmung und Selbstverantwortung als Zielsetzungen ein. Wenn das Individuum darüber entscheiden soll, welche selbst- oder fremdorganisierten Lernmöglichkeiten jeweils in seinen Lernprozess einbezogen werden, muss in den Bildungseinrichtungen gefördert werden, dass jeder Einzelne mehr Verantwortung für den Erwerb neuer Fähigkeiten und Kenntnisse übernimmt. Von daher sollen Bildungseinrichtungen die Förderung von Selbstlernprozessen übernehmen und zu individuellen Lernprozessen anregen. Selbstgesteuertes Lernen erhält einen Platz in lebenslangen (oder lebensbegleitenden) Lernprozessen und setzt auf die individuelle Planungsfähigkeit und Selbstdisziplin. Hebt man ab auf die Frage der Steuerung des Lernens, kann überlegt werden, auf welchen Dimensionen das jeweils geschieht und die Dimensionen Lernziele, Lernhalte, Lernprozesse, Lernzeiten und Lernorte, Lernwege, Lernstrategien und Lernregulierung (mit Blick auf Motivation, Volition) unterscheiden.

Paradigmenwechsel in der Didaktik der Erwachsenenbildung

Rolf Arnold und Markus Lermen (2005) grenzen sich in kritischer Auseinandersetzung mit den Konzepten der Erwachsenen- und der Weiterbildung sowohl von einer Belehrungsdidaktik als auch von einer Autodidaktik ab und fordern eine Ermöglichungsdidaktik (vgl. Tabelle 12: Didaktische Konzeptionen in der Erwachsenenbildung).

Auch Peter Faulstich betont die Wichtigkeit der *Aneignungsprozesse beim Lernen* und die *Vermittlungsperspektiven beim Lehren*. „Es ist zentrale Aufgabe des Personals in der Erwachsenenbildung, die Distanz zwischen Thematik und Adressaten zu überbrücken, zwischen Lerngegenstand und Lernenden zu vermitteln. Lehren – in einem veränderten Sinn – ist eine fördernde Intervention in Aneignungsprozesse" (Faulstich 2002a, 7). *Vermittlung* als zentrale Kategorie in der Erwachsenen- und Weiterbildung meint, dass der Erwachsenenbildner resp. Weiterbildner die Aufgabe hat, das

Tabelle 12: Didaktische Konzeptionen in der Erwachsenenbildung
(nach Arnold & Lermen 2005, 49 ff)

Belehrungsdidaktik	Autodidaktik	Ermöglichungsdidaktik
Institutionalisierung	Deinstitutionalisierung	Öffnung der Weiterbildungsinstitutionen im Sinne aufsuchender Bildungsarbeit
Ort- und Zeit-Synchronizität (Präsenzlernen)	Asynchronizität des Lehrens und Lernens	Dual-mode-Weiterbildung
Didaktisiertes, formalisiertes Lernen	Informelles, selbstorganisiertes, selbstgesteuertes Lernen; Individualisierung	Pluralisierung; angeleitetes Selbststudium
Darbietende Weiterbildung (Sachorientierung)	Erarbeitende Weiterbildung (Aneignungsorientierung)	Lernarrangementorientierung (Kombination von Eigensteuerung und Unterstützung)

Wenn ich selbst lerne ...	Der Unterricht sollte so gestaltet sein, dass ...
Elab: Zusammenhänge und Querbezüge – Ich versuche in Gedanken, das Gelernte mit dem zu verbinden, was ich schon darüber weiß	**Vernetzung theoretischer Inhalte** ... Bezüge zwischen neuen und bereits bekannten Theorien hergestellt werden
Elab: Erklärungs- und Anwendungsbeispiele – Ich denke mir konkrete Beispiele zu bestimmten Lerninhalten aus – Zu neuen Konzepten stelle ich mir praktische Anwendungen vor	**Vernetzung mit konkreten Beispielen** ... Sachverhalte anhand konkreter Beispiele veranschaulicht werden ... praktische Anwendungsmöglichkeiten aufgezeigt werden
Elab: Kritisches Prüfen – Ich denke über Alternativen zu den Behauptungen oder Schlussfolgerungen nach	**Kritische Darstellung und Prüfung** ... alternative Schlussfolgerungen aufgezeigt werden
Auswendig lernen durch Wiederholen – Ich lerne Schlüsselbegriffe auswendig, um mich in der Prüfung besser an wichtige Inhaltsbereiche erinnern zu können	**Kompakte Faktenvermittlung und -wiederholung** ... Fakten oder Begriffe, die auswendig zu lernen sind, kenntlich gemacht werden

Abbildung 8: Präferierte Lernstrategien und gewünschte Lehrstrategien
(zitiert nach Wild & Gerber 2006, 77)

Lernen von Wissen zu vermitteln. Es komme daher darauf an, Arrangements zu finden, in denen die Kontrollchancen der Lernenden erhöht wären (vgl. Faulstich 2002 b, 3).

Lernstrategien und Unterricht

Elke Wild und Judith Gerber stellen die Verwendung von Lernstrategien (hier: Elaborationsstrategien) durch die (erwachsenen) Lerner/-innen den von ihnen artikulierten Wünschen, wie der Unterricht gestaltet sein sollte, gegenüber (vgl. Abbildung 8).

Impulse zur Umgestaltung der Erwachsenenbildung

Von einigen Erwachsenenbildnern resp. Weiterbildnern werden die mit dem Konzept des selbstgesteuerten Lernens verbundenen Herausforderungen, nämlich die Notwendigkeit der Entwicklung von Strategien und Methoden zur Gestaltung von Selbstlernarchitekturen und der Steuerung von selbstgesteuerten Weiterbildungsprozessen betont (vgl. Forneck o. J.). Sie weisen darauf hin, dass in der Regel selbstgesteuertes Lernen an hoch strukturierte Selbstlernmaterialien (Leittexte, Werkstattmaterialien) geknüpft ist. Stephan Dietrich arbeitet heraus, dass selbstgesteuertes Lernen nicht per se zu guten Lernergebnissen führt und durchaus mit Frustrationen beim Lernen verknüpft sein kann. Er zeigt, dass es in der Regel nicht nur viel Zeit kostet, sondern bestimmte Kompetenzen bei Lehrenden und Lernenden voraussetzt.

„Lernen bedeutet, Anregungen und Informationen aufzunehmen, zu verarbeiten, mit bestehendem Wissen abzugleichen und zu verknüpfen. Dieses Wissen muss dann aktiv in Handlungen umgesetzt werden können. (…). Das selbstgesteuerte Lernen erfordert darüber hinaus eine Reihe weiterer Kompetenzen. Der Einzelne muss in der Lage sein,

- seinen Lernbedarf zu erfassen und für sich Ziele zu entwickeln,
- den eigenen Lernprozess zu planen und vorzubereiten,
- zu entscheiden, welche Dinge er organisiert lernen will und kann und wo es sinnvoll ist, institutionalisierte Lernangebote wahrzunehmen,
- den Lernprozess mit Hilfe geeigneter Lernstrategien durchzuführen und das Lernen mit Hilfe von Kontroll- und Eingreifstrategien zu regulieren sowie die Lernleistungen zu bewerten,
- Motivation und Konzentration aufrecht zu erhalten.

Diese Kompetenzen können (…) keineswegs grundsätzlich vorausgesetzt werden. Erforderlich ist zunächst

- ein entsprechendes Selbstverständnis als Lernender,
- ein entsprechendes Rollenverständnis im institutionellen Lernkontext,
- die Bereitschaft, bewusst Verantwortung für den eigenen Lernprozess zu übernehmen,
- die eigenen Lernmuster, -verhaltensweisen und individuell bevorzugten Lernstrategien zu kennen und zielgerichtet berücksichtigen zu können,
- möglichst viele Lernmedien und -wege zu kennen und kompetent nutzen zu können" (Dietrich 1999, 19).

Dietrich verdeutlicht, dass die Aufgabe der Erwachsenenbildner darin besteht, entsprechende Lernprozesse zu ermöglichen. Daher müssten sie die Lernenden bei der Entscheidung über Lerninhalte und Lernwege beraten, angemessene Lernarrangements gestalten, die Auseinandersetzung der Lernenden mit dem Lernangebot fördern und sie bei der Kontrolle der Lernergebnisse und bei der Einschätzung von Lernprozess und Kompetenzen unterstützen. Die Lehrkräfte in der Erwachsenenbildung/Weiterbildung müssen daher ein Repertoire an Strategien und Techniken des Lernens vermitteln und in der Lage sein, Lernumgebungen zu gestalten.

1.2.2 Selbstgesteuertes Lernen – auch ein Konzept für allgemein bildende Schulen?

Während in der Erwachsenenbildung/Weiterbildung unter der Perspektive der Vermittlung über die passende Gestaltung von Lernarrangements für die Ermöglichung selbstgesteuerter Lernprozesse durch die professionellen Weiterbildner nachgedacht wird, wird z.T. ohne hinreichende Auseinandersetzung mit dem Stand der Diskussion eine Wertschätzung autodidaktischen oder selbstgesteuerten Lernens für den Unterricht in allgemein bildenden Schulen formuliert. Daher scheint es uns notwendig, zunächst die unterschiedlichen Bedingungen des selbstgesteuerten Lernens in der Erwachsenenbildung und in den allgemein bildenden Schulen mit Blick auf die Lerner, die Ausgangsvoraussetzungen, die Aufgaben von Schulen und Erwachsenenbildungs- resp. Weiterbildungseinrichtungen zu vergegenwärtigen (vgl. Tabelle 13: Zur Unterscheidung von Erwachsenenbildung und Allgemeiner Bildung in den Regelschulen).

Impulse für den Regelunterricht

Franz E. Weinert verdeutlichte, dass selbstgesteuertes Lernen einerseits *Voraussetzung des Unterrichts* sei. „Unabhängig davon, ob Schüler einem Vortrag des Lehrers verständnisvoll folgen wollen, ob sie sich einen Text einzuprägen haben oder ob sie unter Anleitung eine Mathematikaufgabe zu lösen versuchen, stets müssen sie auf verfügbares Wissen zurückgreifen, die eigene Verarbeitungsgeschwindigkeit dem speziellen Darbietungstempo oder dem Schwierigkeitsgrad der Aufgabe anpassen, verschiedene Informationen miteinander vergleichen, untereinander verknüpfen und zusammenfassen, aus unmittelbaren Einsichten weiterführende Schlussfolgerungen ziehen, sich selbst klar darüber werden, ob alles richtig verstanden und eingeprägt wurde und sich bei all diesen Tätigkeiten möglichst wenig ablenken lassen" (Weinert 1982, 104). Weinert zeigte, dass die Fähigkeit, prinzipiell verfügbares Wissen zu nutzen und das Lernen zu steuern, nicht nur vom Lebensalter abhängig ist, sondern von der *Metakognition*, also dem „Wissen eines Menschen über sein eigenes Wissen, über seine geistigen Fähigkeiten und Tätigkeiten, über seine kognitiven Leistungen und Leistungsmöglichkeiten" (Weinert 1982, 104 f). Darüber hinaus sei der schulische Wissenserwerb auch von der aktiv genutzten Lernzeit der Schüler/-innen abhängig, also von der Zeitspanne, in der aktiv, konzentriert und engagiert mitgearbeitet werde.

Selbstgesteuertes Lernen sei andererseits auch eine *Methode* im Unterricht, die vom Lehrer genutzt werden könne, um dem Schüler Einfluss auf die Festlegung und Ausgestaltung der Lernziele, der Lerninhalte, der Lernzeiten und der Lernmethoden zu ge-

Tabelle 13: Zur Unterscheidung von Erwachsenenbildung und Allgemeiner Bildung in den Regelschulen

	Erwachsenenbildung/ Weiterbildung	**Allgemeinbildende Schulen**
Lerner	Erwachsene Lerner/-innen	Kinder und Jugendliche als Lerner/-innen
Kontinuum von Selbstbestimmung bis Fremdbestimmung	Auf dem Kontinuum zwischen Selbst- und Fremdbestimmung ist ein höherer Grad an Selbstbestimmung möglich (aufgrund von Alter, Stellung, Überblick).	Auf dem Kontinuum zwischen Selbst- und Fremdbestimmung ist ein geringerer Grad an Selbstbestimmung möglich.
Wissensbasis	Selbstgesteuertes Lernen kann auf einer Grundbildung aufsatteln.	Grundbildung muss erst noch erworben werden; selbstgesteuertes Lernen müsste mit dem Erwerb grundlegenden Wissens und Könnens verknüpft werden.
Lernerfahrungen	Erfahrungen mit Lernen sind vorhanden und können reflektiert, verstärkt oder modifiziert werden.	Lernstrategien, Lerntechniken, metakognitives Lernen müssen erst noch erworben werden. Sie können nicht parallel zum Lernen von Inhalten angeeignet werden, sondern müssen nach dem Lernen vergegenwärtigt und expliziert werden.
Interessenorientierung	Inhalte des Lernens ergeben sich aus vorhandenen Wissenslücken, die geschlossen werden sollen; aus Interessen oder Anforderungen bezogen auf erforderliche Kompetenzen; Inhaltswahl kann stärker selbstbestimmt geschehen.	Die allgemein bildende Schule muss die Verantwortung für die Einführung in verschiedene Wissensgebiete, Denkrichtungen, Methoden übernehmen. Es muss – auch unabhängig von Interessen – gelernt werden. Lehrkräfte haben die Aufgabe, Interessenentwicklung zu ermöglichen.
Entwicklungsaufgaben	Entwicklungsaufgaben sind weitgehend abgeschlossen; das Interesse kann auf Lernen in selbst gewählten Bereichen gelenkt werden.	Erwerb von Wissen und Können und Bewältigen der Entwicklungsaufgaben sind parallel anzugehen und sind mit- resp. gegeneinander auszubalancieren.

ben. Die Aufgabe bestehe in der „allmählichen Übertragung der Kontrolle und Steuerung schulischer geistiger Tätigkeit vom Lehrer in die Verantwortung des Schülers selbst" (Kluwe 1982, 131, zitiert nach Weinert 1982, 107). Dabei sei diese Methode nicht für alle Schüler/-innen gleichermaßen effektiv, „weil die erforderlichen Kompetenzen von vielen Kindern erst allmählich (und zum Teil unter Anleitung) erworben werden müssen" (Weinert 1982, 107). Weinert schlug vor, mit den Schüler/-innen regelmäßig über Lernerfahrungen, Lernstrategien und Lernergebnisse nachzudenken und sie an der Verantwortung für die Entwicklung eigener Lernfähigkeiten zu beteiligen, auch mit dem Effekt der Förderung von Lernmotivation. Weinert zitierte amerikanische Studien, die zeigten, dass solche Trainings in besonderer Weise das selbstgesteuerte Lernen fördern, in denen die Kinder „von Anfang an lernen, ihre eigenen Trainer zu sein, und auf diese Weise vertiefte, handlungswirksame Einsichten in die Nutzungsmöglichkeiten und Anpassungsnotwendigkeiten der erworbenen generellen Lernstrategien gewinnen" (Weinert 1982, 109). Weinert mutmaßte, dass die Effekte dieses Trainings auf die gleichzeitige Förderung von Lernkompetenzen und Lernmotivation zurückzuführen seien.

Selbstgesteuertes Lernen umfasst anspruchsvolle Lernvorgänge, die erst im Verlauf der kognitiven Entwicklung verfügbar werden und auf eine besondere pädagogische Förderung angewiesen sind. Schulen sind die Orte, an denen es in besonderer Weise gelingen kann, über den *Zusammenhang von Lernverhalten und Lernergebnis* zu reflektieren. Der Psychologe betonte die Bedeutung formalisierter Lernmöglichkeiten für die Entwicklung des selbstgesteuerten Lernens und des gezielten Übens dieser anspruchsvollen Lernhandlungen. „Wird die Ausbildung solcher Lernhandlungen mehr oder weniger dem Selbstlauf überlassen, eignet sich nur ein Teil der Schüler entsprechende Methoden an. Werden dagegen entsprechende Verfahren direkt zum Gegenstand der Lerntätigkeit gemacht, und zwar natürlich nicht unabhängig von der Aneignung des fachspezifischen Stoffes, sondern als notwendiger Bestandteil dieses Lernprozesses, dann können sie von allen Schülern angeeignet werden und zu einer erheblichen Effektivitätssteigerung der Lerntätigkeit führen" (Lompscher 1979, 49, zitiert nach Weinert 1982, 103).

Seit ca. zehn Jahren werden Konzeptionen von Unterricht unter verschiedenen Stichworten vorgestellt. Sie fordern selbstständiges, selbstgesteuertes oder selbstwirksames Lernen und beziehen sich in ihren Begründungen in der Regel auf reformpädagogische Traditionen. Oftmals findet sich eine direkte Verknüpfung von Zielen (Selbstbestimmung, Selbststeuerung) und Mitteln (selbstgesteuertes Lernen) (vgl. u.a. Klippert 2001, Czerwanski et al. 2002; Bönsch 2002; Bräu 2003; Moegling 2004; Fuchs 2005; Bastian 2007).

Slogans in der Diskussion um selbstgesteuertes Lernen

Das selbstgesteuerte Lernen als Slogan ist oftmals mit falschen Annahmen verbunden. Solche Annahmen bestehen in der Abwertung der direkten Instruktion oder des Frontalunterrichts, in der Negierung der Bedeutung einer soliden Wissensbasis in verschiedenen Lernbereichen oder Fächern und in der naiven Annahme, eine Aktivierung von Schüler/-innen und ein Lernen in Gruppen seien per se schon förderlich.

Ein Beispiel für die Gleichsetzung einer Aktivierung der Schüler/-innen und Lernen finden wir in den Texten von Heinz Klippert (vgl. Klippert 2006). Er formuliert die Idee, dass Schüler dabei unterstützt werden müssen, Lernkompetenzen zu erwerben.

Darunter versteht er Basisfertigkeiten, die erfolgreiche Lernhandlungen gewährleisten. Unter solche Lern- und Arbeitstechniken fasst er einfache Verfahren des Erschließens von Informationen aus Texten ebenso wie Formen des kooperativen Arbeitens in Partner- und Gruppenarbeit (Kooperatives Lernen) und Formen der Präsentation. Die Forderung nach *Lern- und Arbeitstechniken* ist zwar nicht falsch, jedoch müssten Lehrkräfte eine Idee haben, auf welchen Ebenen jeweils Lern- und Arbeitstechniken zu entwickeln sind. Es wird nicht unterschieden, auf welchen Dimensionen eine Schülerin oder ein Schüler lernen muss, z. B. auf der Ebene, sich Ziele zu setzen, auf der Ebene des Wissenserwerbs in verschiedenen Domänen, der Kooperation oder der Wiedergabe des Wissens. Es kann aber auch um Fragen der Aufmerksamkeit und Konzentration, der Motivation und Selbstmotivation, der Volition, der Steuerung oder der Metakognition gehen. Lehrkräfte müssten Ideen über die verschiedenen Dimensionen einer Persönlichkeit oder des erfolgreichen Lerners haben, um hier gezielt Hinweise für Lern- und Arbeitstechniken geben zu können.

Das Konzept der Lernspirale will die Idee vom eigenverantwortlichen Arbeiten und Lernen in ein allgemeines Vorgehen umsetzen. Es sollen diverse Arbeitsinseln organisiert werden, in denen die Schüler/-innen aktiv werden können (vgl. Klippert 2001, 63 ff). Die ausgewiesenen Arbeitsinseln sollen Lernarrangements darstellen, in denen die Schüler/-innen sich in der jeweiligen Lernstoff „hineinbohren" können (Klippert 2001, 66). Die Idee der Lernspiralen (Klippert 2006, 104) geht davon aus, dass es *eine* Art des Vorgehens geben könnte, um fachliches Lernen anzuleiten. Gewünscht wird eine Aktivierung der Schüler/-innen. Wenn sie lesen und markieren, exzerpieren und strukturieren, kooperieren und visualisieren, fragen und antworten, planen und entscheiden, organisieren und präsentieren, vortragen und diskutieren, Probleme lösen und Kompromisse finden, Feedback geben und Feedback nehmen, wird die Aktivierung allein schon positiv gewertet.

In diesem Konzept wird die Aktivierung der Schüler mit Lernen gleichgesetzt. Die Schüler haben keine Kriterien dafür, was sie wissen und können müssen; es fehlen Prüfoperationen, also klug konstruierte Aufgaben, die mit Blick auf das gewünschte Niveau des Wissens und Könnens verfasst wurden. Es bleibt unklar, wie die Schüler/-innen erkennen sollen, wenn sie sich falsches Wissen aneignen. Es wird nicht geprüft, ob sachlich angemessen, passend zum Vorkenntnisstand der Lerner/-innen und auf welchem Niveau gelernt wird. Es wird ein Verständnis von Lernen nahegelegt, das sich in der Aktivierung erschöpft. Darüber hinaus ist es darauf fixiert, vor allem die oberflächliche Gestaltung des Unterrichts zu betrachten. Wird gemeinsam gearbeitet und präsentiert? Ein Verständnis über die jeweils anzulegenden Lernprozesse fehlt ebenso wie die Erkenntnis, dass auch in einem Unterricht, in dem Schüler/-innen aktiv sind, ein Lernen simuliert werden kann. Wenn also viel Verwirrung in diesem Bereich besteht, müssen die ernst zu nehmenden Überlegungen noch einmal vorgestellt werden.

Selbstgesteuertes Lernen als Ansatz für die Veränderung von Unterricht

Selbstgesteuertes Lernen ist eine Lernform, bei der der Lernende „die wesentlichen Entscheidungen, ob, wann, was, wie und woraufhin er lernt, gravierend und folgenreich beeinflusst" (vgl. Weinert, zitiert nach Friedrich & Mandl 1997, 238). Helmut F. Friedrich und Heinz Mandl zeigen, dass selbstgesteuertes Lernen hohe Anforderungen an den Lernenden stellt. Er/sie muss das Lernen vorbereiten, d. h. das Vorwissen aktivieren und sich Ziele setzen; eine Lernhandlung durchführen und die – für die dafür notwendigen Verstehens-, Behaltens und Transferprozesse – erforderlichen kognitiven Strategien aktivieren, das Lernen mit Hilfe von Kontroll- und Eingreifstrategien regulieren, die Lernleistung durch Selbstevaluationsprozesse bewerten und Motivation, Konzentration und Volition aufrechterhalten.

Vermittlung von Motivations-, Volitions- und Lernstrategien

„Direkte Förderansätze zeichnen sich dadurch aus, dass dem Individuum – in Form von Strategietraining – die Prinzipien selbstgesteuerten Lernens vermittelt werden" (Friedrich & Mandl 1997, 254). Für den Unterricht in den allgemein bildenden Schulen heißt das, dass Fragen des Lernens und des Vorgehens beim Lernen direkt zum Thema gemacht werden. Dabei muss die Lehrkraft das Alter der Schüler/-innen, aber auch ihre besonderen Stärken und Schwächen beim Lernen kennen und Strategien und die mit ihnen verbundenen Zielsetzungen direkt vermitteln. Als ein Vorgehen eignet sich das *Modell der kognitiven Lehre* und hier des kognitiven Modellierens. „Da motivationale und kognitive Komponenten selbstgesteuerten Lernens zumeist nicht offen beobachtbar sind, müssen sie explizit gemacht werden, damit die Lernenden eine kognitive Repräsentation der jeweiligen Zielstrategie aufbauen können" (Friedrich & Mandl 1997, 254). Das Modell der kognitiven Lehre ermöglicht, diese kognitiven und motivationalen Komponenten sichtbar zu machen dadurch, dass handlungsbegleitend Denken und Handeln verbalisiert wird. „Ein internalisiertes Modell ist eine Soll-Vorgabe für die Überwachung der Durchführung einer Handlung und es fungiert schließlich als eine interpretative Struktur, die das Verstehen von Feedback erleichtert" (Friedrich & Mandl 1997, 254).

- Erörterung von Motivationen, Muster der Attribuierung und Selbstwirksamkeitsüberzeugungen
- Erlernen von Techniken der Selbstinstruktion
- Vermittlung von Lernstrategien (Wiederholungsstrategien, Elaborationsstrategien, Organisationsstrategien)
- Vermittlung von Kontroll- und Selbstreflexionsstrategien
- Erlernen von Strategien zur Anwendung auf ein authentisches Problem
- Anwendung der erworbenen Strategien auf einfache, prototypische, dann auf zunehmend schwieriger werdende Aufgaben
- Lernen in sozialen Kontexten.

Gestaltung der Lernumgebungen

„Die Gestaltung von Lernumgebungen für selbstgesteuertes Lernen hängt in hohem Maße von den jeweils zugrunde liegenden Vorstellungen über Lernen ab" (Friedrich & Mandl 1997, 258).

Lernumgebungen können so gestaltet sein, dass sie erfolgreiche Lernschritte direkt verstärken durch kleine Informationseinheiten und unmittelbare Rückmeldungen nach jedem Lernschritt. Selbststeuerung umfasst hier nur die Unabhängigkeit von einer Lehrkraft und die Wahl der Lernzeiten. Das Lernen wird über vorgefertigte Lernmaterialien oder Lernmedien gesteuert. Lernumgebungen können auch offener angelegt sein und die Eigenaktivität und soziale Interaktion herausfordern. Sie bieten dann authentische, realitätsnahe und komplexe Probleme an, die zum Lernen herausfordern, provozieren zur Kooperation der Lernenden und wollen das Verknüpfen von Wissen und Handeln befördern (vgl. Friedrich & Mandl 1997, 257 ff).

Franz E. Weinert wies darauf hin, „dass der Einsatz von metakognitiven Strategien nur bei subjektiv mittelschweren Aufgaben sinnvoll ist. Bei zu schwierigen Aufgaben müsste adäquates metamemoriales Wissen nicht zur Lösung, sondern in vielen Fällen zur realistischen Einschätzung der Aussichtslosigkeit längerer Anstrengungen führen, bei zu leichten Aufgaben hingegen seien Metakognitionen irrelevant, da sie zur Bearbeitung der Aufgabe nicht benötigt werden" (Baumert et al. 2001, 6). Voraussetzung für den Einsatz von Lernstrategien sei das Vorhandensein eines gewissen Spielraums.

Lernbegleitung

Wenn – im Kontext institutionalisierten Lernens – die Forderung nach selbstgesteuertem Lernen nicht nur eine Leerformel sein soll, ist über eine doppelte Aufgabenstellung nachzudenken, nämlich darüber, wie die lernerseitigen Strukturen und Prozesse angelegt sein müssen, damit selbstgesteuertes Lernen gelingen kann und wie Lernsituationen und Lernumgebungen beschaffen sein müssen, um dieses selbstgesteuerte Lernen anzuregen, zu fördern und zu unterstützen (vgl. Friedrich & Mandl 1997, 241 f). Das bedeutet, dass unter selbstgesteuertem Lernen nicht die Entlassung der Lehrkräfte aus der Verantwortung für den Lernprozess der Lerner verstanden werden darf, sondern die Vermittlung von Metakompetenzen, damit die Lerner/-innen auf neue Anforderungen reagieren können. Der Prozess der Aneignung dieser Metastrukturen erfordert die Begleitung durch Experten, z. B. zur Bewusstmachung von Lernprozessen, zur Überwindung von Lernplateaus, zur Behebung individueller Schwächen, zur Kontrolle und Bewertung prozessualer Vorgänge, aber auch zur Bewusstmachung und Steuerung von Einstellungen und Ansichten.

Selbststeuerung und Lernergebnisse

Reinhold Nickolaus wies darauf hin, dass empirische Befunde zum selbstgesteuerten und handlungsorientierten Lernen gegenüber direktiven Instruktionsvarianten zeigen, dass Erstere zwar die Lernmotivation erhöhen können und dass in systematischen, direktiven Instruktionsvarianten häufig träges Wissen erworben wird, das nicht sofort auf variierende und multiple Kontexte übertragen werden kann, dass sich aber die erhöhte Lernmotivation nicht unbedingt in besseren Lernergebnissen niederschlägt. „Mangelnde Strukturierung, Systematik und Klarheit in selbstgesteuerten, handlungsorientierten Erarbeitungsformen und subjektive Selbstüberschätzung des Lernerfolgs durch die Lernenden sind die Kehrseite erhöhter Lernmotivation. (...) In den Lernenden zur Selbststeuerung überlassenen Lernprozessen begünstigt die Handlungsorientierung eine finale Ausrichtung, die die Lernenden dazu verleitet, den Lernprozess bei Erreichung des Ziels abzubrechen, ohne dass (...) die für Transferprozesse notwenigen Abstraktionen vorgenommen sind" (Nickolaus 2000, 192 f, zitiert nach Siebert 2001, 75). Von daher wird zunehmend für einen Wechsel von selbstgesteuerten und angeleiteten Lernphasen und für geplante Lehr-Lern-Arrangements plädiert.

Erlebte Selbststeuerung

Gerald A. Straka geht der Frage nach dem ‚Selbst' beim selbstgesteuerten Lernen nach und kommt zu dem Ergebnis, dass Lernen oft unterschiedlich attribuiert wird, nämlich in Kategorien wie internal/external, kontrolliert/nicht kontrolliert, stabil/instabil. „Wenn aus der Perspektive dieser Kategorien eine Person ein Lernergebnis auf eigenes Handeln und nicht auf fremde Hilfe zurückführt (internal), den Lernprozess meint unter ihrer Kontrolle (kontrolliert) gehabt zu haben und die Situation als stabil und damit beherrschbar erachtet (stabil), kann dieses Erleben dazu beitragen, dass dieser Lernprozess vom Lernenden als selbst-gesteuert betrachtet wird. Darüber hinaus können sich derartige Ursachenzuweisungen im bereichsspezifischen Selbstbild der Person niederschlagen. Bei einer neuen Herausforderung auf diesem Gebiet kann die Erwartungskomponente des Interesses höher sein (...) und der neue Lernprozess mit höherer Intensität und positiver Emotion durchgeführt werden" (Straka 2005, 178). Straka verdeutlicht mit diesen Ausführungen, dass der Gegensatz von fremdgesteuert und selbstgesteuert vielleicht falsch ist. Fragen des Bereichs der Steuerung könnten daher unterschieden werden. Das Ausmaß und der Grad von Selbst- und Fremdsteuerung sollten nicht als Gegensatz, sondern auf einem Kontinuum angelegt gedacht werden mit dem Ziel, jeweils passend zur Zielsetzung des Lernens sinnvolle Varianten von fremdgesteuertem oder selbstgesteuertem Lernen auswählen zu können.

Zur Bedeutung einer soliden Wissensbasis

Rolf Dubs stellt die *Bedeutung einer soliden Wissensbasis* heraus. „Wer nichts weiß, ist nicht in der Lage, Wissen abzurufen, weil er keine Anhaltspunkte zur systematischen Suche von Wissen hat sowie die Fülle des Wissens nicht in umfassendere Wissensstrukturen einbauen kann, um die vielen Wissenselemente zu verstehen. Wer nichts weiß, ist kaum in der Lage, Probleme zu erkennen. Und wer nichts weiß, kann Probleme auch nicht differenziert beurteilen" (Dubs 1999, 58). Dubs fordert, dass die Lerner/-innen über ein vernetztes Strukturwissen verfügen sollen, d.h. über Wissensnetzwerke, die den Einbau neuen Wissens in die bestehenden Strukturen sowie die eigenständige Konstruktion von neuem Wissen erleichtern und Wissen anwendbar machen (Dubs 1999, 58). Entgegen Annahmen, die darauf setzen, eine Aktivierung von Schüler/-innen sei per se förderlich, stellt er heraus, dass es vor allem auf die *Qualität der Lernaktivitäten* ankommt. Zugleich gibt es Hinweise, dass „lerungewandte Lernende, schwächere und ängstliche Lernende sowie Lernende aus einem bildungsarmen Milieu" mehr lernen, „wenn sie von den Lehrenden stärker angeleitet und geführt werden" (Dubs 1999, 60).

Zur Rolle der Lehrkraft

Ein weiterer beliebter Irrtum besteht darin, dass selbstgesteuertes Lernen die Aufgaben des Lehrers grundsätzlich verändere. Dazu seien Überlegungen aus der populären Literatur aufgegriffen. „Der Lehrer wird zum Lernorganisator, zum Lernberater und zum Moderator schülerzentrierter Lernprozesse. Dementsprechend muss sich auch die Haltung gegenüber den Schüler/-innen verändern. (...) Sie müssen ihnen etwas zutrauen und zumuten (...). Sie müssen geeignete Arbeitsinseln organisieren, ohne die Schüler/-innen über Gebühr zu reglementieren und zu kontrollieren. (...) Geführt wird also primär durch Rahmenvorgaben (Ziel-, Zeit-, Material- und Organisationsvorgaben) und weniger durch Detailanweisungen und Detailkontrollen. Auf diese Weise wird sichergestellt, dass die Schüler/-innen lernen können, sich durchzuwursteln, Ausdauer zu entwickeln und Verantwortung für den eigenen Lernprozess wie für den Prozess in den jeweiligen Gruppen zu übernehmen" (Klippert 2001, 49). Hier werden Begriffe verwendet, die auf den ersten Blick einerseits Entlastung und andererseits attraktive Tätigkeiten der Lehrkraft versprechen. Zugleich wird darauf gesetzt, dass die Schüler/-innen für ihre Lernprozesse selbst verantwortlich sind. Rolf Dubs verdeutlicht, dass die Ideen über selbstgesteuertes Lernen die Aufgaben der Lehrkräfte vergrößern. Lehrende müssen „über ein breites Verhaltensrepertoire verfügen von direktem (anleitendem) Lehrerverhalten bis hin zur Lernberatung (Coaching). Es geht weniger um die Form als um die Qualität der Interaktionen mit den Lernenden. Sie müssen den Lerner/-innen auch die Hilfen zukommen lassen, die sie zur Entwicklung der Fähigkeit zur Selbststeuerung des Lernens benötigen. Für ihn ist daher das Lernen an authentischen Problemen bedeutsam. Lehrkräfte müssten komplexe Lehr-Lern-Arrangements schaffen, die Problemstellungen umfassen, die in Form von Fällen, Dialogen, Simulationen usw. so aufgearbeitet werden, dass aus den Problemen ersichtlich wird, welches Wissen zunächst zu erarbeiten ist, damit die Probleme gelöst werden können. Die gewählten Lehr-Lern-Arrangements müssten zum Vorwissen der Lernenden passen und ihnen dabei helfen, Probleme zu erkennen und zu definieren. Es wird deutlich, dass problemorientiertes Lernen und das Erlernen von Selbststeuerung miteinander zu verbinden sind. Die Lehrkraft übernimmt dabei eine Lernberatung. Lernberatung meint „Scaffolding", d.h., es wird für den Lerner ein Gerüst bereitgestellt, das Hinweise bei der Konstruktion von Wissen und für Lern- und Denkprozesse gibt.

Unser Modell

Im Rahmen des Unterrichts ist die Fähigkeit zur Selbstregulation aufzubauen, die neben dem Lernen auch das Verhalten, basierend auf einer Emotionsregulation, mit umfasst. Wenn Unterricht zugleich Menschen befähigen will, mit Blick auf eigene Zielsetzung und Möglichkeiten sich selbst zu bestimmen und zu steuern, sind umfassend gedachte Regulationsprozesse anzulegen. Dies geschieht nicht nur dadurch, dass bestimmte Fragen zum Inhalt des Unterrichts werden oder – durch intentional angelegte Lernprozesse – erworben werden. Der Unterricht muss auch durch beiläufig angelegtes Lernen *Selbststeuerungsfähigkeit* vermitteln. Dieses beiläufige Lernen hat zur Voraussetzung, dass Lernarrangements so gestaltet sind, dass in ihnen der Erwerb von Selbststeuerung- und Selbstregulationsfähigkeiten möglich wird. Dazu gehört, dass die Lernerin oder der Lerner lernt, dass er das Lernen vorbereitet, also Vorwissen aktiviert und Ziele setzt, verschiedene Lernhandlungen durchführt, die für das Verstehen, Problemlösen, Behalten und für den Lerntransfer nötig sind, sein Lernen mit Hilfe von Kontroll- und Eingreifstrategien reguliert, seine Lernleistung evaluiert und dafür Sorge trägt, Motivation und Konzentration aufrechtzuerhalten. Damit verbunden ist, dass die Lehrkräfte – mit Blick auf die Belastungen der Schüler/-innen – die Schule zu einem Ort machen, der Ressourcen der Schüler/-innen stärkt und Hilfen bei der Bewältigung gibt. Subjektiv gesteuerte Lern- und Bildungsprozesse können eine wesentliche Kraft zur Emanzipation gegenüber lebensweltlich verursachten Krisen und Konflikten sein. Dazu ist jedoch erforderlich, dass die Lehrkraft mit den Schüler/-innen sich darüber verständigt, wie sie selbstreguliert die Anforderungen der Schule, die Belastungen in Familie und Lebenswelt bewältigen und wie sie mögliche Formen der Unterstützung für sich zu nutzen lernen.

Regulation des Selbst und kognitive/ metakognitive Regulation	Volitionale und motivationale Regulation
Nachdenken über Entwicklungsaufgaben, über Lernen im Kontext der Entwicklungsaufgaben, über Belastungen und Ressourcen und über Möglichkeiten der Balancierung von Anforderungen und Ressourcen.	Korrektur eines Selbstkonzeptes als Hauptschüler/-in, Realschüler/-in und der Selbst- und Fremdzuschreibung von Ursachen des Scheiterns resp. Versagens.
Kennenlernen der Unterscheidung von lageorientiertem und handlungsorientiertem Modus des Seins und Reflexion darüber, wann welcher Regulationstyp hilfreich ist.	Unterscheidung von Motivierungsprozessen und Volitionsprozessen; Kenntnisse über erfolgreiche Wege zur Zielformulierung und Zielerreichung.
Kennenlernen von Möglichkeiten zur Emotionsregulation.	
Erarbeitung des erforderlichen, bereichsspezifischen Vorwissens resp. Hilfestellung zu seinem eigenständigen Erwerb. Erwerb metakognitiver Strategien – Planung und Zielrepräsentation – Überwachung (Monitoring) – Korrekturstrategien Erwerb von Lernstrategien – Memorierstrategien – Tiefenverarbeitung – Elaboration – Organisation	Entwicklung unterstützender motivationaler Orientierungen. Ausbildung förderlicher selbstbezogener Kognitionen (Selbstkonzept der Begabung, Selbstwirksamkeit, Kontrollüberzeugungen) Motivationale Präferenzen (Interesse, Aufgabenorientierung). Entwicklung von Konzentrationsfähigkeit und Aufmerksamkeit, Anstrengungsbereitschaft und -fähigkeit, Ausdauer. Entwicklung von volitionaler Steuerungsfähigkeit durch Abschirmung resp. Ausbalancierung gegenüber konkurrierenden Intentionen und Verarbeitung von Erfolg und Misserfolg.
Erarbeitung von Möglichkeiten des Wissensmanagements.	

Abbildung 9: Aspekte der Selbstregulation

Mit Blick auf das vorgestellte Modell von Artelt, Demmrich und Baumert (2001) und erweitert durch die vorgestellten Überlegungen (vgl. Martens & Kuhl 2005; Mitmansgruber 2003) muss die Entwicklung der Selbststeuerungsfähigkeit auf verschiedenen Ebenen ansetzen (vgl. Abbildung 9: Aspekte der Selbstregulation).

Wenn wir die Überlegungen auf das Modell der Selbststeuerung des Lernens anwenden, wird deutlich, dass vielfach nur Oberflächenmerkmale durch Fragebögen oder auch Beobachtungen des Arbeitsverhaltens von Lerner/-innen erfasst werden. Weniger in den Blick kommen die damit verbundenen Fragen, ob die schulischen oder Bildungsziele zum Selbst passen (Selbstkongruenz) und in welchem Modus der Regulation (Selbstkontrolle oder Selbstregulation) bestimmte Handlungen ausgeführt werden. Gerade selbstkontrollierte Schüler/-innen könnten mit Blick auf die Verwendung von Lernstrategien oder Lerntechniken, der Motivierung und Selbstüberwachung als selbstgesteuerte Lerner erscheinen. Nicht in den Blick kommen der Modus der Regulation und damit die Fähigkeit, Anforderungen zurückzuweisen, zwischen Alternativen zu wählen und sich in Kontakt mit Bedürfnissen, Gefühlen und Motiven selbst zu regulieren. Schüler/-innen können im Modus der Selbstregulation evtl. schulische Anforderungen zurückweisen, weil sie gerade mit der Bewältigung von Lebenskrisen oder Problembelastungen beschäftigt sind, sich bestimmten Entwicklungsaufgaben stellen und nur wenig Zeit auf das Lernen oder auf Formen der Selbststeuerung des Lernens verwenden.

Lehrkräfte können (aus der Auseinandersetzung mit den Theorien zum selbstgesteuerten Lernen) ein Verständnis für die komplexen Anforderungen entwickeln, die an die Lerner gestellt werden. Sie haben die Möglichkeit, mit den Schüler/-innen umfassend darüber nachzudenken, was zum erfolgreichen Lernen gehört und Hilfen zur direkten Vermittlung der erforderlichen Kompetenzen zur Selbststeuerung und Selbstregulation zu geben. Sie können darüber hinaus versuchen, die Lernumgebungen so zu gestalten, dass höhere Grade an Selbststeuerung möglich werden.

Die Schule selbst mit ihren Strukturen kann nur dann Selbststeuerung im Sinne von Selbstregulation fördern, wenn es gelingt, dass Kinder und Jugendliche eine positive Einstellung gegenüber den Entwicklungsaufgaben gewinnen und diese angehen, es schaffen, die verschiedenen Entwicklungsaufgaben miteinander und gegeneinander auszubalancieren, sich in der Schule dafür Hilfen holen, sowohl die Fähigkeit zur Selbstkontrolle als auch zur Selbstregulation zu lernen, und ihnen erlaubt wird, einen Zugang zum Selbst durch Selbstwahrnehmung zu erschließen. Einen Teilbereich dieser umfassend gedachten Selbstregulation stellt das selbstgesteuerte Lernen dar.

1.3 Selbstreguliertes Lernen im schulischen Alltag

Das Lernen in der Schule ist an die Fähigkeit geknüpft, sich selbst zu managen. Als Schülerin oder Schüler muss man pünktlich in die Schule kommen (Zeitmanagement), einen Schultag durchhalten (Selbstregulation), spontane Impulse zügeln (Affekt- und Impulskontrolle), Ziele entwickeln, zielführendes Verhalten zeigen und das Erreichen der Ziele überprüfen. In der traditionellen Schule und im traditionellen Unterricht werden Rahmenbedingungen und Regeln geschaffen, die es dem Einzelnen erleichtern sollen, die erforderlichen Verhaltensweisen zu zeigen. Zunehmend kommt es darauf an, bestimmte Verhaltensweisen eigenaktiv hervorzubringen. Die Schule muss daher dafür Sorge tragen, dass die Schüler/-innen solche Strukturen erwerben, die ihnen Selbststeuerung und Selbstregulation ermöglichen. Oftmals haben die Schüler/-innen diese Fähigkeiten und Kompetenzen im Elternhaus und Schule quasi beiläufig erworben (ohne dass diese Kompetenzen immer bewusst wären), da die Eltern diese Formen des Handelns ständig zeigen und bei ihren Kindern den Aufbau derartiger Strukturen anleiten. Verfügen die Eltern aber nicht über derartige Kompetenzen, können auch Schüler/-innen Defizite in diesem Bereich haben. Die Schule hat nicht nur gute Möglichkeiten, sie zu kompensieren, verbringen die Schüler/-innen doch Zeit miteinander, die für gezieltes oder beiläufiges Lernen genutzt werden kann; die Lehrkräfte müssen auch dafür Sorge tragen, dass diese Kompetenzen aufgebaut werden. Eine Voraussetzung dafür ist ein diagnostischer Blick, in welchen Teilbereichen Fähigkeiten fehlen, und Konzepte, wie diese erworben werden können. Im Kontext schulischen Lernens können in den einzelnen Unterrichtsfächern – im Zusammenhang mit der Aneignung fachlichen Wissens – auch Selbstregulationsfähigkeiten gefördert werden. Dazu gehört ggf., eine Art Metaebene zum Unterricht anzulegen. Vor dem Unterricht kann über die Zielsetzungen für die Schüler/-innen und ihre Erwartungen und Einstellungen über das Kommende gesprochen werden. Während des Unterrichts kann parallel über motivationale und volitionale Techniken, Vorsatzbildung und Formen der Beobachtung des eigenen Lernens gesprochen werden. Es können Wege zum Vermeiden des Aufschiebens erörtert werden. Zum Abschluss des Unterrichts können die Lernprozesse und Lernergebnisse überprüft werden, ob man eigene Ziele erreicht hat, welche Ursachen mit dazu beigetragen haben, welche Inhalte man gelernt hat und welche Ziele man sich nun setzt. Der Lehrkraft kommt in diesem Prozess eine wichtige Rolle zu. Sie muss

- inhaltliches Wissen über Selbstregulation vermitteln,
- Aufgaben zur Selbstregulation mit dem Unterricht und hier den Aufgabenstellungen verknüpfen (z. B. durch Aufforderungen zu Zielbildungsprozessen, Erwartungsformulierung, Handlungsplanung, Überprüfung),
- auf die Wichtigkeit der Anleitung des eigenen Lernprozesses durch Selbstinstruktion und die Überwachung des Lernprozesses durch Selbstmonitoring hinweisen,
- hilfreiche und störende Faktoren im Lernprozess ansprechen (z. B. Aufmerksamkeit und Konzentration, Motivation und Volition versus störende Gedanken, problematische Attributionen),
- selbst Modell sein (zur Ermöglichung von Modelllernen) und Modelle anderer (Mitschüler/-innen) bereitstellen, um Lernen zu ermöglichen,
- zum Soll-Ist-Vergleich herausfordern,
- informatives Feedback geben (z. B. Portfoliogespräche zu Beginn, während und am Ende des Lernprozesses).

1.3.1 Das erforderliche Wissen für Lehrkräfte

Die Motivationstheorie von Heinz Heckhausen (1987), die Rubikontheorie, kann hierbei helfen, indem sie das Augenmerk auf Phasen des Ablaufs lenkt. Prozesse der Motivation werden mit Willen und Handlungsplanung verknüpft. Die motivierte Person überschreitet mit Einsatz des Willens eine Schwelle (den inneren Rubikon) und initiiert die Handlung. Mit diesem Übergang ist eine Veränderung der Bewusstseinslage verknüpft. Vor der Handlungsentscheidung war das Bewusstsein weit und offen; nun ist es auf die Handlung eingeengt und Prozesse der Abschirmung halten störende Motivationen und Informationen zurück. Diese im Handlungsvollzug nötigen Strategien hat Julius Kuhl als *Handlungskontrolle* beschrieben. Sie stehen nicht allen Personen gleichermaßen zur Verfügung und müssen gelernt werden.

Wie gut es gelingt, erfolgreich zu handeln, hängt nicht nur von der Motivation, sondern von der Qualität des Plans ab, für den die Person sich entscheidet. Kuhl zeigte, dass Pläne, die nicht genügend gut durchgearbeitet sind (und durch fehlende Zielklarheit, keine Zielhierarchie, ungenügend spezifizierte Schrittfolge des Agierens, ungeklärte situative Voraussetzungen gekennzeichnet sind), von der Person oft nicht als defizitär erkannt werden. In dieser Konstellation entstehen fehlerhafte Attributionen des Handlungsergebnisses. Gehäufte Entscheidungen für defizitäre Pläne und Erfahrungen mit ihnen resp. auch Scheiternserfahrungen werden mit Lageorientierung beantwortet, d. h. die Person kommt in einen Verarbeitungsmodus, der auf Gefühle und das Selbst bezogen ist. Fehlschläge des Handelns werden als Beleg für die negativen Annahmen über sich und die Welt gedeutet. Sie werden scheinbar bestätigt und verfestigen sich. Weitere Handlungsversuche unterbleiben. Die Person wirkt auf Andere träge und unmotiviert. Im Extremfall kann eine depressive Verstimmung entstehen.

Handlungserfolg oder Handlungsmisserfolg und der Aufbau von Erwartungen

Joachim Hoffmann (1993) zeigte, wie Handlungserfolg und -misserfolg beim Aufbau von Antizipationen wirken, die Handlungen steuern (siehe die Abbildung 10: Lernmechanismus zum Aufbau von Antizipationen).

Wird in einer Situation (S) eine Handlung (R) erwogen, wird diese von Antizipationen bezogen auf die durch diese Handlung erfolgenden Konsequenzen (K Ant), begleitet. Bei der Ausführung der Handlung entstehen die realen Konsequenzen (K Real). Der Vergleich mit der Antizipation (K Ant ‚Vergleich' K Real) führt im Falle des Erfolgs (reale Konsequenzen sind gleich oder besser als die antizipierten) zu einer Verstärkung der Antizipationen. Diese Handlung wird künftig mit einer intensiveren Antizipation verknüpft und daher bevorzugt auftreten. Bei Abweichung der realen Konsequenzen von der Antizipation ist das Resultat problematischer: Der Informationswert des Misser-

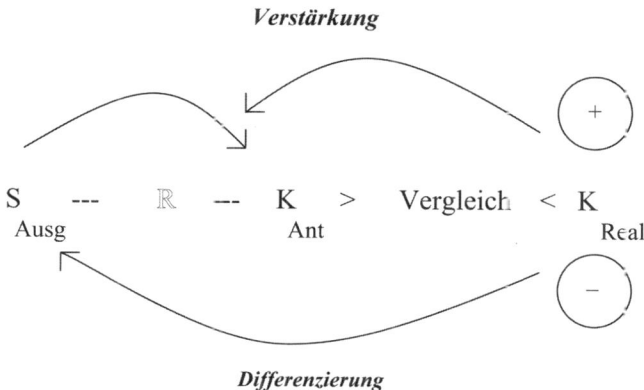

Abbildung 10: Lernmechanismus zum Aufbau von Antizipationen (nach Hoffmann 1993)

folgs führt zu einer Schwächung der Verknüpfungen. Die Situation muss künftig differenzierter wahrgenommen werden. Es werden weitere Handlungsversuche mit Antizipation von Konsequenzen gebraucht, damit ein stabiles zielerreichendes Antizipationsgefüge entstehen kann. Die Wirkung des Vergleichsprozesses kann man sich dabei als Konditionierung und gleichzeitig als informative Rückmeldung vorstellen.

Bei defizitären Handlungsplänen werden diese aber nicht eintreten. Gespräche werden also gebraucht, um defizitäre Pläne zu verhindern und angemessene Antizipationen auszubilden, damit aus der Erfahrung der Umsetzung des Plans für künftige Situationen etwas gelernt werden und Transfer erfolgen kann.

Dem Sprechen über Gefühle (Caspar 1989; Mitmansgruber 2003) kommt an dieser Stelle eine besondere Bedeutung zu. Die bei den Aktionen auftretenden Gefühlslagen erlauben eine Einschätzung, ob die Person über ein funktionierendes System zur Handlungsplanung und Ausführungskontrolle verfügt. Positive Gefühle in der Situation signalisieren, dass die Person ihre Ziele beim Agieren erreicht. Negative Gefühle signalisieren, dass entweder die Abläufe als unangemessen erlebt werden oder die Ziele verfehlt wurden. Ist die Person nicht fähig, bei unangenehmen Gefühlen eine alternative Handlung zu planen oder auszuführen, liegt der Verdacht nahe, dass es Defizite im System gibt; damit meinen wir, dass Pläne fehlen oder keine Planungsfähigkeit vorhanden ist.

Die Analysen von Grawe (2004) zeigen, dass es im Handlungssystem von psychisch gesunden Menschen überwiegend Handlungsschemata gibt, die erfolgreiche Handlungsentwürfe zur gezielten Befriedigung von Bedürfnissen enthalten. Er spricht von intentionalen Schemata. Menschen mit Problemen haben viele Konfliktschemata oder Vermeidungsschemata; ihr Handeln ist demnach oft so, dass ihre Bedürfnisse durch ihr Handeln nicht befriedigt werden oder dass das Erleben von Ambivalenzen vorherrscht. Die von den Personen als Ersatzhandlungen ausgebildeten Symptome (z. B. Vermeidungshandeln) lösen sich von den ursprünglichen situativen Bedingungen ab und werden auch in anderen Situationen ausgelöst.

Auftretendes Fehlverhalten (z. B. als Unterrichtsstörungen) kann ein Symptom dafür sein, dass es derartige Entwicklungen bei einer Person gegeben hat und es einer Therapie bedarf, um die Konflikt- und Vermeidungsschemata abzubauen. Schlagen punktuelle Handlungsplanungen fehl und wirkt die Person als scheinbar lernunfähig, ist diese Alternative zu bedenken.

Das Rubikonmodell sieht in der postaktionalen Phase Reflexion vor. Diese Reflexion ist der zentrale Lernmechanismus. Wenn wir die Überlegungen von Joachim Hoffmann über Erwartungen mit bedenken, zeigt sich Folgendes: Nur wer Erwartungen artikuliert hat, kann in der Reflexion über Erfolg entscheiden und diesen gegebenenfalls durch Ursachenattribution verarbeiten. Wie die Neurokognitionsforschung zeigt, ist externe Belohnung nicht lernwirksam, wenn sie keine informative Wirkung hat. Dies macht klar, warum Lob ohne sachliches Bezugssystem im Lerner in Bezug auf die Qualität der Handlung ohne Wirkung bleibt.

Selbstreguliertes Handeln als langfristig anzulegender Aufbauprozess

Die Überlegungen von Carver und Scheier (1998) zeigen, dass Selbstregulation im Kern eine Verknüpfung von Handlungsplänen mit einer Metastruktur von Prüf- und Überwachungshandlungen ist. Regulierte Handlungen sind ineinander verschachtelte Handlungen. Das Selbst ist dabei der Lieferant der relevanten Prüfprozesse und der

Motive und kein Akteur. Die Person handelt bei selbstregulierten Handlungen so, wie sie immer handelt, nur das Ausmaß der reflektiert im Handlungsplan untergebrachten Prüfprozesse ist ein anderes.

Die Entwicklungspsychologie und die Neurokognitionsforschung liefern unabhängig voneinander Argumente dafür, dass der Prozess der Ausbildung von reguliertem Handeln als ein langfristiger Aufbauprozess anzusehen ist. Die Beobachtung von Kindern im Verlauf ihrer Entwicklung zeigt ein Anwachsen der Regulationsfähigkeit bis zum Beginn des Erwachsenenalters. Die Betrachtung der Entwicklung der Gehirnstrukturen zeigt, dass sich die Strukturen des Frontalhirns, zuständig für Planung, Regelbildung und Hemmung unerwünschten Verhaltens, bis zu diesem Zeitpunkt entwickeln.

Beide Argumentationsstränge zeigen, dass Selbstregulation kein immer schon verfügbares Prozessmerkmal des Handels sein kann, sondern durch geeignete Erfahrungen mit der Umwelt erst erworben werden muss. Die logisch zwingende Abfolge ist dabei, dass zunächst gelernt wird, die Handlung auszuführen, Erfolg zu erwarten und dann mit einer Kontrollstruktur und Prüfoperationen regulieren zu lernen.

Da nur dort Selbstkontrolle resp. -regulation möglich ist, wo Handlungsmöglichkeiten vorhanden sind, kann die formale Struktur des Regulierens nur nach genügend großen inhaltlichen Erfahrungen mit dieser Möglichkeit durch Abstraktion als strukturelle Möglichkeit erkannt und dann selbstständig auf andere Handlungen übertragen werden.

Die Konzeption von Kanfer, Reinecker und Schmelzer (2006) (Selbstbeobachtung, Selbstbewertung, Selbstverstärkung) beschreibt die Funktionslogik der Ausübung von Selbstregulation und kann immer nur dort angewendet werden, wo es über die auszuführende Handlung und die relevanten Kriterien schon hinreichende Kenntnisse gibt.

Das Stressimpfungstraining ist – so gesehen – (vgl. Meichenbaum 2001) eine formale Hülle, die erst dann wirksam werden kann, wenn Kontrollhandlungen bekannt sind, die es erlauben, die Stressoren zu beherrschen. Wenn es z. B. um Schmerzen geht, kann dies nur funktionieren, wenn es in der Schmerz auslösenden Situation Handlungen gibt, die kontrolliert ausgeführt werden können (z. B. Atem- und Entspannungstechniken, Aufmerksamkeitslenkung, Umstrukturierung).

Selbstregulation ist also abhängig von Handlungsmöglichkeiten, die eine Wirkung erzielen. Die Wirkung muss vorhersehbar sein, damit Erwartungen gebildet werden können; aus der Erfahrung des Eintretens wird sich dann die Selbstwirksamkeitserwartung aufbauen.

Betrachten wir an dieser Stelle noch einmal das Selbst und seine Verknüpfung mit dem Handeln genauer. Mummendey (2006) expliziert, dass in den vorwissenschaftlichen Annahmen sowohl das Selbst als Wirkfaktor (beim Initiieren und Durchhalten von Handeln) gesehen werden kann, als auch die Rückwirkung erlebten Handelns der Person auf ihr Selbst in den Blick genommen werden kann. Seine eigenen Längsschnittstudien zur Konsequenz von erlebten Veränderungen im eigenen Handeln auf das Selbst zeigen deutlich diese Richtung der Einwirkung auf: das Selbst wird als Folge von erlebtem Handeln verstanden. Die Funktion bei der Initiierung von Handlungen ist leider nicht so gut untersucht.

Wichtig sind noch Überlegungen zu den an der Handlung und deren Abschirmung gegen Störungen beteiligten Prozessen. Aufmerksamkeitslenkung, Informations- und Emotionskontrolle sind keine biologisch vorhandenen Vermögen, sondern erworbene Strategien. Die Erwerbsgrenzen sind mit biologischen Faktoren, wie z. B. Kapazität des

Arbeitsgedächtnisses, Intelligenz etc., verknüpft zu denken. Daraus ergibt sich die Konsequenz, dass sich bei gleichem Lernangebot Personen unterschiedlich, in Abhängigkeit von der gegebenen biologischen Disposition, entwickeln werden.

Beim Aufmerksamkeitstraining (vgl. Lauth & Schlottke 2002) wird z. B. klar, dass wir keine direkte Intervention kennen, die auf das physiologische Substrat gerichtet ist. Wir vermitteln Strategien, wie z. B. genau hinzuschauen, genau zuzuhören, und Problemlösestrategien. Das führt dazu, dass die Funktion (Aufmerksamkeit) sich verbessert, aber natürlich im Rahmen der biologisch vorgegebenen Grenzen.

Das Argument soll belegen, dass es (außer durch Medikamente) keinen direkten Zugriff auf die Operationen des Gehirns gibt. Es handelt sich bei den psychologischen und pädagogischen Interventionen um solche inhaltlicher Art, also um Handlungen, die bei Automatisierung mithilfe von Übung zu einer Funktionssteigerung führen. Diese eingeübten Handlungen können als Module in andere, übergeordnete Pläne eingebaut werden.

Der Erwerb von Kompetenz ist daher ein mühsamer Prozess der Bearbeitung von Inhalten mit Hilfe von geeigneten Plänen. Dies führt über Abstraktion erst zu transferfähigen, abstrakten Handlungsmöglichkeiten.

Prüffragen für Trainings- und Unterrichtseinheiten

Die Analyse des Geschehens macht klar, dass es keine Wunderkur gibt, die zur Selbststeuerung und Selbstregulation befähigt. Es gibt nur die mühsame Arbeit der Bearbeitung von Inhalten in einem sorgfältig durchdachten Curriculum, um dann die Möglichkeiten der Abstraktion zu nutzen. Der direkte Zugriff auf die abstrakte Kompetenz ist nicht möglich. Trainings können daher zwar einen Lernverlauf optimieren, aber notwendige Erfahrungen mit umfangreichen Inhaltsmengen nicht ersetzen. Wenn es viele unsortierte Erfahrungen gibt, kann mit einem Training viel bewirkt werden, aber ein kurzes Training wird nicht als Ersatz von lebensgeschichtlich gewonnenen Erfahrungen wirken. Daher sollten Sie, wenn Sie Trainingsangebote finden, diese unter den folgenden Kriterien prüfen (vgl. Kasten 1: Prüffragen für Trainings- und Unterrichtseinheiten):

Was ist das inhaltliche Angebot?
Wie ist der Lernweg?
Was ist die Handlung, die in diesem Training eingeübt wird?
Welche begrifflichen Ordnungen liegen der Beschreibung der Handlung zugrunde?
Wie ist die Kontrollkonzeption?
Wie wird die Verschachtelung zum Funktionieren gebracht?
Gibt es die Schrittfolge: Planung, Erwartungen benennen, Realisierung und Überwachung, Prüfen des Ergebnisses?
Wie kommt es zu einem Transfer für die Verwendung in Alltagssituationen?

Kasten 1: Prüffragen für Trainings- und Unterrichtseinheiten

1.3.2 Selbstregulation lernen im Unterricht

Wenn basale Fähigkeiten des Selbstmanagements fehlen, können Elemente aus Selbstmanagementtrainings weiterhelfen, die für die jeweiligen Zwecke aufgegriffen und für den Unterricht adaptiert werden. Die Grundidee entsprechender Trainings soll an ausgewählten Beispielen verdeutlicht werden. Ein Training entspricht dem schulischen Lehrgang. Es wird eine Kompetenz durch eine Abfolge systematischer Übungen aufgebaut. Wir ziehen u. a. die Überlegungen von Kanfer, Reinecker und Schmelzer (2006), des Züricher Ressourcen-Modells und des darauf basierenden Trainings zum Selbstmanagement für Jugendliche (vgl. Storch & Riedener 2005), die Überlegungen aus der Selbstmanagementtherapie bei Jugendlichen (Walter et al. 2007) und Grundideen aus verschiedenen Trainings zur Förderung der Selbstregulation (vgl. Landmann & Schmitz 2007) heran. Während einige Trainings *basale Fähigkeiten* zur Selbstregulation fördern wollen, fokussieren andere deutlich die Förderung bestimmter Teilkompetenzen, z. B. des Gesundheitsverhaltens oder des schulischen und außerschulischen Lernens. Wir stellen Elemente aus den Trainings dar in der Absicht, die darin realisierten Lernkonzepte deutlich zu machen, damit Lehrerinnen und Lehrer entweder diese Trainings als Komponenten des Unterrichts einsetzen oder die Lehr-Lern-Situationen so gestalten, dass sie Auswirkungen auf die Fähigkeit zur Selbstregulation haben.

Fähigkeiten zum Selbstmanagement – die Überlegungen im Züricher Trainingsmodell

In den Selbstmanagementtrainings ist die Unterscheidung von Tun, Verhalten und Handeln grundlegend. Storch und Krause (2002/2005) unterscheiden in einem Selbstmanagementtraining für Erwachsene ein zielgerichtetes, von Aufgaben bestimmtes Handeln und ein reaktives, reizgesteuertes Verhalten. Sie wollen Menschen ermöglichen, unerwünschte Verhaltensroutinen durch Handlungen zu ersetzen; dafür ist bewusstes Lernen, Üben und Trainieren nötig. Sie orientieren sich an der von Heckhausen entwickelten Motivationstheorie (Rubikonmodell) und akzentuieren folgende Schritte:

- *Standortbestimmung*; Klärung der Wünsche; Herausfinden des eigenen Themas.
- *Auseinandersetzung mit den eigenen Motiven*; Klärung von Motiven durch Prozesse der Bestätigung, Ergänzung oder Wahl.
- *Formulierung allgemeiner Ziele als Identitätsziele*; Herausarbeiten eines handlungswirksamen Ziels (Formulieren von Annäherungszielen; Formulieren solcher Ziele, die durch eigene Kraft und unter der eigenen Kontrolle zu erreichen sind und die mit positiven, emotionalen Signalen verknüpft sind; Kennzeichnung des Ziels durch einen positiven, somatischen Marker). Dabei kommt es darauf an herauszustellen, was man selbst zum Erreichen dieser Ziele machen kann (Stärkung des Selbstwirksamkeitsgefühls durch Kontrollüberzeugungen; Aktivierung hilfreicher Selbstkonstrukte).
- *Förderung einer positiven Bewertung der Intention* durch somatische Marker (mit den Zielen verknüpfte körperliche Reaktionen); Aktivierung hilfreicher Selbstkonstrukte; Identitätsarbeit durch Narrationen (Entwickeln passender Geschichten über das eigene Handeln und Erleben).
- *Vorbereiten auf das Handeln* mit Blick auf unterschiedliche Situationstypen.

Das Erlernen von Selbstmanagementprozessen bei Jugendlichen ist eingebettet in umfassende Prozesse der Orientierung und Identitätsentwicklung. Das Rubikonmodell resp. das Modell der selbstbestimmten Identitätsentwicklung nutzen die Psychologen als Orientierungsrahmen für parallele Prozesse der Persönlichkeitsentwicklung und der Verhaltensänderung. Bevor es zur Bildung eines Motivs kommt, so meinen die Psychologen, geht es um die Klärung der Bedürfnisse. Bedürfnisse sind nicht immer eindeutig, klar und bewusst; vielfach sind sie unklar, liegen miteinander im Widerstreit oder ein artikuliertes Bedürfnis verdeckt ein anderes, weniger deutliches. Daher ist eine *Bedürfnisklärung* erforderlich, die unter kognitiven und emotionalen Gesichtspunkten erfolgen sollte. Erst dann kann es zur *Ausbildung eines (starken) Motivs* kommen. Motive können wiederum im Konflikt liegen; von daher ist ein Prozess des Abwägens von Wünschen, des Treffens von Entscheidungen oder des Findens von Kombinationen verschiedener Motive notwendig. Das gelingt, indem bisherige Motive bestätigt, neue Motive entdeckt, Motive harmonisch oder konfligierend ergänzt oder indem Motivkonflikte erkannt und entschieden werden. Wurde eine Wahl getroffen, ist eine Entscheidung gefallen, kann ein Ziel verfolgt werden. Dabei können *Haltungsziele* und *Handlungsziele* unterschieden werden. *Identitätsziele* zeigen sich in bestimmten Haltungen, die man einnehmen möchte; sie sind oftmals situationsübergreifend und knüpfen an Lebenszielen an. Handlungsziele können eher situationsspezifisch sein.

Es kann eine *Willensbahnung* auf der Basis eines starken, positiven Gefühls vorgenommen werden. Dabei kann eine Intention mit unterschiedlichen Volitionsstärken verbunden sein (Der Rubikon wurde überschritten). Absichten und Ziele sollten als positive Ziele (*Annäherungsziele)* formuliert und mit einem Vorstellungsbild über den angestrebten Zustand, mit intensiven positiven körperlichen Anteilen verbunden werden. „Zielintentionen haben die Form: ‚Ich beabsichtige x zu tun'. Ausführungsintentionen dagegen haben die Form: ‚Ich beabsichtige, in folgender Weise x zu tun, wenn folgende Situation y eintritt'. Ausführungsintentionen sind wesentlich präziser geplant als bloße Zielintentionen" (Storch & Krause 2005, 70). Daher fällt ihre Umsetzung leichter. *Vermeidungsziele* sind in der Regel eher unwirksam; sie helfen nicht dabei, den Rubikon zu überschreiten; darüber hinaus aktivieren sie falsche Bahnungen, erzeugen Angst, schwächen die Lebenszufriedenheit und beeinträchtigen das Kompetenzerleben. Die präaktionale Vorbereitung soll durch explizite und implizite Prozesse eine Handlungsbahnung vornehmen. Ein *impliziter Modus* ermöglicht, auch in kritischen Situationen Handlungen umzusetzen. Storch und Krause zeigen, dass durch Automatismen (Wiederholen, Üben und Trainieren) ebenso wie durch Priming (Aktivierung von Einstellungen und Emotionen, Absichten und Zielen) eine Willensentwicklung ermöglicht wird. Absichten und Ziele sollten in Verhaltensschritte zerlegt werden; auf ihrer Grundlage soll eine *Ausführungsintention* gebildet werden. Vor dem Handeln kann eine Art mentales Training (Durchlaufen der Abfolge in Gedanken) vorgenommen werden. Es hilft, die Intention in der Realsituation tatsächlich auszuführen und ermöglicht zusätzlich eine intuitive Verhaltenssteuerung. Dann kommt es zum Handeln außerhalb der Trainingssituation. Krause und Storch zeigen die Wichtigkeit, solche Entscheidungen zu treffen, die mit positiven körperlichen und emotionalen Signalen einhergehen. Sie erzeugen das Gefühl von Selbstkongruenz. Werden Entscheidungen getroffen, die quer liegen zu den körperlichen und emotionalen Signalen, kann es zu ‚Volitionshemmungen' kommen. Darüber hinaus betonen sie, dass Ziele leichter realisiert werden, wenn sie mit Identitätszielen in Verbindung stehen. „Durch die Repräsentation allgemeiner Identitätsziele im impliziten Modus kann ein Mensch eine ganz spezielle Art von Aufmerksamkeit, die Vigilanz, in den Dienst des Ziels stellen, um sein Ziel in Handlung umzusetzen" (Storch & Krause 2005, 104). Die Autoren zeigen, dass sich eine kongruenzorientierte Aufmerksamkeit diesem Ziel zuwendet, die Ziele im Extensionsgedächtnis gespeichert sind und Gelegenheiten zur Handlungsrealisierung erkannt und wahrgenommen werden. „Zielrealisierendes Handeln aus dem impliziten Modus heraus erlaubt (…) den scheinbar paradoxen Vorgang, eine einmal gefasste Absicht spontan umzusetzen" (Storch & Krause 2005, 102).

Selbststeuerung – Selbstregulation und ihre Säulen in weiteren Trainings

Die Techniken zur Selbststeuerung und Selbstregulation beruhen auf mehreren Säulen. Ziel dabei ist es, sich selbst besser kennen und steuern zu lernen. Dabei muss man lernen, auf das Erleben von Situationen und eigene kognitive Bewertungen Einfluss zu nehmen, für die eigenen Gefühle und den Umgang mit diesen Gefühlen Verantwortung zu übernehmen und lernen, sich zu beruhigen. Ziel dabei ist es, die Gefühle auf gewünschte Weise zum Ausdruck bringen zu können. (Manchmal erscheint es sinnvoll, den Gefühlsausdruck zu unterdrücken; manchmal kann ein impulsiver Gefühlsausdruck sinnvoll sein. Manchmal scheint es wichtig, Gefühle anzusprechen, jedoch ohne Folgeschäden zu bewirken). Um diese Fähigkeiten zu entwickeln, müssen Schüler/-innen die Fähigkeit lernen, ihr Tun und Verhalten selbst zu beobachten und zu überwachen, Impulse zu kontrollieren, Ziele zu entwickeln, Problemlöseoptionen durchzuspielen und neue und andere Verhaltensweisen mental zu durchdenken, auszuprobieren und evtl. einzuüben. Es sind daher Prozesse unterschiedlicher Art anzulegen (vgl. Tabelle 14: Prozesse – Interventionsziele – Hilfreiche Techniken – Lernprozesse). Um Möglichkeiten der Selbststeuerung und Selbstregulation zu fördern, sind folgende Elemente relevant:

1. das Wahrnehmen und Beeinflussen, evtl. Modifizieren psychophysiologischer Prozesse (z.B. durch Desensibilisierung gegenüber Reizen, Entspannungstechniken, Techniken der Gegenkonditionierung)
2. die Auseinandersetzung mit kognitiven Prozessen unter einer Metaperspektive (Selbstbeobachtung – Selbstinstruktion – Selbstüberwachung)
3. das Erlernen von Handlungsplanung und Problemlösefähigkeiten
4. das Erlernen von sozialen Fähigkeiten und
5. die bewusste Gestaltung der sozialen Interaktion.

Teilkompetenzen

Im Folgenden sprechen wir dabei relevant werdende Teilkompetenzen an, die durch Unterricht erworben werden können.

Fähigkeit zur Selbstbeobachtung

Ziel bei der Selbstbeobachtung ist es, sich mit eigenem Erleben und Verhalten auseinanderzusetzen und aus dem Modus des Verhaltens und des Tuns, d.h. des Reagierens auf Reize, in den Modus des Handelns zu kommen, also Ziele und Aktionen nach Re-

Tabelle 14: Prozesse – Interventionsziele – Hilfreiche Techniken – Lernprozesse

Prozessebene	Interventionsziele	Hilfreiche Techniken	Lernprozesse
Psychophysiologische Prozesse	Erlernen angemessener Reaktionen; Verlernen unerwünschter Reaktionen.	Antizipation kritischer Situationen; Durchspielen eigener Bewertungen, Einschätzungen, Verhaltensweisen; Entwicklung von alternativen Reaktionen.	Löschung unerwünschter Reaktionen, Verstärkung positiver Reaktionen, Systematische Desensibilisierung, Gegenkonditionierung; Erlernen von Entspannungstechniken; Erlernen von Selbstinstruktionen zur Beruhigung.
Kognitive Prozesse	Kognitive Umstrukturierung durch eine Auseinandersetzung mit als problematisch erlebten Situationen, dabei auftretenden Gedanken, Gefühlen und Verhalten.	Durchspielen anderer Sichtweisen und Bewertungen von Situationen und fremden und eigenen Verhaltensweisen; Denken von Alternativen; Erhöhung der Toleranz gegenüber Situationen und Personen.	Monitoringverfahren erlernen gegenüber eigenen Gedanken, Bewertungen und Gefühlen in Situationen; Erlernen von Selbstinstruktionen zur Selbstverstärkung; Entwicklung von Problemlösefähigkeit; Entwicklung von Handlungsplänen.
Soziale Fertigkeiten	Aufbau von alternativen Handlungsmöglichkeiten; Ermöglichung von Selbstwirksamkeitserfahrungen.	Erlernen des Ausdrucks von Gefühlen und Meinungen; Erlernen basaler Fähigkeiten über Interaktion und Kommunikation, z. B. selbstsicheres Sprechen, partnerbezogenes Sprechen, Empathie.	Monitoringprozesse gegenüber eigenem und fremdem Verhalten; Lernen durch Instruktionen, Lernen am Modell, Lernen durch Simulationen; Nutzung von Rückmeldungen (Feedback) über Wirkungen des eigenen Verhaltens.

flexion auszuwählen und dafür eine Instanz der Selbstbeobachtung und Selbstüberwachung aufzubauen. Ein Instrument zur *Selbstbeobachtung* stellt das *Tagebuch* dar, in das abends regelmäßig Einträge gemacht werden. Die Einträge beziehen sich auf Situationen, in denen bestimmte Gefühle und Aktionen ausgelöst wurden. Es wird nach den Gedanken gefragt, die in dieser Situation vorhanden waren und nach den in der Situation auftretenden Gefühlen. Es wird gefragt, in welchem Ausmaß ein Gefühl erlebt wurde. Dann wird abgefragt, wie die eigene Reaktion (das Tun oder Verhalten) aussah und welche Folgen das jeweilige Tun oder Verhalten hatte (vgl. Material 1: Frageraster zur Selbstbeobachtung, nach Walter et al. 2007, 86).

> Was ist passiert?
> In welcher Situation ist es mir passiert?
> Was waren meine Gedanken in der Situation?
> Was waren meine Gefühle in der Situation?
> Wie habe ich mich verhalten?
> Was waren die Folgen?

Material 1: Frageraster zur Selbstbeobachtung (nach Walter et al. 2007, 86).

Als Beispiel für einen Fragenkatalog zur Analyse des Verhaltens bei der Ausführung eines Plans geben wir eine Liste aus einem Training zum Problem der Hausaufgaben an (vgl. Material 2: Beobachtungsbogen zu meinem Verhalten beim Anfertigen der Hausaufgaben).

> Wo mache ich meine Hausaufgaben?
> Läuft parallel zur Hausaufgabenanfertigung das Radio oder der Fernseher?
> Ist eine Person im Raum?
> Liegt ein Handy neben mir?
> Wie oft werde ich durch Telefonate unterbrochen?
> Wie oft werde ich von anderen unterbrochen?
> Wann habe ich mit den Hausaufgaben angefangen?
> Wann habe ich die Bearbeitung der Hausaufgaben unterbrochen? Wie lange?
> Was habe ich während der Unterbrechung getan?
> Wann habe ich die Arbeit an den Hausaufgaben wieder aufgenommen?
> Was hat mich abgelenkt?
> Wann habe ich die Hausaufgaben beendet?
> Was hätte mir heute geholfen, zielführender oder schneller oder intensiver die Hausaufgaben anzufertigen?

Material 2: Beobachtungsbogen zu meinem Verhalten beim Anfertigen der Hausaufgaben

Portfolios können zur Entwicklung von Eigenverantwortung, Selbststeuerungsfähigkeit und Selbstreflexionsfähigkeit beitragen. Dazu müssen die Portfolios so angelegt sein, dass sie den Prozess der Planung, Durchführung, Überwachung und die erreichten Erfolge dokumentieren und durch Reflexion für künftige Projekte nutzbar machen. Das *Lerntagebuch* besteht aus verschiedenen Schwerpunkten. „Es soll verschiedene Seiten des Lernprozesses abbilden. Es enthält: Fragen zur Situation, Fragen zu präaktionalen Emotionen, Fragen zur Lernmotivation, Fragen zu Lernzielen und Lernstrategien, Fragen zur Planung, Fragen zum Lernverhalten, Fragen zur Quantität des Lernens, Fragen zur subjektiven Bewertung des Lernergebnisses, Fragen zu den postaktionalen Emotionen, Fragen zur Ziel- und Handlungsregulation (vgl. Landmann & Schmitz 2007, 153).

Fähigkeit zur Affekt- oder Impulskontrolle

Ein wichtiger Bestandteil der Selbstregulation ist die *Impulskontrolle*. Dabei hilft es, wenn man lernt, sich auf Situationen vorzubereiten, sie geistig durchzuspielen und sich so auf sie einzustellen. Dabei kann durchgespielt werden, wie verschiedene Situationen erlebt werden und wie man sie auch deuten und dann evtl. verändert bewerten und erleben könnte. Eine Chance dazu geben Formen der *Selbstbefragung*. Donald Meichenbaum (2003, 85) gibt ein Beispiel mit Blick auf das Erleben von Stress (vgl. Material 3: Beispiel für eine Selbstbefragung).

Was genau steht auf dem Spiel?
Bedeutet diese Situation für mich eine Bedrohung oder eine Herausforderung?
Habe ich die Ressourcen, um diese Situation zu bewältigen?
Wie weiß ich, dass dies auch wirklich eintreten wird?
Welche Evidenz habe ich, dass dies eintreten wird?
Gibt es andere Wege, diese Situation zu bewerten?
In gewissen Situationen war ich mit meinen Ergebnissen zufrieden, in anderen Situationen hingegen nicht. Was sind die Unterschiede zwischen diesen Situationen? (…)
Was sage ich im Moment zu mir selbst?
Worin besteht die Evidenz für diese Schlussfolgerung?
Gibt es Anhaltspunkte, die dieser Schlussfolgerung widersprechen?
Gibt es Alternativerklärungen für meinen momentanen Gefühlszustand?

Material 3: Beispiele für eine Selbstbefragung (vgl. Meichenbaum 2003, 85)

Fähigkeit, sich mit eigenen Kognitionen auseinanderzusetzen

Kognitionen können sich auf kognitive Ereignisse, Prozesse und Strukturen beziehen. *Kognitive Ereignisse* beziehen sich auf identifizierbare Gedanken und Bilder. Diese können sich automatisch einstellen. Sie können als ‚innere Dialoge' erlebt werden. Diese inneren Dialoge beeinflussen Ursachenzuschreibungen, Erwartungen und Bewertungen. Sie beeinflussen das eigene Befinden, das Erleben von Situationen und das Verhalten. *Kognitive Prozesse* beeinflussen das Wahrnehmen, Erinnern und Interpretieren, kurz: die Verarbeitung von Informationen. *Kognitive Strukturen* verweisen auf implizite Schemata, unterschwellige Annahmen, Vorurteile, Verpflichtungen. Oftmals ist es hilfreich, sich mit der Art der Wahrnehmung, Einschätzung und Bewertung von Situationen, Sachverhalten und Personen auseinanderzusetzen und in Alternativen zu denken. Eine Form der Regulation von Gefühlen und Erleben kann durch *kognitive Umstrukturierung* gelingen. Das meint Vergegenwärtigung der Wahrnehmung, der Einschätzung von Situationen und ihre Überprüfung unter dem Gesichtspunkt, ob diese auch anders wahrgenommen und gedeutet werden könnten. Dabei erfolgen auch eine Auseinandersetzung mit Normen, Werten, Ansprüchen an sich und andere und eine Verteilung von Selbst- und Fremdverantwortung. Es werden *Alternativen für die kognitive Bewertung von Situationen, Verhalten* und Verantwortlichkeiten durchdacht. Da Emotionen mehr mit den Gedanken und Bewertungen als mit den Fakten der Situation verknüpft sind, können sie durch eine Veränderung der Gedanken reguliert werden. Hilfreich ist an dieser Stelle das Durchdenken alternativer Einschätzungen, aber auch Problemlöse- und Durchsetzungsmöglichkeiten (vgl. Meichenbaum 2003).

Fähigkeit zum Stoppen hinderlicher Gedanken

Schüler/-innen können lernen, *hinderliche Gedanken* zu stoppen. Dazu ist es hilfreich, die Idee zu vermitteln, dass man automatisch ablaufenden Gedanken nicht ausgeliefert ist, sondern sie stoppen kann. Es muss dafür die Unterscheidung von hilfreichen und hinderlichen Gedanken vermittelt werden und geübt werden, beim Auftreten hinderlicher Gedanken mit der Selbstinstruktion „Stopp" zu reagieren und auf positive Gedanken umzustellen. Man kann versuchen, die Idee des Gedankenstopps mit dem Visualisieren eines Verkehrschildes „Stopp" zu unterstützen.

Gegenkonditionierung

Man kann auch „Gegengedanken" gegen eigene Glaubenssätze oder Sichtweisen aufbauen (Gegenkonditionierung) und so ein anderes Erleben der Situation vorbereiten. In kritischen Situationen ist es hilfreich, wenn man Atemtechniken oder Techniken der Entspannung beherrscht. Solche Techniken können in anderen Zusammenhängen kennen gelernt und geübt werden (z.B. Progressive Muskelentspannung nach Jacobson, Autogenes Training, Meditation). Ziel ist es, durch den Abbau physiologischer Erregung zur Impulskontrolle und Beruhigung beizutragen. Hilfreich für den Einsatz im Alltag können Formen der Selbstinstruktion sein.

Fähigkeit zur Selbstinstruktion

Formen der *positiven Selbstinstruktion* müssen sich auf mehrere Bereiche beziehen, (1) auf die Ziele und die für die Zielerreichung (2) wichtigen Pläne und deren Umsetzung und (3) auf die den Prozess begleitenden Gedanken resp. Emotionen. Wir geben Hinweise für förderliche Selbstinstruktionen in verschiedenen Phasen zur Reduktion von Stress (vgl. Tabelle 15: Beispiele von Stress reduzierenden Selbstinstruktionen, nach Meichenbaum 2003, 92 f).

Fähigkeit, eigene Ziele zu klären

Die Klärung eigener Wünsche und Ziele kann für manche Personen schwierig sein, vor allem, wenn eigene Bedürfnisse überlagert sind von Delegationen, fremdbestimmten Vorschlägen, Appellen und Wünschen. Sie kann auch schwierig sein, wenn Selbstüberschätzung oder Selbstunterschätzung vorhanden ist. Von daher scheint es wichtig zu sein, sich über die eigenen Ziele Klarheit zu verschaffen. Dabei können drei Schritte helfen:

1. *Klärung*: Wie sieht die Situation aus?
2. *Zielbildung*: Was ist mein Ziel?
3. *Hierarchisierung der Ziele und Zwischenzielbildung*: Ich setze mir (ein oder mehrere) realistische und erreichbar Ziele! Ich bewerte die Ziele und bringe sie in eine Reihenfolge. Einige Fragen können dabei helfen (vgl. Material 4: Wie komme ich zu Zielen?).

> Welches sind meine Ziele?
> Habe ich die Ziele realistisch und erreichbar formuliert, sodass ich mich nicht selbst überfordere?
> Sind die Ziele herausfordernd? Muss ich mich anstrengen, um sie zu erreichen?
> Sind die Ziele konkret formuliert?
> Woran sehe ich, dass ich meine Ziele erreicht habe?
> Sind die Ziele positiv formuliert?
> Welche Maßnahmen zur Zielerreichung will ich jetzt angehen?

Material 4: Wie komme ich zu Zielen? (vgl. Perels 2007, 42)

Tabelle 15: Beispiele von Stress reduzierenden Selbstinstruktionen (nach Meichenbaum 2003, 92 f).

Phase	Ziele	Beispiele für Selbstinstruktion
Vorbereitung auf den Stressor	Konzentration auf eine Aufgabe; Bekämpfung negativen Denkens; Betonung der Planung und Vorbereitung.	Was habe ich zu tun? Ich kann für die Situationsbewältigung einen Plan entwickeln. Ich denke darüber nach, was ich tun kann. Ich weiß, dass dies eine schwierige Situation werden kann. Ich setze mich nicht unter Stress.
Konfrontation und Bewältigung des Stressors	Kontrolle der Stressreaktion; Vergewisserung, dass man schwierige Situationen bewältigen kann; Bewertung des Stressors als zu bewältigende Herausforderung; Anwendung von Entspannung als Bewältigungsstrategie; Konzentration auf die zu bewältigende Situation.	Ich kann diese Herausforderung bewältigen. Ich unterteile den Stress in übersichtliche Einheiten. Ein gehe einen Schritt nach dem anderen. Ich denke daran, was ich tun muss. Ich entspanne mich. Ich atme tief ein. Ich schaue nach dem Positiven und ziehe keine voreiligen Schlüsse. Ich kann mich zurücklehnen und es leicht nehmen.
Evaluation der Bewältigungsanstrengungen und Selbstverstärkung	Effektivitätsanalyse der Belastungsverarbeitung; Evaluation der Lernerfahrungen; Anerkennung kleiner Fortschritte; Verbesserung des Durchhaltevermögens; Reflexion auf alternative Bewältigungsstile.	Ich spüre, wie es funktioniert. Es ist besser gelaufen als beim letzten Mal. Ich habe schon einiges erreicht und zwar ... Vielleicht könnte ich auch ... mal ausprobieren.

Fähigkeit, vollständige Handlungspläne zu entwickeln

Ein weiterer Baustein für die Selbststeuerung ist die Fähigkeit, nicht auf Reize durch Agieren zu reagieren, sondern *Handlungspläne* oder eigene *Problemlösefähigkeiten* zu entwickeln. Für die Handlungspläne ist es wichtig, sich selbst Klarheit über den Zusammenhang von Zielen und Handlungsschritten zu verschaffen. Die Ziele sind zu benennen, Teilziele sind anzugeben und der Weg zur Zielerreichung ist zu durchdenken. Von daher gehen Handlungspläne über eine Zielformulierung hinaus, weil sie einen Weg oder mehrere Wege durchdenken, wie Ziele erreicht werden können (vgl. Material 5: Wie plane ich ein Vorgehen?)

---

1. *Klärung:* Wie sieht die Situation aus?
2. *Zielbildung:* Was ist mein Ziel?
3. *Hierarchisierung der Ziele und Zwischenzielbildung:* Ich setze mir (ein oder mehrere) realistische und erreichbare Ziele! Ich bewerte die Ziele und bringe sie in eine Reihenfolge
4. *Handlungsschemata entwickeln:* Ich sammle Handlungsalternativen.
5. *Entscheidung:* Ich entscheide mich für eine Alternative.
6. *Antizipation von Kriterien für das Erreichen der Ziele* durch einzelne Handlungsschritte. Woran sehe ich, dass ich erfolgreich bin?
7. *Planen:* Ich plane einen Handlungsablauf oder verschiedene Varianten.
8. *Simulation:* Ich gehe den Handlungsablauf in Gedanken durch.

Material 5: Wie plane ich ein Vorgehen?

Die Schüler/-innen sollten die Schritte für das Entwickeln von Handlungsplänen durch metakognitive Prozesse für sich erschließen und auf verschiedene Zielsetzungen anwenden. Hilfreich kann der Versuch sein, die Struktur der Handlungsplanung durch Fragen an sich selbst (Selbstinstruktion) zu erwerben und auf neue Ziele anzuwenden (vgl. auch Merget-Kullmann, Wende & Perels 2007, 235) (vgl. Material 6: Selbstinstruktion zur Planung des Vorgehens).

Was ist mein Ziel?
Was muss ich machen?
Welche Materialien brauche ich?
Womit fange ich an?
Ich probiere es noch einmal, wenn ich es nicht schaffe.
Ich hole Hilfe, wenn ich vergesse, wie ich vorgehen muss.

Material 6: Selbstinstruktion zur Planung des Vorgehens (nach Merget-Kullmann, Wende, Perels 2007, 235)

Fähigkeit, sich eine Stützstruktur zu geben

Zugleich ist eine *Stützstruktur* aufzubauen, die auf der Einsicht basiert, dass die Zielerreichung nicht immer einfach ist, dass Hindernisse und Schwierigkeiten auftauchen werden, dass man einen erneuten Anlauf nehmen muss und dass man sich im Prozess wohlwollend – durch positive Verstärkung – begleitet. Es kann sein, dass Jugendliche gelernt haben, sich selbst negativ zu verstärken, z.B. durch Aussagen wie ‚Das klappt ja doch nicht!' ‚Ich bin eben doch zu blöd!' etc. Hier sind Neuorientierungen anzubahnen (vgl. Tabelle 16: Sich eine Stützstruktur geben).

Emotionale Belastungen bewältigen

Manchmal können Ziele nicht erreicht oder Probleme nicht gelöst werden. Jugendliche stehen dann vor der Situation, die Konsequenzen von negativen Erfahrungen, Scheitern, Krisen, kritischen Lebensereignissen oder gar Traumata bewältigen zu müssen. In diesem Kontext kann es hilfreich sein, Strategien zur Bewältigung zu erwerben und sich mit negativen Glaubenssätzen auseinanderzusetzen, sodass neue und positive Erfahrungen möglich werden.

Oftmals ist es notwendig, solche Verhaltensweisen zu erlernen, die den Emotionsausdruck sozial verträglich erlauben und zugleich nicht weitere Krisen heraufbeschwören. Solche Varianten der Belastungsverarbeitung können anhand des Verhaltens anderer gelernt werden (z.B. durch das Modellverhalten der Lehrkraft oder anderer Schüler/-innen). Es können – durch Verfahren der Simulation – neue Verhaltensweisen ausprobiert und geübt oder durch Texte (z.B. Erzählungen, Romane, Bildgeschichten, Filme) vermittelt werden.

Umgebungswechsel

Wenn Probleme durch andere bedingt sind (z.B. bei innerfamilialer Gewalt oder Missbrauch) muss über den Wechsel der sozialen Umgebung nachgedacht werden, damit Probleme gelöst werden können.

1.3.3 Selbstmanagement und die Förderung selbstgesteuerten Lernens

Wir verstehen das Erlernen von Selbststeuerung beim Lernen als Teil des Erwerbs von Fähigkeiten zum Selbstmanagement. Das notwendige Wissen hierfür umfasst ein Wissen über Phasen des Lernprozesses und wie die verschiedenen Phasen des Lernens sachgerecht gestaltet werden können. „(1) In der Phase vor dem eigentlichen Lernen geht es darum, das Lernen zu planen und vorzubereiten. Das heißt Entscheidungen zu Zielen, Vorgehensweise sowie Lern- und Hilfsmittel des Lernprozesses werden getroffen. (2) In der Phase des Lernens kommt es darauf an, die Lernhandlungen durchzuführen, also beispielsweise adäquate Lernstrategien einzusetzen sowie die Lernhandlung zu regulieren, indem der Lernende sich anstrengt, motiviert und sich selbst dabei beobachtet. (3) Nach der Lernphase reflektiert der Lernende seinen Lernprozess, vergleicht seine Zielsetzungen mit den Lernergebnissen, bewertet sich bzw. sein Lernergebnis und zieht Konsequenzen für weitere Lernschritte" (Gläser-Zikuda 2007, 113).

Tabelle 16: Sich eine Stützstruktur geben

Phase im Handlungsablauf	Problemlage	Hilfreiche Frage/ Selbstinstruktion
Problemdefinition	Eine Emotion als ein zu lösendes Problem erkennen; Auseinandersetzung mit der Emotion (Situation, ich und die anderen; Gedanken und Bewertungen).	Was belastet mich? (z.B. Wut, Ärger, Schmerz, Demütigung, Scham) Was genau macht mich wütend, ärgerlich, verursacht Schmerz, demütigt mich, beschämt mich? Was genau belastet mich?
Zieldefinition	Realistische Zielsetzung entwickeln.	Was will ich?
Berücksichtigung von Alternativen	Handlungsalternativen durchdenken; Durchdenken, wie andere sich verhalten würden; Die Vor- und Nachteile der Handlungsalternativen durchdenken.	Was kann ich tun? Welche Möglichkeiten sehe ich? Wie würden sich andere verhalten? Was könnte jeweils passieren?
Treffen von Entscheidungen	Treffen einer Entscheidung; Durchdenken der Strategien für die Zielerreichung und mit Blick auf das Verhalten.	Wie entscheide ich mich? Welche Gründe/Werte bedenke ich bei meiner Entscheidung? Was wird am besten funktionieren? Worauf wird es ankommen?
Handlungsausführung	Ausführung der Handlung.	Ich handele jetzt nach Plan! Ich bedenke Schritt für Schritt!
Sich selbst eine Stützstruktur schaffen	Sich auf Schwierigkeiten und Misserfolge einstellen.	Ich weiß, dass das nicht ganz einfach wird, aber ich versuche es trotzdem. Ich habe auch Pläne, um mit Schwierigkeiten fertig zu werden!
Evaluation	Bewertung der Handlung (Prozess und Folgen).	Hat es geklappt? Was habe ich erreicht? Was hat gut funktioniert?
Sich selbst belohnen	Belohnung bei Erfolg oder Tröstung bzw. Bewältigung bei Misserfolg.	Bei Erfolg: Ich darf mich jetzt mit X belohnen! Bei Misserfolg: Wie bewältige ich den Misserfolg? Ich beginne ich noch einmal von vorn und bedenke dabei ...

Lernstrategien

Dabei ist es hilfreich, die verschiedenen Lernstrategien mit den Lerner/-innen zu besprechen. „Unter Lernstrategien werden mehr oder weniger komplexe, unterschiedlich weit generalisierbare, bewusst oder unbewusst eingesetzte Kognitionen und Handlungssequenzen zur Erreichung von Lernzielen bzw. zur Bewältigung von Lernanforderungen verstanden (…). Es werden hierbei unterschieden kognitive Strategien zum Organisieren, Elaborieren und Memorieren von Lerninhalten sowie metakognitive Strategien der Planung, Überwachung und Regulation des gesamten Lernprozesses (…)" (Gläser-Zikuda 2007, 113). Die Schüler/-innen erwerben grundlegendes Wissen über die Unterscheidung von Strategien unter dem Gesichtspunkt des *Verstehens* und des *Behaltens* und der Ressourcennutzung bzw. der notwendigen Stützstrategien. Die verschiedenen Strategien beruhen auf unterschiedlichen kognitiven Prozessen. Schule muss bei allen gestellten Aufgaben immer auch die alternativ einsetzbaren Strategien reflektieren und Schüler/-innen das Erwerben der einzelnen Strategien ermöglichen, statt deren Verfügbarkeit nur zu fordern.

Metakognition

Metakognition bedeutet, über sich als Lernender zu reflektieren. Dabei wird zwischen Wissen über Kognition und Kontrolle von Kognition unterschieden. Dabei können verschiedene Teilkomponenten unterschieden werden, nämlich *Personenwissen* (z.B. Wissen über die eigenen Fähigkeiten), *Aufgabenwissen* (z.B. Wissen über die Anforderungen), *Situationswissen* (über die besonderen Anforderungen in der Situation), *Strategiewissen* (z.B. Wissen über die adäquate Nutzung von Lernstrategien, wie Elaborationsstrategien, Organisationsstrategien und Memoriertechniken) und *Ressourcenwissen*, also Wissen über Möglichkeiten der förderlichen Unterstützung des Lernprozesses und *Evaluationswissen* (vgl. Abbildung 11: Handlungsphasen und ihre metakognitive Bearbeitung).

Bei der *Methode des metakognitiven Dialogs* geht es darum, Selbstregulationsschritte an die Lerner/-innen zu vermitteln (Merget-Kullmann, Wende & Perels 2007, 235). Die dabei zu verwendende Gesprächsform ist der Sokratische Dialog, auf den wir später noch ausführlich eingehen.

Lernökologische Strategien

Stöger und Ziegler (2007) zeigen, dass es sinnvoll ist, sich ein Repertoire an *lernökologischen Strategien* anzueignen. Dazu zählen sie die Gestaltung des Arbeitsplatzes, das Wissen über das Vermeiden von Ablenkung, das Wissen über die richtige Gestaltung der Lernpausen, über die Festlegung einer sinnvollen Reihenfolge beim Lernen (z.B. beim Anfertigen der Hausaufgaben), über geeignete (feste) Lernzeiten und ihre Begrenzungen und Möglichkeiten der Selbstbelohnung. Darüber hinaus ist Wissen über Möglichkeiten der Selbstmotivation und Willensentwicklung hilfreich.

Phase	Inhalte, die zu bearbeiten sind	Instrumente
Den Lerngegenstand und die eigenen Kompetenzen einschätzen	• Auseinandersetzung mit den Inhalten/Anforderungen • Auseinandersetzung mit den eigenen Einstellungen gegenüber diesen Inhalten (Glaubenssätze; frühere Lernerfahrungen) • Einschätzung eigener Stärken und Schwächen mit Blick auf diese Inhalte	Analysemethoden, Aufgabentypologien oder Fragenkataloge: Kenne ich ähnliche Aufgaben? Was war dabei zu beachten? Welche Erfahrungen habe ich gemacht?
Sich selbst Ziele setzen	• aus einer Liste von Zielen eigene aussuchen • sich selbst – orientiert an einem Curriculum – Ziele setzen • zeitnahe, anspruchsvolle, realistische und konkrete Ziele setzen • sich mit der Gefahr der Über- oder Unterschätzung auseinander setzen	Situationsanalyse; Zielanalyse; Mittelanalyse.
Strategische Planung	• Auswahl der Bearbeitungsschritte • Strategieauswahl • Ressourcen nutzen • Zeit- und Ablaufplan machen	Planungstechniken; Strategiekenntnisse.
Strategienanwendung		
Sich selbst während der Ausführung beobachten (Self-Monitoring)	• Schwerpunkt für die Selbstbeobachtung setzen (z.B. Konzentration, Ausdauer) • Zeitliche Nähe der Beobachtung (und des Aufschreibens der Beobachtung) zum Geschehen • Einsatz von Messinstrumenten (Uhr)	Beobachtungsbögen zum Arbeitsverhalten; Lerntagebücher; Portfolios
Bewertung und Reflexion des Lernprozesses und des Lernergebnisses	• Wie läuft der Prozess? • Treten die erwarteten Folgen ein?	Kontrollstrategien; Visualisierung des Lernwegs und des erworbenen Wissens (z.B. Flussdiagramme, Mapping)
Strategieanpassung (resp. neue Handlungspläne entwerfen)	• Ist eine andere Vorgehensweise nötig/erfolgreicher?	Analyse Ist /Soll; Bewertung der Alternativen; Handlungsmöglichkeiten; Entscheidung.

Abbildung 11: Handlungsphasen und ihre metakognitive Bearbeitung

Phase	Inhalte, die zu bearbeiten sind	Instrumente
Bewusster Umgang mit Fehlern/Misserfolg	• Was ist aus diesem Fehlschlag zu lernen? • Wo lag die Schwierigkeit? • Was kann besser gemacht werden?	Schwachstellenanalyse; Expertenfeedback einholen
Vorsätze resp. Ziele für den nächsten Lernprozess	• Wie ist bei ähnlichen Aufgaben künftig zu verfahren? • Welche Pläne waren besonders erfolgreich?	Reflexion über Produkte und Prozesse
Abschließende Bewertung	• Was waren die Ergebnisse? • Was konnte ich dabei über mich lernen? • Was konnte ich dabei über die Welt lernen?	Reflexion Bilanzierung von Weg/Ziel, Kosten /Nutzen, Emotionen

Abbildung 11: Handlungsphasen und ihre metakognitive Bearbeitung

2 Kooperation

In diesem Kapitel gehen wir auf die notwendigen Kooperationsprozesse beim Wissensmanagement ein. Uns geht es darum, die Anforderungen an wissensorientierte Kooperation (Wissensaneignung, Wissenstransfer, Konstruktion neuen Wissens) zu verdeutlichen. Auf dieser Grundlage diskutieren wir Schwierigkeiten bei der Wissenskommunikation. Wir entwickeln ein Modell kooperativer Kompetenz und markieren das relevante inhaltliche Wissen und die erforderlichen kooperativen Kompetenzen. Wir legen basale Wissensbestände aus der Gruppenpsychologie dar, um daran zu erinnern, dass und welche Gruppenprozesse beim kooperativen Lernen mit zu bedenken sind. Uns geht es darum, die Chancen, aber auch besonderen Probleme der Prozesse in Gruppen zu benennen. Wenn naiv von einer Überlegenheit von Gruppenprozessen ausgegangen wird, können nicht die Bedingungen gesichert werden, die für optimale Kooperation nötig sind. Wir erörtern das am Beispiel von Problemlösungs- und Entscheidungsprozessen in Gruppen. Wir diskutieren, für welche Aufgaben Gruppen in besonderer Weise geeignet sind und gehen auf Gruppenstrukturen ein. Wir unterscheiden verschiedene Aufgabenarten und beschreiben, ob und inwiefern sie für die Bearbeitung in der Gruppe geeignet sind. Dabei erörtern wir die Bearbeitung von Aufgaben in Kooperation, im Wettbewerb oder in einer Mischung aus Kooperation und Wettbewerb und diskutieren über die Leistungen der Gruppe. Auf dem Hintergrund gruppenpsychologischer Überlegungen stellen wir Prüffragen vor, die mit Blick auf das kooperative Lernen durchdacht werden müssen.

2.1 Kooperationsfähigkeit und Kooperationsprozesse

2.1.1 Kooperatives Arbeiten in der Wissensgesellschaft

Menschen in modernen, arbeitsteiligen Gesellschaften müssen in der Regel mit anderen Menschen arbeiten, wohnen, leben und vielfach interagieren. Verschiedene wissenschaftliche Disziplinen informieren über dabei stattfindende Prozesse, z. B. die Sozialpsychologie, die Beziehungspsychologie, die Psychologie der Gruppe und die Arbeits- und Organisationspsychologie. Wir wollen die bisher diskutierten Aspekte über Wissensarbeit in der Wissensgesellschaft mit Blick auf die Genese und den Austausch von Wissen betrachten und auf Fragen der Kooperation und der kooperativen Kompetenz eingehen. Es wird im Folgenden erörtert, welche Formen kooperativer Tätigkeit in der Wissensgesellschaft gefordert werden. Anknüpfend an Überlegungen zum Wissensmanagement soll auf die Rolle der Kooperation in diesen Prozessen eingegangen werden. Dazu wollen wir uns mit den besonderen Merkmalen kooperativer Tätigkeit auseinandersetzen.

Merkmale kooperativer Tätigkeit in Betrieben, Organisationen und Institutionen

„Unter kooperativer Tätigkeit sollen Arbeitsprozesse verstanden werden, in denen mehrere Personen zusammenwirken und ein Produkt herstellen, welches nur gemeinsam, aber nicht einzeln hergestellt werden kann" (Wehner et al. 2004, 165). Kooperative Tätigkeit ist dadurch kennzeichnet, dass eine „partielle Übereinstimmung der Ziele unter den beteiligten Personen" besteht, „die Koordination der Einzelhandlungen aufgrund gemeinsamer Konventionen verabredet" ist, „Ressourcen gemeinsam genutzt werden" und „zur Aufrechterhaltung eines gemeinsamen Verständnisses über die Konventionen zum Zielerreichungsprozess und zur flexiblen Anpassung des Handelns an situative Gegebenheiten kommuniziert werden muss" (Wehner et al. 2004, 165). Arbeits- und Organisationsabläufe in Unternehmen oder Institutionen sind von koordinierten Aktivitäten bestimmt, bei denen kooperative Interaktionen erforderlich werden. Kooperative Handlungen werden vor allem dann erforderlich, wenn unerwartete Ereignisse, Störungen oder Missverständnisse auftreten.

Für die Erklärung von Kooperationsprozessen beim Wissensmanagement wurde ein Kooperationsmodell als analytischer Rahmen entwickelt. Wehner et al. gehen davon aus, dass in einem Betrieb oder einer Organisation eine Arbeitsteilung vorherrscht, die hierarchie- und funktionsbezogen Rollen definiert und Abläufe festschreibt. Sie sprechen von einer initialen Koordiniertheit der betrieblichen Akteure, die sich in gemeinsam genutzten Arbeitsterritorien, Arbeitswerkzeugen und formalisierten Arbeitsregeln zeigt. Diese Koordiniertheit ist Produkt und Ausgangspunkt der Zusammenarbeit in Organisationen. Eine korrektive Kooperation erfolgt angesichts unerwarteter Ereignisse; dabei kommt es zu Korrekturen gegenüber der etablierten initia-

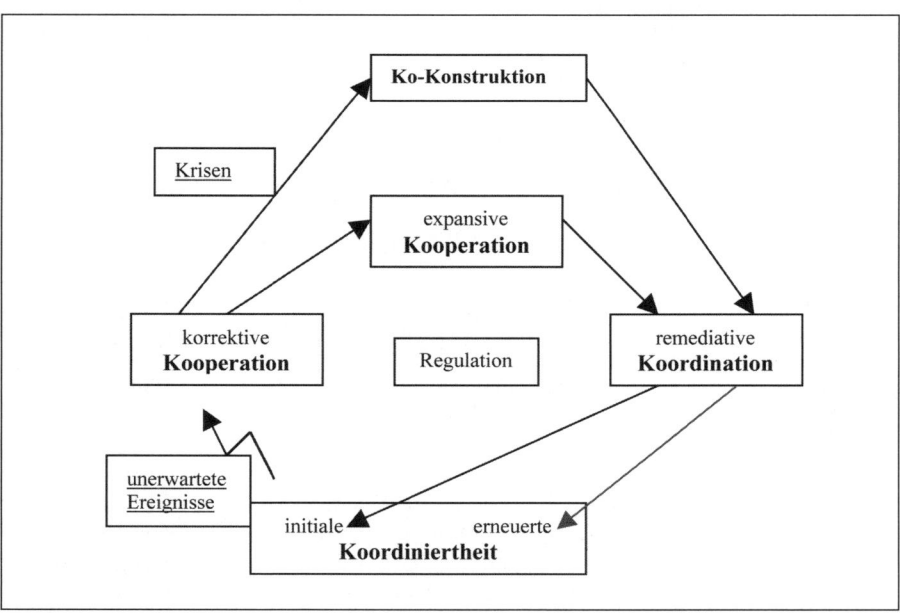

Abbildung 12: Arbeitspsychologisches Kooperationsmodell (vgl. Wehner, Dick & Clases 2004, 166)

len Koordiniertheit, entweder mit restaurativer oder remediativer Funktion. Gerät die Zusammenarbeit in den normalen Abläufen in die Krise, kann sie zum Auslöser für die Erweiterung der bestehenden Koordinationsstrukturen werden (expansive Kooperation). Eine Variante dabei sind Ko-Konstruktionsprozesse. „Eine Ko-Konstruktion (…) zielt (…) auf die Erarbeitung verallgemeinerbarer Veränderungen hinsichtlich der Formen der Zusammenarbeit" (Wehner et al. 2004, 167). Dabei sind Störungen in der Arbeitsorganisation herauszufinden, zu benennen und Optionen zur Erweiterung der initialen Koordiniertheit zu entwickeln (neue Strukturiertheit durch Erweiterung). Organisationaler Wandel ist geknüpft an die Kompetenz, die erarbeiteten Veränderungsideen auch umzusetzen. „Dies verlangt eine erfolgreiche Remediation der in der Ko-Konstruktion erarbeiteten Modelle und Lösungen" (Wehner et al. 2004, 168). Wenn dies gelingt, kann von einer erneuerten Koordiniertheit gesprochen werden (vgl. Abbildung 12: Arbeitspsychologisches Kooperationsmodell).

Die Autoren verstehen Wissensmanagement als die „Analyse und Gestaltung wissensorientierter Kooperation" in verschiedenen Anwendungskontexten. Dabei geht es um die Koordination des zur Produkt- oder Dienstleistungserstellung relevanten Wissens, um das Zusammenwirken verschiedener Experten, um das wechselseitige Verständnis der Aufgaben und um die Klärung der für die Realisierung relevanten Kompetenzen und Zuständigkeiten. „Prozesse der Hervorbringung neuen Wissens, der Wissensaneignung, der Wissenskodifikation oder des Wissenstransfers sind nur als (zumindest indirekte) Kooperationskonstellationen denkbar" (Wehner et al. 2004, 168).

In Unternehmen und Organisationen ist Wissenstransfer daran geknüpft, dass sich Akteure aufgrund konkreter Problemstellungen mit verschiedenen Experten zusammentun. Wenn das Wissen für die Bewältigung der Aufgaben im eigenen Arbeitskontext nicht zur Verfügung steht, muss dieser verlassen werden, um mit anderen Wissensträgern eine Kooperation einzugehen (korrektive wissensorientierte Kooperation). Man setzt darauf, dass in der Interaktion (…) ein gemeinsames Verständnis der Problemstellung sowie eine dem Einzelfall entsprechende Bewältigungsstrategie durch die Anwendung von implizitem und explizitem Wissen erarbeitet und neues Wissen generiert werden kann (vgl. Wehner et al. 2004, 169). Gelingt es nicht, durch korrektive oder expansive wissensorientierte Kooperation die Krise zu bewältigen, sind *Wissenstransferprozesse* anzustoßen. Die Arbeitspsychologen zeigen, dass die Frage der wissensorientierten Kooperation zwischen Projektgruppen, Teams und Abteilungen eine Kernfrage des Wissensmanagements ist. Wie ist wissensorientierte Kooperation zu gestalten, sodass das lokale, an den Einzelfall gebundene Wissen verallgemeinert werden kann und Rückwirkungen auf die organisationale Gestaltung der Zusammenarbeit hat? Als Lösung des Problems schlagen sie neue Organisationsstrukturen für ein Unternehmen vor. Sie entwickeln die Idee von *Knowledge-Clustern*. Diese bestehen aus Teams kompetenzorientierter Mitarbeiter. Zwischen verschiedenen Knowledge-Clustern soll durch das *Gast-Prinzip* ein Wissensaustausch stattfinden. Zwischen verschiedenen Knowledge-Clustern arbeiten – auf Zeit – aus verschiedenen Experten zusammengesetzte *Projektteams*. Durch Formen kooperativer Auswertung und Kodifizierung von Projekterfahrungen in *Good Practice Reviews* soll aus eigenen Erfahrungen gelernt werden. Neben den Knowledge-Clustern, die die bisherige Abteilungs- und Gruppenstruktur ablösen, sollen Informationssysteme geschaffen werden, die allen Mitarbeitern zur Verfügung stehen (Support). Zugleich soll ein Rahmen geschaffen werden, innerhalb dessen die fachlichen Kompetenzen der Mitarbeitenden (innerhalb und zwischen den Clustern) gefördert und weiterentwickelt werden (vgl. Wehner et al.

2004, 172 f). In den Organisationen sollen Strukturen für die Nutzung des Wissens geschaffen werden, z. B. Ko-Konstruktionsforen. Gleichwohl wird deutlich, dass mit der wissensorientierten Kooperation Schwierigkeiten verbunden sind, u. a. das Explizieren impliziter Wissensbestände, das Dekontextualisieren und das Re-Kontextualisierung von Wissen (vgl. Wehner et al. 2004, 169).

Schwierigkeiten der Wissenskommunikation

Rainer Bromme, Regina Jucks und Riklef Rambow gehen der Frage nach, wie ein Austausch von Wissen zwischen beteiligten Akteuren möglich ist und heben dabei auf Fragen der Wissenskommunikation ab. Die Ergebnisse aus der Forschung über Experten und Laien können auf transdisziplinäre oder interdisziplinäre Prozesse der Wissenskommunikation übertragen werden. Hier treten zwei Partner in Kontakt, „die zwar beide Experten sind, aber auf jeweils anderen Gebieten und mit unterschiedlichem disziplinärem Hintergrund. Dieser Kommunikationstyp ist dadurch charakterisiert, dass die Zuschreibung der Experten- und der Laienrolle in Abhängigkeit vom jeweiligen Gesprächsgegenstand variiert. (...) Neben den Wechseln der Rollen führen Überlappungen der Expertisebereiche zu besonderen Herausforderungen an die Verständigung" (Bromme et al. 2004, 177 f). Die Besonderheit der Kommunikation zwischen Laien und Experten oder zwischen Experten mit je unterschiedlichem fachlichen Hintergrund besteht darin, dass versucht werden muss, die individuellen kognitiven Bezugsrahmen (bestehend aus Vorwissen, Einstellungen, Überzeugungen, Wahrnehmungsinhalten, situationsbezogenen Informationen) möglichst weitgehend zur Deckung zu bringen, um ein Ziel zu erreichen. Bestenfalls gelingt es im Gespräch, Informationen wechselseitig einzubringen, aufzunehmen und den geteilten Bezugsrahmen (*common ground*) zu strukturieren.

Als wichtige Elemente des *grounding* (Clark 1995) werden die verbale Zustimmung oder Ablehnung, das Initiieren eines Sprecherwechsels und die Verwendung nonverbaler Signale begriffen. Da in der Regel Verständigung mit möglichst wenig Aufwand realisiert wird, ist die Intensität des *grounding* abhängig von kontextuellen und situationalen Faktoren und den jeweiligen Zielsetzungen. In diesem Prozess wird jeweils gegenseitig der kognitive Bezugsrahmen des Gesprächspartners abzuschätzen versucht. Während Menschen im Alltag sich in der Regel an die Perspektive und den Bezugsrahmen eines Gesprächspartners anpassen können, kommt bei der Wissenskommunikation zwischen Experten und Laien oder fachlich unterschiedlich ausgewiesenen Experten hinzu, dass nicht nur einzelne Wissenselemente fehlen, sondern dass je unterschiedlich komplexe, meist disziplinär organisierte Bezugssysteme bei den Experten vorhanden sind. Expertenwissen ist komplex angelegt, oftmals mit Blick auf die Lösung von Aufgaben, also problembezogen integriert und bezogen auf einen Arbeitskontext strukturiert; es umfasst auch Einstellungen, Erfahrungen und Handlungswissen. Daher gilt für die Kommunikation, dass

- das Wissen „entpackt" werden muss, d. h. eine für den Experten scheinbar selbstevidente Wahrnehmung einer komplexen Situation zu explizieren ist,
- abstrakte Konzepte in weniger abstrakte transformiert werden müssen,
- fremde Perspektiven wahrzunehmen sind und die eigene Kommunikation an diese Perspektiven angepasst werden muss.

Die Annahme, dass Laien die richtigen Fragen formulieren, auf die die Experten nur zu antworten brauchen, oder dass Laien bereit sind, von Experten zu lernen, trifft eher nicht zu. Vielfach haben Laien nicht nur weniger Wissen; es ist auch anders strukturiert. Da gleichwohl „Laientheorien" über Sachverhalte vorliegen, die bewirken, dass Wissenslücken nicht wahrgenommen werden und sich Laientheorien als änderungsresistent erweisen, ist die Kommunikation erschwert. Darüber hinaus gibt es oftmals kaum Anknüpfungspunkte zwischen dem Laien- und dem Expertenwissen; daraus resultiert eine nur eingeschränkte Bereitschaft, korrekte Erkenntnisse zu erwerben. Von daher fordern die Psychologen solche Rahmenbedingungen, die eine Experten-Laien-Kommunikation und eine explizite Diskussion der Perspektiven ermöglichen. Die fehlende Passung von Expertenwissen zu Lerner- oder Laienwissen spielt auch beim Erklären im Unterricht eine wichtige Rolle. Der Erfolg von Erklärungen, die durchaus als kooperative Tätigkeit verstanden werden können, liegt in der Überwindung dieser Kluft (vgl. Renkl et al. 2006).

Ein heuristisches Modell kooperativer Kompetenz

Wenn wir davon ausgehen, dass Kooperationsprozesse in der Wissensgesellschaft als Teil des Wissensmanagements nötig sind, so sind dafür bestimmte Kompetenzen erforderlich. Es handelt sich dabei jedoch nicht nur um allgemeine soziale Kompetenzen (die sind hierfür durchaus nützlich), sondern solche spezielle Kompetenzen, die mit Blick auf die Lösung von Aufgaben innerhalb und außerhalb von Institutionen relevant werden. Kooperation wird dabei primär unter einer *sachlichen Perspektive*, mit Blick auf die *Lösung eines Problems* bedacht.

Die sachliche Nützlichkeit und geeignete Gestaltung der Abläufe beim Kooperieren sind in diesem Kapitel der Gegenstand der Betrachtung; der Erwerb sozialer Kompetenzen ist hierbei ein erwünschter Nebeneffekt und wird im Kapitel über soziales Lernen vertieft.

Auch wenn wir davon ausgehen können, dass es keine allgemeine kooperative Kompetenz geben kann, sondern dass diese jeweils von der zu lösenden fachlichen, sozialen oder gesellschaftlichen Aufgabe entscheidend mit bestimmt wird, so werden jedoch auch allgemeine Aspekte relevant, die in der folgenden Darstellung aufgeführt sind. Wir unterscheiden inhaltsbezogene Kompetenzen und allgemeine Kompetenzen für das Kooperieren (vgl. die Abbildung 13: Ein heuristisches Modell kooperativer Kompetenz).
Kooperative Kompetenz ist verbunden mit der Herausforderung, in wechselnden Gruppen innerhalb und außerhalb von Betrieben und Institutionen arbeiten zu können, um die eigene Position bei der Gestaltung der Kooperation zu wissen (z.B. Berater von außen, Leitungsposition, Mitarbeiterposition), die Gruppenidentität gegen die persönliche Identität zu balancieren und die mit Gruppen einhergehenden Zumutungen verarbeiten und bewältigen zu können, d.h. aktiv und produktiv am Gruppenprozess teilzunehmen, aber auch die notwendige Distanz zur Gruppe zu halten.

Es ist zu vermuten, dass kooperative Kompetenz deutlich sachlich fundiert ist; die eigene fachliche Expertise ist ein wichtiges Standbein für die eigene Stellung in der Gruppe. Darüber hinaus werden in Gruppenprozessen jedoch Erfahrungen mobilisiert, die in der ersten Gruppe, die man erlebte, nämlich der Familie, gemacht wurden. Der Erwerb kooperativer Kompetenz geht daher für den Einzelnen damit einher, über die Rollen, die man spontan bereit ist, einzunehmen, differenzierter nachzudenken, sich eine gewisse Rollenflexibilität zu erwerben und die personale Kompetenz um neue und andere Aspekte zu erweitern, auch mit dem Ziel der Umstrukturierung gelernter Rollenmuster (vgl. auch das Kapitel über Identität).

Inhaltsbezogene Kompetenzen für Kooperation	Allgemeine Kompetenzen für Kooperation
– Wissen über Formen der Arbeitsteilung, Arbeitsorganisation, Arbeitsabläufe in Betrieben/Institutionen (Aufgabenstruktur, Machtstruktur, Kommunikationsstruktur, Freundschaftsstruktur) – Analyse der konkreten Aufgaben und Prozesse bei der spezifischen Aufgabenbearbeitung oder Problemlösung – Wirkung von Rollen in diesem Aufgabenfeld – Wissen aus der Perspektive der hier arbeitenden Experten (verschiedene Foci, Wissensbestände) – in konkreten Fällen anzuwendende Prinzipien des Wissensaustauschs oder Wissensmanagements – relevante Prinzipien der Erkenntnisgewinnung resp. Erkenntnisverluste durch Wissensaustausch bzw. Wissenstransfer in der jeweiligen Domäne – Wissen über die konkrete Gruppe, deren Strukturen, Prozesse, Rollen – Kommunikation/Interaktion in Gruppen	**Kommunikation** – sich über Ziele verständigen können – Absprachen treffen können – quer zur vorhandenen Arbeitsteilung resp. zu Organisationsabläufen sich verständigen können – Störungen erkennen und auf Störungen produktiv reagieren können – verständlich kommunizieren können – Missverständnisse erkennen und klären können **Kognitive und emotionale Prozesse** – Expertenwissen übersetzen lernen – Organisationsformen etablieren für die Ermöglichung des Wissensaustauschs – die Rolle des Laien und des Experten flexibel und passend einnehmen können – verschiedene Rollen in Gruppen einnehmen und die damit verbundenen Zumutungen aushalten können – Rahmenbedingungen für effektive Gruppenprozesse etablieren und gestalten können **Arbeitsorganisation** – Gruppenprozesse zielführend gestalten können – Wege zur Lösung je unterschiedlicher Konflikte in Gruppen gestalten können – Fragen von Majorität und Minorität, von Einschluss und Ausschluss bedenken können – Rahmenbedingungen für erfolgreiche Problemlösungs- und Entscheidungsprozesse resp. Verfahren in Gruppen kennen und anwenden können – Typische Konflikte in Gruppen kennen – Wissen über organisationalen Wandel erwerben – Organisationalen Wandel auf der Basis neuer Erkenntnisse konzipieren können

Abbildung 13: Ein heuristisches Modell kooperativer Kompetenz

2.1.2 Ausgewählte Ergebnisse der Psychologie der Gruppe

Was versteht man unter Gruppen und welche Prozesse werden in Gruppen relevant? Die Psychologie der Kleinen Gruppe wurde in mehreren Lehrbüchern umfänglich dargestellt (vgl. z. B. Schneider 1975; Shaw 1976). Eine derartig umfassende Behandlung des Themas streben wir nicht an; wir greifen einige Überlegungen heraus, die uns in der heutigen Situation besonders wichtig erscheinen.

In der Sozialpsychologie wird eine Gruppe aufgrund verschiedener Bestimmungsstücke definiert. „Die Mitglieder

- erleben sich als zusammengehörig
- definieren sich explizit als zusammengehörig
- verfolgen gemeinsame Ziele
- teilen Normen und Verhaltensvorschriften für einen bestimmten Verhaltensbereich
- entwickeln Ansätze von Aufgabenteilung und Rollendifferenzierung
- haben mehr Interaktionen untereinander als nach außen
- identifizieren sich mit einer gemeinsamen Bezugsperson oder einem gemeinsamen Sachverhalt oder einer Aufgabe
- sind räumlich und/oder zeitlich von anderen Individuen der weiteren Umgebung abgehoben" (Sader 1991, 39).

Gruppen können als positive emotionale Unterstützung erlebt werden, sie können als „Übungsgelände zum leidlich gefahrlosen Probehandeln dienen" und die Ausbildung personaler Identität unterstützen (vgl. Sader 1991, 71). Gruppen können nach verschiedenen Gesichtspunkten unterschieden werden, nach der Größe, der zeitlichen Erstreckung, dem Grad der Formalität (informelle oder formal institutionalisierte Gruppen), nach dem Lebensalter, der Art der Zusammensetzung, der Akzentsetzung, dem Grad der Interaktion resp. Koaktion und dem Grad der Schließung resp. Öffnung. In der Regel gibt es Gruppen mit einer spezifischen Geschichte in einer jeweiligen Umgebung; Einzelne sind in der Regel Mitglieder verschiedener Gruppen, die Gruppengrenzen sind oft unklar und werden von Gruppenmitgliedern je unterschiedlich definiert; oftmals gibt es in Gruppen die Teilnahme wechselnder Mitglieder und eher ein Fließgleichgewicht (vgl. Sader 1991, 39 f; Ardelt-Gattinger & Gattinger 1998, 3). Menschen werden Mitglieder in Gruppen aus verschiedenen Motiven und Zielsetzungen. Ihnen kann es um praktisch-utilitaristische Ziele gehen oder darum, zu Informationen und Kenntnissen zu kommen oder soziale Identität zu erwerben. In Gruppen gibt es im Allgemeinen „einen starken Druck auf Einheitlichkeit des Gruppenziels als Gegenkraft gegen Intra- und Interzielkonflikte. Sowohl der Streit über die richtige Art der Erreichung eines (konsensualen) Ziels als auch der Streit über die Wertigkeit konkurrierender Ziele führt häufig zu Konflikten" (Sader 1991, 65). In Gruppen ist oftmals die Macht unterschiedlich verteilt. Dabei wird unterschieden zwischen Belohnungs- und Bestrafungsmacht, legitimer Macht, Identifikationsmacht, Expertenmacht und Informationsmacht (vgl. Sader 1991, 67). Sader arbeitet heraus, dass in der Regel Gruppen nach Strukturierung streben (z. B. nach Klärung der Rangverhältnisse oder Festlegung der Kommunikationsstruktur). „Faktisch muss man wohl damit rechnen, dass in einer Gruppe gleichzeitig Herrschafts- und Genossenschaftselemente bestehen, auch ist der Fall häufig, dass durch Gewohnheit oder absichtliches Handeln aus Genossenschaft Herrschaft wird" (Sader 1991, 70).

Eine Gruppenstruktur wird bestimmt vom ‚Binnenkontakt' der Mitglieder untereinander und der Rollenspezialisierung mit Blick auf vorgegebene oder selbst gewählte Ziele. In solchen Gruppen gibt es sowohl eine Rollenstruktur auf der Basis von Aufgaben (Aufgabenstruktur), der Verteilung von Macht mit Blick auf Positionen in der Autoritätshierarchie (Machtstruktur) und Kommunikation (mit Blick auf die Stellungen des Einzelnen im gruppeninternen Kommunikationssystem). Daneben gibt es eine ‚Freundschafts-Struktur', basierend auf der wechselseitigen Anziehung zwischen den Gruppenmitgliedern. Gruppenprozesse werden beeinflusst durch die Persönlichkeit der Mitglieder (z. B. Intelligenz, Temperament, Kontaktfähigkeit), durch soziale Merkmale (z. B. Alter, Geschlecht, Schichtzugehörigkeit), durch die Größe der Gruppe, die Aufgabe und die Prozesse der Aufgabenerfüllung, die Kommunikation und durch die Positionen Einzelner in der Gruppe. Für den Gruppenprozess und die Leistung der Gruppe sind folgende Variablen bedeutsam: die unmittelbare Umgebung, die Mitgliedercharakteristika, die Gruppenzusammensetzung, die Gruppenstruktur und die Aufgabe (vgl. Sader 1991, 115).

Sader schlägt vor, sich genauer mit den Prozessen in Gruppen auseinanderzusetzen und dabei auch die Gruppenentwicklung mit zu berücksichtigen (vgl. Sader 1991, 73 ff). Richtet man die Aufmerksamkeit auf die Gruppenprozesse, sind u. a. folgende Aspekte zu berücksichtigen: Es scheint unzureichend, ein isoliertes Geschehen erklären zu wollen. „In Gruppen reagieren Mitglieder nicht nur auf unmittelbar vorangegangene Ereignisse, sondern auch auf weiter zurückliegende Sachverhalte. (...) 2. Bei längeren Ketten von Reaktionen und Gegenreaktionen kann es zu Aufschaukelungsprozessen kommen, die gewaltige und zum ursprünglichen Anlass disproportionale Ausmaße annehmen können" (Sader 1991, 113). Wenn Teilnehmer in komplizierten Entscheidungsprozessen zu lange mitmachen und durch die früheren Schritte bestimmte Bedingungen gesetzt wurden, scheint in späteren Stadien des Gruppenprozesses ein Aufhören erschwert. Daher scheint es in Gruppen eher sinnlos, Ursachen und Wirkungen etikettieren zu wollen (vgl. Sader 1991, 114).

Chancen und Probleme von Gruppenprozessen

Es scheint uns sinnvoll, sich mit Prozessen in Gruppen auseinander zu setzen, finden doch in Gruppen massive gegenseitige Beeinflussungen statt. „Die Kraft dieser Beeinflussung schwankt je nach den vorhandenen Grundlagen der Macht und Mehrheitsverhältnissen sowie dem Auftreten von Minderheiten" (Steins 2005, 78). Zunächst werden wir einige gruppenpsychologische und sozialpsychologische Ergebnisse über Gruppenprozesse aufführen:

- Die sozialpsychologische Forschungsliteratur zeigt, dass attraktivere Personen, die sympathischer wirken, in vielen Lebensbereichen bessere Chancen haben und in der Regel ein positiveres Selbstkonzept entwickeln (Steins 2005, 55). Attraktive Personen werden subjektiv als wichtiger erlebt. Sie haben einen hohen Aufforderungscharakter; Menschen sind eher bereit, ihre Perspektive zu übernehmen. Im Schulalltag erhalten attraktivere Lerner/-innen mehr Aufmerksamkeit durch Gleichaltrige und Lehrkräfte; das Verhalten von attraktiveren Schüler/-innen wird in der Regel positiver beurteilt.
- In Gruppen kann, je abhängig von bestimmten Situationen oder Entscheidungen, der Einzelne zur Majorität oder Minorität gehören. Zur Minorität zugehörig kann

man aufgrund eines sozialen Merkmals werden oder – je nach Verhalten – durch eine Zustimmung/Entscheidung (numerische Minorität) (vgl. Steins 2005, 71).
- Gruppenmitglieder beeinflussen das Denken und Handeln des Einzelnen in Richtung von Gruppennormen. Gruppenmitglieder nehmen an, „dass die Gruppe etwas von ihnen erwartet, dass ein bestimmtes Verhalten zulässig oder unzulässig ist und dass von der Gruppe ein Druck auf Handeln, Verhalten, Unterlassen ausgeübt wird" (Sader 1991, 159). Das Ergebnis, Einheitlichkeit oder Übereinstimmung, wird als Konformität bezeichnet. Autonomie als Gegenbegriff umfasst ein Verhalten, das dem Konformitätsdruck standhält oder ihn überwindet. In Gruppen gibt es eine Art „Gruppendruck". Dieser bewirkt, dass sich ca. ein Drittel der Teilnehmer unter Gruppendruck, gegen besseres Wissen, der Gruppenmeinung anschließt (vgl. Sader 1991, 47). Gisela Steins verdeutlicht Prozesse der Komplizenschaft, Konformität und Konversion in Gruppen. Es kann dazu kommen, dass sich in Gruppen Personen gegenüber anderen zu Komplizen machen, auch wenn sie denken, dass deren Meinung nicht richtig sei; sie übernehmen aber öffentlich die entsprechende Position. Daneben gibt es Menschen, die die (falsche) Sicht eines anderen übernehmen, also zur Gruppe konvertieren. Die Konformität steigt sprunghaft an, „wenn mehr als eine andere Person eine von uns abweichende Meinung vertritt, dass sich aber ab drei Personen Mehrheit ein Plateau in der Konformitätsrate einstellt; es reichen also häufig schon relativ wenige Personen, die von unserer Meinung abweichen, für eine konforme Antwort aus. Bei Geheimabstimmungen verschwindet jedoch dieser Effekt. Die Probanden machen sich nicht mehr zu Komplizen der Mehrheit, der Konformitätsdruck ist verschwunden" (Steins 2005, 71).
- Minderheiten können einen nachhaltigen Einfluss auf Gruppen ausüben, wenn sie konsistent und selbstbewusst eine abweichende Meinung vertreten und im Verhandlungsstil nicht zu rigide sind. „Minoritäten führen eine Konversion herbei, d. h. die Anstöße, die sie geben, werden gründlicher verarbeitet und führen zu einer Neubewertung von Einstellungen" (Steins 2005, 72). Von daher bilden sie eine innovative Kraft.
- „Individuen, die mit einer relevanten Gruppenmeinung nicht konform gehen, laufen Gefahr, aus der Gruppe ausgeschlossen zu werden. Ist einer Person die Zugehörigkeit zu dieser Gruppe wichtig, (…) kann dieser Ausschluss als sehr belastend erlebt werden" (Steins 2005, 81).
- „Das numerische Vorkommen einer Meinung sagt nichts über deren Wahrheitsgehalt aus, beeinflusst aber deren Verarbeitungstiefe; Mehrheiten fordern eher zur Konformität, Minderheiten zur Konversion auf" (Steins 2005, 78).
- Soziale Vergleichsprozesse verhelfen nicht nur dazu, die Richtigkeit und Angemessenheit der eigenen Meinung einzuschätzen; sie beeinflussen auch Prozesse der Identitätsentwicklung und haben Auswirkungen auf die eigenen Emotionen. Der soziale Vergleich mit den besten Freundinnen und Freunden stellt eine potenzielle Quelle der Bedrohung für den eigenen Selbstwert dar. „Das Selbstkonzept einer Person ist vor allem eine soziale Größe, die sich in Beziehung zu anderen entwickelt" (Steins 2005, 89).
- Die Theorie sozialer Vergleichsprozesse zeigt, dass Menschen sich dem Einfluss der sozialen Gruppe beugen, wenn es um Meinungen geht. Bei Meinungsverschiedenheiten in einer Gruppe kommt es oftmals zu heftigen Diskussionen mit dem Resultat einer Einigung und der Konsequenz der Meinungssicherheit der einzelnen Gruppenmitglieder oder zum Auseinanderbrechen der Gruppe. Die einzelne Person ist, wenn

die Gruppe attraktiv ist, daher bemüht, die Meinungsdiskrepanzen zu reduzieren (vgl. Steins 2005, 81).
- Mit Blick auf Meinungsbildungsprozesse in Gruppen kann man feststellen, dass es eine Tendenz zur Pointierung oder Polarisation gibt. „Entscheidungsdiskussionen führen dazu, dass vorhandene Neigungen in einer Richtung prägnanter, deutlicher, schärfer akzentuiert werden" (Sader 1991, 217). Gruppenmitglieder nehmen aufgrund von Gruppendiskussionen eher Meinungen an, die in Richtung extremerer Positionen verschoben sind. Darüber hinaus kommt es dazu, dass Gruppen mit Blick auf Entscheidungen „risikofreudiger" als Einzelpersonen sind; Mitglieder von Gruppen treffen riskantere Entscheidungen als in Einzelverantwortung (vgl. Sader 1991, 17; 217).
- Bei ungeklärten Gruppenstrukturen, schlecht organisierten Entscheidungsregeln und unter Stress kommt es zu einem „voreiligen Druck auf Entscheidungen, Aussparung wichtiger Alternativen und Ausblendung der Diskussion von Risiken" (Sader 1991, 218).
- In Gruppen kann es zu typischen Konflikten kommen, nämlich zu (1) Verteilungskonflikten, (2) Autonomiekonflikten, (3) Ziel- und Wertekonflikten und Konflikten aufgrund missverständlicher Kommunikation (Steins 2005, 173).
- Experimente und Studien zur Frage der Unterlegenheit oder Überlegenheit eines Lernens in Gruppen kommen zu keinen eindeutigen Aussagen: „Einsichtige Gründe gibt es sowohl für die Überlegenheit der Alleinarbeit als auch für die Arbeit in Gruppen: die Anwesenheit anderer kann als stimulierend angesehen werden; sie kann auch als behindernd, beeinträchtigend, störend erlebt werden" (Sader 1991, 34). Gisela Steins referiert den Befund, dass allein die Anwesenheit anderer Menschen stimulierend ist und uns bei leichten Tätigkeiten, gut eingeübten Tätigkeiten zu höherer Leistung anspornt (Phänomen der sozialen Erleichterung). Bei komplexen Aufgaben jedoch schmälert die Anwesenheit anderer die Quantität und Qualität der Arbeit. „Der Verlust bei der individuellen Bearbeitung einfacher Aufgaben ist nicht so hoch wie der Verlust bei der Bearbeitung komplexer Aufgaben in der Gruppe" (Steins 2005, 123). Gerade dann, wenn für die Bearbeitung von Aufgaben neue Reaktionen benötigt werden, wirkt sich die Anwesenheit anderer störend aus (Phänomen der sozialen Interferenz).
- Vielfach wurde der Zusammenhang von Kohäsion und Leistung erforscht. „Bei geringer Kohäsion verbrauchen die Mitglieder ihre Energie weitgehend für die Schaffung, Aufrechterhaltung und Verbesserung ihres Status und für andere Gruppenprozesse; für die Aufgabe selbst bleibt wenig. Bei mittleren Graden von Kohäsion werden viele Energien für die Sache selbst freigesetzt. Bei hoher Kohärenz kann die Leistung wieder absinken; die Gruppenmitglieder (...) sprechen über sich selber (...) und vergessen darüber ihre Aufgabe, weil das Gespräch wesentlich anziehender ist als die gestellte Aufgabe" (Sader 1991, 104). Die Schattenseite hoher Kohäsion besteht darin, dass aufgrund von Nähe und Geborgenheit Selbstständigkeit und Eigenverantwortlichkeit weniger ausgebildet werden; die Gruppenmitglieder stehen in der Gefahr, ihre eigene Identität aufzugeben. Manchmal werden Schwache und Schonungsbedürftige von der Gruppe mitgetragen; man erspart ihnen diejenigen Konfrontationen, die für die Ich-Entwicklung bedeutsam sind (vgl. Sader 1991, 104 f).

Mit Blick auf die dargestellten Phänomene können wir feststellen, dass sich im Hinblick auf Gruppen Fragen nach der Gestaltung von Konformität und Gehorsam, nach dem Verhältnis von Majorität und Minorität und nach Entscheidungsprozessen stellen.

Problemlösungs- und Entscheidungsprozesse in Gruppen

In einer Vielzahl von Publikationen wird vorausgesetzt, dass Problemlösungs- und Entscheidungsprozesse in Gruppen zu besseren Ergebnissen resp. richtigeren Entscheidungen führen im Vergleich zu solchen, die allein versucht werden. Manfred Sader zeigt, dass dabei oftmals von falschen Prämissen ausgegangen wird, z. B. von der Prämisse, dass relevante Informationen unverzerrt zur Verfügung stehen, dass Entscheidungen gewünscht oder „gefällt" werden (Sader 1991, 206 ff). In der Regel wird angenommen, dass die Mitglieder einer Gruppe über breitere Informationen und mehr Wissen als einzelne Personen verfügen und mehr Perspektiven einbringen können, sodass potentiell bessere Entscheidungen getroffen werden, auch weil Fehlannahmen korrigiert werden können. „Die Forschung zeigt jedoch, dass dies Gruppen genau in den Situationen, in denen sie bessere Entscheidungen treffen könnten als einzelne Personen, nicht gelingt" (Mojzisch, Kerschreiter & Schulz-Hardt 2004, 189; vgl. auch Schulz-Hardt & Frey 1998).

Andreas Mojzisch, Rudolf Kerschreiter und Stefan Schulz-Hardt begründen diese Tatsache damit, dass in Gruppendiskussionen eine spezifische Asymmetrie herrscht. Es wird eher über allen bekannte, also geteilte Informationen, als über ungeteilte, nur einzelnen Individuen bekannte Informationen diskutiert. Bekannte Informationen werden zuerst genannt und häufiger wiederholt; sie werden für wichtiger und glaubwürdiger als ungeteilte und nur Einzelnen bekannte Informationen gehalten, weil sie von allen verifiziert und sozial validiert werden können. Die Gruppenmitglieder schreiben sich im Austausch bekannter Informationen gegenseitig Kompetenz zu, bewerten sich wechselseitig positiv und erzeugen positive emotionale Reaktionen. In der Regel werden vor allem die Informationen eingebracht und aufgegriffen, die eigene Präferenzen zum Ausdruck bringen; Informationen, die den eigenen Präferenzen widersprechen, werden oftmals gar nicht erst eingebracht. Das kann dann von Vorteil sein, wenn es darum geht, einen gemeinsamen Diskussionshintergrund herzustellen und sich besser zu verstehen.

Was aber passiert, wenn falsche Entscheidungen getroffen werden, weil ungeteilte Informationen, die eine andere (richtige) Entscheidung nahelegen würden, nicht berücksichtigt werden? In einer solchen Entscheidungssituation, bei einem ‚Hidden Profile' sind die Informationen „so verteilt, dass die beste Entscheidungsalternative nicht durch die Gruppenmitglieder individuell erkannt, sondern nur durch eine Diskussion aufgedeckt" werden könnte (Mojzisch et al. 2004, 198). In Hidden Profiles, also einem Prototyp von Situationen, in dem sich auf Diskussionen basierende Gruppenentscheidungen durch höhere Entscheidungsqualität auszeichnen könnte, werden in der Regel diejenigen Alternativen gewählt, die von der geteilten Information nahegelegt werden, die den Entscheidungspräferenzen der Gruppenmitglieder entsprechen und es ermöglichen, bei der anfänglich falschen Meinung zu bleiben; oftmals erfolgt ein vorschneller Konsens auf eine falsche Alternative.

„Zusammenfassend lassen sich drei Prozesse identifizieren, die die Nichtlösung von Hidden Profiles erklären können: (1) vorschneller Konsens auf eine falsche Alternative; (2) asymmetrische Diskussion zugunsten geteilter und präferenzkonsistenter

Informationen; (3) asymmetrische Informationsbewertung zugunsten geteilter und präferenzkonsistenter Informationen. Insgesamt wirken also grundlegende (...) Mechanismen der Interaktion und Informationsverarbeitung in Gruppen dagegen, dass Gruppenentscheidungen sich dort auszahlen, wo sie sich prinzipiell auszahlen können" (Mojzisch et al. 2004, 198).

Um daher dafür zu sorgen, dass in Gruppen klügere Entscheidungen gefällt werden, plädieren die Psychologen für die systematische Ermöglichung von Meinungsvielfalt, würde diese doch Tendenzen zur Selbstbestätigung in Gruppen dann reduzieren, wenn auf den Austausch ungeteilter Informationen geachtet wird. Wenn kontroverse Ansichten eingebracht werden können und dazu führen, einen Sachkonflikt zu erkennen und zu bearbeiten, wenn in diesem Prozess ein vorschneller Konsens vermieden oder verhindert wird, wenn dafür Sorge getragen wird, alle vorliegenden Informationen zu berücksichtigen, sind die Bedingungen für das Treffen sinnvoller Entscheidungen gegeben. Dafür sind Normen des Zulassens und Beförderns eines kritischen Diskurses nötig. In der Gruppe sollte ein Metawissen darüber vorhanden sein, wer Spezialwissen zu welchem Bereich hat. Es sollte auf das Einbringen und den Austausch ungeteilter Informationen geachtet werden. Zusätzlich ist Wissen über die Aufgaben des Gruppenprozesses wünschenswert. „Die richtige Lösung kann in solchen Situationen nur dann gefunden werden, wenn sich die Gruppenmitglieder gegenseitig ihr Spezialwissen zugänglich machen und wenn sie das Spezialwissen der anderen Mitglieder bei der Entscheidungsfindung auch entsprechend integrieren" (Mojzisch et al. 2004, 200).

Stefan Schulz-Hardt und Dieter Frey (1998) diskutieren ebenfalls Fehlentscheidungen in Gruppen und führen diese auf folgende Bedingungen zurück:

- Suboptimale Informationsnutzung in Gruppen
- ‚Groupthink', d.h. kollektive Kritiklosigkeit und Harmoniestreben in Entscheidungsgremien
- ‚Entrapment' in Gruppen, d.h. die Unfähigkeit, eigene Verluste zu stoppen
- Entscheidungsautismus, d.h. Selbstbestätigungsprozesse bei Einzel- und Gruppenentscheidungen (vgl. die Abbildung 14: Randbedingungen des Entscheidungsautismus)

Randbedingungen des Entscheidungsautismus (2.–5. und 9. nur für Gremien)	
Strukturelle Faktoren	1. Abschottung nach Außen 2. Fehlen diskursiver Entscheidungsprozeduren 3. Direktive Führung 4. Homogenität d. Gremiums 5. Probeabstimmung zu Beginn
Situative Faktoren	6. Zeitdruck 7. Vorangegangene Erfolge 8. Rechtfertigungsdruck
Soziale Faktoren	9. Harmonienorm 10. Ideologische Fixierung 11. Konsistenznorm

Abbildung 14: Randbedingungen des Entscheidungsautismus (vgl. Schulz & Frey 1998, 151)

Wann liegt ein solcher Entscheidungsautismus vor? Schulz-Hardt & Frey (1998, 153) nennen folgende Symptome (vgl. Abbildung 15: Symptomatik des Entscheidungsautismus).

Symptomatik des Entscheidungsautismus

Selbstbezogene Symptome

Unfehlbarkeitsglaube, äußert sich u.a. durch
- Hohe Entscheidungssicherheit
- Hohe wahrgenommene Einfachheit
- Hohe subjektive Kompetenz

Selbstbeschwichtigung
- Wegrationalisierung von Zweifeln
- Selbstzensur

Spaltung der Weltsicht
- Selbstglorifizierung
- Abwertung von Opponenten

Soziale Symptome

Selektive Kommunikation
- Präferenzstützende Diskussionsinhalte
- Selektive Aufmerksamkeit und Interpretation
- Bevorzugung von Gleichgesinnten
- Abqualifizierung von Zweiflern
- Druck auf und ggf. Ausgrenzung von Andersdenkenden
- (Selbst-)ernannte ‚Mindguards'
- Kollektive Rationalisierungen

Abschirmung der Präferenz gegen andere Alternativen

Abschirmung der Präferenz gegen andere Alternativen
1. Ignorieren bzw. Unterschätzen von „unpassenden" Problemen
2. Präferenzgebundene Ursachenanalyse
3. Mangelhafte Generierung von Alternativen und Fixierung auf die präferierte Alternative
4. Verzerrte Bewertung der Alternativen (Attraktivität, Risiko, Erfolgswahrscheinlichkeit etc.)
5. Selektive Informationssuche
6. Selbstbestätigende Informationsauswertung
7. Voreiliges Verwerfen von Alternativen
8. Nicht hinterfragte Entscheidung
9. Implementation der Entscheidung ohne „Was wäre, wenn ..."-Szenarien
10. Mangelnde bzw. beschönigende Erfolgskontrolle; dadurch Fortsetzung fehlender Handlungen

---

Abbildung 15: Symptomatik des Entscheidungsautismus
(vgl. Schulz-Hardt & Frey 1998, 153)

Stefan Schulz-Hardt und Dieter Frey (1998) schlagen folgende Vorkehrungen vor, damit die Gruppe ihr Potential verbessern kann:

- Heterogene Zusammensetzung der Gruppe zur Repräsentation einer Vielzahl von Standpunkten und Perspektiven; Förderung des Einbringens kontroverser Positionen
- Aufteilung der Gruppe in Subgruppen und Diskussion und Beratung des Problems in Subgruppen
- Norm des kritischen Rationalismus (Recht auf Hinterfragen) statt Harmonienorm
- Einladen externer Experten als Korrektiv gegen Betriebsblindheit
- Verabredung klarer Zuständigkeiten; Sicherung des Einbringens der verschiedenen Informationen
- Einsatz der diskursiven Entscheidungshilfetechnik bei wichtigen Sitzungen (z. B. mit Hilfe der ‚Teufelsanwaltmethode'); zentrale Annahmen und Überlegungen der Gruppe werden beständig kritisiert
- Gruppenführer fungiert als unparteiischer Koordinator und Mentor
- Förderung von Teamreflexivität (vgl. Schulz-Hardt & Frey 1998, 155 ff).

Leistungsmöglichkeiten von Gruppen

Generelle Aussagen über Leistungen und Leistungsvorteile von Gruppen scheinen nicht möglich, weil die Gruppen und die Aufgaben, die zu bearbeiten oder zu lösen sind, verschieden sind.

Gruppenstrukturen

Mit Blick auf Gruppen und ihre Strukturen können drei verschiedene Aspekte unterschieden werden, (1) die Beziehungen des Individuums zur Gruppe als *übergeordnete soziale Einheit* (Fokus auf die Gruppe und ihre Relevanz für die Bedürfnisgestaltung, die Entfaltung des Individuums, als soziales Refugium), (2) die Gruppe als *Funktionseinheit* zur Bewältigung von Aufgaben oder Erarbeitung gemeinsamer Leistungen, (3) die Gruppe als *Sozialsystem* mit Blick auf ihre Binnenstruktur einschließlich der Normen des Verhaltens, Kommunikations- und Konfliktlösekonventionen und der Gestaltung von Innenleben und Wahrnehmung von Außenaufgaben. „In der ‚wohltemperierten' Gruppe spielen alle drei Facetten in harmonischer Weise zusammen" (Zysno 1998, 12). Zysno klassifiziert nun die Aufgabe mit Blick auf die Gruppe. Er fragt nach dem Zusammenhang von Funktionen resp. Funktionsbereichen und der Gliederung der Aufgabenarten, nach dem jeweiligen Typus von Aufgaben (Parallelaufgabe, Partikuläraufgabe, Sequentialaufgabe, Simultanaufgabe) und der Teilung der Arbeit in der Gruppe, nach den Operationen zur Verknüpfung der Leistungen der einzelnen Gruppenmitglieder, nach der Aggregationsebene und den Modalitäten der Interaktion (Kooperation oder Wettbewerb, gemeinsame oder divergente Ziele). Auf diesem Hintergrund entwirft er eine umfassende Aufgabenklassifikation. Er verdeutlicht, dass davon abhängig jeweils ein unterschiedliches Handeln der Gruppenmitglieder erforderlich ist. Er schlägt vor, die Klassifikation heranzuziehen, um – mit Blick auf die Aufgabenanforderungen – die Gruppenressourcen zu prüfen resp. bereitzustellen. „Das Teamprofil muss das Aufgabenprofil überdecken" (Zysno 1998, 21). Um die Qualität der Gruppenarbeit zu bewerten, schlägt er vor, die Realleistung mit dem Potential der Gruppe zu vergleichen.

2.1.3 Aufgabenorientierte Kleingruppen und Aufgabenarten

Zur Klassifikation von Gruppen

Zysno referiert verschiedene Klassifikationen von Gruppen und Gruppenaufgaben. „Hofstätter (1957) kam zu einer Aufteilung der Gruppen nach den Leistungen des Hebens und Tragens, des Suchens und des Bestimmens. (...) Davis (1989) gliederte die Gruppenaufgaben in die Rubriken Lernen – Problemlösen – Beurteilen/Entscheiden. Cohen (1969) schlug eine Dreiteilung in Aufgaben vom ‚sensor-type' (Betonung der Informationsaufnahme), vom ‚control-type' (Betonung der Informationstransformation) und vom ‚effector-type' (Betonung der Ausführung) vor)" (Zysno 1998, 11). Aufgaben können unter dem Gesichtspunkt ihrer Schwierigkeit, der denkbaren Lösungsvielfalt, der erforderlichen Kooperation, des damit verbundenen aufgabenbezogenen Interesses, der intellektuellen und motorischen Anforderungen und der Bekanntheit unterschieden werden (vgl. Zysno 1998, 11).

Aufgabenarten

Mit Blick auf die Frage, wie interagierende Gruppen Leistungen erbringen und welche Faktoren die Leistung beeinflussen, wurde der Standpunkt vertreten, dass die dabei zu bewältigende Aufgabe eine wichtige Rolle spielt. Wilke und van Knippenberg (1996, 469) unterscheiden *Maximierungsaufgaben*, also Aufgaben, die dann gelöst werden, wenn ein Maximum erreicht wird (Quantität), von *Optimierungsaufgaben*, bei denen mit großer Genauigkeit ein Kriterium erfüllt werden muss (Qualität). Sie bieten, ausgehend von bestimmten Prüffragen, ein Raster an, das darauf verweist, wie die Aufgaben angelegt sind und um welchen Aufgabentyp es sich handelt (vgl. die Tabelle 17: Zusammenfassung einer erweiterten Typologie von Aufgabenarten).

Sie unterscheiden Aufgaben – in Anlehnung an Steiner – nach verschiedenen Kriterien:

- *Additive Aufgaben* erlauben die Summierung von Einzelleistungen mehrerer Gruppenmitglieder (Beispiel: Gemeinsames Schneeschaufeln).
- *Kompensatorische Aufgaben* erfordern eine Gruppenentscheidung, die auf dem Durchschnitt der Lösungen der einzelnen Gruppenmitglieder beruht (Beispiel: Schätzaufgaben).
- *Disjunktive Aufgaben* erfordern, dass die Gruppe aus der Gesamtheit von individuellen Einzelentscheidungen eine spezifische auswählt.
- *Konjunktive Aufgaben* erfordern die Übereinstimmung aller Gruppenmitglieder.
- *Aufgaben mit Ermessensspielraum* sind solche, bei denen es der Gruppe überlassen bleibt, auf welche Weise die Aufgabe bearbeitet wird (vgl. Wilke & von Knippenberg 1996, 466).

Die Leistungsanforderungen an die Gruppe, die zu organisierenden Prozesse und die Leistungen der Gruppe bei verschiedenen Aufgaben sind daher höchst unterschiedlich (vgl. die Tabelle 18: Leistung von Gruppen bei verschiedenen Aufgabentypen).

Tabelle 17: Zusammenfassung einer erweiterten Typologie von Aufgabenarten (nach Steiner, vgl. Willke & van Knippenberg 1996, 465)

Frage	Antwort	Aufgabentyp	Beispiele
Kann die Aufgabe in mehrere Teilkomponenten unterteilt werden oder ist eine Aufteilung sinnvoll?	Teilaufgaben können unterschieden werden. Es gibt keine Teilaufgaben.	Unterteilbar Ganzheitlich/ nicht unterteilbar	Fußballspielen, ein Haus bauen, ein sechsgängiges Menü vorbereiten An einem Seil ziehen, ein Buch lesen
Was ist wichtiger: produzierte Quantität oder Qualität der Leistung?	Quantität	Maximierend	Viele Ideen produzieren, das größte Gewicht heben, die meisten Durchgänge erzielen
	Qualität	Optimierend	Genaue Buchhaltung, Raumtemperatur, ein Referat schreiben
In welchem Verhältnis stehen die Einzelleistungen zu dem Gruppenprodukt?	Individuelle Beiträge werden aufaddiert.	Additiv	An einem Seil ziehen, Briefumschläge füllen, Schnee schaufeln
	Das Produkt der Gruppe entspricht dem Durchschnitt der Einzelbeurteilungen.	Kompensatorisch	Durchschnittliche individuelle Schätzung der Anzahl Bohnen im Glas, Gewicht eines Objektes, Raumtemperatur
	Die Gruppe wählt aus der Menge der Einzelurteile eine Beurteilung aus.	Disjunktiv	Fragen, die „Ja-Nein- oder Entweder-oder-Antworten" verlangen, wie Rechenaufgaben, Puzzles oder Optionen
	Alle Mitglieder der Gruppe müssen zum gemeinsamen Produkt beitragen.	Konjunktiv	Bergsteigen; Mittagessen; Staffelläufe machen; Soldaten, die in Formation marschieren
	Die Gruppe kann entscheiden, in welchem Verhältnis die Einzelbeiträge zum Gesamtprodukt stehen sollen.	Beliebig	Entscheidung, zusammen Schnee zu schaufeln; sich dafür entscheiden, über die beste Lösung für eine Rechenaufgabe abzustimmen, den Leiter die Frage beantworten lassen
Wie hängen die Gruppenmitglieder im Hinblick auf das Gesamtergebnis voneinander ab?	Gemeinsamkeit der Interessen	Kooperativ	Alle obigen Beispiele
	Interessenkonflikt	Im Wettbewerb stehen	Kampf um Status
	Gemeinsame und sich widersprechende Interessen	Gemischte Motive	Soziales Dilemma

Tabelle 18: Leistung von Gruppen bei verschiedenen Aufgabentypen (nach Willke & van Knippenberg 1996, 484)

Aufgabenklassifikation	Produktivität der Gruppe	Beschreibung
Additive Aufgaben erlauben die Summierung von Einzelleistungen mehrerer Gruppenmitglieder (Beispiel: Gemeinsames Schneeschaufeln).	Besser als der/die Beste	Gruppe leistet mehr als das beste einzelne Mitglied; jedoch gibt es Produktivitätsverluste aufgrund von Motivationsverlusten und Koordinationsverlusten
Kompensatorische Aufgaben erfordern eine Gruppenentscheidung, die auf dem Durchschnitt der Lösungen der einzelnen Gruppenmitglieder beruht; das Gruppenprodukt ist der Durchschnitt der Einzelentscheidungen) (Beispiel: Schätzaufgaben).	Besser als die meisten	Gruppe leistet mehr als eine beträchtliche Anzahl ihrer Mitglieder
Disjunktive Aufgaben erfordern, dass die Gruppe aus der Gesamtheit von individuellen Einzelentscheidungen eine spezifische auswählt. (heureka!)	Gleich dem Besten	Gruppenleistung entspricht der Leistung des besten Mitglieds
Disjunktiv (nicht heureka!)	Weniger als die/der Beste	Gruppe kann so viel wie ihr bestes Mitglied leisten, liegt aber oft darunter, weil die richtige Lösung nicht eingebracht wird oder die korrektive Lösung nicht die Unterstützung der Gruppenmitglieder erhält.
Konjunktive Aufgaben erfordern die Übereinstimmung aller Gruppenmitglieder (z.B. gemeinsames Bergsteigen).	Gleich dem Schlechtesten	Gruppe leistet so viel wie das schlechteste Mitglied
Konjunktiv (aufteilbar; ‚Matching' von Mitgliedern zu Teilaufgaben nach Fähigkeiten möglich)	Besser als der Schlechteste	Wenn Teilaufgaben der Fähigkeit der Mitglieder richtig angepasst werden, kann die Leistung der Gruppe ein hohes Niveau erreichen

Mit Blick auf die Interdependenzsituationen unterscheiden Willke & van Knippenberg (1996) reine Kooperationssituationen, gemischte Kooperations- und Wettbewerbssituationen und reine Wettbewerbssituationen.

- *Reine Kooperation* kann angenommen werden, wenn sich die Gruppenmitglieder gleichermaßen den Erfolg und den Misserfolg der Gruppe teilen und wenn es im Interesse der Gruppenmitglieder ist, das gemeinsame Ziel auch zu verfolgen. Diese Situation zeichnet sich dadurch aus, dass sich individuelle Interessen ganz mit den Interessen der Gruppe überschneiden.
- *Reiner Wettbewerb* besteht in Gruppen, wenn einzelne Mitglieder dann erfolgreich sind, wenn sie mehr verhaltensorientierte Ergebnisse erzielen als irgendein anderes Mitglied der Gruppe. In diesem Fall sind die Gruppenmitglieder in einen Kampf um die Ergebnisse verwickelt, z. B. Status oder Belohnungen, die erzielt werden, wenn die Gruppe Erfolg hat.
- Eine *Mischung aus Kooperation und Wettbewerb* wird als sog. ‚soziales Dilemma' bezeichnet. In diesem Fall schneiden individuelle Gruppenmitglieder besser ab, wenn sie persönlich das Gruppenziel nicht verfolgen (z. B. indem sie nicht für die Gruppe arbeiten, sondern für sich selbst). Trotzdem schneidet die Gruppe insgesamt besser ab, wenn ihre Mitglieder das Gruppenziel mittels kollektiver und nicht persönlicher Ziele verfolgen (Wilke & van Knippenberg 1996, 467) (vgl. die Tabelle 19: Effekte von Kooperation, Wettbewerb resp. Mischformen auf die Gruppenleistung).

Auch wenn es so zu sein scheint, dass Gruppen gemeinsam Aufgaben besser lösen können als Einzelne, so konnte festgestellt werden, dass in Gruppen die Einzelpersonen ihre Leistungen reduzieren; es scheint also in Gruppen zu Produktivitätsverlusten aufgrund von Motivationsverlusten (die Arbeit wird anderen überlassen; die Eigenleistung wird zurückgehalten) und von Koordinationsverlusten (die Gruppenmitglieder arbeiten in unterschiedliche Richtungen) zu kommen. Insbesondere beim Brainstorming sind Gruppen weniger produktiv als die Teilnehmer/-innen in Einzelleistungen (vgl. Willke & van Knippenberg 1996, 471 ff). Die tatsächliche Leistung einer Gruppe

Tabelle 19: Effekte von Kooperation, Wettbewerb resp. Mischformen auf die Gruppenleistung (nach Willke & van Knippenberg 1996, 484)

Gestaltung der Situation	Auswirkungen auf die Gruppenleistung	Aufgabensorte
Kooperativ	Fördert Gruppenleistung	Hängt von den kognitiven Regeln der Aufgabe ab
In Wettbewerb stehend	Verschlechtert Gruppenleistung	Leistung der Gruppe wird von den Mitgliedern beeinträchtigt, die miteinander in Wettbewerb stehen
Gemischte Motive (Momente von Kooperation und von Wettbewerb)	Gruppenleistung ist nicht optimal	Besser als unter reinen Wettbewerbsbedingungen, aber schlechter als bei reiner Kooperation

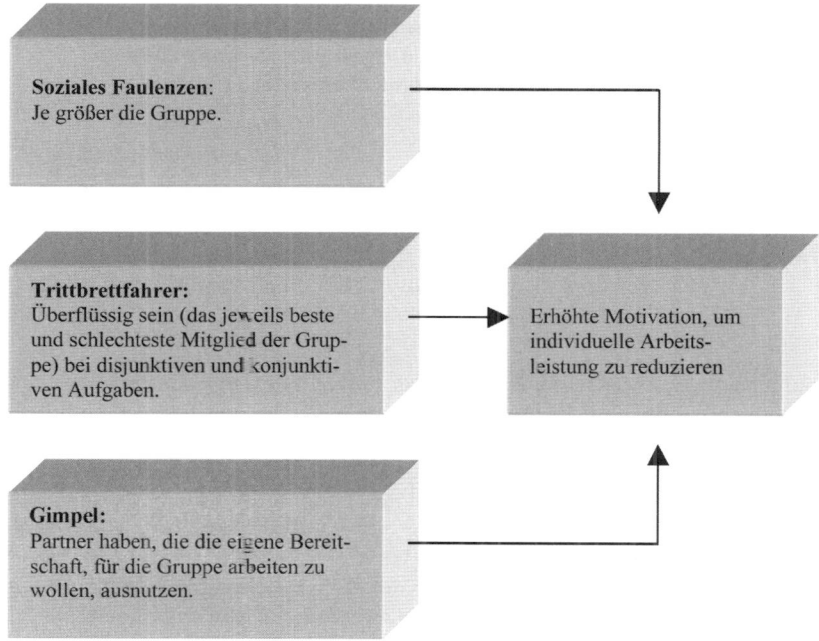

Abbildung 16: Drei Motivationen, um den individuellen Beitrag zur Gruppenaufgabe zu reduzieren (nach Willke & van Knippenberg 1996, 482)

ergibt sich demnach aus der potentiellen Leistung einer Gruppe, vermindert um die Prozessverluste. Hohe Leistung in der Gruppe wird durch die Minimierung von Prozessverlusten erzielt, d.h. durch Optimierung der Interaktion und Motivierung der einzelnen Gruppenmitglieder. Dabei kann es sein, dass einzelne Individuen durchaus ein Interesse daran haben können, ihren Beitrag zu Leistungen der Gruppe zu reduzieren (vgl. die Abbildung 16: Drei Motivationen, um den individuellen Beitrag zur Gruppenaufgabe zu reduzieren).

Leistungskriterien

Aussagen über Leistungen und Leistungsvorteile scheitern daran, „dass die Ergebnis-Dimensionen höchst unterschiedlich definiert werden können" (Sader 1991, 74). Teilnehmer/-innen von Gruppen und Beobachter von Gruppen kommen unter der Perspektive des Erfolgs der Gruppenarbeit zu recht unterschiedlichen Aussagen. Aus der Perspektive der Teilnehmer/-innen stehen oftmals Kriterien des Wohlfühlens und Wohlbehagens in der Gruppe im Mittelpunkt; das Erleben der Gruppenbedingungen wird zum Kriterium von Erfolg. Das Erleben des Gruppenprozesses wird auch mit Leistungserfolg assoziiert. Dagegen fragen Beobachter nach dem Kriterium der Aufgabenerfüllung durch die Gruppe und versuchen, die zielgerichtete Aufgabenbewältigung kooperativer Aufgaben (z.B. Produktionsaufgaben, Entscheidungsaufgaben, Problemlöseaufgaben) – kriterienorientiert – zu quantifizieren. Sie fragen nach der Qualität des

	Passivkriterien (teilnehmerabhängig)	Aktivkriterien (teilnehmerunabhängig)
sozio-emotionale Faktoren	Kriterien zur Erfassung der subjektiven Beurteilung von motivationalen und emotionalen Prozessen (Gruppenatmosphäre, Sympathien, Wohlbefinden, Kohäsion, etc.)	Kriterien zur Untersuchung der theoriegestützten Annahmen über motivationale und emotionale Prozesse (Konformität, social loafing, kollektive Dissonanzvermeidung, etc.)
aufgabenbezogene Faktoren	Kriterien zur Erfassung der subjektiven Beurteilung von Aufgabenbewältigung und Resultaten (Sicherheit bzgl. der Lösung, Güte der Leistung, Leistungsvergleiche, etc.)	Kriterien zur Untersuchung der theoriegeleiteten Vorhersagen über die Kombination der Einzelleistungen und deren Ergebnis (truth wins, bestes Individuum, Informationsnutzung, etc.)

(Titel über der Tabelle: **Inhaltliche Abgrenzung der Dimensionen ‚sozio-emotionale und aufgabenbezogene Faktoren' zu ‚Passiv- und Aktivkriterien'**)

Abbildung 17: Inhaltliche Abgrenzung der Dimensionen ‚sozioemotionale und aufgabenbezogene Faktoren' zu ‚Passiv- und Aktivkriterien' (nach Witte & Lecher 1998, 57)

Produkts (vgl. die Abbildung 17: Inhaltliche Abgrenzung der Dimensionen ‚sozioemotionale und aufgabenbezogene Faktoren' zu ‚Aktiv- und Passivkriterien').

Erich H. Witte und Silke Lecher kommen zu dem Ergebnis, dass es keine einfache Verbindung beider Gütekriterien gibt. Wenn man daher ansetze, den Zusammenhalt der Gruppe zu fördern, die Bewertungsangst zu minimieren, positive Beziehungen zwischen den Mitgliedern aufzubauen, so ginge damit nicht automatisch eine Verbesserung der Aufgabenbewältigung und eine Verbesserung der Aufgabenleistungen einher. Im Gegenteil: notwendig seien Techniken zur Förderung der Informationsnutzung, zur Reduktion von Konformität, zur Unterstützung der individuellen Position gegen die Majorität und zur Förderung des Wissensaustauschs in der Gruppe (vgl. Witte & Lecher 1998, 60).

Zur Verwechselung von Wohlbefinden in der Gruppe und Gruppenleistungen

Erich H. Witte und Gabriele Engelhardt stellen heraus, dass oftmals die Annahme vorherrscht, dass Gruppen Synergieeffekte hervorbringen, wenn die emotionale Beziehung zwischen den Mitgliedern positiv ist und eine Gleichbehandlung hergestellt wird (Witte & Engelhardt 1998, 27). Tatsächlich ist das nicht der Fall. Im Gegenteil, nach ihren Erkenntnissen kann Konfliktvermeidung ein Hinweis auf Mittelmäßigkeit von (kognitiven) Lösungen oder ein Hinweis auf fatale Fehlentscheidungen sein (1998, 28).

Zur Effektivität der Arbeit von Gruppen

Willke und van Knippenberg fragen auch nach der Entwicklung der Gruppenstruktur, weil sie für die Effektivität der Gruppe von entscheidender Bedeutung ist. Unter Laborbedingungen konnten in Problemlösegruppen verschiedene Verhaltensweisen beobachtet und kategorisiert werden. Es wurde positives und negatives sozioemotionales Verhalten, aufgabenorientiertes Verhalten, Verhalten im Zusammenhang mit dem Austausch von Informationen unterschieden. Aus den Beobachtungen geht hervor, dass in Gruppen sich oftmals ein sozioemotionaler und ein aufgabenorientierter Führer herausbilden. Sozioemotionale Führer initiieren Informationsaustausch und erhalten die meisten Informationen von anderen Gruppenmitgliedern. Aufgabenorientierte Führer initiieren aufgabenbezogenes Verhalten; die Gruppenmitglieder bringen ihm gegenüber negatives emotionales Verhalten zum Ausdruck (vgl. Willke & van Knippenberg 1996, 487; vgl. Kasten 2: Das Beobachtungssystem von Bales „Interaction Process Analysis" (IPA).

IPA-Kategorien

Sozioemotionales Verhalten (positiv)	1 Zeigt Solidarität 2 Zeigt Spannungsreduktion 3 Stimmt zu
Aufgabenorientiertes Verhalten	4 Macht Vorschläge 5 Bietet eine Meinung an 6 Vermittelt Orientierung
Informationsaustausch	7 Bittet um Orientierung 8 Bittet um Meinungsäußerung 9 Bittet um Vorschläge
Sozioemotionales Verhalten (negativ)	10 Stimmt nicht zu/widerspricht 11 Zeigt sich angespannt 12 Zeigt sich antagonistisch

Kasten 2: Das Beobachtungssystem von Bales „Interaction Process Analysis" (IPA) (nach Willke & van Knippenberg 1996, 486)

Jan Pieter van Oudenhoven fragt nach dem Zusammenhang von *Aufgabenkomplexität* und *Kooperationseffekten*. „Wenn die zu lernenden Fähigkeiten einfach und die Aufgaben nicht zu herausfordernd sind, scheint es besser, auf kooperatives Lernen zu verzichten, falls nicht Gruppenbelohnungen und/oder Wettkampf zwischen den Gruppen verwendet werden. Schwierigere Aufgaben motivieren mehr zu Zusammenarbeit. Wenn die Aufgabe komplexe Fertigkeiten fordert, kann die Interaktion zwischen Peers zu höheren Denkprozessen verhelfen. Sind die von der Aufgabe geforderten Fertigkeiten extrem komplex, dürfte die Interaktion zwischen Mitschülern nicht mehr ausreichen, stattdessen ist wahrscheinlich die Unterstützung durch einen Experten, z.B. durch den Lehrer, viel hilfreicher" (van Oudenhoven 1993, 189).

Motivationsverluste und Koordinationsverluste bewirken, dass Gruppenergebnisse unter den potentiell möglichen Gruppenleistungen liegen; Prozessgewinne ergeben sich durch Lernprozesse der Individuen in förderlichen und lernwirksamen Interaktionen, sodass es neben dem individuellen Lernen, basierend auf den Kompetenzen des Individuums, auch ein Lernen durch soziale Interaktion geben kann, das nicht nur dem einzelnen Individuen, sondern auch der Gruppe zugute kommt und – je nach Aufgabe – Leistungssteigerungen bewirken kann.

Will man Gruppenleistungen optimieren, ist (1) die Gruppe in geeigneter Weise, nach Maßgabe der Aufgabe, zusammenzusetzen; (2) ist für Synchronisationsprozesse in der Gruppe während der Leistungserbringung zu sorgen und sind (3) systematische Lernprozesse zu fördern, die bei der wiederholten kollektiven Aufgabenbearbeitung zu verbesserten Leistungen beitragen können. Förderlich kann eine Zusammensetzung der Gruppe sein, die nur minimale oder moderate Leistungsunterschiede zwischen den Individuen zulässt, weil dadurch weniger leistungshinderliche Effekte auftreten. Maßnahmen zur Förderung von Synchronisationsprozessen zielen darauf, „die kollektive Generierung, Veränderung und Integration von Einzelbeiträgen in einer Gruppe zu optimieren" (Brodbeck et al. 2006, 643) durch Transparenz individueller und kollektiver Leistungsstandards und Markierung der Bedeutung der individuellen Beiträge zum Gruppenergebnis. Mit Blick auf das Lernen und die Lernergebnisse können Verbesserungen gefördert werden. Dazu zählen wir durch individuelles Arbeiten und Lernen bewirkte Leistungsverbesserung des Individuums, durch soziale Interaktion bewirktes individuelles Lernen mit Verbesserung der Leistungen des Individuums, durch soziale Interaktionen bewirkte kollektive Leistungsverbesserung der Gruppe und Lernen auf der Gruppenebene (durch Veränderung sozialer Kognitionen und kollektiven Verhaltens) (vgl. Brodbeck et al. 2006, 642).

Prüffragen mit Blick auf das Lernen in Gruppen

Aus den vorgestellten Überlegungen ergeben sich, zielt man darauf, Lernprozesse in Gruppen zu organisieren, wichtige Erkenntnisse. Gegenüber naiven Annahmen über die Vorteile des Lernens in Gruppen konnte gezeigt werden, dass diese Überlegenheit nicht per se gegeben ist. Je nach Gruppe und Aufgabenstellung kann das gemeinsame Lernen – mit Blick auf den Prozess und das Ergebnis – erfolgreicher sein als das Lernen des Einzelnen; es kann jedoch auch für das Individuum eher behindernd wirken und zu geringeren Schüler-/innenleistungen führen. Von daher müssen Lehrkräfte die Kompetenz haben, gezielt über das Arrangieren von Gruppenlernprozessen unter verschiedenen Perspektiven nachzudenken.

Aus den vorgestellten Überlegungen ergeben sich folgende Prüffragen, die an didaktische Konzeptionen zum Lernen in Gruppen resp. an das Planen und Handeln von Lehrkräften angelegt werden können (vgl. Kasten 3: Prüffragen für das Lernen in Gruppen).

- Werden die Ziele ausgewiesen, unter denen Lernarrangements in Gruppen geplant werden und werden diese Ziele den Lerner/-innen bekannt gegeben?
- Werden die Chancen und Gefahren des Lernens und Arbeitens in Gruppen ausgewiesen? Wird gezeigt, unter welchen Bedingungen sinnvolle resp. falsche Entscheidungen zustande kommen?
- Weisen die Konzeptionen – unter einer Metaperspektive – auf die intellektuellen Fallen des Lernens in Gruppen hin, die sich aus der ‚suboptimalen Informationsnutzung', ‚groupthink', ‚entrapment' und ‚Entscheidungsautismus' ergeben können?
- Werden die Gruppen über förderliche Rahmenbedingungen für erfolgreiches Arbeiten in Gruppen informiert, sodass sie selber darüber wachen können, diese Rahmenbedingungen zu etablieren und immer wieder neu zu sichern?
- Wird verdeutlicht, dass die drei verschiedenen Funktionen einer Gruppe (Sozialsystem, soziale Einheit und Funktionseinheit zur Aufgabenbewältigung) zueinander in Widerspruch treten können?
- Wird verdeutlicht, dass soziale Kohäsion in Gruppen nicht automatisch mit erfolgreicher Leistungsentwicklung oder gar Leistungsverbesserung einhergeht?
- Werden Gruppen passend zu den Aufgabenstellungen zusammengesetzt?
- Werden verschiedene Aufgabentypen unterschieden und Gruppenarrangements resp. Aufträge an Gruppen passend zu den Zielsetzungen und den Aufgabentypen angelegt?
- Wird unterschieden, unter welchen Bedingungen (Wettbewerb, Kooperation resp. Mischformen) die Aufgaben bewältigt werden sollen?
- Werden die Zielsetzungen der Gruppenarbeit und Leistungskriterien für das Ergebnis der Gruppe und für den Prozess (evtl. auf verschiedenen Anspruchsniveaus) ausgewiesen?
- Werden Verfahren zur Messung der Lern- und Leistungsergebnisse angegeben oder wird nur die subjektive Befindlichkeit resp. Selbstzuschreibung von „Lernerfolg" erhoben?
- Wird die Förderung der Identitätsentwicklung des einzelnen Lerners resp. der einzelnen Lernerin gegen Ziele der Beheimatung in einer Gruppe gegeneinander abgewogen und der Gruppe als Aufgabenstellung bekannt gemacht?

Kasten 3: Prüffragen für das Lernen in Gruppen

2.2 Didaktische Überlegungen zum kooperativen Lernen

In diesem Kapitel unterscheiden wir kooperatives Arbeiten und kooperatives Lernen. Wir referieren ausgewählte lernpsychologische und didaktische Überlegungen zum kooperativen Lernen. Dazu gehen wir auf den Begriff und auf verschiedene theoretische Ansätze ein. Wir diskutieren, für welche Lerner/-innen Kooperation günstig ist und erörtern dann Gelingensbedingungen für Kooperation. Darauf basierend entwickeln wir ein eigenes Modell für kooperatives Lernen in der Schule. Wir führen die traditionelle

Diskussion um binnendifferenziertes Lernen im Unterricht an und erörtern, inwiefern Konzeptionen des kooperativen Lernens mehr umfassen als die traditionelle Partner- oder Gruppenarbeit. Dazu stellen wir die Überlegungen zu kooperativen Lerngruppen den Überlegungen zur traditionellen Gruppenarbeit gegenüber. Wir gehen auf die Schwerpunkte in didaktischen und methodischen Konzeptionen zum kooperativen Lernen ein und stellen – darauf basierend – Merkmale und Rahmenbedingungen des kooperativen Lernens vor. Anschließend diskutieren wir Methoden des kooperativen Lernens mit Blick auf die dabei zu organisierenden Lernprozesse und die Basismodelle des Lernens.

2.2.1 Kooperatives Arbeiten und kooperatives Lernen

Die Forderung nach kooperativem Lernen wird in der Regel mit den Anforderungen in der Berufs- und Arbeitswelt begründet. Dabei wird davon ausgegangen, dass man kooperatives Arbeiten durch kooperatives Lernen in der Schule befördern kann. Dabei wird nicht deutlich, dass beim kooperativen Arbeiten Menschen zusammenwirken, die über eine gewisse Expertise verfügen und diese austauschen. Von daher sind die Fragen der Kooperation auf der Basis von Expertise von Fragen des kooperativen Lernens zu unterscheiden (vgl. Kasten 4: Unterschiede zwischen kooperativem Arbeiten und kooperativem Lernen).

Kooperatives Arbeiten	Kooperatives Lernen
Der Schwerpunkt liegt auf der Experten-Experten-Kommunikation resp. auf der Experten-Laien-Kommunikation.	Der Schwerpunkt liegt auf der Gestaltung von Lernprozessen des Einzelnen; die Gruppe soll dabei helfen, die Lernprozesse des Einzelnen zu optimieren und ggf. – je nach Zielsetzung – weitere Kompetenzen (Kooperationskompetenz, Sozialkompetenz) zu erwerben.
Fokus: Wissensvermittlung auf der Basis verschiedener Expertise mit dem Ziel der Herstellung eines gemeinsamen Produktes oder einer Dienstleistung und der Förderung solcher Strukturen, die effektive und zielführende Zusammenarbeit ermöglichen.	Fokus: Wissensaneignung auf der Basis je unterschiedlicher Lernvoraussetzungen und Kompetenzen; Zusammenarbeit ist abhängig von Zielsetzung, Aufgabe und Belohnungssystem.

Kasten 4: Unterschiede zwischen kooperativem Arbeiten und kooperativem Lernen

Es soll zunächst überlegt werden, unter welchen Bedingungen in Institutionen gelehrt und gelernt wird, welche Bedeutung dem individuellen Lernen resp. dem Lernen in Gruppen dabei zukommt und was wir uns unter kooperativem Lernen vorstellen müssen. Damit kooperatives Lernen einen Beitrag dazu leisten kann, kooperative Kompetenz aufzubauen, muss es nicht nur praktiziert werden, sondern es sind – unter einer Metaperspektive – die dabei zu bedenkenden Aspekte zu klären und geeignetes Wissen über Lernen und Arbeiten unter Gruppenbedingungen zu vermitteln resp. sich anzueignen. Kurz, es geht nicht nur um die Einsozialisation in kooperative Lernformen, sondern darum, die damit verbundenen Wissensbestände und Kompetenzen explizit verfügbar zu machen. Wir gehen zunächst auf Lerngruppen in Schule und Unterricht ein, diskutieren traditionelle Arbeits- und Sozialformen in der Schulklasse und setzen uns dann mit Begriff und Konzeptionen des kooperativen Lernens auseinander.

Zum Begriff des kooperativen Lernens

Kooperatives Lernen meint ein Lernen von Schüler/-innen in Gruppen von mindestens zwei Personen. Die Anzahl der Gruppenteilnehmer ergibt sich durch die Komplexität der Aufgabe; dabei sollte es möglich sein, dass sich alle Mitglieder an der Bearbeitung der Aufgabe beteiligen. Kooperatives Lernen kann für einfache oder komplexe Lernaufgaben initiiert werden. Es kann unter einer Perspektive der *Förderung des fachlichen Lernens* und des Lernerfolgs und/oder unter einer Perspektive der *Förderung der Persönlichkeitsentwicklung* des einzelnen Lerners resp. der Lernerin und/oder der Ausbildung *sozialer Kompetenzen* intendiert werden. Beim kooperativen Lernen geht es nicht nur darum, Aufgaben gemeinsam zu lösen, sondern einen erfolgreichen Lernprozess und möglichst einen Lernzuwachs für den Einzelnen in der Gruppe sicherzustellen. Der Lehrkraft kommt die Aufgabe zu, die Gruppen dabei ggf. zu unterstützen, dadurch dass sie sinnvolle Lernaufgaben stellt und qualitativ wertvolle Lernaktivitäten initiiert. Kooperatives Lernen erbringt vor allem dann Leistungsvorteile mit Blick auf das fachliche Lernen, wenn die Lerner/-innen individuell für ihre Lernbemühungen verantwortlich bleiben und die Lerngruppen Rückmeldungen über ihre gesamten Leistungen bekommen; leistungsmindernde Effekte können sich einstellen, wenn die Rückmeldung an die Gruppe nur vom Erfolg des Gruppenprodukts abhängig ist (vgl. Huber 2006, 263 f).

Theoretische Perspektiven zur Bedeutung des kooperativen Lernens

Robert E. Slavin nennt sechs theoretische Perspektiven zum kooperativen Lernen. Kooperatives Lernen ist auf das Entwickeln passender Zielstrukturen der Lerner/-innen angewiesen. Im *Motivationsansatz* geht man davon aus, dass Leistungseffekte durch die Kooperation in der Gruppe erzielt werden. Die Schüler kümmern sich umeinander, unterstützen und helfen sich. Damit dies gelingt, ist durch kooperative Anreizstrukturen eine Situation zu schaffen, „in der die Gruppenmitglieder ihre eigenen persönlichen Ziele nur dann erreichen können, wenn die Gruppe erfolgreich ist" (Slavin 1993, 153). Somit werden alle Gruppenmitglieder angespornt, sich anzustrengen. Voraussetzung dafür ist eine Belohnungsstruktur auf der Basis von Gruppenleistungen, bei denen auch die Einzelleistungen berücksichtigt werden. „Die Verwendung von Gruppenzielen oder -belohnungen fördert Leistungsergebnisse bei kooperativem Lernen (...) nur dann, wenn die Gruppenbelohnungen auf individuellen Lernerfolgen aller Gruppenmitglieder beruhen" (Slavin 1993, 154). Gruppen sind also nicht dann erfolgreich, wenn sie ein Gruppenprodukt herstellen, sondern wenn sie sicherstellen, dass alle Gruppenmitglieder einzeln etwas lernen. Daher kommt es darauf an, Gruppenziele auf der Grundlage der Summe individueller Lernleistungen zu formulieren.

Aus der *Perspektive der sozialen Kohäsion* wird versucht, das Lernen der Schüler/-innen durch ihr Interesse an der Gruppe zu stimulieren. Es wird versucht, eine Interdependenz zwischen den Gruppenmitgliedern zu schaffen. Der Zusammenhalt der Gruppe (soziale Kohäsion) soll durch das Bereitstellen interessanter Aufgaben gefördert werden. Es wird Wert gelegt auf die Förderung von Gruppenbildungsaktivitäten und die Reflexions- resp. Selbstevaluationsprozesse in der Gruppe während und nach den Gruppenaktivitäten. Die Schüler/-innen übernehmen, basierend auf einer Aufgabenspezialisierung, bestimmte Gruppenrollen (z. B. Schriftführer, Beobachter). Die empirischen Untersuchungen zeigen, dass allein die Förderung von Gruppenkohäsion keine Steigerung der Lernleistungen bewirkt; eher bewirkt die Qualität der Verarbeitungsaktivitäten entsprechende Effekte. „Allgemein sind Methoden, die zwar Gruppenbildung und -prozesse betonen, nicht aber für spezifische Gruppenbelohnungen auf der Grundlage des Lernens aller Mitglieder sorgen, nicht leistungseffektiver als der traditionelle Unterricht" (Slavin 1993, 157).

Unter *kognitiver Perspektive* wird die Qualität der mentalen Verarbeitung der Informationen und des Wissens durch Zusammenarbeit in den Blick genommen. Unter einer *Entwicklungsperspektive* wird nach der Bedeutung der Kollaboration für das Lernen gefragt. Schüler/-innen können von anderen Gruppenmitgliedern, die für sie als Modelle fungieren, etwas lernen. In kooperativ gestalteten Lernformen könnten Vorgehensweisen, Denkansätze, Selbstmanagementformen bei anderen beobachtet und imitiert und allmählich internalisiert werden. Interaktionen mit kompetenteren Schüler/-innen, die sich in der ‚Zone der nächsten Entwicklung' befinden, können dem schwächeren Lerner dabei helfen, Aufgaben anzugehen und zu bewältigen, die derzeit noch unter dem eigenen Kompetenzniveau liegen. Kooperatives Lernen ist dann für die Schüler/-innen hilfreich, die mit Kompetenteren interagieren können (vgl. auch Gräsel & Gruber 2000, 166). „Schüler lernen voneinander, weil bei ihren Sachdiskussionen kognitive Konflikte entstehen, falsche Folgerungen offen gelegt werden, Ungleichgewicht auftritt und höhere Niveaus des Verstehens erreicht werden" (Slavin 1993, 159). Daher kommt es darauf an, den Schüler/-innen durch Argumentationen in kontroversen Diskursen und Diskussionen verschiedene Gesichtspunkte zugänglich zu machen. Man geht davon aus, dass durch Debatten und wechselseitige Rückmeldungen fehlerhafte Begriffe und Sichtweisen aufgegeben und bessere Erklärungsansätze gesucht werden (vgl. auch Steins 2005, 122). Unter der *Perspektive der kognitiven Elaboration* wird davon ausgegangen, dass Lerner/-innen etwas dann besonders gut durchdenken, verstehen und erinnern, wenn sie „eine Art kognitiver Umstrukturierung oder Elaboration des Materials" (Slavin 1993, 160) vornehmen, z. B. dadurch, dass sie anderen etwas erklären. Peer-Interaktion ist dann förderlicher als eine hierarchisch bestimmte Interaktion, wenn sie bewirkt, dass alle Personen ihre Sichtweisen und Ansichten äußern und – auf der Basis der Erkenntnis eines soziokognitiven Konflikts – eine produktive Auseinandersetzung mit der Sache oder dem Problem resultiert. Methoden, die dabei helfen, strukturiert eine Kontroverse auszutragen und dabei logisch zu argumentieren, mit dem Ziel, sich der einen oder anderen Position anzuschließen oder eine Synthese zu erarbeiten, sind hilfreich. Schüler, denen etwas erklärt wird, lernen mehr als allein arbeitende Schüler/-innen, jedoch weniger als jene, die die Erklärungen abgeben. Diese Erkenntnis wurde im „Cooperative Integrated Reading and Composition Writing/Language Arts Program" umgesetzt, ebenso in Modellen des wechselseitigen Lehrens bei der Förderung des Leseverständnisses (vgl. Slavin 1993, 161).

Unter einer *Übungsperspektive* wird gezeigt, dass kooperatives Lernen auch „die Möglichkeiten für Üben und Einprägen des Materials erhöht" (Slavin 1993, 162), z. B. beim Lernen des Rechtschreibens mit einem Partner. Unter einer *Organisationsperspektive* wird darauf abgehoben, dass das kooperative Lernen die Lehrkraft für die Übernahme anderer Aufgaben freisetzt. Während die Schüler in kleinen Gruppen an Aufgaben arbeiten, sich wechselseitig etwas erklären, sich helfen und gegenseitig die Arbeiten kontrollieren, kann die Lehrkraft einzelne Kinder gezielt beim Lernen unterstützen.

Kooperatives Lernen – Eine Chance für ungewissheitsorientierte Lerner/-innen?

Günter L. Huber zeigte, dass vom kooperativen Lernen verschiedene Schülergruppen in unterschiedlicher Weise profitieren. Er unterscheidet Lerner/-innen in gewissheitsorientierte und ungewissheitsorientierte Gruppen. Ungewissheitsorientierte Personen werden durch Situationen motiviert, die Ungewissheit über das Selbst und die Umwelt auslösen; sie engagieren sich in Aktivitäten, die Ungewissheit abbauen helfen. Dagegen lassen sich gewissheitsorientierte Personen vor allem auf Aktivitäten ein, die nichts Neues über sie selbst oder ihre Situation ergeben. Kooperatives Lernen ist auch von Ungewissheit bestimmt, weil man zwischen den Sichtweisen verschiedener Personen entscheiden muss und zugleich die Lernsituationen und ihre Entwicklung nicht präzise vorhersehen kann. Auf der Basis von Videostudien konnte Huber zeigen, dass ungewissheitsorientierte Schüler von Kooperationsmöglichkeiten profitieren; sie bringen eigene Vorschläge ein, stellen mehr Fragen und geben mehr Begründungen und Bewertungen. Dagegen sind gewissheitsorientierte Schüler/-innen eher beeinträchtigt, erleben das Lernen als unangenehm und erzielen schlechtere Leistungen, wenn sie in Gruppen arbeiten (müssen) (vgl. Huber 1995, 319f).

Elizabeth C. Cohen stellt – auf der Basis von Interaktionsstudien – heraus, dass Schüler/-innen nicht von sich aus zu solchen Lernhandlungen tendieren, die Lernprozesse anregen, vertiefen und fördern (vgl. auch Bonnet 2007). Die Fähigkeit dazu müsse durch ein spezifisches Fertigkeitstraining, direkte Unterstützung oder besondere Motivierungen angeleitet werden. Sie zeigt, dass kooperatives Lernen – mit Blick auf die Lernergebnisse – nur unter bestimmten Bedingungen erfolgreich ist. Dabei hebt sie darauf ab, dass genauer die Lernprozesse betrachtet werden müssen, die beim kooperativen Lernen intendiert werden. Bei einfachen Routineaufgaben sind andere gemeinsame Lernaktivitäten gefordert (z. B. sich über Inhalte und Vorgehensweisen zu informieren) als beim Begriffs- oder Konzeptlernen (z. B. Austausch über Ideen, Hypothesen, Strategien). Eine echte Gruppenaufgabe sei so anzulegen, dass kein Einzelner sie lösen könne, sondern alle Schüler/-innen gemeinsam zum Erfolg beitragen müssten. Sie hebt darauf ab, dass die gewünschten Interaktionen mit Blick auf das Lernziel zu durchdenken sind (vgl. Cohen 1993). Kooperatives Lernen soll auch ermöglichen, Lösungsvorschläge und Ergebnisse gemeinsam zu prüfen (vgl. auch Huber 2006, 265).

Bedingungen erfolgreichen kooperativen Lernens

In der Literatur lässt sich die Einschätzung finden, dass kooperatives Lernen dem individuellen Lernen überlegen ist. So formulieren René Lamberigts und Jan-Willem Diepenbrock (1993) die These, dass das Lernen in Gruppen das verfügbare Wissen erweitert und dabei hilft, alternative Problemlösungsansätze zu entwickeln. Das Lernen in der Gruppe würde – durch alternative Sichtweisen anderer Gruppenmitglieder – zu einer vertieften Auseinandersetzung provozieren und diese stimulieren. Das Denkniveau in der Klasse würde angehoben. Indem man andere Schüler/-innen als Lerner/-innen beobachten könne, würden eigene Lernprozesse ausgelöst; Schüler würden ermutigt, von ihren Mitschülern zu lernen; diejenigen Schüler/-innen, die es übernehmen würden, Lerninhalte zu erklären und ihrerseits zu lehren, erzielten einen besonders großen Lernzuwachs. Klaus Konrad und Silke Traub führen aus, dass kooperativ Lernende – im Vergleich zum Lernen in traditionellen Unterrichtsformen – bessere kognitive Leistungen und ein tieferes Verstehen zeigen, mehr Ausdauer entwickeln, eine höhere Lern- und Leistungsmotivation und ein besseres Selbstkonzept entwickeln und mehr positiv-unterstützende Beziehungen eingehen (Konrad & Traub 2005, 7).

Dagegen zeigen die Ergebnisse einer Vielzahl von Studien, dass kooperatives Lernen nur unter bestimmten Bedingungen erfolgreich ist. Im Folgenden sollen die Bedingungen für den Erfolg des kooperativen Lernens benannt werden:

- Reziproke Interdependenz der Gruppenmitglieder (Zielinterdependenz, Ressourceninterdependenz, Belohnungsinterdependenz)
- Wahl einer passenden Gruppenaufgabe; klare Formulierung der Aufgabenstellung
- klare Formulierung des Arbeitsauftrags; Vergewisserung über das Verstehen des Arbeitsauftrags durch die verschiedenen Gruppen
- Bereitstellung von Informationen oder Eröffnung von Zugangswegen zu Informationen/Wissen
- Hinweise für passende kognitive Strategien und Metastrategien und hilfreiche Formen der Kommunikation und Kooperation; Erläuterung oder Durchdenken eines sinnvollen Vorgehens (evtl. vorher: Trainieren des Vorgehens)
- gemeinsame Verantwortung für das Lernen in der Gruppe; Festlegung individueller und gemeinsamer Verantwortlichkeiten resp. Rollen (z. B. Lernerrolle; Prüferrolle); Sicherstellung einer qualitativ wertvollen Auseinandersetzung mit Inhalten und Problemen durch die Gruppenmitglieder (z. B. Nachfragen, elaboriertes Erklären)
- Sicherstellung eines erfolgreichen Lernprozesses jedes einzelnen Gruppenmitgliedes
- Erwarten von anspruchsvollen Leistungen, z. B. Erklärungen (und nicht nur einfachen Antworten), die von jedem Einzelnen erzielt werden sollen
- Bedeutung und Nutzen der Ergebnisse für alle
- Überprüfen und Bewerten der Ergebnisse und des Prozesses jedes Einzelnen und der gesamten Gruppe
- Etablierung eines Belohnungssystems, dass sowohl die Verbesserung der Lernleistungen jedes Einzelnen als auch die Gesamtleistung der Gruppe positiv würdigt.

Umgekehrt sind folgende Bedingungen nicht hilfreich:

- Fixierung auf die Herstellung eines Gruppenprodukts; es kann auch nur von wenigen erarbeitet werden; es kommt zu Trittbrettfahrereffekten resp. zu Effekten des Verharrens in (erlernter) Hilflosigkeit; Motivationsverlust der Leistungsträger
- fehlende Festlegung von Verantwortlichkeiten oder Rollen
- fehlende Klarheit über und fehlende Fähigkeit zu angemessenen Interaktions- und Arbeitsprozessen; Agieren von Konkurrenz und Besserwisserei
- Verfestigung von Zuschreibungen an die Gruppenmitglieder (Dominanz, Submissivität)

- einfaches Mitteilen richtiger Antworten für die Aufgaben an alle Gruppenmitglieder, um den Prozess der Auseinandersetzung zu vermeiden, sich gegenseitig die Arbeitsbelastung abzunehmen und die Lernzeit/Arbeitszeit zu verkürzen
- fehlende Übernahme von Verantwortung für den Lernprozess eines jeden Gruppenmitgliedes.

Ein heuristisches Modell der Kompetenzen für kooperatives Lernen

In Tabelle 20 stellen wir ein heuristisches Modell kooperativen Lernens vor. Erfolgreiches kooperatives Lernen setzt diese Kompetenzen voraus. Die Aufgabe der Schule ist es, den Erwerb dieser Kompetenz sicher zu stellen.

Im Folgenden sollen – basierend auf den vorgestellten Überlegungen – die traditionellen Konzepte über Arbeits- und Sozialformen im Unterricht ebenso erörtert werden wie neuere Konzeptionen des kooperativen Lernens.

2.2.2 Die traditionelle Diskussion über Lerngruppen in Schule und Unterricht

Die Schulklasse ist eine soziale Organisation mit vorgegeben Zielen und Strukturen. „Vom Individuum aus gesehen ist sie aber auch eine psychologische Gruppierung, in der sich Interessen und Motive, Zuneigungen und Abneigungen in ‚informellen' Beziehungen und Strukturen verfestigen" (Ulich 1971, 35).

Die Aufgaben der Schulklasse sind aus verschiedenen Perspektiven beschrieben worden. Talcott Parsons hat aus soziologischer Perspektive Sozialisation (Verinnerlichung von Wertvorstellungen und Vorbereitung auf die Übernahme von Arbeitsrollen), Selektion und Allokation (Differenzierung der Schüler/-innen nach Leistung) als Aufgaben der Schulklasse benannt. Gordon versteht die Schulklasse als soziales System und differenziert zwischen formeller und informeller Organisation auf der Grundlage der „beiden Ordnungsprinzipien ‚zweckorientiertes Leistungssystem' und ‚persönlichkeitsorientiertes Neigungs- und Prestigesystem'" (Ulich 1971, 40). Einerseits müssen die Gruppenmitglieder auf der Basis bestimmter Anforderungen interagieren (Aufgabenbewältigung), andererseits werden persönliche und soziale Beziehungen hergestellt. Ulich zeigt, dass die Schulklasse aus organisatorischer Notwendigkeit konstituiert wird. Darüber hinaus ist sie paradox konstruiert: „Der Einzelne kann von der Gruppensituation profitieren, er lernt in der Gruppe, aber die Leistung erfolgt individuell gegen die Gruppe, nämlich gegen die Konkurrenten, die möglicherweise den Leistungsstandard zum Schaden des einzelnen verändern könnten. Die Schulklasse ist also paradoxerweise im Lernen ein Miteinander, in der Leistung ein Gegeneinander" (Ulich 1971, 63).

Die Schulklasse – ein Ort der Begegnung von Gleichaltrigen

Die Schulklasse ist ein Ort, in dem Kontakte mit Gleichaltrigen angebahnt und Beziehungserfahrungen gestaltet werden. Dabei spielen in der Regel die Gleichaltrigen für die Individualentwicklung eine wichtigere Rolle als die Erwachsenen oder die Geschwister. In der Schulklasse können Freunde gefunden, aber auch Erfahrungen mit eigener Beliebtheit, mit Ausgrenzung oder Ablehnung gemacht werden. Vielfach wurde

Tabelle 20: Ein heuristisches Modell der Kompetenzen für kooperatives Lernen

Inhaltsbezogene Kompetenzen kooperativen Lernens	Allgemeine Kompetenzen kooperativen Lernens
– Wissen über Lernen – Lernstrategien – Chancen und Probleme des gemeinsamen Lernens – förderliche Kommunikation/Interaktion – Unterscheidung von Anspruchsniveaus bei der Zusammenarbeit – Wissen über die Möglichkeiten förderlicher oder hinderlicher Ko-Konstruktionsprozesse – Kenntnis von Problemlöseheuristiken – Kenntnis von Entscheidungsfindungsprozeduren und der Gefährdung angemessener Entscheidungen – Wissen über Notwendigkeit der Überprüfung eigener Erfindungen resp. des Abgleichs mit dem bestehenden wissenschaftlichen und kulturellen Wissen – Verfahren des Übens kennen (Anwendung von Wiederholungsstrategien, Suche nach Beispielen)	– Aufgaben und ihre Problemstellungen klären und verstehen – sich über Ziele verständigen können – sachlich denken – logisch argumentieren – Anwendung förderlicher Dialogmuster – sachlich kommunizieren – um Hilfe bitten und Hilfe geben – nachfragen – um Klärung bitten – einen aktiven Part beim Lernen einnehmen (Erklären, Nachfragen, Zusammenfassen, neue Fragen formulieren) – Problemheuristiken für die Bearbeitung von Fragen kennen – Kooperationsskripts kennen und anwenden – Kooperationsskripts selbst entwickeln können – Absprachen treffen – Verantwortung für den Arbeitsprozess und Gruppenprozess übernehmen – angemessen kommunizieren können – Störungen erkennen und produktiv mit Störungen umgehen – die Rolle des Experten resp. des Lernenden flexibel und passend einnehmen – Entscheidungsprozesse in Gruppen initiieren und durchlaufen – Rahmenbedingungen für die Gestaltung förderlicher Peer-Interaktionen sicherstellen oder wieder herstellen – Unterscheidungen treffen über die Qualität von Entscheidungen (Mehrheitsmeinungen oder fachlich richtige Entscheidungen) – Üben, Wiederholen, Suche nach Anwendungsbeispielen.

anhand von Kindergartengruppen oder Schulklassen die Zahl der Beziehungen eines Kindes zu Peers und die Qualität dieser Beziehungen untersucht. Anhand von soziometrischen Untersuchungen kann der soziale Status eines Kindes in der Gruppe erfasst werden. Asendorpf und Banse unterscheiden nach dem Grad der Beliebtheit „beliebte" und „unbeliebte" Kinder; daneben gibt es Kinder, die weder beliebt noch unbeliebt sind („Ignorierte") und solche, an denen sich die Geister scheiden („Kontroverse"). Die Zahl der Freunde eines Kindes beeinflusst das Selbstwertgefühl; die Beliebtheit in der Schulklasse sagt etwas über den zukünftigen Berufserfolg aus. Dabei beeinflussen die Gruppenerfahrungen in der Schulklasse auch die Lernleistungen und den Schulerfolg. „Bernd und Keefe (1992) fanden, dass Jugendliche, die unterstützende, intime Freundschaften angaben, sich zunehmend am Unterricht beteiligten, während solche, die ihre Freundschaften als konfliktreich und rivalisierend beschrieben, zunehmende Schulprobleme bekamen" (Asendorpf & Banse 2000, 105).

Die Psychologen berichten von Täter-Opfer-Dyaden in Schulklassen. Sie verweisen auf Studien, die zeigen, dass fast in jeder Schulklasse ein bis zwei Kinder ausgemacht werden können, die von Klassenkameraden regelmäßig (mindestens einmal pro Woche) über längere Zeit (mindestens ein halbes Jahr) physisch oder verbal schikaniert werden; dabei wird meist ein Opfer von mehreren Tätern belästigt. Täter in solchen Täter-Opfer-Beziehungen zeichnen sich oftmals durch erhöhte Aggressivität aus; die Opfer gehören zumeist zu den abgelehnten Kindern der Gruppe. „Ablehnung ist eine notwendige, nicht aber eine hinreichende Bedingung für Viktimisierung. Hinzu kommen submissive Züge der Opfer, die potentielle Täter geradezu zur Viktimisierung herausfordern. Hierzu gehört schüchternes Verhalten, das Fehlen von Gegenwehr bei Angriffen und körperliche Schwäche bei Jungen (…)" (Asendorpf & Banse 2000, 106).

Arbeitsformen im Unterricht

An dieser Stelle sollen nicht alle Gruppenprozesse in der Schulklasse vorgestellt werden (vgl. dazu Ulich 1971; Fend 1980; Apel 2002; Kiper 1997; Kiper & Mischke 2004, 143 ff). Es soll nur darauf aufmerksam gemacht werden, dass – unabhängig von dem gruppenpsychologischen Wissen über Prozesse in der Schulklasse – in der allgemeinen Didaktik in der Regel verschiedene Arbeits- und Sozialformen für das Lernen (als Teilgebiet des Methodenwissens) vorgestellt werden. Wir möchten hier auf eine an anderer Stelle vorgestellte Zusammenfassung (vgl. Kiper 2001) anknüpfen:

Unter *Partnerarbeit* verstehen wir die zeitweilige Zusammenarbeit zweier Kinder bzw. Jugendlicher. Sie ist die am leichtesten einzurichtende Form des Miteinander-Lernens. Dabei arbeiten je zwei Schüler/-innen an einem gemeinsamen Arbeitsplatz, oft ohne dass Tische oder Stühle umgeräumt werden müssten. Wichtig ist eine klare Arbeitsanweisung durch die Lehrkraft, das Vorhandensein von Arbeitsmitteln und die Vermittlung von Arbeitstechniken. Bei der Partnerarbeit können sich die Kinder gegenseitig etwas diktieren, etwas abfragen, gemeinsam an einer Aufgabe lernen, zu zweit ein Experiment durchführen, gemeinsam etwas anfertigen (ein Bild, eine Skulptur, ein Modell, eine Reportage), miteinander an einem Computerprogramm lernen oder Verfahren üben. Dabei bestimmen die Schüler/-innen ihren Arbeitsrhythmus, die Methode und die Anspruchshöhe ihrer Leistung. Als Vorzüge der Partnerarbeit werden die hohe Schüleraktivität, die „Leistungsüberlegenheit gegenüber der Einzelarbeit" (Nuhn 1995, 8) durch gegenseitige Anregung und mehr Einfälle, das Erzielen von Erfolgen und die Erziehung zu partnerschaftlichem Verhalten genannt. Partnerarbeit wird oftmals für ca. 10–15 Minuten im integrierten Frontalunterricht oder bei Formen der „Freiarbeit" praktiziert. Neben der Partnerarbeit, die Kinder und Jugendliche mit ähnlichen Leistungsstärken und Interessen zusammenführt und die von den Schüler/-innen in der Regel bevorzugt wird (vgl. Nuhn 1995, 17), kann auch ein Helfersystem praktiziert werden; dabei erhält der Schwächere die Möglichkeit, einen Lernzuwachs zu erreichen.

Gruppenarbeit in Kleingruppen (aus drei bis fünf Schüler/-innen) kann zu unterschiedlichen Zwecken eingesetzt werden. Die Kleingruppe als *ständige Arbeits- und Sozialform (Tischgruppe)* ist eine feste Sozial- und Arbeitsgruppe, die vielfältige Funktionen im Unterricht und im Sozialleben einer Schulklasse übernimmt (vgl. auch Meyer-Willner 1979, 93 ff). Oftmals wird sie aus Jungen und Mädchen, Kindern verschiedener Muttersprache und leistungsstärkeren bzw. -schwächeren Schülern zusammengesetzt. Ad hoc werden vielfach Kleingruppen gebildet, um an bestimmten Aufgaben im Unterricht zu arbeiten. Kleingruppenarbeit wird im Rahmen des unterrichtlichen Gesamtverlaufs in verschiedenen Phasen eingesetzt. Die Kleingruppen können nach Neigungen und Interessen, nach Leistungsstand oder unter Freundschaftsaspekten zusammengesetzt werden. Die Kleingruppenarbeit kann *arbeitsgleich (themengleich)* oder *arbeitsteilig (themenverschieden)* erfolgen. Nach der Themenstellung oder Themenauswahl im Plenum wird das Thema strukturiert. In der Gruppe wird ein Ergebnis erarbeitet und zusammengefasst. Im Plenum werden die Ergebnisse vorgetragen, und es kommt zu einem anschließenden Gespräch oder zu Formen der Weiterarbeit (vgl. Meyer-Willner 1979, 67 ff). Kleingruppenarbeit ist Teil eines integrierten Frontalunterrichts. Frontale Situationen bleiben notwendig bei der „Planung und Koordination der Gruppenarbeit, zum Austausch, zur Systematisierung und Verarbeitung von Ergebnissen, zur gezielten Vermittlung von Zusatzinformationen, zu kritischen Nachfragen an die Gruppen, zu Korrekturen, Ergänzungen, Kontrollen und zur Gesamtevaluation einer gruppenunterrichtlich durchgeführten Unterrichtseinheit" (Gudjons 1993, 49). Kleingruppenarbeit kann auch im Rahmen geöffneten Unterrichts eingesetzt werden. Gudjons gibt Hinweise für die Formulierung der Aufgabenstellung durch Lehrkräfte: „Erstens: Als Aufgabentypen für die Kleingruppenarbeit eignen sich vor allem das Analysieren, Konstruieren, Vergleichen, Kombinieren, Probieren, Kalkulieren, Entscheiden usw. – also solche Aufgaben, die statt einfacher reproduktiver Denkleistungen auf eine ‚multivalente' Situation zielen, also mehrere Möglichkeiten enthalten und in mehrfacher Richtung auffordern. (...) Zweitens: Die Arbeitsaufträge sollen überschaubar sein und Arbeitsaufwand, Einzelaktivitäten und Ziel erkennen lassen. (...) Drittens: Arbeitsaufträge sollen nicht eine Abfolge von Lernschritten darstellen, sondern Lösungshinweise für Teilprobleme geben. (...) Viertens: In Arbeitsaufgaben sollen Entscheidungssituationen für die Gruppe angelegt und Anregungen für die Präsentation der Ergebnisse enthalten sein" (Gudjons 1993, 28 f). Nach Gudjons hat die Lehrkraft bei der Kleingruppenarbeit neue und andere Funktionen, nämlich initiierende, informierende, regulierende, bewertende und stimulierende (1993, 35 f).

Prozesse in Kleingruppen sind auch von Dynamiken in der Gruppe mit beeinflusst. „Das Verhalten der Gruppenmitglieder zueinander oder zum Gruppenleiter ist keineswegs immer nur mit rationalen Gründen zu erklären, vielmehr sind es vorbewusste bzw. unbewusste Faktoren, die die Verhaltensweisen mitsteuern, die auch von der Gruppe selbst nicht durchschaut werden. Mit Hilfe von Prozessanalysen und verschiedener Techniken der Soziometrie können diese Vorgänge näher bestimmt werden: Sie stellen sich als Phasen innerhalb des Gruppenprozesses dar, die jede Gruppe zwangsläufig zu durchlaufen hat. Man spricht in diesem Sinne von Phasen des Gruppenprozesses (...)" (Pallasch 1993, 113). Pallasch stellt ein solches Phasenmodell in Anlehnung an Tuckmann (1965) vor (vgl. Tabelle 21: Phasenmodell in Gruppen).

Die Gruppenentwicklung einer ganzen Schulklasse in Anlehnung an derartige Verlaufsmodelle, gesteuert mithilfe gezielt eingesetzter gruppendynamischer Übungen, wurde mehrfach in der Literatur beschrieben (Stanford, 1995; Berg, 1990).

Als Vorteile des Kleingruppenunterrichts wird angesehen, dass er zu einer Erhöhung der Interaktionschancen und somit zur Förderung sprachlich gehemmter Kinder, zur Entwicklung der Fähigkeit kritischen Überprüfens von Inhalten und Gegebenheiten, zur Verstärkung produktiver und kreativer Prozesse und zur wechselnden Identifikation und Sensibilität für den anderen beitragen kann (vgl. Knapp, aufgeführt nach Gudjons 1993, 40). Gudjons setzt darauf, dass Kleingruppenarbeit Formen der Kooperation auf der Ebene des Arbeitsvorhabens und Kommunikation auf der Ebene sozialer Beziehungen befördern kann (1993, 44). Gruppenunterrichtssequenzen haben

Tabelle 21: Phasenmodell in Gruppen (in Anlehnung an Pallasch 1993, 114)

	Inhaltsebene	**Beziehungsebene**
1. Phase: Forming	Kennenlernen der Aufgabe	Einschätzen der Situation und Abhängigkeiten; Kennenlernen und Abtasten; Suchen nach Anhaltspunkten und Hilfen
2. Phase: Storming	Schwierigkeiten mit der Aufgabe; Widerstand gegen die Aufgabe	Es entstehen Konflikte innerhalb der Gruppe; Feindseligkeiten und Spannungen treten auf; Positionskämpfe brechen auf; Untergruppenbildung
3. Phase: Norming	Austauschen von Informationen und Interpretationen zur Aufgabenstellung	Harmonisierung der Beziehungen; Normen werden festgesetzt; Rollendifferenzierung; Teilnahme am Gruppengeschehen; Entwicklung eines Gruppenzusammenhalts
4. Phase: Performing	Arbeiten an der Aufgabe; Auftauchen von Lösungen	Die funktionelle Rollenbezogenheit ist abgeschlossen; die Gruppe ist strukturiert und gefestigt; Konflikte werden gelöst; Kooperation wird möglich; informelle Kontaktnahme
5. Phase: Informing	Das Produkt (die Aufgabe) der Gruppe wird nach außen getragen; ein Austausch mit anderen Gruppen setzt ein	Die Gruppe ist stabil; sie nimmt Kontakt nach außen auf; Festigung der Gruppenidentität

Tabelle 22: Ausgewählte Publikationen zum kooperativen Lernen

Autor, Titel, Erscheinungsort, Jahr	Inhaltliche Schwerpunkte
Philipp, Elmar Teamentwicklung in der Schule. Konzepte und Methoden. Weinheim, Basel: Beltz 1996	• Erstarrte und dynamische Schulen • Grundelemente der Teamentwicklung • Total Quality Management • Kommunikationsklima • Beraterunterstützung bei der Teamentwicklung • Teamentwicklung als falscher Ansatz • Methoden der Teamentwicklung
Klippert, Heinz Teamentwicklung im Klassenraum. Weinheim, Basel: Beltz 1998	• Teamentwicklung im Klassenraum • Trainingsbausteine für die praktische Unterrichtsarbeit
Nürnberger Projektgruppe (Annerose Bath, Hanns-Dietrich Dann, Theodor Diegritz, Carl Fürst, Ludwig Haag, Heinz Rosenbusch) Erfolgreicher Gruppenunterricht. Praktische Anregungen für den Schulalltag. Leipzig, Stuttgart, Düsseldorf: Ernst Klett 2001	• Gruppenunterricht im Vergleich mit direkter Instruktion • Phasen des Gruppenunterrichts • Praktische Vorüberlegungen zum Gruppenunterricht (Zusammensetzung der Gruppen, Funktionsrollenverteilung, Gesprächsregeln), • Arbeitsaufträge im Gruppenunterricht • Lehrerverhalten während der Gruppenarbeit • Auswertung der Gruppenarbeitsergebnisse • Ein Beispiel • Ausblick auf andere Formen des Lernens in Gruppen
Weidner, Margit Kooperatives Lernen im Unterricht. Ein Arbeitsbuch: Seelze-Velber: Kallmeyer 2003	• Konzeptionelle Bestimmung des kooperativen Lernens • Kooperatives Lernen in der Praxis • Von der Gruppe zum Team • Rolle der Lehrperson beim kooperativen Lernen • Planung und Durchführung einer kooperativen Lerneinheit • Methoden kooperativen Lernens • Kooperatives Lernen und Schulentwicklung
Renkl, Alexander, Beisiegel, Stefanie Lernen in Gruppen. Landau: Verlag Empirische Pädagogik 2003	• Konzeption des kooperativen Lernens • Zielsetzung und didaktische Planung • Skripte • Ergebnispräsentation und Auswertung
Schnebel, Stefanie Unterrichtsentwicklung durch kooperatives Lernen. Baltmannsweiler: Schneider Verlag Hohengehren 2003	• Unterrichtsentwicklung • Lehr-Lern-Formen im Unterricht • Theoretische und didaktische Konzeption des kooperativen Lernens • Unterrichtsentwicklung durch kooperatives Lernen • Pilotstudie zum Lehrertrainingsmodell

Tabelle 22: Ausgewählte Publikationen zum kooperativen Lernen

Autor, Titel, Erscheinungsort, Jahr	Inhaltliche Schwerpunkte
Green, Norman, Green, Kathy Kooperatives Lernen im Klassenraum und im Kollegium. Seelze-Velber: Kallmeyer & Klett 2005	• Grundannahmen des kooperativen Lernens • Teambildung und Teamentwicklung • Rolle des Lehrers/der Lehrerin • Planung kooperativen Unterrichts • Methoden im Klassenraum und Kollegium
Konrad, Klaus, Traub, Silke Kooperatives Lernen. Baltmannsweiler: Schneider Hohengehren 2005	• Definition des kooperativen Lernens • Kooperatives Lernen im Vergleich zum individuellen Lernen • Kooperatives Lernen und neuere Theorien des Lernens • Rahmenbedingungen • Auf dem Weg zum kooperativen Lernen • Durchführung kooperativer Lernprogramme • Kooperatives Lernen evaluieren

ihren Platz beim Sammeln von Ideen und Vorschlägen, beim Argumentieren über Inhalte und Werte, beim gemeinsamen Aneignen von Wissen, beim Austausch über Erfahrungen, beim Problemlösen, beim Üben und Wiederholen des behandelten Lernstoffs, bei der Überprüfung des Wissens und Könnens (vgl. auch Nürnberger Projektgruppe 2001, 97 f).

Kooperatives Lernen – mehr als Lernen in der Gruppe?

Die Diskussion über kooperatives Lernen wurde zunächst von Gunter L. Huber (1993) aus der amerikanischen Diskussion in die deutsche pädagogische Diskussion eingebracht. In jüngster Zeit mehren sich die Veröffentlichungen zum kooperativen Lernen. Unter diesem Stichwort werden gegenwärtig scheinbar neue Ideen vorgetragen, die bislang als Teil der Diskussion um Binnendifferenzierung im Unterricht und die Bedeutung verschiedener Sozialformen (Partnerarbeit, Gruppenarbeit) ihren Platz hatten. Dabei wird angenommen, dass kooperatives Lernen eine eigene Qualität hat, die über die bislang vorgetragenen Überlegungen zu den Arbeits- und Sozialformen hinausgeht. Dabei wird in der amerikanischen Diskussion das kooperative Lernen vom konkurrierenden Lernen und individuellen Lernen abgegrenzt. Dabei wird davon ausgegangen, dass diese Organisationsformen von Unterricht sich nicht gegenseitig ausschließen, sondern sich gegenseitig ergänzen. Die Lerngruppen, die beim kooperativen Lernen gebildet werden, lassen sich unterscheiden in formelle kooperative Lerngruppen, bei denen Unterrichtsinhalte mittels kooperativen Lernens angeeignet werden sollen und informelle kooperative Lerngruppen, die ad hoc entstehen und die dazu dienen, dass Lerner/-innen Materialien sichten, sich Inhalte aneignen und verarbeiten. Daneben gibt es sogenannte kooperative Basisgruppen (evtl. den Tischgruppen in Gesamtschulen vergleichbar), die über mehrere Jahre hinweg bestehen können und einen Lerner resp. eine Lernerin fachlich und sozioemotional stützen sollen. Werden Materialien zum kooperativen Lernen in Deutschland vorgestellt, wird oftmals nicht deutlich, auf welche (Lern-)Gruppen sich die Materialien beziehen resp. aus welchen schulkulturellen Kontexten sie gewonnen wurden (vgl. Weidner 2003, Green & Green 2005).

Die gegenwärtige Diskussion um kooperatives Lernen in Unterricht und Schule ist dabei vielfach verbunden mit Diskursen über die Herstellung und Sicherung von Qualität im Kontext schulischer Entwicklungsprozesse (vgl. z.B. Philipp 1998, Klippert 1998, Schnebel 2003). (Die Tabelle 22 enthält einen Überblick über ausgewählte Publikationen zum kooperativen Lernen).

In der aufgeführten Literatur wird das kooperative Lernen positiv dargestellt. Es erscheint als Ziel an sich, oft unter Verweis auf die Notwendigkeit, die Fähigkeit zur Teamarbeit (Schlüsselqualifikation) zu erwerben, als Mittel zu diesem Ziel (Erwerb

Tabelle 23: Vorzüge kooperativer Lerngruppen gegenüber traditioneller Gruppenarbeit (vgl. Weidner 2003, 30)

Kooperative Lerngruppen	Traditionelle Gruppenarbeit
Durch eine Vielzahl von systematisch geplanten Maßnahmen wird eine positive gegenseitige Abhängigkeit strukturiert.	Positive gegenseitige Abhängigkeit ist nicht strukturiert.
Die Einzelnen werden angeleitet, sowohl für die eigenen Lernprozesse als auch für die der anderen Gruppenmitglieder Verantwortung zu übernehmen.	Die Einzelnen fühlen sich meist nur sich selbst gegenüber verantwortlich, nicht aber für die Gruppenmitglieder.
Die Gruppenzusammensetzung ist bewusst heterogen gestaltet.	Die Gruppenzusammensetzung ist meist homogen. Die, die sich mögen, arbeiten zusammen; weniger Beliebte bleiben ausgeschlossen.
Teamaufbauende Aktivitäten werden stetig durchgeführt. Sie befördern Vertrauen, Verantwortung für das Gruppengeschehen und einen festen Gruppenzusammenhalt.	Keine teamaufbauenden Aktivitäten.
Die einzelnen Mitglieder übernehmen verschiedene Rollen und teilen sich die (Führungs-)Aufgaben der Gruppe.	Ein Teammitglied ist meist der selbsterklärte Leiter der Gruppe.
Soziale Fertigkeiten („social skills') werden systematisch gelehrt, praktiziert und bewusst weiterentwickelt. Soziales Lernen wird ein eigenständiges Lernfeld.	Soziale Fertigkeiten werden vorausgesetzt (fehlen aber häufig).
Der Lehrer beobachtet ständig die Gruppenarbeit, dokumentiert seine Beobachtungen, gibt Rückmeldung über das Funktionieren im Team und interveniert, wenn nötig.	Systematisches Feedback erfolgt weniger ausgeprägt.

von Teamfähigkeit durch Arbeit im Team), als Chance, Lerninhalte in kooperativen Gruppen effektiver und erfolgreicher zu bearbeiten, als Weg, weitere Kompetenzen (kommunikative Kompetenzen, Fähigkeit zum Selbstmanagement, zu Kritik- und Entscheidungsfähigkeit, zum selbstständigen Lernen) zu erwerben. Kooperatives Lernen soll dabei helfen, den Wissenserwerb erfolgreicher zu gestalten, Verstehen zu ermöglichen, dabei helfen, sich mit verschiedenen Perspektiven auseinanderzusetzen und Problemlöseprozesse resp. Prozesse der Entscheidungsfindung erfolgreicher zu gestalten (vgl. z. B. Weidner 2003, 8, 20f, 23). Kooperatives Lernen soll ein Ansatz zur Reform von Unterricht und Schule und zur Professionalisierung der Lehrkräfte sein (vgl. Schnebel 2003). Dabei wird davon ausgegangen, dass sich das kooperative Lernen und die dabei konstituierten Gruppen deutlich von den traditionellen Gruppen unterscheiden (vgl. die Tabelle 23: Vorzüge kooperativer Lerngruppen gegenüber traditioneller Gruppenarbeit, nach Weidner 2003, 30).

Schwerpunkte in didaktischen und methodischen Studien zum kooperativen Lernen

Im Folgenden sollen einige didaktische Konzeptionen zum kooperativen Lernen mit Blick auf ihre Schwerpunktsetzungen vorgestellt werden. Anschließend sollen sie – mit Blick auf die entfalteten Prüfkriterien – eingeschätzt werden.

- Anne A. Huber und Günter F. Müller (1998) diskutieren in ihrem Aufsatz verschiedene Methoden für die Gruppenarbeit, die individuelle Lernprozesse befördern können, z. B. die Sandwichmethode, die Methode der konstruktiven Kontroverse, das Gruppenpuzzle und das Rollenspiel. Sie gehen dabei auf die Methoden auch unter dem Aspekt ein, inwiefern sie einen Lerntransfer ermöglichen oder dem Üben und Wiederholen resp. dem Prüfen von Wissen dienen.
- Das Minihandbuch von Alexander Renkl und Stefanie Beisiegel (2003) erörtert, was unter kooperativem Lernen zu verstehen ist, nennt einige Hauptprobleme, didaktische Funktionen der Gruppenarbeit (Aktivierung von Vorwissen, Sammeln von Fragen oder Ideen; gegenseitiges Lernen von neuem Stoff, Suche nach Anwendungsmöglichkeiten von Konzepten oder Methoden, Erstellen von Zusammenfassungen und Übersichten zur Festigung des Stoffes, kritische Reflexion) und ordnet diesen verschiedene Phasen zu (Einstieg – Wissenserwerb – Abschluss). Die Wissenschaftler diskutieren Kriterien für die Auswahl geeigneter Aufgaben, geben Hinweise für die Gestaltung der Arbeitsanweisungen, für die Zusammenstellung der Gruppen, diskutieren Zeit- und Raumfragen und nennen einzelne Methoden der Gruppenarbeit (z. B. Partnerkurztausch, Pro- und Kontradiskussionen, Sandwichskript, Skriptkooperation und gegenseitiges Aufgabenstellen und Gruppenpuzzle). Abschließend diskutieren sie, inwiefern sich die Lehrkraft in die Partnerarbeit resp. Gruppenarbeit einmischen soll und wie eine Ergebnispräsentation und Auswertung erfolgen kann.
- Die Studie von Stefanie Schnebel (2003) fragt nach Ansatzpunkten für die Unterrichtsentwicklung als Kern von Schulentwicklung und für die Professionalisierung von Lehrkräften. Die Wissenschaftlerin referiert die Ergebnisse ausgewählter Studien über den Umfang des Einsatzes von Partnerarbeit und Gruppenarbeit im Unterricht und stellt eine eigene empirische Studie (Befragung von Realschullehrer/-innen und Unterrichtsbeobachtung in einer Realschule) vor. In ihren theoretischen Überlegungen führt sie kognitive und motivationale Begründungen für kooperatives Lernen an und bettet ihr Verständnis in eine konstruktivistische Auffassung von Lernen

ein. Sie nennt – in Anlehnung an Huber (1993) – Bedingungen für erfolgreiche kooperative Lernprozesse. Anschließend stellt sie didaktische und methodische Überlegungen zum kooperativen Lernen vor, nennt Prinzipien des kooperativen Lernens, gibt Anregungen für erfolgreichen Gruppenunterricht, für das Lehrerverhalten während der Gruppenarbeitsphasen und für die Auswertung der Gruppenergebnisse. Sie führt Beispiele für kooperative Methoden an und unterscheidet sie in solche, die der Verbesserung der Kommunikation und der Anbahnung kooperativen Arbeitens dienen, in Methoden zum Üben von Fertigkeiten, zur Aneignung von Wissen, zum Problemlösen und Anwenden von Wissen und zur Wiederholung. Sie diskutiert ausführlich, in Anlehnung an Brody (1993), Rollenverständnis und Entscheidungskonflikte der Lehrkraft beim kooperativen Lernen und subjektive Theorien über Unterricht und über die eigene Rolle. Sie entfaltet einen konzeptionellen Ansatz zur Unterrichtsentwicklung, zur Schulentwicklung und zur Professionalisierung von Lehrkräften (vgl. auch Shachar & Sharin 1993), auf der Basis des kooperativen Lernens und stellt eine Fortbildungskonzeption ebenso vor wie eine Pilotstudie über deren Erfolg.

- Klaus Konrad und Silke Traub (2005) diskutieren zentrale Merkmale des kooperativen Lernens, setzen es in einen Vergleich zum individuellen Lernen und diskutieren Rahmenbedingungen für erfolgreiches kooperatives Lernen ebenso wie mögliche Probleme. Sie gehen auf konstruktivistische Auffassungen vom Lernen ein und zeigen, dass diese mit Prinzipien kooperativen Lernens kompatibel sind. Die Psychologen zeigen, dass kooperatives Lernen gelernt sein will. Neben der fachlichen Kooperation sind kommunikative Fertigkeiten und soziale Fertigkeiten erforderlich. Sie stellen eine Vielzahl von Übungen vor, die helfen sollen, dass sich Schüler/-innen kennen und miteinander interagieren lernen, dass sie sich bei kooperativen Arbeitsphasen gegenseitig unterstützen und lernen, individuelle und kollektive Lernphasen abzuwechseln und sinnvoll aufeinander zu beziehen. Sie gehen auf Unterstützungsstrategien für kooperative Lernprozesse ein und zeigen, wie man kooperatives Lernen – im Prozess – beobachten und evaluieren kann.

Mit Blick auf die oben aufgeführten und die näher vorgestellten Konzeptionen kann festgestellt werden, dass in der Regel eine befürwortende Einstellung gegenüber dem kooperativen Lernen vorliegt und dass das kooperative Lernen im Vergleich zum Lernen des Einzelnen als überlegen dargestellt wird. Die Förderung sozialer Kohäsion wird mit der Ermöglichung erfolgreicher Lernprozesse oder von Lern- und Leistungserfolg gleichgesetzt. Die Dilemmata, die mit dem Lernen in Gruppen verbunden sein können, werden nur am Rande oder gar nicht angesprochen. In der Regel werden die besonderen persönlichkeitsbezogenen, sozialen und fachlichen Ziele, die mit dem kooperativen Lernen erreicht werden sollen, nicht gesondert ausgewiesen. Die besonderen Chancen, aber auch Schwierigkeiten von Gruppen (suboptimale Informationsnutzung, Groupthink) werden ebenso wenig erörtert wie die Schwierigkeiten von Gruppen, im Brainstorming gute Erfolge zu erzielen oder fachlich angemessene Entscheidungen zu treffen. Es wird zwar die Wichtigkeit der angemessenen Aufgabenwahl und Formulierung der Arbeitsaufträge benannt, jedoch wird das kooperative Lernen vor allem für das Durcharbeiten von Texten, für das Wiederholen und Üben, für das gegenseitige Prüfen des Wissens und seine Anwendung erörtert. Oftmals wird es – mit Blick auf die zeitliche Gestaltung – diskutiert; jedoch wird nicht erörtert, für welche Lernprozesse in der Tiefenstruktur das kooperative Lernen in besonderer Weise geeignet ist. Die genauen Zielsetzungen des kooperativen Lernens, das Anspruchsniveau, mit dem Aufgaben bewältigt werden sollen und die Kriterien für die Bewertung bleiben unerhellt. Auch bleibt unklar, ob Ergebnisse unter den Bedingungen von Wettbewerb oder Kooperation erarbeitet werden sollen.

Im Folgenden sollen zunächst – in Anlehnung an die vorliegende Literatur – Merkmale, Rahmenbedingungen und Methoden des kooperativen Lernens vorgestellt werden (vgl. die Tabelle 24 ‚Merkmale kooperativen Lernens' und die Tabelle 25 ‚Rahmenbedingungen des kooperativen Lernens').

Tabelle 24: Merkmale kooperativen Lernens

Positive Wechselbeziehungen	Verständigung über Zielsetzung (und das dabei angestrebte Anspruchsniveau) der Gruppenarbeit, Motivation; Strategien des Zusammenwirkens der Gruppenmitglieder, um ein Ziel zu erreichen; Wissen über die Wichtigkeit der kognitiven Auseinandersetzung und Lösung von kognitiven Konflikten durch eine Förderung des Miteinanderdenkens; Bewerten der Leistungen des Einzelnen und der Gruppe.
Individuelle Verantwortlichkeit	Verantwortlichkeit jedes Einzelnen für die Teilaufgaben, das Zusammenfügen der Teilaufgaben, der Erwerb des Wissens jedes Gruppenmitglieds.
Gegenseitige Anleitung und Ermutigung	Förderung qualitativ hochwertiger fachlicher Interaktionen (Austausch von Informationen; Wissens- und Verständnisfragen, argumentative Begründungen, Schlussfolgerungen).
Metakognitives Wissen über Lernen des Einzelnen und Lernen in Gruppen	Wissen über das Verhältnis von Lernen des Einzelnen und den dabei notwendigen Strategien und über gemeinsames Lernen: Wissen über problematische resp. hinderliche Einstellungen und Verhaltensweisen bei der Gruppenarbeit (z.B. andere arbeiten lassen und von ihrer Arbeit zu profitieren versuchen; etwas lieber gleich alleine machen; sich verweigern; nur einen Pflichtteil erledigen; die Gruppenarbeit ganz ablehnen) und Wissen über förderliches Vorgehen (multiple Perspektiven einbringen und gegeneinander abwägen); Wissen über Phasen der Gruppenarbeit.
Aufbau und Nutzung kooperativer Fertigkeiten	Strategien hilfreicher Interaktion und Kommunikation, Strategien der Entscheidungsfindung, des Konfliktmanagements.
Reflexion über Prozesse und Ergebnisse	Gemeinsame Zielbildungsprozesse, Kriterien für das Überwachen/Kontrollieren und Regulieren der Arbeits- und Interaktionsprozesse in der Gruppe; Kriterien für die Überprüfung der Qualität des Ergebnisses.

Tabelle 25: Rahmenbedingungen für kooperatives Lernen

Bereitschaft der Lernenden	Klärung der Vorteile des Lernens in der Gruppe; Setzen von Anreizstrukturen (für den Prozess und das Ergebnis) für den Einzelnen und die Gruppe insgesamt; Förderung des Wohlbefindens in der Gruppe (soziale Kohäsion); Förderung der positiven Interdependenz durch gemeinsame Hilfsmittel und Ressourcen, Verteilung komplementärer Rollen (Diskussionsleiter/-in, Beobachter/-in, Schriftführer/-in), gemeinsame Belohnungen.
Kompetenzen zur Kooperation	Förderung fachlicher und kommunikativer Fähigkeiten als Voraussetzung für die Kooperation, z.B. anderen zuhören, Anerkennung aussprechen, Verantwortlichkeiten teilen, sachangemessene Fragen stellen, abwechselnd sprechen, klar argumentieren, Begründungen geben; um Hilfe bitten und Hilfe geben; Förderung des Einholens unterschiedlicher Sichtweisen und Meinungen zu einem Problem; Einnehmen verschiedener Rollen in der Gruppe.
Passung der Zusammensetzung der Gruppe zu den Zielsetzungen (Lernzielen) und der Aufgabe	Homogene oder heterogene Zusammensetzung der Gruppe (mit Blick auf Vorkenntnisse, Interessen, Freundschaftsbeziehungen) mit Blick auf die zu lösende Aufgabe; Beschränkung der Teilnahme.
Aufgabenstellung und Arbeitsanweisungen	Sinn der Aufgabe im gegenwärtigen und zukünftigen Lernprozess darstellen; Aufgabe schriftlich vergeben; Auf eine knappe und prägnante Formulierung achten; Überprüfen, ob die Aufgabe verstanden wurde; Die Aufgabe muss für eine Partner- oder Gruppenarbeit geeignet sein und nur gemeinsam, durch koordinierte Zusammenarbeit bewältigt werden können; Sie sollte abwechselndes Interagieren herausfordern; Sie sollte interessant sein; Sie sollte weder zu schwer noch zu leicht sein und die Lerner/-innen weder über- noch unterfordern; Sie sollte evtl. wechselseitige Lehr- und Lernprozesse auslösen; Die Arbeitsanweisungen sollten sehr präzis gefasst sein; Das erwartete Produkt sollte benannt werden.
Strukturierung der Interaktion	Strukturierung der Interaktion durch geübte Vorgehensweisen, durch die Aufgabenstellung und die Arbeitsanleitung/Arbeitspläne oder durch Lernskripte oder Kooperationsskripte.
Anreizstruktur	Klare Formulierung der Zielsetzungen und der Anforderungen für das Ergebnis (mit Blick auf das Produkt und den Prozess).

Tabelle 25: Rahmenbedingungen für kooperatives Lernen

Klären der Verfahren der Ergebnissicherung und Ergebnisintegration	Präsentation der Ergebnisse im Plenum anhand von Folien, Plakaten, Postern; Förderung der Auseinandersetzung mit den Ergebnissen und einer Bewertung der Ergebnisse.
Organisatorische Rahmenbedingungen	Hinreichend Zeit für die Bearbeitung der Aufgaben geben und den Zeitrahmen abklären und visualisieren; Lernmaterial und Material für die Darstellung der Ergebnisse muss zur Verfügung stehen; Der Raum muss passend eingerichtet sein.
Kompetenz der Lehrkraft	Fähigkeit der Lehrkraft, sich möglichst wenig einzumischen; Beobachten der Gruppen (Monitoring) und Geben passender Hilfestellungen; Beobachten des kooperativen Lernens und Geben von Hinweisen (im Anschluss), z.B. zu Rollen in der Gruppe, Prozessen der Entscheidungsfindung, Konflikten und Konfliktlösungs- resp. Konfliktvermeidungsstrategien. Zeitnutzung.

2.2.3 Kooperatives Lernen und seine Methoden

Mit Blick auf die Methoden des kooperativen Lernens kann zunächst ausgeführt werden, dass sie nicht um ihrer selbst willen gewählt werden oder per se wirksam sind. Gefragt wird, inwiefern sie geeignet sind, intensive Prozesse der kognitiven Auseinandersetzung auszulösen. Von daher stellt sich die Frage, ob die Methoden geeignet sind, das Vorwissen zu aktivieren, am Vorwissen anzuknüpfen, kognitive Konflikte auszulösen und erfolgreich miteinander zu denken, verschiedene Perspektiven einzuholen und zu bedenken, Probleme erfolgreich zu bearbeiten, das neue Wissen in die bestehende Wissensbasis zu integrieren und anzuwenden. Es geht um die Qualität der lehrerunabhängigen Aktivitäten in Paaren oder Gruppen (vgl. Pauli & Reusser 2000). Kooperatives Lernen kann für vier verschiedene Aufgaben verwendet werden, (1) das Nachbereiten und Anwenden von Wissen, das im Unterricht vermittelt wurde; (2) das Bearbeiten von Rechercheaufgaben und das Erledigen kleinerer Arbeitsaufträge; (3) das Erstellen von Gruppenprodukten; (4) das Bearbeiten von Problemen (vgl. Wellenreuther 2004).

Methoden beim kooperativen Lernen und die Basismodelle des Lernens

Wir möchten die im Werkzeugkasten vorgestellten Methoden zum kooperativen Lernen einerseits unter methodischem Gesichtspunkt und dann mit dem Fokus auf die Basismodelle des Lernens konkretisieren (vgl. die Tabelle 26: Methoden beim kooperativen Lernen, ihre traditionell beschriebene Funktion und die relevanten Basismodelle des Lernens).

Tabelle 26: Methoden beim kooperativen Lernen, ihre traditionell beschriebene Funktion und die relevanten Basismodelle des Lernens.

Methode beim kooperativen Lernen	Traditionell beschriebene Funktion	Lernen auf der Tiefenstruktur/Basismodelle des Lernens
Reporterspiel	Kennenlernen der Teilnehmer/-innen; Üben von Kommunikations- und Interaktionsfertigkeiten	Lernen aus Erfahrungen Bilden mentaler Modelle
Dreischrittinterview	Kennenlernen der Teilnehmer/-innen; Üben von Kommunikations- und Interaktionsfertigkeiten	Lernen aus Erfahrungen Bilden mentaler Modelle
Rollenspiel	Entwicklung kommunikativer und sozialer Fertigkeiten, Entwicklung einer Metaperspektive auf gesellschaftliche Rollen	Erfahrungen machen und auswerten; Problemlösen; Inszenierung von Sachverhalten, Problemen, Konflikten mithilfe des Spiels
Netzwerk	Erkennen von Verknüpfungen	Begriffsbildung; Sachverhalte verstehen
Kontrollierter Dialog	Sicherung von Verstehen	Argumentieren über Inhalte und Werte
Bewertungslinie	Erheben von Meinungen und Einstellungen zu einem Thema; Kennenlernen verschiedener Sichtweisen; Förderung kommunikativer Fähigkeiten	Argumentieren über Inhalte und Werte
Methode der konstruktiven Kontroverse	Erarbeitung eines Verständnisses komplexer und kontrovers bewertbarer Wissensinhalte	Argumentieren über Inhalte und Werte
Sandwichmethode	Erarbeitung von Wissen	Sachverhalte verstehen
Arbeit mit Kooperationsskripts	Erarbeitung von Wissen	Sachverhalte verstehen
Reziproke Lehre	Förderung des Leseverständnisses	Informationen aus Texten entnehmen; Erschließen von Begriffen/Konzepten
Gruppenpuzzle	Erschließen eines umfangreiches Wissensgebiets	Sachverhalte verstehen; Problemlösung
Gruppenrallye	Überprüfen von Wissen; evtl. Anwenden von Wissen	Sachverhalte verstehen; Problemlösung

Oberflächen- und Tiefenstrukturen im Unterricht – auch relevant beim kooperativen Lernen?

Wenn wir feststellen, dass kooperatives Lernen mit Blick auf das Lernen zu betrachten ist, scheint es geboten, die Überlegungen über die Lernstrukturanalyse und die Basismodelle des Lernens (vgl. Kiper & Mischke 2004, 2006) auch für das Lernen in Partnergruppen fruchtbar zu machen. Die Lehrkraft müsste also – passend zur Aufgabe und zum Arbeitsauftrag – ein ideales Vorgehen durchdenken, was Hinweise geben könnte für das passende Vorgehen bei der Bearbeitung der Aufgabe, sowohl mit Blick auf die Strategien als auch auf hilfreiche Formen der Kooperation. Da es beim kooperativen Lernen um je unterschiedliche Aufgaben geht (z. B. um das Lesen von Texten, das Lernen aus Erfahrungen, das Problemlösen, das Argumentieren über Inhalte und Werte) sind jeweils passende Kooperationsskripts zu entwerfen. Einige Hinweise, wie diese anzulegen wären, können aus der folgenden Tabelle entnommen werden (vgl. Tabelle 27: Basismodelle des Lernens und ihre Berücksichtigung beim kooperativen Lernen).

Tabelle 27: Basismodelle des Lernens und ihre Berücksichtigung beim kooperativen Lernen

Basismodelle des Lernens	Vorgehen beim kooperativen Lernen
Erfahrungen machen und auswerten	• Berichten von je individuellen Erfahrungen oder gemeinsames Aufsuchen von Orten, wo Erfahrungen möglich sind • Versprachlichung der Erfahrung durch Lernpartner A; Zuhören, Nachfragen und Zusammenfassen der Erfahrung durch Lernpartner B • Versprachlichung der Erfahrung durch Lernpartner B; Zuhören, Nachfragen und Zusammenfassen der Erfahrung durch Lernpartner A • Austausch über die individuellen Erfahrungen; Herausarbeiten der Gemeinsamkeiten und Unterschiede in der Erfahrung • Entwicklung erster Hypothesen über gemeinsame und verschiedene Elemente in der Erfahrung • Formulierung neuer Fragen zum Erfahrungsbereich
Wissen erwerben	• Zusammentragen des Vorwissens zu einem Gegenstandsbereich durch Lernpartner A und Lernpartner B (z. B. durch Stichwortliste, Mindmap; Thesen, Fragen, Vermutungen) • Präsentation des Vorwissens zu einem Gegenstandsbereich durch Partner A; Nachfragen durch Partner B; Zusammenfassung des Vorwissens von Partner A durch Partner B • Präsentation des Vorwissens zu einem Gegenstandsbereich durch Partner B; Nachfragen durch Partner A; Zusammenfassung des Vorwissens von Partner B durch Partner A

Tabelle 27: Basismodelle des Lernens und ihre Berücksichtigung beim kooperativen Lernen

Basismodelle des Lernens	Vorgehen beim kooperativen Lernen
	• Gemeinsames Lesen von Informationen und Austausch über diese Informationen (z.B. nach dem MURDER-Skript) • Formulierung der Vermutungen über neue Erkenntnisse aus dem Text mit Blick auf das Vorwissen von Partner A durch Lernpartner B und Formulierung der Vermutungen über neue Erkenntnisse aus dem Text mit Blick auf das Vorwissen von Partner B durch Lernpartner A • Formulierung gemeinsamer Erkenntnisse im Vergleich der Informationen aus dem Text und den eigenen Vorkenntnissen und Darstellung dieser Erkenntnisse in Form von Thesen, einem Modell, einem Entwurf • Neuinterpretation früherer Aussagen von Partner A durch Partner B auf dem Hintergrund der neuen Informationen; Neuinterpretation früherer Aussagen von Partner B durch Partner A auf dem Hintergrund der neuen Informationen • Verwerfen oder Bestätigen der Vermutungen
Reflexion über Inhalte	• Schriftliches Zusammenfassen der Erkenntnisse über einen Inhalt durch Lernpartner A und Lernpartner B • Austausch der Texte • Entwickeln von möglichst vielfachen und komplexen Fragestellungen zum Text des Lernpartners A durch Lernpartner B und zum Text des Lernpartners B durch Lernpartner A • Beantworten der Fragen des jeweiligen Lernpartners zum eigenen Text • Vergleich der Texte, der Fragen und Antworten, Austausch über jeweils neue Erkenntnisse, Sichtweisen, Fragen
Reflexion über Werte	• Lesen von zwei Geschichten, Szenen, Problemen, die zu einer moralischen Bewertung herausfordern und in denen auf der Basis je unterschiedlicher Werte resp. Stufen der Moralentwicklung gehandelt wird (Einzelarbeit) • Fällen von Urteilen über bestimmte Probleme und (schriftliche) Begründung dieser Urteile unter Explikation der eigenen Werte in Einzelarbeit • Gegenseitiges Vorstellen der jeweiligen Dilemmageschichte resp. des Problems, der eigenen Bewertungen und Begründungen dieser Bewertung unter Explikation der eigenen Werte

Tabelle 27: Basismodelle des Lernens und ihre Berücksichtigung beim kooperativen Lernen

Basismodelle des Lernens	Vorgehen beim kooperativen Lernen
	• Austausch über die Geschichten/Probleme, die Bewertungen und ihre Begründungen und die damit verknüpften Wertsysteme (oder auch Loyalitäten und Bindungen) • Vergleich der Urteile und ihrer Begründungen mit denen einer dritten Person (Mustergeschichten, Beurteilungen und ihre Begründungen)
Handeln in der äußeren Welt	Nachvollziehen einer Handlung am Modell • Erarbeitung eines Handlungsablaufs (Partner A und Partner B) (Problem – Zielsetzung – Handlungsplan – Handlungsergebnis) • Vergleich der beiden Konzeptionen des Handlungsablaufs (Konzeption von Partner A und B); Erstellen einer gemeinsamen Vorstellung vom Handlungsablauf • Entwicklung von Kriterien für die Bewertung • Versprachlichung des geplanten Handlungsablaufs
Operieren	• Diskussion einer Aufgaben- und Problemstellung • Modellierung des Problems durch Partner A und Partner B; Vergleich der beiden Modellierungen • Suche nach passenden Operationen zur Lösung des Problems (Partner A und Partner B und Vergleich) • Durchführung der Operation (Partner A und Partner B) • Darstellung der Ergebnisse und Erklärung des Vorgehens (Partner A und Partner B)
Problemlösen und Entdecken	• Identifikation der Problemsituation • Fassen der Problemsituation in ein mentales Modell • Verständigung über Problemlöseheuristiken (Konfliktanalyse – Materialanalyse – Zielanalyse) • Suche nach Problemlösemethoden und Austausch über die Problemlösemethoden • Versuch, das Problem zu lösen; Verständigung über dafür erforderliche Problemlösefertigkeiten • Überprüfung des Ergebnisses • Vorstellen und Überprüfung der bei der Lösungsprozedur gewählten Schritte (Analyse einer Gegebenheit – Entwicklung von Zielen – Erfassen vorhandener Barrieren – Entwicklung von Handlungsplänen – Anwendung der Handlungspläne und Beobachtung und Evaluation der Handlungsergebnisse) • Überprüfen, welche Schritte geklappt und welche möglicherweise nicht geklappt haben

Tabelle 27: Basismodelle des Lernens und ihre Berücksichtigung beim kooperativen Lernen

Basismodelle des Lernens	Vorgehen beim kooperativen Lernen
Argumentieren im Diskurs	• Vergegenwärtigung von Themen, die Kontroversen in sich enthalten • Herausarbeiten der Kontroverse • Entwicklung von Argumenten • Überprüfung der Argumente auf sachlichen Gehalt • Entwickeln von Prüfoperationen für die Qualität der Argumente
Argumentieren beim Aushandeln	• Erkennen eines Konflikts • Erarbeiten der Interessen und Sichtweisen der beiden am Konflikt beteiligten Parteien • Nachdenken und Darstellen möglicher Gefühle der am Konflikt beteiligten Parteien • Verständigung über Wege/Verfahren zur Konfliktlösung resp. Konfliktbewältigung • Rollenspiel zum Erwerb von Fähigkeiten zur Klärung von Konflikten • Verständigung über Kriterien zur Unterscheidung der Güte/Qualität der Konfliktlösung
Gestalten/Ausdrücken durch Worte und Schrift	• Suche nach Kriterien für eine angemessene sprachliche, schriftliche oder kreative Darstellung von Sachverhalten, Interessen, Meinungen • Wahl bestimmter Darstellungsformen • Verständigung über die Darstellung unter ausgewählten Kriterien • Gestaltung einer gemeinsamen Darstellung
Gestalten/Ausdrücken durch kreative Medien (Musik/Bild/Tanz)	• Suche nach Kriterien für eine angemessene kreative Darstellung durch Bilder, Musik, Tanz, Pantomime • Wahl bestimmter Darstellungsformen • Darstellung • Verständigung über die Darstellung unter ausgewählten Kriterien • Gestaltung einer gemeinsamen Darstellung
Leistungssteigerung durch Entwicklung des Systems	• Versuch, die eigenen Paradigmen des Denkens, die eigene Expertise zu explizieren • Versuch, das neu Gelernte, Umgelernte, neu gerahmte Denken zu erfassen • Bewusste Korrektur solcher Vorstellungen, die einem anderen Paradigma entsprechen

Hier sind noch die im Kapitel über selbstreguliertes Lernen erwähnten Lernstrategien zu bedenken. Beim kooperativen Agieren werden von der einzelnen Person Strategien des Organisierens und des Elaborierens und Kontrollstrategien vorgeschlagen, die dann einzeln oder gemeinsam zu planen und durchzuführen sind.

Ansätze zur Förderung des kooperativen Lernens

Es werden kontextorientierte und prozessorientierte Ansätze zur Förderung des kooperativen Lernens diskutiert (vgl. Tabelle 28: Kontextorientierte und prozessorientierte Ansätze beim kooperativen Lernen).

Tabelle 28: Kontextorientierte und prozessorientierte Ansätze beim kooperativen Lernen

Kontextorientierte Ansätze	Prozessorientierte Ansätze
Indirekter Einfluss	Direkter Einfluss
Bewusste Gruppenzusammensetzung; Gestaltung des Arrangements	Bereitstellen von Vorgaben und Anweisungen für die Gestaltung der Zusammenarbeit
Auswahl spezifisch strukturierter Aufgaben	Training relevanter Kommunikations- und Kooperationsprozesse
Präzise Formulierung des Arbeitsauftrages	
Vorgabe von Skripts für das Vorgehen	Einüben bestimmter Skripts
Stützung des Vorgehens durch bestimmte Lernhilfen, z.B. computerunterstützte Lernhilfen	Training bestimmter Strategien für das Textverständnis, z.B. Fragen generieren, Zusammenfassungen erstellen, Verständnisfragen stellen und Missverständnisse klären und Vorhersagen treffen.

Huber nennt Strategien der direkten und indirekten Beeinflussung des Lernprozesses: „(1) Gemeinsame Verantwortung für das Lernen durch Aufteilung des Lernstoffs und Austausch (Aufgabenspezialisierung) sichern; (2) Wechsel von Individual- und Gruppenphasen des Lernens zur Balance individueller Lernpräferenzen vorsehen; (3) Monitoring der Kommunikationsabläufe vorsehen" (Huber 2006, 269).

Grenzen des kooperativen Lernens

Christine Pauli und Kurt Reusser zeigen, dass die Aufgaben der Lehrkraft beim kooperativen Lernen nicht einfacher, sondern eher umfangreicher und schwieriger werden. Sie müsse sich als Designerin kooperativer und dialogischer Lernsituationen betätigen, präzise Aufgaben stellen, klare Arbeitsaufträge formulieren, passende Lernarrangements gestalten, Unterstützungsmaßnahmen bereitstellen und hilfreiche Vorgehensweisen zeigen. Sie müsse selbst ein Verhaltensmodell abgeben, z.B. zielorientiert und fachlich richtig argumentieren und hilfreiche Dialogmuster für Gruppengespräche vorgeben und einüben. Sie müsse eine sensible Lernberaterin während der Gruppenarbeit sein und hilfreich eingreifen. Sie müsse Expertin für den Lerninhalt sein und letztlich die Verantwortung für ein richtiges Lernen in Gruppen übernehmen. Sie müsse Sorge tragen, dass die Ergebnisse des kooperativen Lernens unter fachlicher Perspektive überprüft werden.

„Obwohl die aktive und konstruktive Auseinandersetzung von gleichermaßen kompetenten Partnern beim Explorieren, Experimentieren oder Problemlösen zu einer Vertiefung des Verständnisses und sogar zur Entdeckung von Gesetzmäßigkeiten oder Prinzipien führen kann (...), muss es dennoch als äußerst unwahrscheinlich gelten, dass sich kooperativ und selbständig Lernende (...) das Wissen und Können fachinhaltlicher Denkfiguren selbständig und ohne signifikante Unterstützung durch kompetente Vertreter dieser Kultur aneignen können. So werden die Lernenden spätestens dann Unterstützung brauchen, wenn es darum geht, ihre selbst gewonnenen Erkenntnisse auf Begriffe und dadurch in Einklang mit den geltenden Konventionen und Verfahren einer Fachdisziplin zu bringen (Edward & Mercer, 1989). Im schulischen Unterricht hat die Lehrperson in Wahrnehmung ihrer Repräsentationsverantwortung für Kultursegmente (Fächer) die Rolle des kompetenten Partners, und damit der Hüterin von Standards beim gemeinsamen Lösen von Problemen, zu spielen: (...). Für das explorierende und problemlösende kooperative Lernen bedeutet dies, dass die von den Gruppen oder Paaren erzeugten Lösungen und Ideen auf der Basis fachlicher Gütestandards evaluiert und gegebenenfalls korrigiert werden müssen. Insofern dies nicht während der Gruppen- oder Partnerarbeit geschieht, muss es in Auswertungsphasen geschehen, die an Gruppen- oder Partneraktivitäten anschließen (...)" (Pauli & Reusser 2000).

Kooperatives Lernen und Schule

Die Schule hat die Aufgabe, Schüler/-innen in Lernen und Denken zu initiieren. Sie hat es oftmals mit Kindern und Jugendlichen zu tun, die erst im Prozess der Herausbildung von Identität stehen. Auf diesen Prozess können die Peers mehr Einfluss als die Erwachsenen haben (vgl. Asendorpf & Banse 2000, 97 ff). Mit Blick auf die Aufgaben des Lernens und der Identitätsentwicklung muss das Lernen in Gruppen einmal unter dem Gesichtspunkt der Unterstützung des Lernprozesses, der Förderung möglichst guter Lernergebnisse und der Beförderung von Identitätsentwicklung betrachtet werden.

Da Lerner/-innen in der Schulklasse einerseits miteinander lernen, andererseits aufgrund ihrer Konkurrenz um den Schulerfolg, die Abschlüsse, die Bewertung, das Ranking auch gegeneinander lernen, muss angenommen werden, dass sie miteinander sowohl kooperieren als auch konkurrieren. Das hat Rückwirkungen auf die Bereitschaft, Informationen und Wissen zu teilen oder sich gegenseitig im Lernen zu unterstützen. Darüber hinaus geht von den Peers in vielerlei Hinsicht ein Gruppendruck aus, der weniger von schulischen Maßstäben, sondern von denen der Peer-Gruppen bestimmt ist. Daher ist es notwendig, in schulischen Lehr-Lern-Prozessen und in Interaktionsprozessen die Dynamik des Lernens in der Gruppe ebenso zu thematisieren wie die Eigenverantwortung.

2.3 Kooperation im schulischen Alltag

Bedingungen für die Annahme von Hilfe

Bei der Selbststeuerung haben wir darauf verwiesen, dass die Fähigkeit dazu in der Architektur unseres Gehirns angelegt ist, also eine biologische Basis hat, die durch Lernen zur vollen Nutzbarkeit entwickelt werden muss. Bei der Kooperation gibt es ebenfalls eine grundlegende biologische Basis, die sich aber weniger in der Struktur des Gehirns zeigt, sondern in der grundlegenden Ausrichtung schon des Säuglings und Kleinkinds auf Beziehung und Kommunikation. Biologinnen und Biologen gehen davon aus, dass es eine genetische Disposition zur Hilfe gegenüber verwandten Personen gibt. Darauf basierend entwickelt sich, je nach den Vorgaben der umgebenden Gesellschaft, die normative Ausrichtung für Helfen und Hilfeempfangen (vgl. Friedlmeier 2006, 147). Die folgende Abbildung zeigt die Bedingungen auf, die für die positiven oder negativen Reaktionen des Hilfeempfängers relevant sind (Fisher, Nadler & Witcher-Alagna, 1983; vgl. Abbildung 18: Bedingungen, die positive und negative Reaktionen beim Hilfeempfänger hervorrufen).

Positive Reaktionen auf Hilfe	Negative Reaktionen auf Hilfe
– Unähnlichkeit zum Geber	– Ähnlichkeit zwischen Geber und Empfänger
– Gegenleistung möglich	– Keine Gegenleistung möglich
– Geringe Verpflichtung zur Gegenleistung	– Hohe Verpflichtung zur Gegenleistung
– Autonomie bleibt erhalten	– Autonomie ist bedroht
– Hilfe ist normativ angemessen	– Hilfe ist normativ nicht angemessen
– Geringer Aufwand	– Hoher Aufwand
– Vorherige Bitte um Hilfe	– Keine Bitte um Hilfe

Abbildung 18: Bedingungen, die positive oder negative Reaktionen beim Hilfeempfänger hervorrufen (zitiert nach Friedlmeier 2006, 147)

Helfen in der Schule und Aufgabenbearbeitung

Die Problematik des Helfens bei schulischen Aufgaben wurde in empirischen Studien nachgewiesen. Werden Lösungen als Hilfe gegeben, so sind sie wirkungslos oder schädlich; nur Prozess bezogene Hilfen, die eine selbstständige weitere Bearbeitung des Problems unterstützen, führen zur Leistungssteigerung (Webb 1991, zitiert nach Cohen 1994). Eine günstige Abfolge besteht in folgenden Schritten: Bitte um Hilfe, Erhalten der gewünschten Hilfe, Anwendung der Hilfe bei der Bearbeitung der Aufgabe. Nur die eigenständige abschließende Bearbeitung der Aufgabe erlaubt die Annahme von Hilfe, ohne dass das Selbstkonzept schädigende Nebenwirkungen eintreten.

2.3.1 Prosoziales Verhalten und Kooperation

Aus evolutionspsychologischer Sicht wird die Neigung zur Ausbildung prosozialer Persönlichkeitszüge mit der Tendenz erklärt, dass kooperierende Partner gegenüber konkurrierenden Partnern vorgezogen werden. Prosoziales Verhalten setzt das Verstehen der Emotionen anderer voraus und besteht in der Tendenz, auf das Leiden anderer unterstützend zu reagieren. Schon bei Kleinkindern im Alter von drei bis vier Jahren ist die korrekte Einschätzung der Emotionen eines anderen Kindes zu beobachten; die negativen Gefühle werden dabei genauer als die positiven erfasst. Die Kinder zeigen auch folgende Varianten spontanen prosozialen Verhaltens:

- Hilfe geben,
- Sorge für andere zeigen,
- geben und teilen,
- positive Zuwendung und Lob und
- sich rückversichern bzw. schützen (vgl. Bierhoff 2006, 159).

Prosoziales Verhalten nimmt mit dem Alter in der Häufigkeit zu. Ab dem Alter von zwölf Jahren, also in der Regel in der Klasse 6, ist eine Abnahme der Hilfeleistung zu beobachten, die mit hemmenden motivationalen Tendenzen erklärt wird (Bierhoff 2006).

Um den Interventionsraum deutlich zumachen, ist eine Übersicht über Formen der sozialen Unterstützung hilfreich (vgl. Abbildung 19; Laireiter 2006).

Die soziale Unterstützung kann situationsbezogen erfolgen oder aufgrund einer überdauernden prosozialen Motivation.

Formen des kooperativen Lernens können nun einfach die Entwicklung der Schüler/-innen nutzen und die vorhandenen Handlungsmöglichkeiten im Unterricht durch geeignete Aufgaben abfordern. Die Lehrkraft kann mithilfe einer organisierten Abfolge aufeinander aufbauender Lernprozesse die Möglichkeiten des prosozialen Han-

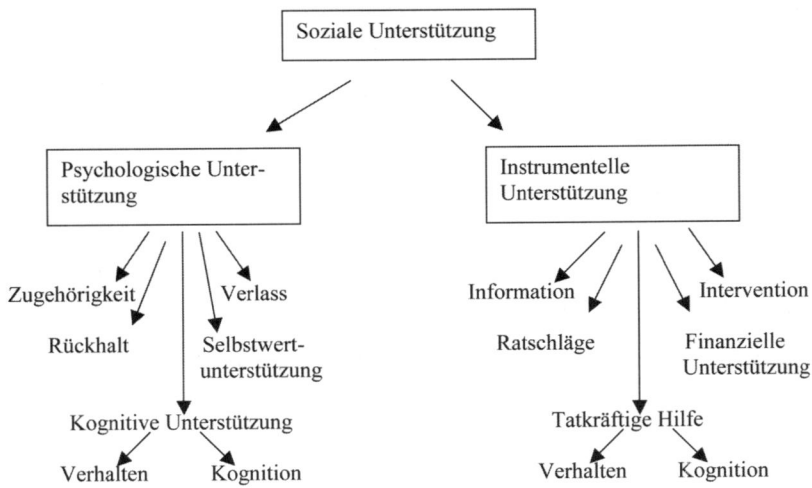

Abbildung 19: Drei-Ebenen-Taxonomie sozialer Unterstützung (vgl. Laireiter 2006, 16)

delns erweitern oder gar die Ausbildung prosozial motivierter Persönlichkeiten dadurch unterstützen, dass an der Entwicklung von handlungsleitenden Werten und Einstellungen gearbeitet wird. Die Erweiterung des Repertoirs an instrumentellen Handlungen ist sicherlich die leichtere Aufgabe im Vergleich zur Aufgabe einer Anbahnung der Übernahme von Werten und Einstellungen.

Instrumentelle Handlungsmöglichkeiten beim kooperativen Lernen

Beim kooperativen Lernen sind folgende instrumentellen Handlungsmöglichkeiten von besonderer Bedeutung:

Handlungspläne für die Bearbeitung komplexer Aufgaben in Gruppen
z. B. Informationsbeschaffung, Sicherstellen von Verstehen, Entscheidungsfindung, Problemlösen, Entwicklung und Umsetzung von Handlungsplänen, Ressourcen und Zeitplanung.

Kommunikation / Interaktion
Informieren, Präsentieren, Argumentieren, Konfliktregelung, Unterstützung geben, über Gefühle sprechen, Perspektivenwechsel, Einfühlung, Metakommunikation.

Gruppenprozesse
Gruppenentwicklung, Entwicklung von Beziehungen, Führungsfunktionen, Moderation, Umgang mit Störungen, Konfliktgeschehen, Prozessmerkmale geglückter Interaktionen, Aufgabentypen und ihre Konsequenzen für die Abläufe in der Gruppe.

Es handelt sich offensichtlich um eine Mischung von kognitiven und sozialen Fertigkeiten.

Erfolgreiche Kooperationsprozesse zur Aufgabenbewältigung

Die Empirie zur Gruppenarbeit in der Klasse zeigt, dass die ausschließliche Beschäftigung mit der Dynamik des Interaktionsgeschehens und Feedback darüber keine Verbesserung der Qualität der Gruppenarbeit bewirkt. Nur in Kombination mit aufgabenbezogenen Konzepten des angemessenen inhaltlichen Arbeitens kann es zu produktiver Gruppenarbeit ohne Interaktionsverluste kommen. Taxonomien der Aufgabenformen haben wir bereits dargestellt. Die Anleitung durch Lehrkräfte sollte durchaus Rahmen für die Aufgabenverteilung und die Rollen in der Gruppe setzen. Sie sollte Erwartungen und Wünsche mit Blick auf die Formen der Kommunikation artikulieren. Zu große Freiheit der Schüler/-innen bei der Wahl des Bearbeitungswegs führt zu sehr schlichten Prozessen; anspruchsvolle Denkprozesse müssen durch Strukturierung unterstützt werden. Die Freiheit zur inhaltlichen Auseinandersetzung darf dabei aber nicht eingeengt werden, denn dann würde es zu einem Motivationsverlust kommen (Cohen 1994).

Von besonderer Bedeutung sind die Bewertungsmaßstäbe und die Regeln ihrer Anwendung zur Leistungsmessung und Bewertung bei der Gruppenarbeit. Es hat sich als notwendig erwiesen, dass sowohl das Gruppenergebnis zu bewerten und zugleich auch Wert darauf zu legen ist, den individuellen Lernzuwachs und die Verantwortung der Gruppenmitglieder für die Leistung aller Teilnehmer an der Gruppenarbeit im Bewertungs- resp. Belohnungssystem zu berücksichtigen (vgl. Slavin 1993; Cohen 1993; 1994).

Die Handlungssteuerung der Schüler/-innen sollte dabei auf begrifflichem Niveau erfolgen. Es sind also nicht Routinen und Automatismen durch Vormachen und Nachmachen aufzubauen, sondern es sind die relevanten Grundbegriffe zu vermitteln. Damit verknüpfte soziale Handlungsmöglichkeiten sind durch Planung und erfolgreiche Realisierung in verschiedenen Situationen zu erwerben. Dieses Vorgehen kann am Einsatz gruppendynamischer Übungen in der Schule gut erläutert werden (vgl. Antons 1974).

Vergegenwärtigung der Prinzipien der Kooperation durch eine Übung

Wir wollen ein Beispiel dafür geben, wie eine Auseinandersetzung mit den Prinzipien förderlicher (und nicht demütigender und zerstörerischer resp. Macht befestigender) Kooperation ermöglicht werden kann. Dazu gehen wir auf eine Übung ein, in der die Schüler/-innen diese Prinzipien beachten müssen und sich selbst und ihr Verhalten und das der anderen erfahren. Wir nehmen die sogenannte ‚Quadrateübung' als ein Beispiel (vgl. Abbildung 20).

Die *Aufgabe* wurde von A. Bavelas konzipiert. Sie besteht aus 15 Puzzle-Teilen, die so beschaffen sind, dass daraus fünf gleich große Quadrate gelegt werden können. Es gibt nur eine Lösung, bei der fünf Quadrate entstehen. Es gibt aber auch Lösungen, bei denen das Legen eines an sich korrekten Quadrats die Konsequenz hat, dass aus den verbleibenden Teilen keine vier weiteren Quadrate mehr gelegt werden können. Die Teile werden an fünf Gruppenmitglieder so verteilt, dass keine Person die richtige Teilmenge hat, um allein ein korrektes Quadrat zu legen. Bavelas selbst hat die Erfahrung gemacht, dass es den Gruppenmitgliedern nur mit intensiver Kommunikation gelingt, die Aufgabe zu lösen.

Diese Aufgabe ist sehr gut geeignet, die Grundstruktur von Kooperation und deren Gefährdungen erfahrbar zu machen. Dies gelingt durch folgende Instruktion (vgl. Antons 1974) an die Gruppe von fünf Mitgliedern:

Arbeitsanweisung: In dem großen Umschlag (DIN A4), der auf Ihrem Tisch liegt, sind fünf weitere Umschläge. Jeder dieser kleinen Umschläge enthält verschieden geformte Teilstücke aus Pappe, um daraus Quadrate zu bilden. Außerdem finden Sie einen Zettel mit den Regeln, die dabei zu beachten sind. Die Aufgabe jeder Gruppe ist es, sobald das Startzeichen gegeben wird, fünf Quadrate von genau gleicher Größe herzustellen. Die Aufgabe ist nicht eher beendet, bis jedes Mitglied ein vollständiges Quadrat von genau gleicher Größe wie die anderen vor sich liegen hat.

Das beigefügte Arbeitsblatt enthält verbindliche Regeln, die wir im Folgenden aufführen:

Regeln, die bei der Arbeit zu beachten sind:

- Kein Mitglied darf sprechen.
- Kein Mitglied darf eine anderes Mitglied um ein Puzzle-Teilstück bitten oder in irgendeiner Weise signalisieren, dass es ein bestimmtes Teilstück braucht, das ein anderes Mitglied ihm geben soll.
- Jedes Mitglied kann, wenn es will, Teilstücke in die Mitte des Tisches legen oder an ein anderes Mitglied geben, jedoch darf niemand direkt in die Figur eines anderen eingreifen.
- Jedes Mitglied darf Teilstücke aus der Mitte nehmen, aber niemand darf Teile in der Mitte des Tisches montieren.

Kooperation im schulischen Alltag

Vorlagen für die Quadratteile

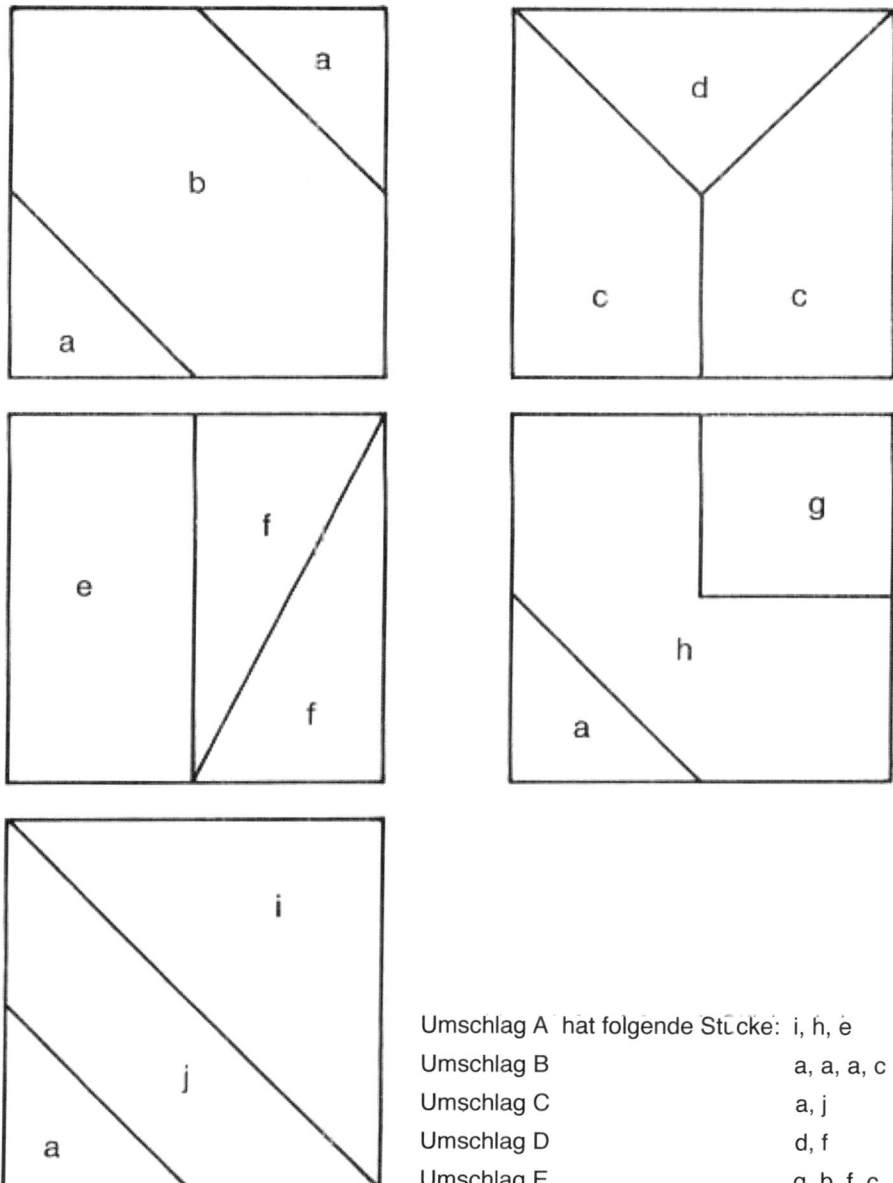

Umschlag A hat folgende Stücke: i, h, e
Umschlag B   a, a, a, c
Umschlag C   a, j
Umschlag D   d, f
Umschlag E   g, b, f, c

Abbildung 20: Quadrateübung

Die Verteilung der Teile in den Umschlägen und das Verbot des Sprechens sorgen dafür, dass es keine Möglichkeit gibt, eine Person, die durch ihre Lösung der Aufgabe zwar für sich ein Quadrat erzeugt, aber verhindert, dass die anderen Teilnehmer jeweils auch ein Quadrat legen können, direkt aufzufordern, die Konsequenzen ihres Handelns für die anderen zu bedenken und die fehlerhafte Figur aufzulösen. Die Gruppe kann die Aufgabe daher nur erfolgreich lösen, wenn jeder Teilnehmer auf die Lösungsmöglichkeiten der anderen achtet. Nur das Aufgeben einer korrekten Lösung durch das In-die-Mitte-Legen der Teile kann als Modell für eine Person mit fehlerhafter Lösung dienen und dieser so das Aufgeben der eigenen Lösung nahelegen. Hilfeleistung durch Weitergabe eines Teilstücks oder Problematisierung der gefundenen Lösung durch Weitergabe eines scheinbar überflüssigen Teils ist ebenso möglich.

Die Konstruktion der Aufgabe führt durch Erschwerung der Kommunikation zu einer deutlichen Erfahrungsmöglichkeit der relevanten Prozesse. Das Durchführen der Übung ist die Bedingung für die Erfahrung und die damit verbundene Erkenntnis, die ohne eine Reflexion und Bewertung der Abläufe im Lichte einer Konzeption von Kooperation nicht bei jedem Teilnehmer eintritt. Die in dieser Aufgabe implizierte Konzeption von Kooperation sieht die gegenseitige Unterstützung der Gruppenmitglieder ohne Dominanz vor: Niemand darf in der Mitte oder am Platz des Gruppenmitglieds Teile montieren. Die Autonomie des Einzelnen bleibt gewahrt und ebenso sein Recht, so langsam zu arbeiten, wie er kann oder will. Hilfen sind nur indirekt möglich, z. B. durch Verfügbarmachen eines Teiles oder einer gesamten Lösung.

Wird diese Übung von mehreren Gruppen im Raum parallel durchgeführt, entsteht meist eine Konkurrenzsituation. Spätestens dann, wenn eine der Gruppen eine Lösung gefunden hat, erleben die anderen Gruppen einen erhöhten Leistungsdruck und reagieren oft mit Lösungsversuchen unter Umgehung der Regeln.

Wird nach der Übung das Geschehen in der jeweiligen Gruppe gründlich besprochen und werden die Erlebnisse unter den Gruppen im Plenum ausgetauscht, kann auf diese Weise ein mit Erfahrungen gefüllter Begriff von Kooperation entwickelt werden. Es können die Wirkungen von nicht-kooperativem Verhalten Einzelner (Beschämung durch Besserwisserei, Unmöglichkeit, eine eigene Lösung zu finden oder andere eine Lösung finden zu lassen etc.) sichtbar werden. Es kann so eine von allen geteilte Konzeption von Kooperation mit konkreten Regeln und Handlungsempfehlungen erarbeitet werden, die dann in der Folgezeit durch andere Aufgaben im Rahmen kooperativer Bearbeitung gefestigt werden müssen. Es wird auf diese Weise klar, dass aufgrund der unterschiedlichen Konstruktion der jeweiligen Aufgabe ein spezifisches Verhalten nötig wird, um das Wertsystem der Kooperation (Hilfe ohne Dominanz, Geduld gegenüber dem Tempo und den Arbeitsmöglichkeiten des anderen, Ermöglichung der Erzeugung eines eigenen Beitrags zur Gesamtlösung durch die Gruppenmitglieder) zu erfüllen.

2.3.2 Lernarrangements und kooperatives Lernen

Rollenspiel und Kooperation

Ein wichtiges Werkzeug bei den verschiedenen instrumentellen Kompetenzen und zur Analyse von Einstellungen und Werten ist das Rollenspiel. Das Rollenspiel ermöglicht Schüler/-innen, verschiedene gesellschaftliche Positionen und Aufgaben und die mit ihnen verbundenen Rollen und die mit diesen Rollen verbundenen Sichtweisen auf ein Problem und die einzunehmenden Standpunkte und Meinungen und mit ihnen verbundenen Verhaltensweisen genauer kennen zu lernen. Sie können passende Verhaltensweisen erproben. Das Rollenspiel innerhalb einer Gruppe fordert dazu auf, als Akteur/-in oder Beobachter/-in zu handeln. Rollenwechsel ermöglichen, Verständnis für die jeweiligen Aufgaben, Funktionen, Meinungen und Verhaltensweisen zu entwickeln. Die Beobachter/-innen können Hinweise für Rollenspielräume und alternative Verhaltensmöglichkeiten geben. Wird das Rollenspiel zum Aufbau von sozialer Kompetenz eingesetzt, kann es nicht nur um das einmalige und spontane Spielen einer Situation gehen. Stattdessen muss das Spiel in einem klar strukturierten Ablauf eingesetzt werden. Eine mögliche Abfolge könnte (in Anlehnung an Shaftel & Shaftel 1973) so aussehen:

1. ‚Aufwärmen' der Gruppe durch Konfrontation mit dem Problem
2. Auswahl der Teilnehmer am Spiel (Rollenspieler)
3. Planung des Szenenaufbaus
4. Vorbereitung der Zuschauer auf ihre Rolle als teilnehmende Beobachter
5. Gewähren von Vorbereitungszeit für die Rollenspieler bzw. jeweils separates Besprechen der Rolle
6. Durchführung des Rollenspiels
7. Diskussion und Bewertung des Spiels:
   – Entlassung der Spieler aus der Rolle
   – Kommentar durch die Spieler: Was habe ich erlebt und was getan?
   – Kommentar durch die Beobachter: Was haben wir gesehen und gefühlt?
   – Was sind wichtige Bezugsysteme (Werte/Normen) für die Beurteilung des gespielten Ablaufs?
   – Sammlung und Ordnung von Bewertungen
   – Fragen, die durch weitere Spielrunden geklärt werden sollen
8. Weitere Spiele (z. B. andere Spieler, veränderte Rollen, Exploration von alternativem Verhalten)
9. Diskussion und Bewertung
10. Abschließender Austausch der Erfahrungen, Versuch der Verallgemeinerung.

Der Lehrer sollte bei Rollenspielsituationen nicht das zu spielende Verhalten vorgeben, sondern einen durch Fragen und Begriffe (Wie kann ein Konsens gefunden werden? Wie kann A seine Sicht selbstsicher vertreten? Wie kann A um Hilfe bitten?) vorstrukturierten Raum schaffen, in dem die Schüler selbst Lösungen entdecken und entfalten können. Bei den Auswertungsgesprächen sollte den Schülern keine vorgefasste Position aufgedrängt werden, sondern die Schüler sollten darin unterstützt werden, sich die Abhängigkeit von Bewertungen von Normen und Werten klar zu machen und die Regelhaftigkeiten des Interaktionsgeschehens zu entdecken. Ausgangspunkt des Rollenspiels können reale Geschehnisse des Alltags, aber auch kurze Situationsbeschreibungen aus der Literatur sein.

Im Folgenden werden einige Methoden des kooperativen Lernens aufgeführt, wobei wir uns bemühen, diese mit Blick auf das fachliche Lernen und hier jeweils mit Blick auf eine Tiefenstruktur des Lernens darzustellen.

Reporterspiel

Ausgehend von einer Fragestellung, die dazu auffordert, sich über Erfahrungen auszutauschen, übernehmen zwei Lerner/-innen die Rolle des Reporters, die anderen beiden die Rolle des Interviewpartners. Die Reporter/-innen interviewen die Interviewpartner/-innen bezogen auf Erfahrungen zu einem ausgewählten Teilbereich; anschließend wird ein Rollenwechsel vorgenommen. Die Ergebnisse der Interviews werden miteinander unter einer Perspektive der Gemeinsamkeit resp. Differenz der Erfahrungen besprochen und das Ergebnis zusammengefasst.

Dreischrittinterview

Zunächst werden Paare aus Lerner/-innen gebildet, die sich noch nicht gut kennen. Sie interviewen sich gegenseitig zu einer ausgewählten Erfahrung. Im Interview geht es darum, diese Erfahrung und ihre Einschätzung/Bewertung genauer kennen zu lernen. Nach einem vorher abgesprochenen Signal erfolgt ein Rollenwechsel und jeweils der andere Lernpartner wird über eine Erfahrung befragt. In einem weiteren Schritt schließen sich jeweils zwei Paare zusammen und tauschen sich über die Erfahrungen aus und erörtern, was man aus ihnen lernen kann.

Kontrollierter Dialog

Zu einem Thema werden verschiedene Thesen und ihre Begründung vorgestellt. Dabei unterhalten sich zwei Lerner/-innen. Sie sollen sich gegenseitig zuhören, die These und die Argumentation zu ihrer Begründung erfassen und wiederholen und erst dann eine eigene These (evtl. Gegenthese) aufstellen. Ein dritter Lerner nimmt die Beobachtungsposition ein und meldet die förderlichen Verhaltensweisen beim Kontrollierten Dialog an die Sprecher/-innen zurück.

Sandwichmethode

Die Sandwichmethode besteht aus einem Wechsel von individuellen und gemeinsamen Lernphasen. Eine Lerneinheit beginnt damit, dass die Lerner/-innen stichwortartig ihr Vorwissen zum Thema vergegenwärtigen (z.B. durch das Anfertigen einer Mindmap), sich anschließend wechselseitig über ihr Vorwissen über ein Thema informieren. Danach folgt eine Lernphase, in der sich die Teilnehmer/-innen mit neuen Themen/Inhalten auseinandersetzen müssen. Sie erhalten dazu passende Lernmaterialien. Anschließend wird das neue Wissen besprochen und verarbeitet, auch mit dem Ziel, das Wissen besser zu verstehen.

Netzwerk

Zu einem bereits bearbeiteten Themengebiet werden wichtige Stichworte als Begriffe auf Kärtchen geschrieben. Jeder bekommt ein Kärtchen zugewiesen und versucht, den Begriff für sich selbst zu klären und darzustellen. Anschließend tauschen sich vier Lerner/-innen über ihre jeweiligen Begriffe aus. Abschließend werden alle Begriffe und ihre Beziehung zum zu wiederholenden Thema in einem Sitzkreis erläutert.

Methode der konstruktiven Kontroverse (Strukturierte Akademische Kontroverse)

Diese Methode ist gut geeignet, Wissen, das in Form konträrer Wissenspositionen angeeignet werden kann, zu erschließen. Die Lerner/-innen werden in Vierergruppen aufgeteilt. Alle Lerner/-innen beschäftigen sich – anhand geeigneter Materialien – mit dem Thema, wobei jeweils zwei Lerner/-innen eine vorher abgesprochene Sichtweise übernehmen und die darauf bezogenen Fakten, Argumente, Positionen zusammenstellen. Jedes Paar entwickelt eine geeignete Präsentation und Argumentation, die es in eine anschließende Gruppendiskussion einbringt. Jedes Paar soll – in der Kontroverse – versuchen, das jeweils andere Paar von seinem Standpunkt zu überzeugen. Danach müssen die Paare die Rollen tauschen und versuchen, aus der jeweiligen Gegenposition heraus zu argumentieren. Abschließend muss die Gruppe versuchen, möglichst unabhängig von den zunächst eingenommenen Standpunkten und Meinungen einen inhaltlich begründeten Konsens zu erarbeiten.

Bewertungslinie

Auf der Grundlage einer Frage, die mit kontrovers angelegten Standpunkten beantwortet werden kann, wird eine Bewertungslinie gezogen. Diese Bewertung erfolgt entlang der Linie (starke Ablehnung bis starke Übereinstimmung). Die Lerner/-innen werden aufgefordert, sich entlang der fiktiven Linie aufzustellen, je nachdem, in welchem Maße sie mit einer Meinung resp. einem Statement übereinstimmen bzw. dieses ablehnen. Die jeweils zusammenstehenden Lerner/-innen tauschen ihre Argumente aus, die sie zur Absicherung ihres Standpunktes einbringen können. Anschließend werden heterogen zusammengesetzte Gruppen bzw. kontrovers zusammengesetzte Paare gebildet, die sich über ihre Sichtweisen und die Argumente austauschen.

Kooperationsskripts

Unter Kooperationsskripts werden Vorgehensweisen für die Unterstützung kooperativer Lernprozesse verstanden. Sie zeichnen sich aus durch eine Sequenzierung der Lernaufgabe, eine Verteilung von Rollen (z.B. Lerner/Prüfer) und eine Zuordnung von Strategien; dazu gehören Frage-, Feedback-, Reduktions- und Elaborationsstrategien. Durch Kooperationsskripts wird jedem Lernenden eine Rolle zugewiesen, die mit bestimmten Strategien einhergeht. Die Kooperation wird in Phasen unterteilt, wobei die Lernenden jeweils die zugeteilte Rolle und die mit ihr verbundenen Strategie wahrnehmen. Geeignete Strategien (Fragen stellen; Zusammenfassungen geben) werden in der Regel vor der Kooperation trainiert (vgl. Ertl & Mandl 2006, 273 f). Kooperationsskripts wurden für die Unterstützung des kooperativen Textlernens und Textverstehens erarbeitet.

Beim MURDER-Skript wird der kooperative Lernprozess in sechs Phasen unterteilt. „In der ersten Phase stimmen sich die Lernenden auf die Textbearbeitung ein und konzentrierten sich auf die Aufgabe (Mood). In der nächsten Phase lesen die Lernenden individuell den ersten Textabschnitt und halten Kerngedanken und wichtige Fakten fest (Understand). Anschließend wiederholt Lernpartner A die Inhalte dieses Abschnitts aus dem Gedächtnis (Repeat), in der vierten Phase gibt Lernpartner B Feedback darauf und deckt eventuelle Fehlkonzepte, Widersprüche und Auslassungen auf (Detect). Darauf folgend elaborieren beide Lernenden gemeinsame das Lernmaterial

(*Elaborate*), verknüpfen es mit Erfahrungen aus ihrem Vorwissen und wenden teilweise Imagery-Strategien an. In der letzten Phase sehen die Lernenden nochmals das Lernmaterial durch (*Review*). Die sechs Phasen werden beliebig oft, also für jeden Textabschnitt wiederholt, wobei die Lernenden sich bezüglich des Wiedergebens der Textinhalte in Phase 3 und des Feedback-Gebens in Phase 4 abwechseln" (Ertl & Mandl 2006, 273).

Ertl & Mandl geben folgende Anwendungsbeispiele von Kooperationsskripts:
- Bei ‚Scripted Cooperation' werden Tiefenverarbeitungsstrategien bei der gemeinsamen Elaboration der Lerninhalte verwendet. „Zuerst lesen beide Lernenden individuell einen Textabschnitt. Daraufhin wiederholt Lernpartner A dessen Inhalt aus dem Gedächtnis. In der dritten Phase gibt Lernpartner B Feedback darauf – ebenfalls ohne den Text vor Augen zu haben. Im Anschluss daran elaborieren beide Lernpartner gemeinsam die Textinformation." (Ertl & Mandl 2006, 274).
- Beim ‚Reciprocal Teaching' stellt Lernpartner A nach dem Textlesen in Lernphase 2 „Verständnisfragen an seinen Kooperationspartner B, bevor er den Text in Phase 3 zusammenfasst. Bei der gemeinsamen Elaboration in Phase 4 ist die Strategie (…) der Vorhersage der Inhalte des darauf folgenden Abschnitts hervorzuheben" (Ertl & Mandl 2006, 274). Bei der reziproken Lehre geht es darum, dass die Lerner/-innen einen Text gezielt befragen und dadurch ihr Leseverständnis vertiefen.
- Beim ‚Cooperativ Teaching' sind die Lernressorucen verteilt: Jeder der beiden Lernenden eignet sich verschiedene Lerninhalte an (Lerntexte A und B), die sich die Lernenden im Anschluss wechselseitig vermitteln (vgl. Ertl & Mandl 2006, 274 f).

Christine Pauli und Kurt Reusser heben ab auf die Qualität von Lerndialogen (‚transaktiver Dialog'). Sie stellen heraus, dass ein Lerndialog sich auf den Lerngegenstand beziehen und dazu dienen soll, ein gemeinsam geteiltes Verständnis der Aufgabe zu erarbeiten, Sachverhalte gründlich zu klären und Meinungsverschiedenheiten sachbezogen und argumentativ zu bearbeiten. Sie zeigen, hierbei an die Überlegungen von Elizabeth G. Cohen anschließend, dass oftmals in Lerngruppen die Gesprächsmuster nicht die erforderliche Qualität erreichen. „In empirischen Untersuchungen wurde festgestellt (…), dass

- viele Lernende vor allem darüber diskutieren, wie sie die Aufgabe möglichst schnell und einfach erledigen können, ohne sich inhaltlich damit beschäftigen zu müssen;
- sich das Gespräch häufig auf oberflächliche Aspekte eines Problems beschränkt, ohne die nötige Verstehenstiefe zu erreichen;
- Meinungsverschiedenheiten lediglich durch soziales Aushandeln und nicht durch sachbezogenes Argumentieren gelöst werden;
- Schüler/-innen eher selten spontan relevante Fragen stellen, argumentieren und erklären, sondern die Kommunikation auf den Austausch von knappen Aufforderungen und einzelne Wortfragmente beschränken;
- schwächere Teilnehmer/-innen nicht aktiv am Dialog beteiligen" (Pauli & Reusser 2000).

Sie betonen daher die Verantwortung der Lehrkraft u. a. für die fachliche Bearbeitung der Aufgaben, die Qualität der Lerndialoge und als Verhaltensmodell für kooperatives Lernen und Problemlösen. So müssten die Lerner/-innen z. B. in die Nutzung von Kooperationsskripts und Lerndialoge eingeübt werden, nicht nur durch Erklärungen, sondern durch angemessene Demonstrationen in den Paargruppen.

In der Literatur zur Gruppenarbeit in der Schulklasse sind verschiedene Lernarrangements beschrieben und die damit verbundenen Vor- und Nachteile diskutiert worden.

Gruppenrallye

Die Gruppenrallye eignet sich in besonderer Weise für das Üben, Wiederholen und Einprägen von Wissen und für das Trainieren von Fertigkeiten. Haben Lehrkräfte im Unterricht ein bestimmtes Wissen dargestellt, so geht es in der Gruppenrallye darum, es systematisch zu lernen. In heterogenen Lerngruppen arbeiten Lerner/-innen mit unterschiedlichen Vorkenntnissen und Lern- und Leistungsniveau zusammen. Sie wurden auf der Basis von Selbstkontrolltests zusammengestellt. Es wird gemeinsam gelernt, auch mit dem Ziel, dass alle Lerner/-innen etwas verstehen, die Aufgaben erfolgreich bearbeiten und einen maximalen Lernzuwachs erreichen. „Die Arbeit ist beendet, wenn alle Teilnehmer in der Gruppe die Aufgaben möglichst fehlerfrei beherrschen, wobei die Gruppe unterstützt, erklärt, wiederholt" (Nürnberger Projektgruppe 2001, 104). Maßstab für den Gruppenerfolg ist der individuelle Lernzuwachs des Einzelnen. Nach dem Gruppenlernen werden erneut Tests durchgeführt, der Lernzuwachs der Gruppe ermittelt und rückgemeldet.

Gruppenpuzzle

Wir wollen hier das von Aaronson (1984) entwickelte Gruppenpuzzle als Beispiel diskutieren. Die Zielidee besteht darin, dass in der Gruppenarbeit jedes Gruppenmitglied einen verantwortlichen Teil übernehmen kann und damit für die Bearbeitung der Gruppenaufgabe unverzichtbar wird. Die Grundstruktur des Gruppenpuzzles ist ein Ablauf in Arbeitsphasen mit verschiedener Gruppenzusammensetzung.

A: Die Stammgruppen werden gebildet; diesen werden Aufgaben vorgestellt und die einzelnen Mitglieder jeweils einer Expertengruppe zugeteilt.
B: Aus den Mitgliedern der Stammgruppen werden Expertengruppen gebildet, die sich mit einem Teilaspekt beschäftigen, der für die Gruppenaufgabe wichtig ist.
C: Die Stammgruppen treffen sich und bearbeiten die Aufgabe, die Experten bringen dabei ihr in der Expertengruppe erworbenes Wissen ein.
D: Die Arbeitsergebnisse werden präsentiert.
E: (fakultativ) Die im Prozess erworbenen Wissensbestände der einzelnen Gruppenteilnehmer werden gemessen. Die Gruppe bekommt die meisten Punkte, bei der die Mitglieder nicht nur ihr eigenes Expertenwissen beherrschen, sondern auch das Wissen der übrigen Experten.

Diese Schrittfolge soll sicherstellen, dass in der Stammgruppe ein intensiver Austausch von Wissen stattfindet, damit ein Problem erfolgreich bearbeitet wird. Die Experten lernen dabei sowohl das Aufnehmen von Wissen in der Expertengruppe als auch die Weitergabe ihres Wissens an die anderen Mitglieder der Stammgruppe.

Die Voraussetzung dafür, dass dies gelingen kann, sind die Auswahl, Konstruktion oder Bereitstellung geeigneter Aufgaben durch die Lehrkraft. Sie muss darüber hinaus schriftliche Arbeitsanweisungen geben und Hilfestellungen entwickeln, damit die intendierten Prozesse auch ablaufen. Die Struktur wird gebraucht, um sinnvolle Prozesse zu ermöglichen, aber die Qualität der Prozesse ist von strukturierenden Vorgaben abhängig, die durch Prozessbeobachtung (Beobachtungsbögen, Feedbackrunden, Unterscheidung von Planungs-, Ausführungs- und Prüfphasen) durch Lehrer und Schüler überwacht werden sollte. Anschließend erfolgt ein Wissenstest für alle Schüler/-innen; er umfasst die Wissensgebiete aller Expertenthemen. Zum Schluss werden – auf der Basis der Lernerfolge der Schüler/-innen der Gruppe – die Gruppenergebnisse berechnet, der Stand der Gruppen schriftlich dokumentiert, sodass der Erfolg der Zusammenarbeit für alle Teilnehmer/-innen sichtbar wird. Das Gruppenpuzzle ist effektiver, wenn die Schüler über Techniken wie Präsentieren, Moderation oder Elemente des Projektmanagements verfügen, die vorab in geeigneten Übungsarrangements vermittelt werden können (vgl. Wellhöfer 2004).

3 Soziales Lernen

In diesem Kapitel wird an die Forderung nach dem Aufbau sozialer Kompetenz durch Heinrich Roth angeknüpft und über soziale Lernprozesse im Kontext von Sozialisationsprozessen in Elternhaus, Schule und Gleichaltrigengruppe nachgedacht. Es folgt eine Darstellung ausgewählter Aspekte der didaktischen Diskussion um soziales Lernen als Lernbereich. Dabei wird der Wandel in den Schwerpunktsetzungen zum sozialen Lernen nachgezeichnet. Wir verweisen auf zwei Begründungslinien, nämlich auf die ethisch-moralische Begründung des sozialen Lernens, die Verbindungen zum moralischen Lernen herstellt, und die Forderung nach sozialer Kompetenz als Grundlage für die Fundierung demokratischen Denkens und Handelns in der Wissensgesellschaft. Während der Lernbereich in der Schule mit je unterschiedlichen Inhalten gefüllt wurde, muss – wenn wir soziale Kompetenz inhaltlich und mit Blick auf operative Kompetenzen bestimmen wollen – dieses Konstrukt konkretisiert werden. Wir zeichnen ausgewählte Debatten nach, setzen uns mit verwandten Konzepten (z. B. der emotionalen Intelligenz) kritisch auseinander und stellen ein heuristisches Modell vor. Auf dieser Grundlage fragen wir nach Möglichkeiten des Aufbaus sozialer Kompetenz. Wir sichten die Schwerpunkte in ausgewählten Unterrichtseinheiten und diskutieren die unterschiedlichen Perspektiven von Lehrkräften und Schüler/-innen auf Sozialkompetenz.

3.1 Zum Aufbau sozialer Kompetenz

3.1.1 Die pädagogische Bedeutung des Aufbaus sozialer Kompetenz

Die Forderung nach Herausbildung sozialer Kompetenz wurde in der Bundesrepublik Deutschland u. a. von Heinrich Roth formuliert. Basierend auf seinen Überlegungen zur Ausbildung von Handlungsfähigkeit wollte er auch Sozialkompetenz fundieren (vgl. Roth 1971, 381 ff). Dazu zählte er die Entwicklung von sozialeinsichtigem Verhalten und Handeln (auf der Grundlage von Sozialkompetenz und sozialer Mündigkeit) (vgl. Roth 1971, 477 ff) und von werteinsichtigem Verhalten und Handeln auf der Basis von Selbstkompetenz und moralischer Mündigkeit (vgl. Roth 1971, 539 ff). Roth forderte die Fähigkeit zum explorativen „Hinausgreifen über die gewussten, gekonnten und bewährten sozialen Rollen und Verhaltensmuster" (Roth 1971, 478), um für die Lösung sozialer Probleme produktive soziale Initiativen entwickeln zu können, die Entwicklung von Fähigkeiten zur Gestaltung des sozialen Wandels, auch durch produktive Erneuerung der Normen. Der Wissenschaftler betonte die Wichtigkeit, dass Menschen lernen, sich sozial zu steuern, also einen „sozialen Regulator" (Roth 1971, 482) zwischen einen Reiz (von innen oder außen) und die Reaktion zu schieben „zum Zwecke einer den mitmenschlichen Bezügen seines Handelns gerecht werdenden Steuerung seiner Reaktionen und Handlungen" (Roth 1971, 482). Es sei bedeutsam, die Einsicht in das wechselseitige Angewiesensein aufeinander zu entwickeln (vgl. Roth 1971, 483).

Lernprozesse im Kontext von Sozialisation und Erziehung

Heinrich Roth ging davon aus, dass ein Komplex von kognitiven und emotionalen Lernprozessen bedeutsam sei. Sie würden in Interaktionen zwischen Mutter und Kind, Kind und Kind und Kind und Erzieher praktisch. Soziales Lernen werde durch Regeln normiert und geschehe eingebettet in gesellschaftspolitische Kontexte (Rollen, Institutionen, Strukturen) (vgl. Roth 1971, 478 ff). Durch den Zusammenstoß der Familiennormen mit den Altersgruppennormen komme es zu einem Durchbruch in der „Auseinandersetzung mit den Sozialnormen der Gesellschaft" (1971, 500).

„Erst wenn der junge Mensch nach den Prinzipien fragt, die hinter den Lebensregelungen stehen, die das tägliche gesellschaftliche und politische Leben der Erwachsenen bestimmen, erreicht die Erörterung der Normen das Niveau des mündigen Erwachsenen. Erst dann setzt sich auch der so begonnene Dialog mit der Auffassung des anderen in der eigenen Brust als Dialog mit sich selbst fort" (Roth 1971, 500).

Roth plädierte dafür, beide sozialen Verhaltensregulatoren – die naturhaft-menschlichen und die gesellschaftlich-kulturell geforderten – produktiv aufeinander zu beziehen (Roth 1971, 511). Dabei seien Normen und Gütemaßstäbe für soziales Verhalten immer mehr ins Innere zu verlagern und durch innere Dialoge und innere Kontrolle ein Über-Ich, Gewissen resp. Ich-Ideal zu etablieren. Man müsse nach den Prinzipien fragen, die den Regeln des sozialen Verhaltens in der Gesellschaft zugrunde lägen. Die soziale Selbstverantwortlichkeit der Heranwachsenden sei zu steigern (vgl. Roth 1971, 512). Für die Beförderung dieser Lernprozesse forderte Roth nicht nur eine soziale Erziehung in Familie, Schule und Altersgruppe, sondern auch die „mitgestaltende Teilnahme am Sozialleben" und die Gestaltung von „Freiheit und Verantwortung" (Roth 1971, 518).

Soziale Erziehung in Elternhaus, Schule und Altersgruppe

Der Psychologe zeigte, dass Menschen darauf angewiesen sind, durch erzieherische Einrichtungen Hilfe für die Entwicklung der sozialen Handlungsstruktur zu erhalten (Roth 1971, 486). Heinrich Roth setzte sich mit den kognitiven und emotionalen Lernprozessen auseinander, die Sozialkompetenz fundieren, und verwies auf solche Lehr- und Lernprozesse, die initiiert werden müssen, damit diejenigen Kompetenzen aufgebaut werden, die in der modernen demokratischen und zivilen Gesellschaft erforderlich sind. Er diskutierte die im Erziehungs- und Sozialisationsprozess stattfindenden Lernprozesse. Der Säugling und das kleine Kind lernen durch *Imitation* der Handlungsfiguren von Modellen, ohne dass sich das Kind (immer) mit ihnen identifizieren würde. Bei einem Lernen durch *Identifikation* lerne ein Kind durch sympathische Einfühlung in eine geliebte und verehrte Person, sich nach ihrem Vorbild zu richten und ihr Handeln zu übernehmen. *Internalisation* beschreibt das Übernehmen von Verhaltensnormen, die zu selbstständigen inneren Instanzen der Lernenden werden, so dass sie „aus sich selbst heraus kontrollierend wirken" (Roth 1971, 487). Beim *Lernen durch Sanktionen* käme es zu einer Verhaltensregulierung durch den Eingriff von Erzieher/-innen. Neben dem Lernen von Vorbildern, Modellen und Leitfiguren und neben dem Rollenlernen gibt es ein Lernen durch Experimentieren und Erfahrungen mit bestimmten Folgen im sozialen Feld, durch Belohnungen und Bestrafungen bestimmter Verhaltensweisen. Durch den Zusammenstoß von Familiennormen und Altersgruppennormen würde es möglich, nach den Prinzipien hinter den gesellschaftlichen Normen und Werten zu fragen, sich selbst und das eigene Fühlen, Denken und Handeln rational zu erhellen und kritisch zu bewerten und durch kognitive, empathische und soziale Lernprozesse allmählich sozialeinsichtiges Denken und Handeln vorzubereiten.

Roth ging davon aus, dass sowohl *durch intentionale Erziehung* als auch durch das „*Erfinden solcher Situationen*, die neben der Förderung der Sachkompetenz die Förderung des Sozialverhaltens und der Sozialkompetenz leisten" (1971, 509), Sozialerziehung gestaltet werden müsse.

„Die intentionale Erziehung in Familie und Schule, Berufsschule und Hochschule muss (…) vage soziale Intentionen zu bewussten Gegenseitigkeiten entwickeln, die internalisierten Gebote und Verbote (Normen und Tabus) ins Bewusstsein heben und über die Diskussion in den sozialen Austausch transformieren. Sie muss die das soziale Verhalten regulierenden Regeln als die Ergebnisse von Vereinbarungen, Aushandlungen erkennen lassen, damit Zusammenleben und Gesellschaft überhaupt möglich sind, sie muss die affektiven Wertungen als rational erhellbar aufweisen, die Triebe als einsichtig motivierbar. Sie muss schließlich die allen sozialen Verhaltens- und Handlungsformen zugrunde liegenden allgemeinsten Prinzipien (der Gerechtigkeit, Gleichheit, Freiheit) als konkurrierende und zur Diskussion, Kritik, Erneuerung sowie zur Konkretisierung in der Realität aufgegebenen Prinzipien lehren ebenso die Beziehungen des Menschen zu seinen Rollen als sowohl verpflichtende wie auch zu diskutierende" (Roth 1971, 518).

Roth schlug vor, durch eine bewusste sozialerzieherische Planung eines Curriculums für soziales Lernen, basierend auf sozialwissenschaftlichen Einsichten in die gruppendynamischen Prozesse, Kindern – durch Rollenspiele – Modelle anzubieten und soziale Erfahrungen zu ermöglichen. Die Schule habe nicht nur eine intellektuelle Erziehungsaufgabe, sondern müsse „Konflikte selbst zum Anlass für Lösungsversuche und die erarbeitete Lösung als Modell für demokratische Konfliktlösungen" (Roth 1971, 524) nehmen. Als Ansatzpunkte für soziale Lernprozesse sah er

- die Ausweitung des Identifikationsstrebens von Kindern und Jugendlichen auf neue Erwachsene, auf Autoritäten mit Sachkompetenz,
- Diskussionen über Vorbildgestalten resp. Leitfiguren in Literatur, Geschichte, Wissenschaft, Religion und das Erörtern von sozialethischen Bewertungskriterien,
- die Auseinandersetzung mit Ideen,
- die Auseinandersetzung über das Prinzip der Gegenseitigkeit über Regeln unter Überführung privater sozialer Tugenden aus dem Familienleben in den öffentlichen Bereich,
- die rationale Erhellung der Normen des Sozialverhaltens,
- die Gestaltung eines sozialen Gruppenlernprozesses (auch durch Simulations- und Planspiele),
- die Diskussion verschiedener politischer Standpunkte,
- das Erlernen von Kriterien für Entscheidungen (vgl. Roth 1971, 524 ff).

Zur Diskussion über soziales Lernen in der Schule

Damit hatte Roth einen umfassenden Ansatz von Sozialerziehung resp. sozialem Lernen in Schule und Unterricht vorgestellt. Diese Überlegungen wurden in den folgenden Jahren aufgenommen. Man unterschied soziales Lernen in funktionales und intentionales Lernen. „Soziales Lernen (...) findet in jedem Fall statt, nur wird eben vielfach zufällig, unkontrolliert und mit negativer Wirkung sozial gelernt" (Lucht et al. 1978, 22). Harm Prior unterschied vier Aspekte, nämlich eine elementare Sozialerziehung (Vermittlung von sozialen Werten, sozialen Tugenden und freundlichen Umgangsweisen), die Nutzung gruppendynamisch-interaktiver Geschehnisse für soziales Lernen, den Aufbau neuer Verhaltensweisen (kompensatorische Funktion). Darüber hinaus verwies er, ähnlich wie Roth, auf die Bedeutung sozialen Lernens für emanzipatorische Prozesse und politisches Lernen (vgl. Prior 1976, 9).

Unter sozialem Lernen als *sozialer Elementarerziehung* wird der Erwerb von Sozialkompetenz bei Lehrerinnen und Lehrern und Schüler/-innen verstanden. Unter der *gruppendynamisch-interaktiven Funktion* des sozialen Lernens fasst Prior die Förderung des Interaktionsverhaltens und die Entwicklung der Dynamik der jeweiligen Lerngruppe. „Soziales Lernen ist in dieser Funktion weitgehend angewandte Sozialpsychologie verstanden als Erkenntnis und Lernmethode" (Prior 1976, 49).

Unter der *sozialpädagogischen und kompensatorischen Funktion* des sozialen Lernens versteht Prior den Versuch, auf Defizite in der Affekt- und Sozialbildung, bedingt durch die vorangegangene individuelle Sozialisation, zu reagieren. „Die Entwicklung und Stabilisierung der Ich-Identität ist (...) ein zentrales Ziel, wobei die Lerngruppe eine wichtige kompensatorische und therapeutische Funktion übernehmen" soll (Prior 1976, 49). Unter der *politischen Funktion* wird der spezifische Beitrag des sozialen Lernens zur Emanzipation verstanden und in zwei Aufgaben differenziert, nämlich in Aufklärung über psychosoziale Ursachen politischen Verhaltens und in Vorbereitung auf politisches Handeln (Prior 1976, 50). Soziales Lernen ist sowohl ein Prinzip des Unterrichts (Lucht et al. 1978, 22) als auch ein eigenständiger Lernbereich. Darüber hinaus zielt es auf die Erneuerung der Organisation der Schule insgesamt, nämlich auf Veränderungen im Lehrer-Schüler-Verhältnis, in den Curricula, in den Arbeitsformen des Unterrichts.

In den siebziger Jahren wurde über die Frage der Ermöglichung sozialeinsichtigen Handelns nachgedacht. Es wurde eine Didaktik des sozialen Lernens und Lernziele der Sozialerziehung für den Elementarbereich, den Primarbereich (vgl. z.B. Bönsch 1979; Petillon 1993) und die Sekundarstufe (Prior 1976) entfaltet. Dabei wurde soziales Lernen mit dem Fokus auf Prozesse in der Gruppe ebenso wie unter politisch-emanzipatorischer Perspektive zum Thema. Soziales Lernen war auch eine Hintergrundfolie für die Forderung nach einer Reform der Schule (vgl. z.B. Prior 1976). Daneben gab es Ansätze, soziales Lernen im Kontext eines therapeutischen Unterrichts zu konzeptionalisieren (vgl. Grundke 1975).

Seit Beginn der achtziger Jahre des letzten Jahrhunderts nahm die Akzeptanz, der Umfang und das Ausmaß sozialen Lernens in der Schule – im Vergleich zur Diskussion in den siebziger Jahren – eher ab als zu (Petillon 1993, 151 ff). Petillons Sichtung der Zielsetzungen und Inhalte des sozialen Lernens in der Grundschule ergab, dass vorwiegend in den Anfangsklassen soziales Lernen befürwortet und praktiziert wird. Jedoch blieben Zielsetzungen relativ unverbindlich und es wurde ein Mangel an klaren Konturen und Richtungsbestimmungen sichtbar. Themen wurden aus einem sehr eingegrenzten Themenspektrum (wie Orientierung in der Institution Schule, Regeln des Zusammenlebens in Schule und Schulklasse, Umgang mit Gleichaltrigen) gewählt. Obwohl Petillon (1993) in den neunziger Jahren des letzten Jahrhunderts eine Neukonzeption „sozialen Lernens" vorlegte, galt auch seine Aufmerksamkeit dem Aufgreifen von Erfahrungen und Konflikten in Gleichaltrigengruppe und Schulklasse. Er nahm das Konzept der „kritischen Lebensereignisse" auf und nutzte es dafür, kritische Ereignisse im Leben von Kindern zu thematisieren, die fast alle Kinder gemeinsam haben. Dazu zählte er den Wechsel vom Kindergarten in die Grundschule, das Einfinden in die Ordnung der Schule, den Übergang zu weiterführenden Schulen. Kritische Ereignisse, die in der Biographie eines je einzelnen Kindes von Bedeutung sein können, wurden seltener zum Thema. Petillons Modell (1993, 22) konzeptionalisiert soziales Lernen als prozesshaftes Geschehen, das die Entwicklung einzelner Personen, die Veränderung ökologischer Faktoren und den Wandel von Person-Umwelt-Bezügen berücksichtigt. Als Ausgangspunkt sozialen Lernens wurde ein „Sozialereignis X" genommen, das aus den sozialen Interaktionen innerhalb der Schülergruppe gewählt wurde (Petillon 1993, 33).

In den achtziger Jahren wurde soziales Lernen auch unter einer biographischen Perspektive aufgenommen. Neben persönlichen und kollektiv geteilten Erfahrungen wurden kritische Lebensereignisse, aber auch Sozialereignisse im Kontext der Schule zum Thema (vgl. Petillon 1993). Fragen einer wirksamen Kommunikation und Interaktion und der Spuren gelebten Lebens in gelernten Mustern sozialen Verhaltens wurden reflektiert. Soziale Kompetenz wurde mit der Fähigkeit zu Selbstreflexion, zur Perspektivenübernahme, zur Vertretung eigener Interessen und zur Wahrnehmung der Wünsche und Bedürfnisse des Gegenübers in Verbindung gebracht. Außerdem wurden Fragen des Konfliktmanagements erörtert.

In den neunziger Jahren verschob sich der Akzent der Diskussion; zunehmend wurde auf Aggression und Gewalt, auf Mobbingprozesse unter den Gleichaltrigen die Aufmerksamkeit ebenso gerichtet wie auf Möglichkeiten angemessener Kommunikation und Interaktion. Daneben wurden weiterhin Wege zur Bearbeitung und Lösung von Konflikten zum Thema. Soziales Lernen wurde mit Formen der Selbstbehauptung und mit Wegen zur Konfliktlösung ohne Niederlage oder Verfahren der Streitschlichtung verbunden.

Zu Beginn des 21. Jahrhunderts wird soziales Lernen in den Kontext einer verstärkten Forderung nach Erziehung und Wertebildung gestellt. Davon zeugen auch Programme einer Vertragsschließung zwischen Schule, Elternhaus und Schüler/-innen mit dem Ziel, sich auf die Akzeptanz von Regeln zu verpflichten. Hier wird soziale Kompetenz stärker als in anderen Ansätzen mit der Akzeptanz der Kultur der Schule und des Unterrichts in Verbindung gebracht. Darüber hinaus haben weiterhin Fragen der Auseinandersetzung mit Rechtsextremismus (vgl. Coburn-Staege 2000) Bedeutung.

Diskussionslinien zur Begründung sozialer Kompetenz heute

Wenn wir diese Debatten betrachten, können wir zwei Diskussionsstränge für die Begründung sozialer Kompetenz unterscheiden. Der eine Diskussionsstrang ist ethisch-moralisch fundiert. Wir zitieren hier stellvertretend für diese Debatten die Überlegungen von Manfred Bönsch (1996). Der zweite Diskussionsstrang versucht, die gesellschaftlichen Entwicklungen und die notwendigen Veränderungen mit Blick auf die erforderlichen organisationalen und sozialen Kompetenzen zu bündeln. Um diesen Gedanken vorzustellen, gehen wir auf die Überlegungen von Helmut Willke (1997) ein.

3.1.2 Die ethisch-moralische Diskussion

Manfred Bönsch zeigte, dass in einer pluralen Gesellschaft eine kognitive Auseinandersetzung mit Normen und Werten erfolgen muss. Gleichwohl ist die (staatliche) Schule als Institution der Gesellschaft in bestimmte gesellschaftliche Verhältnisse eingebunden. Damit verbunden sind drei Setzungen, nämlich die Akzeptanz der Menschenrechte, die Verpflichtung auf die Grundwerte der Verfassung und die Einforderung eines Handelns, das sich an den Normen orientiert und durch das Verhalten „einen Beitrag zur Erringung und Sicherung der Normen" (Bönsch 1994, 53) leistet. „Die Individualrechte haben nur Bestand in entsprechenden gesellschaftlichen Verhältnissen und diese werden nur bestehen bei äquivalentem Verhalten der Individuen" (Bönsch 1994, 53). Von daher versteht Bönsch soziales Verhalten auch als gesellschaftlich-politisches Verhalten.

Menschenrechte

Mit Blick auf die Menschenrechte und die Personenrechte können bestimmte Verhaltenserwartungen expliziert werden. Bönsch entwickelt – mit Blick auf die Menschen- und Personenrechte – einen Referenzrahmen für Erziehung, der gleichzeitig dazu dient, die Institutionen und hier die Institution Schule kritisch auf ihre Verfassung, ihre Strukturen und die Realisierung der Menschenrechte innerhalb der Institution zu befragen und Anforderungen an die Personen (Lehrkräfte und Schüler/-innen) zu formulieren.

„Alle Menschen sind frei und gleich an Würde und Rechten geboren. D.h., dass nicht erst Erziehung zu Humanität und vollem Menschsein führt, sondern diese Voraussetzung für Erziehung sind. (…) Alle Menschen sind mit Vernunft und Gewissen begabt. (…) Erziehungstheoretisch bedeutet dieser Satz, dass die Vorstellung, Erzieher/-innen könnten bis zum Erreichen eines Vernunftstatus stellvertretend die Normen und Werte vorgeben, nicht haltbar ist. So früh wie möglich ist (…) über Beziehungsarbeit und Vertragsdenken das an Regeln, Normen, Verabredungen auszuhandeln, was die Modi des brüderlichen/schwesterlichen Umgangs sind. (…) Alle Menschen sind vor dem Gesetz gleich. Dieser Satz hat für alle institutionalisierten Beziehungsverhältnisse die praktische Folge, dass aufgestellte Normen, Regeln, Anforderungen immer für beide Seiten solcher Verhältnisse gelten, also reversibel sein müssen" (Bönsch 1994, 55). Er fragt nach den Möglichkeiten der Umsetzung dieser Setzungen in praktizierbares Verhalten. Er unterscheidet dazu (in absteigender Linie) soziale Tugenden, Umgangsqualitäten und operative Kompetenzen (Kooperationskompetenzen und strategisches Verhalten) und soziale Vereinbarungen.

Soziale Tugenden

Mit dem Wort Tugenden verweist Bönsch auf sittliche Einstellungen und Haltungen. Soziale Tugenden werden zu Verhaltensorientierungen, die den Umgang mit anderen bestimmen sollen. Bönsch nennt u.a. folgende soziale Tugenden: Achtung vor dem anderen unter Akzeptanz seiner Würde, „unabhängig von Alter, Geschlecht, Religion, Erscheinungsbild, sozialer Herkunft, eventueller Behinderung und konkretem Verhalten" (Bönsch 1994, 57), Gerechtigkeit, Fairness, Disziplin, Hilfsbereitschaft und Toleranz.

Soziale Normen

Lenelis Kruse versteht unter sozialen Normen „allgemein akzeptierte Regeln für das Denken, Fühlen und Verhalten, die dadurch bekräftigt und erwartet werden, dass sie als richtig und angemessen gelten" (2006, 694). Auch wenn soziale Normen einem gesellschaftlichen Wandel unterliegen, so beeinflussen sie doch das soziale Verhalten. Sie entstehen und werden in sozialen Interaktionen gefestigt und können mehr oder weniger explizit formuliert sein. Sie unterscheiden sich nach dem Grad der Formalisierung (Rechtsnormen, Konventionen, Etikette), nach dem Grad der Verbindlichkeit (Muss-, Soll-, Kann-Normen), nach Art und Wirkung von Sanktionen bei Verstoß gegen die Normen, nach dem Geltungsbereich und der Geltungsdauer (Kruse 2006, 695). Sie geben Sicherheit und tragen zur Bildung und Aufrechterhaltung von Gruppen bei. „Normen existieren nur solange, wie sie von anderen anerkannt werden. Abweichungen werden geahndet, wobei die Sanktionen von der Wichtigkeit der Norm, dem Ausmaß der Abweichung und den Merkmalen des Normverletzers abhängen" (Kruse 2006, 695). Soziale Normen können sich auf verschiedene Bereiche erstrecken, z.B. auf Unterordnung und Gehorsam, Gerechtigkeit, soziale Verantwortung und Reziprozität. Die Gültigkeit von Normen wird – bei Verletzung – durch Sanktionen befestigt. „Zu starker Druck auf Normeinhaltung und damit Einschränkung der individuellen Handlungsfreiheit kann einen Bumerang-Effekt zur Folge haben und zu Reaktanz führen" (Kruse 2006, 696).

Umgangsqualitäten

Unter Umgangsqualitäten versteht Bönsch solche Verhaltensrichtungen, die zwischenmenschlich die Voraussetzungen dafür schaffen, dass Verständigung und Thematisierbarkeit von Problemen oder Konflikten möglich wird. Zu den Umgangsqualitäten zählt er Freundlichkeit (Offenheit, Wahrnehmungsbereitschaft, Wärme, Heiterkeit), Einfühlungsvermögen (Sensibilität für die Befindlichkeiten und Bedürfnisse anderer), Einwirkungsfähigkeit (Fähigkeit, Interaktionen und Situationen nach eigenen Befindlichkeiten und Bedürfnissen gestalten zu können) und Regelorientierung (Erkennen und Beachten der Konventionen und Kommunikationsmodi in sozialen Situationen). (Bönsch 1994, 60f).

Soziale Vereinbarungen – Regeln

Für die Gestaltung des täglichen Umgangs sind soziale Vereinbarungen hilfreich. Sie helfen, die Formen des Umgangs im sachlich oder persönlich bestimmten Miteinander zu klären, münden in bestimmte Verabredungen, oftmals in der Form von Regeln. Regeln werden oftmals fraglos akzeptiert und befolgt. Gleichwohl müssen Regeln in der Moderne argumentativ begründbar, revidierbar oder verhandelbar sein. Sie sollten nicht starr, sondern flexibel angewandt werden. Regeln geben Hilfe zur Orientierung und sind ein Anlass, über das Verhältnis von Freiheit und Verbindlichkeit, individuellem Wollen und sozialer Verpflichtung ins Gespräch zu kommen. Sie ermöglichen, sich über Werte, Tugenden und Umgangsqualitäten, Strukturen und Verhalten miteinander zu verständigen.

Dieser Zusammenhang von normativen Setzungen (Menschenrechte, Grundgesetz), sozialen Tugenden, sozialen Normen, Umgangsqualitäten kann (mit Manfred

Bönsch) als gedankliche Konstruktion eines Begründungsrahmens, auf den in sozialen Situationen der Kommunikation und Kooperation Bezug genommen wird, verstanden werden. Wenn wir dieses Gefüge als Bezugsrahmen akzeptieren und davon ausgehen, dass dieser kognitiv vermittelt und argumentativ begründet werden kann, dann hat die Schule die Aufgabe, diesen in verschiedenen Unterrichtseinheiten zum Thema zu machen. Sie muss dabei nicht nur Wissen vermitteln, sondern Handlungsfähigkeit aufbauen. Wenn wir Handeln von Tun und Verhalten abgrenzen, dann reicht es nicht, Inhalte zu vermitteln. Stattdessen stellt sich die Frage, wie eine entsprechende Handlungsfähigkeit durch die Lerner/-innen erworben werden kann.

3.1.3 Die Bedeutung sozialer Kompetenz in der Wissensgesellschaft

Welche Bedeutung kommt sozialer Kompetenz in der Gesellschaft zu? Zur Beantwortung dieser Frage kann auf die Überlegungen von Heinrich Roth, der ihre Bedeutung für gesellschaftliche Integration und Fundierung der Zivilgesellschaft betonte, zurückgegriffen werden. Darüber hinaus ziehen wir Überlegungen von Helmut Willke heran und entwickeln diese weiter. Der Wissenschaftler stellt heraus, dass in einer Gesellschaft, die von Entstaatlichung, Deregulierung und Globalisierung bestimmt ist, die wachsende Fähigkeit zur Selbststeuerung, aber auch zur Abstimmung „heterarchisch gekoppelter Funktionssysteme der Gesellschaft" erforderlich wird (Willke 1997, 7). Er unterscheidet Gesellschaften nach dem Modus ihres Steuerungsregimes und unterscheidet ein Machtregime, ein Versicherungsregime, ein Risikoregime und ein Supervisionsregime.

„Supervision ist die Form der politischen Selbststeuerung einer sich abzeichnenden Wissensgesellschaft. Deren dominantes Problem liegt in der Überlebensfähigkeit (Viabilität) vernetzter, independenter Gesellschaften unter Bedingungen ökologischer Gefährdungen, technologischer Risiken und kognitiver Überlastung" (Willke 1997, 12; vgl. Tabelle 29: Zur Unterscheidung verschiedener Steuerungsregime).

Willke geht davon aus, dass wir vor einem Wandel der Industriearbeit zur Wissensarbeit stehen. Intelligente Produkte sind dadurch gekennzeichnet, „dass ihr Wert in der eingebauten Intelligenz liegt, d. h. in der regelgeleiteten Fähigkeit, Entscheidungsoptionen aufgrund bestimmter Situationsbedingungen anzubieten" (Willke 1997, 13) und

Tabelle 29: Zur Unterscheidung verschiedener Steuerungsregime

historische Epoche	Steuerungsregime	dominantes Probleme
Bildung des Nationalstaates	Machtregime	Souveränität
Bildung des Sozialstaates	Versicherungsregime	soziale Sicherheit
Bildung der technologischen Gesellschaft	Risikoregime	technologische Risiken
Bildung der Wissensgesellschaft	Supervisionsregime	Kognitive Dissonanz der Systeme
?	?	?

in der Entwicklung von Infrastrukturen zweiter Ordnung, also wissensbasierter Infrastrukturen, die den globalen Austausch von Informationen und Wissen erlauben (Datennetze; Verkehrsleitsysteme). Der Bedarf an professioneller Expertise und an organisationaler Intelligenz wachse in allen Bereichen. Damit verbunden sei die Transformation der modernen Gesellschaft.

„Die Gesellschaften der entfalteten Moderne müssen (…) begriffen werden als Systeme ohne hierarchische Spitze, die aufgrund der wechselseitigen Abhängigkeiten zwischen den spezialisierten, operativ autonomen Funktionssystemen je nach Problemlage ganz unterschiedliche Konfigurationen der Abstimmung und Koordination realisieren" (Willke 1997, 32).

Von daher verweist Willke auf Formen der Systemsteuerung über „Verhandlungssysteme" und die Koordination disparater Rationalitäten über Abstimmungsprozesse. Die Steuerung, die auf Veränderung komplexer, operativ autonomer Systeme zielt, muss dabei Selbstveränderung ermöglichen. Diese verläuft über die Beeinflussung von Selbstreflexion, Selbststeuerungsmöglichkeiten und von Regeln und Mustern der Kommunikation. Kommunikation wird von ihm als Verarbeitung von Unterschieden (Differenzen) verstanden (vgl. Willke 1997, 55).

„Gelingende Kommunikation setzt (…) drei Teilleistungen voraus: Zunächst muss irgendein Signal oder eine Information vorliegen. Information ist definiert als die Markierung eines relevanten Unterschiedes, eines Unterschiedes, der einen Unterschied ausmacht (Bateson). Dann muss diese Information ‚ankommen', d.h. in einer Form mitgeteilt werden, dass das rezipierende System die Information als relevant einstufen kann. Und schließlich (…) muss die aufgenommene Information *innerhalb* des rezipierenden Systems verstanden werden, d.h., sie muss so verarbeitet werden, dass sie im Kontext des aufnehmenden Systems Sinn macht" (Willke 1997, 55).

Wenn Kommunikation als konstituierendes Element jedes sozialen Systems verstanden wird, dann können Veränderungen nur über den Umweg der Veränderung der Muster und Regeln der Kommunikation gelingen (Willke 1997, 59). Willke plädiert für eine Kontextsteuerung und eine Koordination und Mediation gesellschaftlicher Teilsysteme mit dem Ziel der Beförderung dezentraler Vernetzung, Koordination und Kooperation. Dies gelingt durch Hilfestellungen bei der Aneignung und Veränderung von Wissen in Ko-Konstruktionsprozessen resp. im symmetrischen, kollegialen Dialog unter Aktivierung von Ressourcen (vgl. Willke 1997, 62). Von daher stellt sich die Aufgabe, Prozesse zu moderieren, wie z.B. die Kontrastierung unterschiedlicher Konstruktionen von Realität, das Erzielen von optimalen kombinatorischen Gewinnen aus produktiven Abstimmungs-, Verknüpfungs- und Vernetzungsprozessen und der interaktiven Problemlösung. Willke verdeutlicht, dass in der Wissensgesellschaft die Notwendigkeit und der Zwang zum permanenten Lernen besteht, was Lernbereitschaft und Lernfähigkeit voraussetze (Willke 1997, 299). Dabei sei die Umorientierung von evolutionärem zu intelligentem Lernen gefragt. Evolutionäres Lernen sei zeittolerant und erfahrungsorientiert (vergangenheitsorientiert). Das selbstgesteuerte, intelligente Lernen sei zeitkritisch und zukunftsorientiert. Steuerungsregime und Organisationsmodell für komplexe Sozialsysteme resultierten aus forcierten Lernprozessen (vgl. Willke 1997, 299).

Willke zeigt die Notwendigkeit, die Fähigkeit zum „Systemdenken" (Senge 1990) herauszubilden. Mit Blick auf unser Thema wird dabei deutlich, dass die Herausbildung sozialer Kompetenz durch soziales Lernen nicht nur auf einer individuellen Ebene oder einer Ebene der Gemeinschaft bedacht werden darf, sondern Anschluss halten muss an Prozesse der Gestaltung der Interaktion und Kommunikation in verschiedenen Sozialsystemen und der Beeinflussung von Prozessen der Abstimmung, Koordination, Problemlösung und Resonanz.

3.1.4 Was ist soziale Kompetenz?

Der Fokus auf soziale Kompetenz in verschiedenen wissenschaftlichen Disziplinen

Soziale Kompetenz ist Gegenstand der Forschung in verschiedenen Teilgebieten der Psychologie und der Pädagogik. In der *Entwicklungspsychologie* wird nach Prozessen der Aneignung sozialen Verhaltens gefragt. In der *Klinischen Psychologie* wird die Frage nach gestörtem sozialem Verhalten und Möglichkeiten zu seiner Korrektur diskutiert. Hier geht es z. B. um Fragen der Aggressivität oder der sozialen Ängstlichkeit. In der *Organisationspsychologie* wird nach Kompetenzen zum flexiblen Interagieren in Betrieben und Institutionen resp. nach dem Leiten oder Führen von Teams und den dabei wichtigen Kompetenzen und Verhaltensweisen gefragt. Mit Blick auf Managementfähigkeiten wird besonderes Gewicht auf die Durchsetzungsfähigkeit von Personen gelegt. Unter Durchsetzungsfähigkeit wird ein Verhalten gefasst, „das darauf abzielt, den eigenen Einflussbereich zu vergrößern" (Bastians & Runde 2002, 188). Assertivität dagegen zielt auf die Erhaltung oder Wiedergewinnung des eigenen Einflussbereichs. Dafür sind Fähigkeiten wie Abwehr und Verteidigung notwendig. In anderen Konzeptionen werden als Teil von Managementfähigkeit die *Problemlösefähigkeit* und *interpersonale Kompetenzen* verstanden. Problemlösefähigkeit wird in die vier Bereiche Organisationsfähigkeit, Genauigkeit, Antrieb und Findigkeit unterteilt; die interpersonalen Kompetenzen werden unterschieden in Führung, Assertivität, Flexibilität und Sensibilität (Bastians & Runde 2002, 188). In die verschiedenen Definitionen von sozialer Kompetenz gehen jeweils unterschiedliche Wertsetzungen resp. Rahmungen ein (vgl. Kanning 2002, 156). Manchmal liegt der Fokus auf der Fähigkeit eines Individuums zur Anpassung an die Normen und Werte einer Gesellschaft, mal auf der Durchsetzungsfähigkeit oder auf der Fähigkeit, beim Durchsetzen von Interessen Kompromisse einzugehen resp. auf eigenen Rechten zu bestehen, ohne die Rechte anderer zu verletzen.

Soziale Kompetenz als Sammelbegriff?

Der Begriff der sozialen Kompetenzen ist ein *Sammelbegriff* für unterschiedliche Wissensbestände, Fähigkeiten und Fertigkeiten (vgl. Kanning 2002, 155). Bei der Kennzeichnung eines Verhaltens als sozial kompetent ist stets ein sozialer Bezugspunkt mit gesetzt; die Perspektive der sozialen Umgebung wird mit einbezogen.

Verwandte Konzepte sind die der sozialen Intelligenz, der emotionalen Intelligenz und der interpersonalen Kompetenz. Unter *sozialer Intelligenz* (Thorndike, 1920) versteht man die „Fähigkeit, andere Menschen zu verstehen und in sozialen Beziehungen weise zu handeln" (Kanning 2002, 156). Unter *emotionaler Intelligenz* (Salovey & Mayer, 1989) wird die Fähigkeit verstanden, „eigene Emotionen sowie die Emotionen anderer Menschen erkennen und differenzieren zu können, um sie anschließend zur Steuerung des eigenen Verhaltens zu nutzen" (Kanning 2002, 156). Unter emotionaler Intelligenz werden mehrere Einzelfähigkeiten verstanden. Unter der *interpersonalen*

Kompetenz (Buhrmester, 1996) wird die Fähigkeit verstanden, sich gegenüber anderen Menschen öffnen zu können. Kanning schlägt vor, die soziale und die emotionale Intelligenz als Teilbereiche sozialer Kompetenz zu fassen. Wir verstehen den Begriff der sozialen Kompetenz sogar noch weiter und fassen moralische und partizipatorische Kompetenz als Unterbegriffe.

Exkurs: Verwandte Konzepte sozialer Kompetenz

Soziale Kompetenz erscheint manchmal als Teilbereich *sozialer Intelligenz*. Diese wird über verschiedene Teilkompetenzen zu erfassen versucht, nämlich über die Fähigkeiten, Situationen einzuschätzen, seelische Zustände zu erkennen, menschliches Verhalten zu beobachten, sich an Personen und ihre Namen zu erinnern und durch den Sinn für Humor (vgl. Bastians & Runde 2002, 187).

Unter *interpersonaler Kompetenz* werden solche Kompetenzen gefasst, die sich auf die Dimensionen der sozialen Wahrnehmung, der sozialen Aktivität, der Konflikt- und Kritikfähigkeit, des Beziehungsmanagements, der Teamfähigkeit und der Führungsfähigkeit beziehen (vgl. Bastians & Runde 2002, 194).

Unter *partizipatorischer Kompetenz (oder: Demokratiekompetenz)* versteht man diejenigen Teilkompetenzen, die mit Blick auf politische Willensbildungsprozesse relevant werden. Es geht um die Wahrnehmung von Rechten, die Aushandlung von Interessen, Einflussnahme und Konfliktbearbeitung im öffentlichen Raum. Damit verbunden ist die Kenntnis der Institutionen, die zur Regelung des Zusammenlebens der Menschen und zur Austragung von Interessengegensätzen geschaffen wurden (Parlament, Justiz, Polizei). Darüber hinaus sind Formen der Teilhabe an Prozessen der Bürgerbeteiligung von unten (Bürgerinitiativen, Vereine, Verbände) wichtig. Wir verstehen die Fähigkeiten zur Teilnahme an politischen Willensbildungsprozessen, an politischen Entscheidungsprozessen und an Verfahren zur Mitbestimmung als Bestandteile sozialer Kompetenz (vgl. auch Roth 1971, 387). Mit Blick auf politische Lernprozesse geht es darum, soziale und politische Phantasie darüber zu entwickeln, wie Sichtweisen, politische Meinungen und Interessen eingebracht, Fragen der Verwaltung und Selbstverwaltung geregelt und Ideen zu einer optimierten Gestaltung der Verhältnisse entwickelt werden. Partizipatorische Kompetenz als Teil sozialer Kompetenz zielt auf die Herausbildung von Fähigkeiten zu sozialer und politischer Interessenvertretung, zu Diskurs, Verhandlung und Protest, zur Nutzung und Entwicklung von Verfahren und Gremien der Konfliktbearbeitung und Konfliktlösung. Sie wird im öffentlichen Raum bedeutsam und erfordert Fähigkeiten zu Meinungsbildung, -artikulation, Interessensabwägung, Streit resp. Konsensbildung, Entscheidungsfindung und Konstruktion dafür angemessener Verfahren.

Emotionale Intelligenz oder *emotionale Kompetenz* kann als Bestandteil sozialer Kompetenz oder als eigenständige Kompetenz verstanden werden. Auch wenn mittlerweile ein eigenständiger wissenschaftlicher (vgl. von Salisch 2002) und populärwissenschaftlicher Diskurs (vgl. Goleman 1997) über emotionale Intelligenz erkennbar ist, soll hier auf jene Aspekte emotionaler Kompetenz eingegangen werden, die für soziale Kompetenz bedeutsam sind (vgl. Tabelle 30: Auswirkungen emotionaler Fertigkeiten von Kindern auf ihre soziale Kompetenz).

„Emotionale Kompetenz äußert sich als Selbstwirksamkeit in emotionsauslösenden sozialen Transaktionen. Selbstwirksamkeit bedeutet, dass ein Individuum die Fähigkeiten und die Fertigkeiten dazu hat, ein erwünschtes Ergebnis zu erreichen. Wenn

Tabelle 30: Auswirkungen emotionaler Fertigkeiten von Kindern auf ihre soziale Kompetenz (nach Petermann 2002, 178)

Studie	Emotionale Kompetenz	Soziale Kompetenz
Deham, McKinley Couchoud & Holt (1990)	umfangreiches Emotionswissen, prosoziales Verhalten	Prädiktoren für Beliebtheit bei Gleichaltrigen
Hubbard & Coie (1994)	gute Emotionsregulation intensiv erlebter Gefühle	höhere soziale Kompetenz
Nowicki & Mitchell (1998)	Fähigkeit zum Erkennen von Emotionen im mimischen und stimmlichen Ausdruck	höhere soziale Kompetenz
Smith (2001)	umfangreiches Emotionswissen, gute Emotionsregulation	Akzeptanz und Wertschätzung durch Gleichaltrige
Collins & Nowicki (2001)	Fähigkeit, Emotionen im Klang der Stimme zu erkennen	höhere Akzeptanz durch Gleichaltrige

eine Person auf eine emotionsauslösende soziale Transaktion reagiert und sich erfolgreich ihren Weg durch den interpersonalen Austausch bahnt und dabei gleichzeitig die eigenen emotionalen Reaktionen wirksam reguliert, dann hat diese Person ihr Wissen über Emotionen, Ausdrucksverhalten und emotionale Kommunikation in strategischer Weise angewandt" (Saarni 2002, 10).

Dafür sind verschiedene Teilfähigkeiten bedeutsam, nämlich die Fähigkeit zur internalen und externalen Emotionsregulation. Internale Emotionsregulation meint die Regulierung des subjektiven Erlebens von Gefühlszuständen einschließlich ihrer Latenz, Dauer und Intensität. Externale Emotionsregulation bezieht sich auf die Handhabung des Ausdrucks von Gefühlszuständen in kommunikativen Kontexten. Zur emotionalen Kompetenz gehört ein Wissen über Emotionen, über die eigenen und die anderer Menschen, über die Wichtigkeit der Abstimmung der Muster der emotionalen Kommunikation und des Ausdrucksverhaltens passend zu den Zielen und zur Beziehung, die zum Interaktionspartner besteht. Solche Beziehungen können distanziert oder eng, von Asymmetrie oder Symmetrie bestimmt, öffentlich oder privat sein (vgl. Saarni 2002, 10f).

In Carolyn Saarnis Modell der emotionalen Kompetenz werden acht Fähigkeiten für das in soziale und kulturelle Kontexte eingebettete Individuum bedeutsam, nämlich Fähigkeiten zur Selbstwahrnehmung, zum Gefühlsausdruck, zur Kommunikation über Emotionen (im Rahmen von Beziehungen) und zur Regulation von Emotionen. Saarni führt acht Fertigkeiten emotionaler Kompetenz auf (vgl. Kasten 5: Die acht Fertigkeiten der emotionalen Kompetenz).

Die acht Fertigkeiten der emotionalen Kompetenz

1. Bewusstheit über den eigenen emotionalen Zustand. Dies schließt die Möglichkeit ein, dass man mehrere Gefühle gleichzeitig erlebt und auf noch weiter fortgeschrittenem Niveau auch die Bewusstheit, dass man sich aufgrund einer unbewussten Dynamik oder selektiver Aufmerksamkeit seines Gefühlsempfindens nicht immer bewusst ist.
2. Die Fähigkeit, Emotionen anderer Menschen auf der Grundlage von Merkmalen der Situation und des Ausdrucksverhaltens zu erkennen, über die in der Kultur eine gewisse Übereinstimmung im Hinblick auf ihre emotionale Bedeutung besteht.
3. Die Fähigkeit, das Vokabular der Gefühle und die Ausdruckswörter zu benutzen, die in der eigenen (Sub-)Kultur gemeinhin verwendet werden. Auf weiter fortgeschrittenem Niveau bedeutet dies, kulturgebundene Skripte zu erwerben, die Emotionen mit sozialen Rollen verknüpfen.
4. Die Fähigkeit, empathisch auf das emotionale Erleben von anderen Menschen einzugehen.
5. Die Fähigkeit zu merken, dass ein innerlich erlebter emotionaler Zustand nicht notwendigerweise dem nach außen gezeigten Ausdrucksverhalten entspricht, und zwar sowohl bei einem selbst als auch bei anderen Menschen. Auf fortgeschrittenerem Niveau kommt die Fähigkeit hinzu zu erkennen, dass das eigene emotionale Ausdrucksverhalten andere beeinflussen kann, und dies bei der eigenen Selbstpräsentation zu berücksichtigen.
6. Die Fähigkeit, aversive oder belastende Emotionen und problematische Situationen in adaptiver Weise zu bewältigen, indem man selbstregulative Strategien benutzt, die die Intensität oder zeitliche Dauer dieser emotionalen Zustände abmildern (z. B. ‚stress hardiness'), und indem man effektive Problemlösestrategien einsetzt.
7. Die Bewusstheit, dass die Struktur oder Natur von zwischenmenschlichen Beziehungen zum großen Teil dadurch bestimmt wird, wie Gefühle in ihnen kommuniziert werden, so z. B. durch das Ausmaß der emotionalen Direktheit oder Echtheit des Ausdrucksverhaltens und durch das Ausmaß an emotionaler Reziprozität oder Symmetrie innerhalb der Beziehung; so ist z. B. reife Intimität zum Teil durch den gegenseitigen Austausch von echten Emotionen gekennzeichnet, während der Austausch von echten Emotionen in der Eltern-Kind-Beziehung auch asymmetrisch verlaufen kann.
8. Die Fähigkeit zur emotionalen Selbstwirksamkeit; die Person ist der Ansicht, dass sie sich im Allgemeinen so fühlt, wie sie sich fühlen möchte. Emotionale Selbstwirksamkeit bedeutet also, dass man sein eigenes emotionales Erleben akzeptiert, egal ob es einzigartig und exzentrisch oder in der eigenen Kultur als konventionell gilt. Die Akzeptanz geht mit den Ansichten der Person darüber einher, was ein erstrebenswertes emotionales „Gleichgewicht" darstellt. Empfindet man emotionale Selbstwirksamkeit, dann lebt man also sowohl in Übereinstimmung mit seiner persönlichen Emotionstheorie als auch mit seinen eigenen moralischen Werten.

Kasten 5: Die acht Fertigkeiten der emotionalen Kompetenz (Saarni 2002, 13)

Neben dieser Liste relevanter Komponenten emotionaler Kompetenz gibt es weitere Modelle. Im Kontext von Gardners Modell der multiplen Intelligenzen wird davon ausgegangen, dass es eine interpersonale Intelligenz gibt, also eine Intelligenz, andere Menschen zu verstehen und „ein zutreffendes (...) Modell von sich selbst zu bilden und mit Hilfe dieses Modells erfolgreich im Leben aufzutreten" (Gardner 1993, 9, zitiert nach von Salisch 2002, 33). In einem Modell von Salovey, Hsee und Mayer (1993) werden drei Bereiche unter dem Konzept der emotionalen Intelligenz zusammengebunden, nämlich die Bewertung und der Ausdruck von Gefühlen im Selbst und bei anderen, die Emotionsregulierung im Selbst und bei anderen und die Anwendung von Emotionen (flexible Passung, Aufmerksamkeitslenkung, Motivation) (vgl. Abbildung 21: Rose-Krasnors Pyramidenmodell der sozialen Kompetenz).

In Rose-Krasnors Modell der sozialen Kompetenz in Form einer Pyramide wird *das Fundament* in kognitiven und emotionalen Fertigkeiten sowie Werten und Zielen des Individuums gesehen. Hinzu kommt die Motivation, diese Fertigkeiten in Verhalten umzusetzen. Auf der sogenannten Indexebene werden selbstbezogene und auf andere bezogene Fertigkeiten in den Blick genommen. Diese Fertigkeiten sind in verschiedene Kontexte eingebunden. Die Spitze der Pyramide wird von der theoretischen Ebene gebildet, die darauf verweist, wie soziale Kompetenz konzeptionalisiert wird.

In dem Modell von Halberstadt, Denham und Dunsmore (2001) wird – mit Blick auf die soziale Kompetenz – die Interaktion von (mindestens) zwei Beteiligten in den Blick genommen und zwar mit Blick auf die Bereiche des Sendens, Empfangens und Erlebens von Gefühlen. Innerhalb dieser drei Bereiche werden jeweils vier Fertigkeiten ausdifferenziert, nämlich 1. Bewusstheit über die Notwendigkeit, Gefühle zu senden, zu empfangen und zu erleben, 2. Identifizierung der beteiligten Emotion(-en), 3. Abstimmung mit dem sozialen Kontext sowie 4. die Fähigkeit, den jeweiligen Prozess im Hinblick auf parallele Bedürfnisse und Signale zu regulieren (vgl. von Salisch 2002, 39). „Im Mittelpunkt dieser drei Komponenten steht ein Selbst, das sowohl über sta-

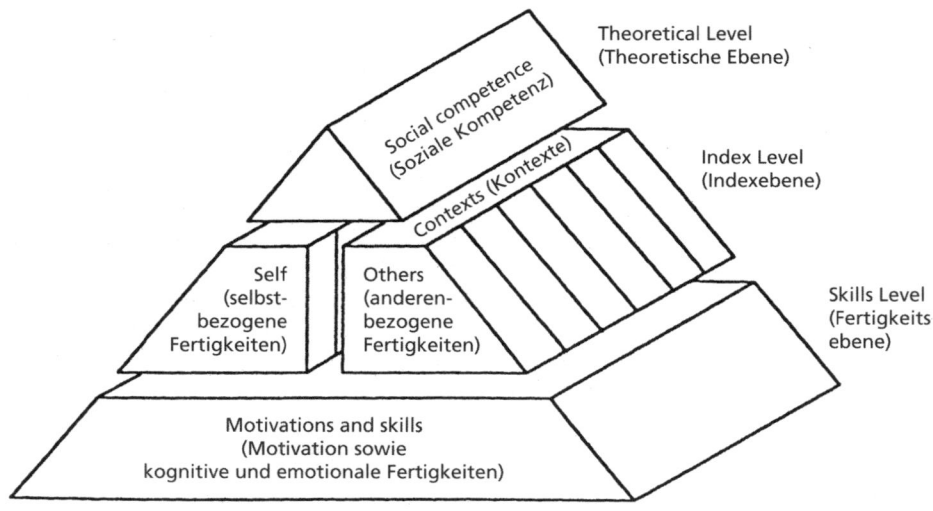

Abbildung 21: Rose-Krasnors Pyramidenmodell der sozialen Kompetenz

Zum Aufbau sozialer Kompetenz

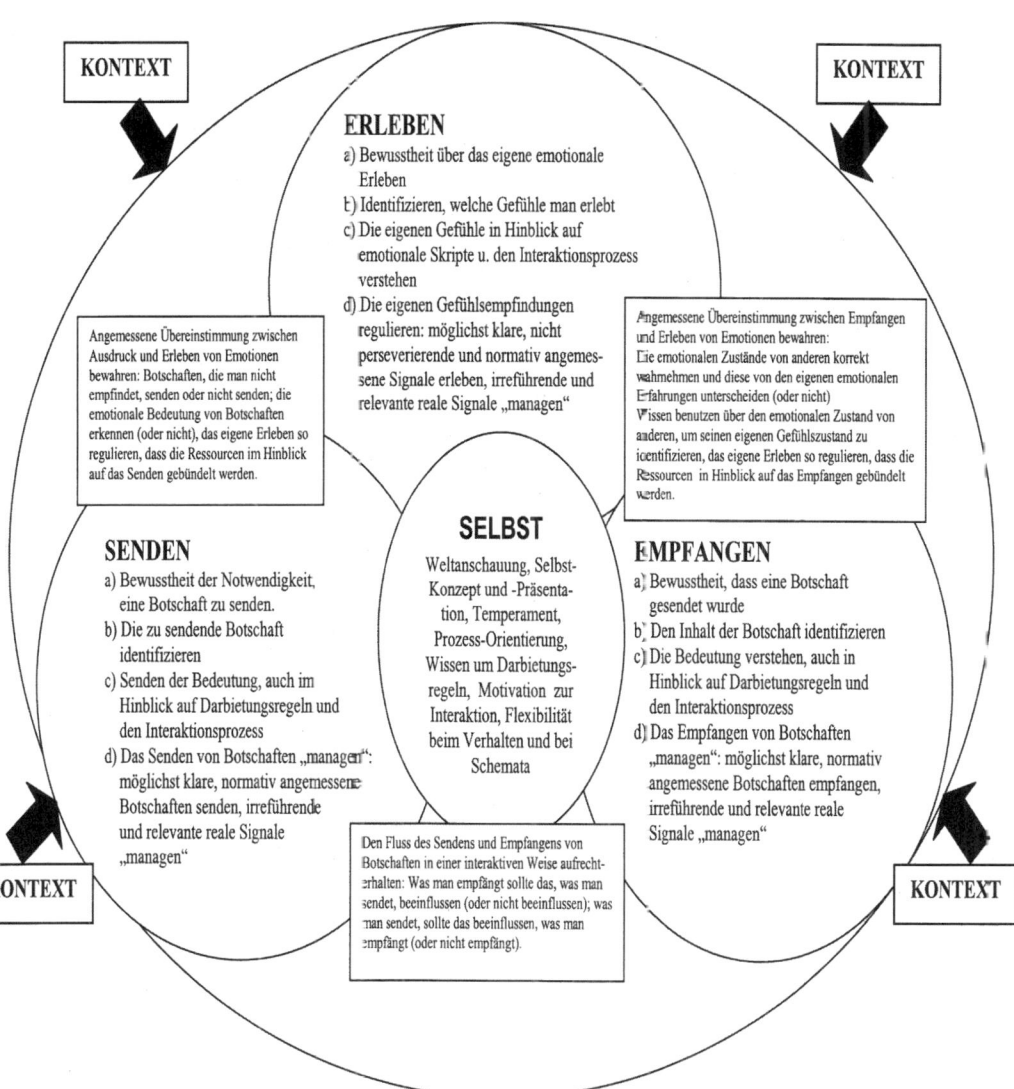

Abbildung 22: Affektive soziale Kompetenz (nach Halberstadt, Denham & Dunsmores 2001)

bile, interindividuell unterschiedlich ausgeprägte Merkmale wie Temperament, Selbstkonzept und internale Arbeitsmodelle (Weltanschauung) verfügt wie auch über Wissensbestände (...) und ein Mehr oder Weniger an Motivation und Flexibilität in der Interaktion. Die konkrete Interaktion wird weiterhin beeinflusst von einem Kontext, der durch Zeitgeschichte, Kultur, Familie, zwischenmenschliche Beziehungen, körperliche und emotionale Bedürftigkeit und Bedingungen geprägt ist. Sozial-affektives Verhalten besteht in der angemessenen Übereinstimmung zwischen dem Erleben, dem Senden und dem Empfangen von Emotionen und emotionsbezogenen Botschaften sowie in der Fähigkeit, den Fluss der Interaktionen zwischen Sender und Empfänger aufrecht zu erhalten" (von Salisch 2002, 40)

Für Heinrich Roth muss Handlungsfähigkeit auch als *moralische Handlungsfähigkeit* gedacht werden. Aufbauend auf Sozialeinsichten und sozialer und politischer Kompetenz muss der Mensch sich mit den großen Menschheitsideen der Freiheit, Gleichheit, Brüderlichkeit und Gerechtigkeit auseinandersetzen als Konkretisierung moralischer Prinzipien. Der Mensch soll sich von Ideen, Werten und Normen in seinem Handeln leiten lassen (vgl. Roth 1971, 387). Emotionale Kompetenz hängt auch mit ethischen und moralischen Orientierungen zusammen.

Verschiedene Fassungen des Begriffs ‚soziale Kompetenz'

In der Literatur finden sich unterschiedliche Fassungen des Begriffs soziale Kompetenz. Frauke Bastians und Bernd Runde unterscheiden askriptive und theoriebezogene Ansätze. Zu den askriptiven Definitionen zählen Aufzählungen und Beschreibungen konkreten Verhaltens, während bei theoriebezogenen Ansätzen auf der Grundlage von konzeptionellen Vorannahmen Merkmale und Prozesse kompetenten Verhaltens beschrieben werden. Dabei gehen in diese Ansätze entweder normative oder funktionale Orientierungen ein.

Vielfach findet sich auch der Versuch, soziale Kompetenzen als Komplex von Persönlichkeitsfähigkeiten zu fassen. In jüngster Zeit wird die Aufmerksamkeit auf die individuellen Besonderheiten der Handlungsregulation gerichtet. Gefragt wird, wie bezogen auf die Anforderungsstruktur einer sozialen Situation die Fähigkeiten von Persönlichkeiten durch Handlungsregulation in Verhalten umgesetzt werden (vgl. Bastians & Runde 2002, 186f).

Im Begriff der sozialen Kompetenz wird entweder auf das *Potential* abgehoben, bestimmte soziale Fähigkeiten zeigen zu können, ohne dass diese Fähigkeiten jeweils unmittelbar in Verhalten oder Handlungen umgesetzt werden, oder es wird *reales Verhalten* zu erfassen versucht. Uwe Kanning differenziert daher zwischen sozialer Kompetenz im Sinne eines Potentials und sozialem Verhalten (Kanning 2002, 155). Dabei ist nicht immer deutlich, was unter sozialer Kompetenz verstanden wird. Während Hinsch und Pfingsten darunter die Verfügbarkeit und Anwendung von kognitiven, emotionalen und motorischen Verhaltensweisen verstehen, „die in bestimmten sozialen Situationen zu einem langfristig günstigen Verhältnis von positiven und negativen Konsequenzen für den Handelnden führen" (Hinsch & Pfingsten 2002, 82), wird in der Arbeits- und Organisationspsychologie ein Verständnis akzentuiert, das von uns – mit Blick auf die Wissensgesellschaft und ihre Erfordernisse – als richtig angesehen wird. Hier werden „als Kriterien für sozial kompetentes Verhalten neben der Durchsetzung *eigener* Interessen auch die Interessen der Interaktionspartner und die Realisierung *gemeinsamer* Ziele (z.B. bei der Teamfähigkeit) sowie die *Art und Weise* ihrer Durchsetzung berücksichtigt

(Trudewind 2006, 517). Ein dritter Weg zur Definition sozialer Kompetenz findet sich in der Entwicklungspsychologie, wo stärker auf die Bewältigung der Entwicklungsaufgaben abgehoben wird, die den weiteren Entwicklungsverlauf positiv beeinflussen (vgl. auch das Kapitel über Identitätsentwicklung in diesem Band).

Uwe Kanning versteht unter sozial kompetentem Verhalten das „Verhalten einer Person, das in einer spezifischen Situation dazu beiträgt, die eigenen Ziele zu verwirklichen, wobei gleichzeitig die soziale Akzeptanz des Verhaltens gewahrt wird" (Kanning 2002, 155). Dagegen fasst er unter sozialer Kompetenz die „Gesamtheit des Wissens, der Fähigkeiten und Fertigkeiten einer Person, welche die Qualität eigenen Sozialverhaltens (...) fördert" (Kanning 2002, 155).

Das multidimensionale Konstrukt der sozialen Kompetenz wird auf unterschiedliche Weise hergestellt, nämlich durch das *Zusammenstellen verschiedener Merkmale zu Kompetenzkatalogen* oder – in einem darauf folgenden Schritt – durch die *Bündelung der Merkmale verschiedener Kompetenzkataloge zu Kompetenzdimensionen*. Kanning führt fünf Faktoren an, nämlich soziale Wahrnehmung (sich mit dem Verhalten anderer Menschen, dem eigenen Verhalten und den Reaktionen anderer auf das eigene Verhalten auseinandersetzen; Perspektivenübernahme), Verhaltenskontrolle (emotional stabil sein, eine hohe internale und geringe externale Kontrollüberzeugung aufweisen), Durchsetzungsfähigkeit (eigene Ziele erfolgreich verwirklichen können, extravertiert sein, Konflikten nicht aus dem Weg gehen), soziale Orientierung (sich für die Interessen anderer einsetzen; Werte anderer Menschen tolerieren) und Kommunikationsfähigkeit (anderen zuhören und gleichzeitig verbal Einfluss nehmen können) (vgl. Kanning 2002, 157f). Kanning verweist darauf, dass es soziale Kompetenzen gibt, die unabhängig von einem bestimmten sozialen Kontext bedeutsam sind und (bereichs-)spezifische soziale Kompetenzen, die in besonderen sozialen Settings wichtig werden (z. B. Führen von Arbeitsgruppen; Pflege von altersverwirrten Menschen). Daher stellt sich die Frage, ob soziale Kompetenzen situationsspezifisch sind und aus dem Zusammenspiel von Eigenschaften des Individuums und den Spezifika der Situation zu erklären sind.

Es liegt noch keine Theorie der Entstehung sozial kompetenten Verhaltens vor. Uwe P. Kanning schlägt vor, die Genese sozial kompetenten Verhaltens zu unterscheiden in einen elaborierten und in einen automatisierten Weg (vgl. Kanning 2002, 159).

Bei *Prozessen der elaborierten Genese sozialen Verhaltens* wird von einem Regelkreismodell ausgegangen. Auf der Basis einer Situationsanalyse sind Ziele, die mit einer Handlung erreicht werden sollen, zu klären und die Ansprüche des sozialen Kontexts an das Verhalten zu reflektieren. Es gilt, eine Auswahl solcher Verhaltensweisen zu treffen, die zur Zielerreichung geeignet sind und die als realisierbar erscheinen. Dann erfolgt die Handlung durch Umsetzung der ausgewählten Verhaltensoptionen und ihre Evaluation mit Blick auf die Zielsetzung. Für die soziale Kompetenz scheinen perzeptiv-kognitive Kompetenzen wie emotional-motivationale Kompetenzen bedeutsam zu sein (vgl. Abbildung 23: Modell der elaborierten Genese sozial kompetenten Verhaltens).

Auf der Grundlage dieses Modells wird die Komplexität sozial kompetenten Verhaltens deutlich. Es ermöglicht, (partielles) Scheitern zu erklären. „In jeder Stufe des Prozesses können Defizite zu Tage treten. Möglicherweise hat der Akteur von vornherein die Erwartungen, mit denen die soziale Umwelt ihm begegnet, falsch eingeschätzt oder Handlungen ausgewählt, zu deren Umsetzung es ihm an den notwendigen Fertigkeiten mangelt. Länger währende Interaktionen führen demgegenüber vielleicht allein

Soziales Lernen

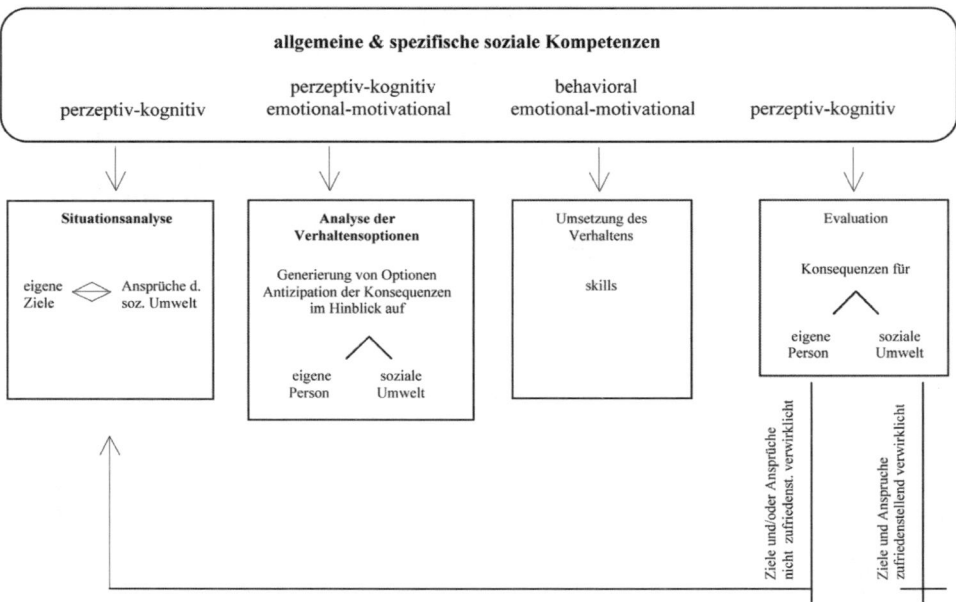

Abbildung 23: Modell der elaborierten Genese sozial kompetenten Verhaltens (Kanning 2002, 160)

deshalb nicht zum Ziel, weil Fehler bei der Evaluation früherer Handlungszyklen auftraten" (Kanning 2002, 160).

Daneben gibt es eine *vereinfachte Handlungssteuerung durch die automatisierte Genese sozial kompetenten Verhaltens*, z. B. durch den Verzicht auf eine umfassende Situationsanalyse und eher heuristische Verarbeitung sozialer Hinweisreize und Rückgriff auf erworbene Verhaltensroutinen, die automatisiert mit den Hinweisreizen verknüpft sind und – abhängig von den jeweiligen Zielen – ausgewählt werden. „Zu einem sozial inkompetenten Verhalten kommt es, wenn die falschen Heuristiken eingesetzt wurden und/oder Routinen falsch ausgewählt bzw. fehlerhaft umgesetzt wurden" (Kanning 2002, 160; vgl. Abbildung 24: Modell der automatisierten Genese sozial kompetenten Verhaltens).

Soziale Kompetenz im Kindes- und Jugendalter

Soziale Kompetenz wird mit Blick auf Kinder und Jugendliche zu beschreiben versucht. Im Folgenden sollen einige Konstrukte dargestellt werden, bevor ein eigener Ansatz vorgestellt wird.

„Soziale Kompetenzen können generell als Fertigkeiten zur Erfüllung sozialer Bedürfnisse und Ziele angesehen werden. (…) Eckermann und Stein (1982) zählen hierzu die Initiierung und Aufrechterhaltung von Kontakten, die Gewinnung von Aufmerksamkeit und emotionaler Zuwendung sowie den Erhalt von Informationen und Hilfe anderer" (Laireiter & Lager 2006, 70). Sie nennen weiterhin die Fähigkeit zur Reziprozität und Kooperation, Beteiligung an gemeinsamen Aktivitäten, Initiierung und

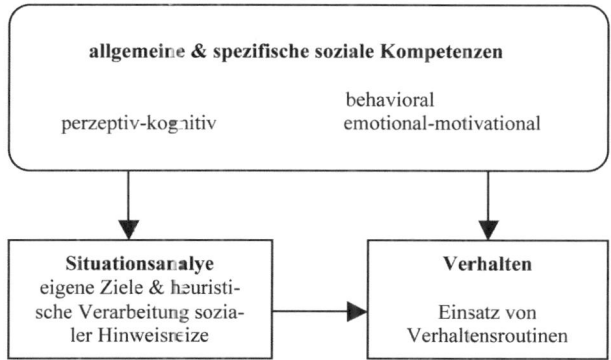

Abbildung 24: Modell der automatisierten Genese sozial kompetenten Verhaltens (vgl. Kanning 2002, 161)

Fortführung von Gesprächen sowie die konstruktive Lösung von Auseinandersetzungen. Ullrich de Muynck und Ullrich (1976) akzentuierten darüber hinaus die Abgrenzungsfähigkeit, das Durchsetzungsvermögen, die soziale Problemlösefähigkeit sowie das Initiieren von Kontakten als bedeutsam (vgl. Laireiter & Lager 2006, 70).

Franz Petermann versteht unter sozialer Kompetenz „die Fähigkeit zur angemessenen Wahrnehmung und Bewertung der eigenen Person und des Interaktionspartners. Das gezeigte Verhalten soll für die handelnde Person und die Interaktionspartner möglichst viele positive und möglichst geringe negative Konsequenzen zur Folge haben" (Petermann 2002, 175). Er übernimmt ein Konstrukt sozialer Kompetenz aus der klinischen Kinderpsychologie und versteht darunter adaptives Verhalten (unter Berücksichtigung körperlicher und sprachlicher Fähigkeiten und schulisch relevanter Fertigkeiten), soziale Fertigkeiten und Akzeptanz durch Gleichaltrige (vgl. Abbildung 25: Rahmenmodell der sozialen Kompetenz).

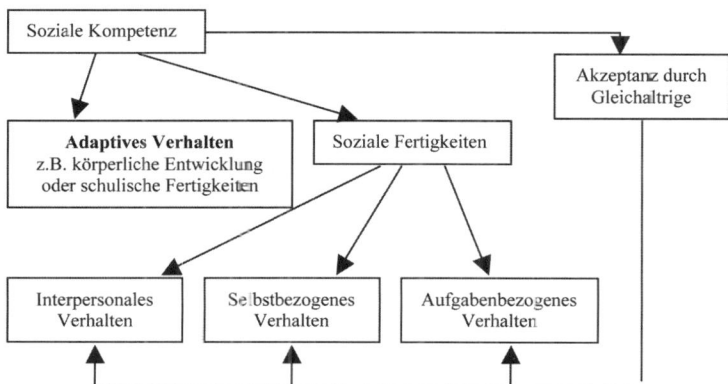

Abbildung 25: Rahmenmodell der sozialen Kompetenz (modifiziert nach Gresham & Reschly 1987, nach Petermann 2002, 176)

Petermann führt eine Metaanalyse von Caldarella & Merrell (1997) an, die folgende Dimensionen sozialer Fertigkeiten auf der Basis empirischer Studien identifiziert. Wir stellen sie im Folgenden vor (vgl. Petermann 2002, 176; Trudewind 2006, 518).

1. *Interaktionsfertigkeiten in der Beziehung zu anderen Gleichaltrigen (...)*: Anderen Komplimente machen oder sie loben, Hilfe anbieten oder Unterstützung leisten, von anderen zuhause besucht werden, Führungsqualitäten und soziale Verantwortung, Empathie, sich für andere einsetzen, über Humor verfügen; (...).
2. *Fertigkeiten des Selbstmanagements (...)*: Befolgen sozialer Regeln und Grenzen, Kontrollieren der eigenen Stimmungslage, Kompromisse eingehen, Kritik von anderen akzeptieren, mit anderen kooperieren, gut organisiert sein und angemessen unberechtigte Kritik bewältigen.
3. *Schulische Fähigkeiten (...)*: Aufgaben selbstständig erfüllen, Anweisungen von Lehrern/Erziehern ausführen, adäquate Arbeitsgewohnheiten aufweisen und angemessen mit frei verfügbarer Zeit umgehen.
4. *Kooperations- und Mitwirkungsbereitschaft (...)*: Anweisungen und soziale Regeln befolgen, mit anderen materielle Güter teilen, konstruktiv mit Kritik umgehen, Aufgaben beenden, aufräumen und Dinge in Ordnung halten.
5. *Durchsetzungsfähigkeit im Sinne von Selbstsicherheit und Selbstbehauptung (...)*: Gespräche von sich aus beginnen, Komplimenten gegenüber aufgeschlossen sein, zufrieden mit sich selbst sein, Freunde gewinnen, Gefühle ausdrücken und sich – von sich aus – an Aktivitäten beteiligen.

Hier werden die Fähigkeiten und Fertigkeiten aufgezählt, die für Kinder und Jugendliche bedeutsam sind. Solange wir aber nur Verhalten beobachten, wissen wir noch nicht, aus welchem Modus dieses Verhalten erwächst. Ist es Ausdruck von Tun (also ein eher konditioniertes Verhalten)? Ist es Ausdruck von gelernten Verhaltensweisen oder ist es Ausdruck einer umfassenden Handlungsfähigkeit?

Dazu vergegenwärtigen wir uns, welche Kompetenzen für soziales Handeln erforderlich sind. Soziales Handeln erfordert folgende Fähigkeiten:

- eine Analyse der gegebenen Situation,
- das Bilden von Zielen,
- die Planung einer Handlung
- die Ausführung und Überwachung des Handlungsvollzugs,
- die Bewertung der Zwischenschritte und der Resultate des Handelns.

Wir knüpfen an der vorgestellten Unterscheidung von Tun, Verhalten und Handeln (vgl. Einleitung) an und interessieren uns dafür, in welchem Modus ein Kind oder Jugendlicher ein Verhalten zeigt. Ist das Verhalten einer Person, das wir beobachten (können), Ausdruck der Realisierung einer Handlung auf der Grundlage der oben dargestellten Fähigkeiten? Dann erfolgen die Prozessschritte dieses Ablaufs überwiegend im Modus der intellektuellen oder begrifflichen Regulation (Semmer & Pfäfflin 1978). Es könnte aber auch sein, dass die beobachteten Verhaltensweisen – ohne diese übergeordnete Steuerung – als bloß erlernte Verhaltenskette auf einen auslösenden Reiz hin auftreten. Von daher fragen wir nicht nur danach, ob Kinder, Jugendliche oder Erwachsene ein bestimmtes Verhalten, das den Normen entspricht, zeigen können, sondern wir fragen, aus welchem Modus dieses Verhalten erwächst, ob es Ausdruck von

Tun, Verhalten oder Handeln ist. Kurz, wir fragen nach dem Modus der Produktion und Regulation von Verhalten

Nach unserer Auffassung sollen Lehrkräfte nicht nur das Ziel haben, dass Kinder und Jugendliche ein bestimmtes Verhalten zeigen können, sie müssen sich auch fragen, aus welchem Modus heraus dieses Verhalten gezeigt wird. Es geht darum, umfassende Handlungsfähigkeit aufzubauen, die in komplexer Weise mit kognitiven Prozessen verknüpft ist. Um Verhalten von Kindern daher beobachten und einschätzen, aber auch auf der nächsten Stufe der Entwicklung fördern zu können, ist ein *kognitionspsychologisches Handlungsmodell* notwendig, das mit einem Modell sozialer Kompetenz verknüpft ist. Die erfolgreiche Ausführung der Teilprozesse im Handlungsverlauf erfordert einen psychischen Apparat, eine Struktur, die diese Prozesse auf einem durch den jeweiligen Entwicklungsstand bedingten Komplexitätsniveau ausführen resp. steuern kann. Daneben sind Wissensbestände bzw. Erfahrungen, die die Inhalte der Handlungen darstellen, erforderlich.

Zu den geforderten Wissensbeständen gehören:

- Wissen über soziale Normen, Werte, soziale Tugenden, Umgangsweisen,
- Wissen über eigene Ziele,
- Wissen über soziale Situationen,
- Wissen über das psychologische Funktionieren der eigenen Person und anderer Personen, z.B. über Gefühle und deren Auslösungsbedingungen,
- Wissen über Elemente sozialen Handelns und deren vermutete Wirkungen etc.

Wie die Expertiseforschung zeigt (z.B. Hacker, 1992), kommt es bei der Nutzbarkeit des Wissens nicht nur auf die Verfügbarkeit der Elemente an; auch der Strukturierungsgrad ist entscheidend. Kompetenzunterschiede können durch den unterschiedlichen Umfang des Wissens und seine unterschiedliche Strukturierung entstehen. Neben dem Wissen sind bestimmte operative Teilkompetenzen notwendig. Die das Wissen in Handlungen umsetzenden kognitiven Strukturen und Prozesse können im Laufe der Entwicklung ihre Komplexität steigern. Zunächst werden z.B. nur einfache Teilprozesse separat in Abfolge verfügbar sein, später können mehr und mehr Teilprozesse in Bezug zueinander und parallel ausgeführt werden. Wir nehmen die Unterscheidung von Kanning (2002, 2003) in allgemeine und spezifische soziale Kompetenzen auf (vgl. Tabelle 31: Inhaltsbezogene und allgemeine soziale Kompetenzen eines Kompetenzmodells).

Tabelle 31: Inhaltsbezogene und allgemeine soziale Kompetenzen eines Kompetenzmodells

Allgemeine soziale Kompetenzen	Inhaltsbezogene soziale Kompetenzen
Selbstregulation/Kontrolle	Kommunikation
Selbstdarstellung/Selbstwert	Kooperation
Abgrenzung/Durchsetzung	Konflikt
Analyse sozialer Situationen	Gefühle
Handlungsplanung	Normen/Werte
Problemlösen	
Perspektivenübernahme/Empathie	

Für das soziale Handeln wird *inhaltliches Wissen* über Interaktion benötigt. Dabei sind folgende inhaltliche Teilbereiche von Interesse: Kooperation, Konflikt, Gefühle und Normen und Werte. In diesen Inhaltsbereichen ist wichtig, welche Informationsmenge vorhanden ist, wie die Informationen strukturiert sind, d. h. welche Begriffe gebildet wurden und welche Verknüpfungsmuster vorfindbar sind.

Diese Wissensbereiche werden mithilfe folgender *allgemeiner Komponenten sozialer Kompetenz* in soziales Handeln umgesetzt: Selbstregulation/Kontrolle, Selbstwert/Selbstdarstellung, Analyse der gegebenen sozialen Situation, Handlungsplanung, Problemlösen und Perspektivenübernahme/Empathie. Diese allgemeinen Kompetenzen werden sich anlässlich der Erfahrung mit Inhalten entwickeln und bei der Aneignung künftiger Inhalte den Erwerbsprozess strukturieren.

In dieser Modellvorstellung wirken beide Komponenten (Inhaltsbereiche sozialer Kompetenz und allgemeine Komponenten sozialer Kompetenz) bei der aktuellen *Handlung* zusammen. Die gleiche äußere Handlung kann demnach durch das Wechselspiel verschiedener Komponenten gesteuert sein. (Dazu ein Beispiel: Wer eine be-

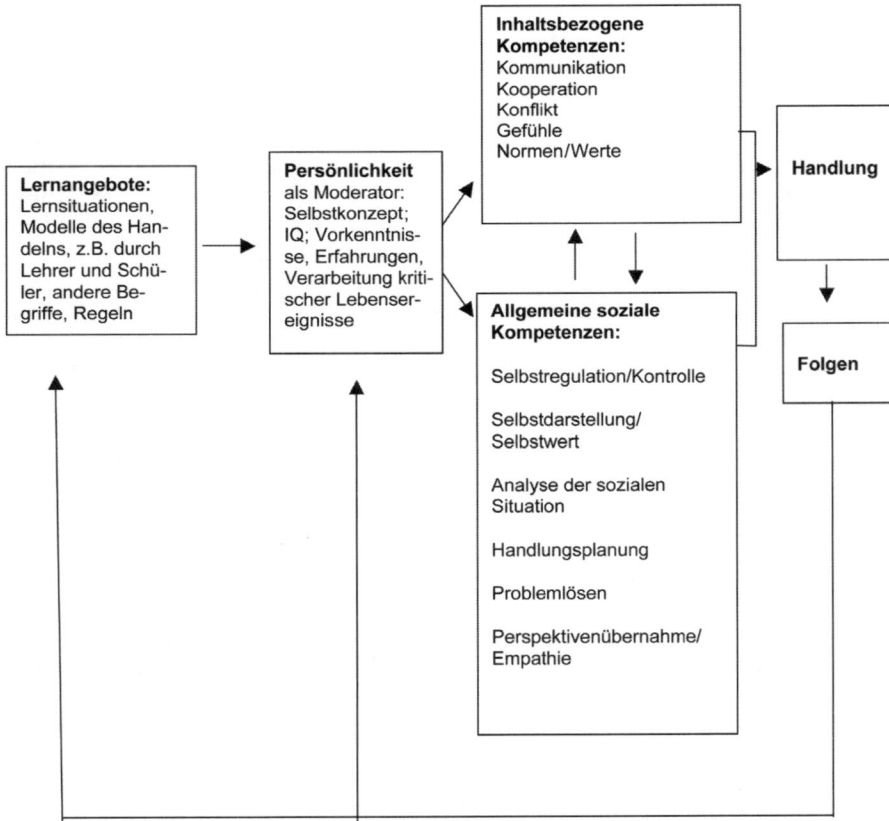

Abbildung 26: Strukturmodell der Entwicklung sozialer Kompetenz (vgl. Hellman, Kiper & Mischke, 2007)

stimmte Handlung im Wissensspeicher schon hat, kann diese in einer gegebenen Situation anwenden; eine andere Person, die ein entsprechendes Ziel erreichen will, aber nicht über das entsprechende Handlungswissen verfügt, kann diese Handlungsweise als Problemlösung generieren.)

Die Möglichkeit, sowohl inhaltliches Wissen als auch allgemeine Kompetenzen zu erwerben, werden von den *Gegebenheiten der Person* moderiert, z. B wird die Fähigkeit zur Abstraktion beim Erkennen von strukturellen Ähnlichkeiten helfen, die Begriffsbildung zu unterstützen; also wird die verfügbare Intelligenz eine Rolle spielen. Motivation und Interesse werden die Aufmerksamkeit/Beachtung von Situationsmerkmalen steuern und darüber bewirken, dass Lernmöglichkeiten unterschiedlich gut nutzbar sind. Kritische Lebensereignisse können die Lernbereitschaft schwächen oder spezifische Lernwege induzieren. Was zu einem bestimmten Zeitpunkt von einer Person gekonnt werden kann, hängt von den Lernmöglichkeiten ab, die es für diese Person gab. Die hier entfalteten Zusammenhänge werden in der Abbildung 26: Strukturmodell der Entwicklung sozialer Kompetenz gezeigt.

Das Strukturmodell der Entwicklung sozialer Kompetenz ergänzt das Prozessmodell motivierten Handelns (Rubikonmodell). Es beschreibt nicht die Entstehung der konkreten Handlung, sondern die Veränderung der Handlungsmöglichkeiten in Abhängigkeit von Lernangeboten und den erlebten Folgen des Handelns.

Die Analyse sozialen Verhaltens (z. B. Thommen et al. 1988) in Therapiesituationen ergab, dass Handlungen grundsätzlich im Modus der Wertorientierung oder der Planorientierung erfolgen können. Wertsysteme und Pläne und die damit verknüpften Prozesse der Regulation (Mitmansgruber 2003) können dabei von unterschiedlicher Komplexität sein. Zu fragen ist, ob eine Person über beide Modalitäten verfügt, ob umgeschaltet werden kann und welche Formen der Regulation im jeweiligen Modus vorhanden sind (vgl. Cranach 1994). Die Person kann dabei auf feste Werte und Pläne festgelegt oder in der Lage sein, diese situationsspezifisch durch Prozesse des Problemlösens oder der Entscheidung aktuell zu generieren. Dabei können übergeordnete mentale Modelle des sozialen Geschehens für die Zielbildung und Handlungsplanung bedeutsam werden, z. B. Konzepte von Gerechtigkeit im Umgang, in der Fürsorge, in der Verantwortung oder das Recht auf Durchsetzung von Interessen.

Zum Aufbau sozialer Kompetenz

Unter der Perspektive der Genese dieser Fähigkeiten wird besonders auf die Wichtigkeit sprachlicher Ausdrucksfähigkeiten, der Entwicklung der Fähigkeit zur sozialen Perspektivenübernahme und auf die Bedeutung von Selbstwirksamkeitsüberzeugungen hingewiesen (vgl. Jerusalem & Klein-Heßling 2002). Sozialer Kompetenzerwerb muss sich von der Idee leiten lassen, dass nicht von einem linearen und stufenweisen Aufbau auszugehen ist. Soziale Kompetenz kann dabei auf unterschiedlichen Wegen mit je unterschiedlichen Ausprägungsgraden erworben werden, nämlich einmal

- durch ein Vormachen und Nachmachen (Lernen am Modell),
- durch den Erwerb von Regeln für unterschiedliche Konstellationen resp. Herausforderungen,
- durch eine bewusste Auseinandersetzung mit Problemen, Situationen und Konstellationen unter Finden eigener Zielsetzungen und Handlungsplanungen,
- durch die Auseinandersetzung mit je unterschiedlichen, auch wertbezogenen Modellen für soziales Handeln in unterschiedlichen Situationen.

- durch die Kontrastierung der eigenen Paradigmen über Lösungswege von Problemen und Konflikten und den Abgleich vorhandener Heuristiken zur Bewältigung unterschiedlicher sozialer Situationen mit tatsächlichen Notwendigkeiten,
- durch den Vergleich des Wissens, welche Verhaltensweisen zur Lösung von Situationen notwendig sind, und dem eigenen Repertoire an zur Verfügung stehenden Verhaltensweisen.

Mit Blick auf die Unterscheidung von intentionalen und funktionalen Lernprozessen und unter Berücksichtigung der vorgestellten Überlegungen müssen Lehrkräfte in der Schule mit Blick auf ihre Schülerschaft einerseits überlegen, welche kognitiven Wissensbestände für die Schüler/-innen erforderlich sind und welche Teilkompetenzen aufgebaut werden müssen. In der Regel werden sie jeweils – je nach Ansatz – zu ausgewählten Teilbereichen sozialer Kompetenz Wissen vermitteln und sich um den Aufbau operativer Kompetenzen bemühen.

Vorliegende Konzeptionen zum sozialen Lernen sind oftmals unspezifisch angelegte Ansätze (allgemeines soziales Lernen). Für spezielle Probleme gibt es in der Regel spezifische Programme mit einer besonderen Aufmerksamkeitsrichtung (z. B. Programme zum Erlernen von Möglichkeiten zur friedlichen Konfliktlösung, zur Streitschlichtung) und Programme, die allgemeine Kompetenzen verbunden mit bestimmten Inhalten vermitteln (z. B. Programme zur Prävention sexueller Gewalt). Manche Programme wurden für ängstliche, schüchterne oder aggressive Kinder entwickelt. In diesen Programmen tauchen ausgewählte inhaltliche Bausteine immer wieder auf (z. B. Selbst- und Fremdwahrnehmung, Beobachten, Gefühle erkennen und benennen, Probleme erkennen und Problemlösungsverfahren erlernen, Kooperieren, Handlungsplanung). Die Programme basieren auf unterschiedlichen Modellen über menschliches Verhalten und seine Veränderungsmöglichkeiten und verschiedenen Strategien der Intervention (vgl. z. B. Vriends & Margraf 2005; Petermann 2002, 2005; Jerusalem & Klein-Heßling 2002).

Der Unterricht kann seinen Ausgang nehmen vom Versuch, das jeweils gewünschte sozial kompetente Verhalten anzugeben und genau zu beschreiben. Sozial kompetentes Verhalten ergibt sich aus dem Zusammenspiel kognitiver Fähigkeiten und Fähigkeiten zur Wahrnehmung, zum Perspektivenwechsel, zum Antizipieren von Konsequenzen eines Verhaltens und zum Durchdenken und Erlernen angemessener Verhaltensmöglichkeiten.

Dem erwünschten Teilbereich sozial kompetenten Verhaltens werden passende Inhalte und Teilkompetenzen zugeordnet (z. B. Fähigkeit zum Wahrnehmen und zum Äußern von Gefühlen, zur Empathie, zur Selbstbehauptung und Abgrenzung, zur Kooperation); sie werden durch Unterricht und oftmals auch durch ein Training aufzubauen versucht.

Im Folgenden (vgl. Tabelle 32: Schwerpunktsetzungen in ausgewählten Unterrichtseinheiten) soll anhand ausgewählter Unterrichtseinheiten die *inhaltlichen Schwerpunktsetzungen* aufgezeigt werden.

Soziale Kompetenz wird aus der Sicht der Lehrkräfte und der Lerner/-innen je unterschiedlich konzeptionalisiert. Während Lehrkräfte diese soziale Kompetenz auch für wichtig halten, um Lernprozesse unter institutionellen Bedingungen initiieren zu können, ist mit Blick auf die Lerner/-innen vor allem der Aspekt der Herausbildung von umfassender Handlungsfähigkeit bedeutsam.

Die Perspektive der Schüler/-innen

Alltagstheorien und Deutungsmuster der Schüler/-innen über soziale Kompetenz sind von verschiedenen einfachen Annahmen bestimmt. Die von Schüler/-innen entwickelten (naiven) Modelle für soziales Geschehen sind in der Regel nicht nur rational fun-

Tabelle 32: Schwerpunktsetzungen in ausgewählten Unterrichtseinheiten

Unterrichtseinheit (Verfasser/Titel)	Inhaltliche Schwerpunktsetzung der Unterrichtseinheit (unter Berücksichtigung der Wertsetzung und Rahmungen und der Zielgruppe)	Angestrebte Kompetenzen in dieser Unterrichtseinheit
Peter Grundke: Interaktionserziehung in der Schule. Modell eines therapeutischen Unterrichts. München: Juventa 1975	Interaktionsbegriff, Minderwertigkeitsgefühle, Ausstoßungsprozesse in Gruppen, autoritäres und demokratisches Verhalten, Konfliktbearbeitung	Szenisches Verstehen, Feedback geben und nehmen, Entwicklung einer interaktionstheoretischen Metasprache
Hans Pettilon: Soziales Lernen in der Grundschule. Frankfurt/M.: Diesterweg 1993	Idee der Gegenseitigkeit verstehen, Sozialereignisse im Kontext der Schule analysieren, kategorisieren und gestalten können Kommunikation/Interaktion, Kontakt, Kooperation, Solidarität, Konflikt, soziale Sensibilität, Toleranz, Kritik, Umgang mit Regeln, Gruppenkenntnisse	Fähigkeit, Werte zu entwickeln und darzulegen; Fähigkeit zum sozialen Verstehen; Fähigkeit zum sozialen Handeln; Fähigkeit zur Entwicklung von Freundschaftsbeziehungen
Jamie Walker: Gewaltfreier Umgang mit Konflikten in der Grundschule. Berlin: Cornelsen, Scriptor 1995 (1995 a)	Philosophie der Gewaltfreiheit, Prinzipien des Umgangs in der Schule (Achtung vor sich selbst und anderen, Bereitschaft zum Zuhören und Verständnis, Einfühlungsvermögen, Gegenseitigkeit, Zusammenarbeit, Aufgeschlossenheit und kreatives Denken, Phantasie, Spaß, Kreativität), Spiele und Übungen zu den Bereichen: Selbstwertgefühl, Bestätigung von anderen, Kommunikation (beobachten und wahrnehmen, sich verbal und nonverbal ausdrücken, zuhören und sich mitteilen, Gefühle wahrnehmen und mit Gefühlen umgehen), Kooperation, Entscheidungsfindung, gewaltfreie Konfliktaustragung	Kommunikative Kompetenz, emotionale Kompetenz, Kompetenz zur (gewaltfreien) Konfliktaustragung, metakommunikative Kompetenz

Tabelle 32: Schwerpunktsetzungen in ausgewählten Unterrichtseinheiten

Unterrichtseinheit (Verfasser/Titel)	Inhaltliche Schwerpunktsetzung der Unterrichtseinheit (unter Berücksichtigung der Wertsetzung und Rahmungen und der Zielgruppe)	Angestrebte Kompetenzen in dieser Unterrichtseinheit
Jamie Walker: Gewaltfreier Umgang mit Konflikten in der Sekundarstufe I. Berlin: Cornelsen, Scriptor 1995 (1995 b)	Philosophie der Gewaltfreiheit, Prinzipien des Umgangs in der Schule (Achtung vor sich selbst und anderen, Bereitschaft zum Zuhören und Verständnis, Einfühlungsvermögen, Gegenseitigkeit, Zusammenarbeit, Aufgeschlossenheit und kreatives Denken, Phantasie, Spaß, Kreativität), Spiele und Übungen zu den Bereichen: Selbstwertgefühl, Bestätigung von anderen, Kommunikation (Beobachten und wahrnehmen, sich verbal und nonverbal ausdrücken, zuhören und sich mitteilen, Gefühle wahrnehmen und mit Gefühlen umgehen), Kooperation, Entscheidungsfindung, gewaltfreie Konfliktaustragung, Dynamik der Gewaltsituation, Verhalten in (potentiell) gewalttätigen Situationen durch neues Interpretieren der Situation, Verwirren des Angreifers, verbaler Widerstand, demonstrative symbolische Handlungen, schreien und rufen (vgl. Walker 1995 b, 155 ff).	Kommunikative Kompetenz, emotionale Kompetenz, Kompetenz zur (gewaltfreien) Konfliktaustragung, metakommunikative Kompetenz

diert. In sie gehen eine Vielzahl von leitenden Ideen ein, die – im Kontext von Sozialisationsprozessen – eher übernommen wurden, oftmals den Individuen nicht bewusst sind und die auch nicht sofort einer rationalen Diskussion zugänglich oder allein durch Argumente veränderbar sind (vgl. die Tabelle 33: Mentale Modelle von Problem- und Konfliktsituationen und Wegen zur Konfliktlösung).

Diese Alltagstheorien und Deutungsmuster zeigen sich in naiven *Modellen des Kampfes* um das Erringen oder den Erhalt von Macht (im Kontext politischer, wirtschaftlicher und sozialer Konflikte) oder der Verschaffung von persönlichen Vorteilen im Ringen um knappe Güter. Daneben gibt es eher *symmetrisch angelegte Modelle*. Hier zeigt sich soziale Kompetenz im Ausgleich von Interessen und in Formen gegenseitigen Nutzens. Es finden sich Überlegungen zur Regelung von Interessensgegensätzen, z. B. durch Prinzipien gegenseitigen Vertrauens, der Fairness, des Interessensausgleichs und in Verträgen zum gegenseitigen Nutzen. Andere Modelle des sozialen Geschehens gehen davon aus, dass Wohltätigkeit oder Fürsorge für andere ausgeübt werden. Soziale Kompetenz ist dabei geknüpft an ausgleichendes Handeln zum Vorbeugen von Konflikten oder Ausdruck einer ethisch-moralisch fundierten Werthaltung.

Mit Blick auf das Konstrukt „soziale Kompetenz" stellt sich die Frage, welche denk- und handlungsleitenden mentalen Modelle bezogen auf Situationen, Probleme und Konflikte bei den Schülern vorhanden sind, ob – zur Situation und zum Typus des Konflikts – jeweils passende Modelle herangezogen werden können und ob – zu je unterschiedlichen inhaltlichen Problemen – in einen Prozess der Analyse des Problems, der Zielformulierung und Handlungsplanung eingetreten werden kann.

Die Perspektive der Lehrkräfte

Lehrkräfte sind oftmals vor allem unter der Perspektive der Herstellung und Aufrechterhaltung einer Ordnung in der Schulklasse am sozialen Lernen interessiert. Sie hoffen, dass soziale Kompetenz der Lerner/-innen den Effekt hat, dass es seltener zu Konflikten kommt, dass – im Falle von Konflikten – diese eigenständig gelöst werden können oder die Verfahren der Konfliktbearbeitung zügig und effektiv gelingen. Gleichwohl können wir nicht davon ausgehen, dass alle Schüler/-innen diese soziale Kompetenz

Tabelle 33: Mentale Modelle von Problem- und Konfliktsituationen und Wegen zur Konfliktlösung

Mentales Modell von Situationen	Mentales Modell von Wegen zur Konfliktlösung	Paradigmen	Ziele	Planen-Handeln
Kampf	Man muss gewinnen	Recht des Stärkeren	Sich durchsetzen	Sich als stark darstellen; kompromisslos seine Sicht durchsetzen
Symmetrie	Man muss Interessen artikulieren und zum gegenseitigen Ausgleich kommen	Wichtigkeit gegenseitigen Wahrnehmens, Verstehens; das Vortragen von Argumenten und das Suchen nach Kompromissen sind bedeutsam	Verhandeln; nach sinnvollen Kompromissen suchen; sich verständigen	Eigene Interessen artikulieren; die der anderen hören und verstehen; nach Kompromissen suchen
Fürsorge und Unterstützung	Konflikte können vermieden werden durch freundliches Verhalten	Ich unterstütze die anderen und trete für meine eigenen Rechte ein	Konflikte und die Eskalation von Konflikten vermeiden	Entschärfen von Konfliktsituationen durch präventives Handeln

mitbringen, sondern dass sie (zumindest von einigen Lerner/-innen) in der Schule erworben werden muss. Das stellt die Lehrkräfte vor die Aufgabe, selbst ein *Modell* abzugeben. Ein solches Modell ermöglicht es Schüler/-innen, sich bestimmte Verhaltensweisen abzugucken (Lernen über Imitations- und Identifikation) oder – in spielerischen Situationen – Hinweise für andere Deutungen und Handlungsmöglichkeiten zu erwerben. Darüber hinaus müssen solche sozialen Arrangements bei der Gestaltung des Unterrichts und des Schullebens greifen, dass Schüler/-innen zunächst einsozialisiert werden in angemessenes soziales Verhalten und evtl. durch *Metakommunikation* und *Reflexion* sich über das Gelernte Klarheit verschaffen.

Die Lehrkraft steht vor die Aufgabe, sich über ihre eigenen Paradigmen im Umgang mit den Schülern, ihre Einschätzung von Schwierigkeiten, Problemen und Konflikten (Becker, Dietrich & Kaier 1976) ebenso Klarheit zu verschaffen wie über ihren Umgang mit störenden Schülern (vgl. Klein & Krey 1999; Jürgens 2000). Dazu gehört z. B., störendes Verhalten zurückweisen und konfrontieren zu können, Beziehungen zu suchen und ein Vertrauensverhältnis aufzubauen und verantwortliches Verhalten zu verankern (vgl. Klein & Krey 1999, 33 ff). Neben diesen alltäglichen Aufgaben haben die Lehrkräfte die Aufgabe, in *Bedrohungs- und Gewaltsituationen angemessen* zu reagieren (vgl. Walker 1995a, 35 ff).

Wenn wir die Diskussion bilanzieren, so scheint es, dass wir im Bereich der Schule einem Konglomerat von Ansätzen gegenüberstehen. Wir finden Inhalte, die vereinzelt als Lernbereiche oder Teilgebiete der Fächer ausgewiesen sind. Wir finden einzelne Ansatzpunkte für den Erwerb von Handlungsfähigkeit, für das Erlernen angemessener Verhaltensweisen und dazu je unterschiedliche Programme oder Programmelemente, die jedoch nicht systematisch in ihrer Zielsetzung, Reichweite und Bedeutung durchdacht sind. Darüber hinaus ist kein umfassendes Wissen darüber vorhanden, was denn soziale Kompetenz ist, wie sie aufgebaut wird und welches inhaltliche Wissen und welche operativen Kompetenzen dabei wichtig werden. Von daher wollen wir zunächst erörtern, was unter dem Konstrukt „Soziale Kompetenz" verstanden wird.

3.2 Soziales Lernen in der Schule

Wir gehen auf die Schule als Ort des sozialen Lernens ein und erörtern Fragen von Fairness und Gerechtigkeit und stellen ausgewählte Konzeptionen sozialen Lernens vor, nämlich den moralischen Diskurs, die Konfliktbearbeitung und Konfliktlösungen, Mediation und Streitschlichtung, den Klassenrat und den Trainingsraum. Wir konkretisieren die dabei zu organisierenden Lernprozesse. Wir zeigen, dass Pädagogik nicht nur stetige Prozesse in den Blick nehmen darf, sondern auch eine Antwort auf Krisen, biographische Brüche und Traumata geben muss. Abschließend erörtern wir die Rolle der Lehrkräfte in der Regelschule mit Blick auf die Förderung sozialer Kompetenz. Am Beispiel der Regelschule und der Just-Community-Schule erhellen wir die Unterschiede zwischen beiläufig angelegten und intentionalen Lernprozessen und plädieren für ein Nachdenken über die Möglichkeit, durch kluge Strukturen und Prozesse gewünschte beiläufige Lernprozesse zu befördern.

3.2.1 Schule als Ort sozialen Lernens

Die Schule ist ein Ort, an dem nicht nur intentional organisierte Lernprozesse im Kontext von Unterricht organisiert werden, sondern ein Ort, an dem sich Kinder und Jugendliche begegnen, erste Erfahrungen machen und soziale Akzeptanz oder soziale Ablehnung erleben. In der Schule werden Erfahrungen mit Freundschaften oder mit Ausgrenzung oder gar Viktimisierung gemacht. Dabei finden kognitive, soziale und emotionale Lernprozesse (Imitation, Identifikation, Lernen am Modell, Rollenlernen) statt. Unabhängig vom Willen der Lehrkräfte findet daher in der Schule soziales Lernen statt. Daher stellt sich die Frage, ob Lehrkräfte in der Lage sind, die Schule als Ort der Sozialisation und des sozialen Lernens mit Blick auf ihre Strukturen und die dort stattfindenden Prozesse so zu gestalten, dass der Erwerb sozialer Kompetenz auch durch beiläufige Lernprozesse ermöglicht wird. Unter beiläufigem Lernen verstehen wir die Lernprozesse, die erfolgen, ohne dass sie intendiert waren. Wenn wir dabei Lernen „im Sinne eines nicht bewusstseins-pflichtigen Servo-Mechanismus" (Mischke 2004, 152) verstehen, dann gehört zu den Merkmalen beiläufigen Lernens, dass sich die Lerner nicht des Lernprozesses bewusst sind. „Es erfolgt keine Aufmerksamkeitszuwendung auf den Lerngegenstand mit Lernabsicht. Das beiläufig Gelernte ist zwar im Handeln verfügbar, aber oft nicht als bewusstes Wissen ansprechbar (...). Das Lernen und das Gelernte sind in Kontexte eingebettet und oft nur in einem der Erwerbssituation ähnlichen Kontext abrufbar. (...) Die Konzeption des beiläufigen Lernens kann erklären, wie es kommt, dass wiederkehrende Vorgehensweisen im Unterricht ohne direkte Lehrabsicht zu Lernresultaten führen" (Mischke 2004, 152).

Dieses beiläufige Lernen erfolgt zumeist eingebettet in Methoden, die dazu dienen, bestimmte Fragen zu klären. Das, was gelernt wird oder schon gelernt wurde, kann – von Zeit zu Zeit – durch Metalernen herausgestellt werden. Dabei haben die Methoden nicht automatisch bestimmte Effekte. Wichtig ist, dass die Kinder und Jugendlichen und ihre Lehrer durch die Anwendung passender Methoden die Erfahrung machen, dass sie (positive) Effekte zeitigen, also wirksam sind und dabei helfen, auf diese Weise die Erfahrung des Sinns der Normen und Werte, der sozialen Tugenden und Umgangsformen zu machen und zu erleben, dass man – Schritt für Schritt – die erforderlichen operativen Kompetenzen erwerben kann.

Manfred Bönsch (1994) versucht das Handlungsfeld des sozialen Lernens in der Schule dadurch zu strukturieren, dass er drei Ebenen des Geschehens unterscheidet. Die *Inputebene* beschreibt die Variablen, die das Geschehen vorstrukturieren; er erwähnt: Werte und Normen der Schule, Rollen und Personenverständnis, Unterrichtsstrukturen (z.B. Anforderungen, Hilfen) und außerschulische Erfahrungen. Das eigentliche Lerngeschehen erfolgt auf der *Interaktionsebene*. Hier macht der Didaktiker darauf aufmerksam, dass die konkrete Interaktion zwischen Lehrkraft und Schüler/-innen in der Stunde nur im Kontext des Klassengeschehens und dieses wiederum nur eingebettet in das Schulgeschehen (z.B. Klima, Ethos) in seiner Wirkung verstanden werden kann. Die dritte Ebene nennt er *Interventionsebene*. Diese wird in Handlungsebene, Metaebene, Beziehungsarbeit und Therapeutische Ebene unterteilt, um verschiedene Ansatzpunkte für Interventionen aufzuzeigen. Lernwirksame Veränderungen können auf allen drei Ebenen vorgenommen werden. Veränderter Input, Variationen des Interaktionsgeschehens und Maßnahmen auf den Interventionsebenen können soziales Lernen beeinflussen.

An dieser Stelle können nicht alle Konzepte sozialen Lernens vorgestellt werden. Wir konzentrieren uns auf einige ausgewählte und komplexe Ansätze:

- Wir gehen auf Fragen von *Fairness und Gerechtigkeit* in der Schule ein.
- Wir diskutieren den *moralischen Diskurs* als Möglichkeit, über Normen und Werte nachzudenken, und erörtern in diesem Zusammenhang das sokratische Gespräch resp. den ethischen Diskurs.
- Wir setzen uns mit Konflikten auseinander und zeigen Chancen für Konfliktgespräche in der Schule. In diesem Zusammenhang zeigen wir am Beispiel des Klassenrats als Gremium umfangreiche Möglichkeiten der gemeinsamen Konfliktklärung, Konfliktbearbeitung und Konfliktlösung.
- Wir diskutieren Methoden der Konfliktlösung unter den Schüler/-innen und erörtern Verfahren der Mediation und der Streitschlichtung.
- Wir diskutieren den Trainingsraum als Ansatzpunkt, Störungen im Unterricht kurzfristig abzustellen, und erörtern anschließend, welche Maßnahmen notwendig sind, damit die Schüler/-innen Formen der Selbstregulation erwerben.
- Dann erörtern wir, wie Schüler/-innen lernen können, eigene Ziele zu entwickeln, und Fähigkeiten, um diese Ziele zu erreichen.

Abschließend diskutieren wir am Beispiel des Modells der Just-Community-Schule die Chancen und Grenzen der Institution Schule für soziales Lernen.

Fairness und Gerechtigkeit

Fragen von Fairness und Gerechtigkeit sind solche, die Schüler/-innen im Zusammenhang mit der Verteilung von Aufmerksamkeit und Zuwendung, Lob und Tadel, Ämtern, aber auch Zensuren interessieren (vgl. Kiper 1998). In der Literatur werden verschiedene Formen der Gerechtigkeit unterschieden, nämlich die distributive Gerechtigkeit, die prozedurale Gerechtigkeit und die interaktionale Gerechtigkeit. Alle drei Formen von Gerechtigkeit spielen im Sozialraum Schule eine Rolle.

- Die *distributive Gerechtigkeit* bezieht sich auf die Frage der wahrgenommenen Fairness mit Blick auf Verteilungsergebnisse. Dabei wird vom Individuum das Verhältnis von geleistetem Input und erhaltenem Output in den Blick genommen. Das eigene Ergebnis wird nicht nur per se wahrgenommen, sondern in einen Vergleich zum Ergebnis der als relevant erlebten Bezugspersonen gesetzt. Schüler/-innen vergleichen z. B. nicht nur ihre Anstrengungen, Zeitinvestitionen, ihr Engagement oder ihre mündliche Beteiligung und die dafür erhaltene Zensur, sondern setzen die Anstrengungen wichtiger Klassenkameraden und deren Noten zu ihrem Ergebnis in einen Vergleich. „Ein Ergebnis wird als fair wahrgenommen, wenn das eigene Input/Output-Verhältnis proportional ist zu demjenigen relevanter Bezugspersonen" (Klendauer et al. 2006, 187). Damit wird das eigene Engagement oder der eigene Beitrag oftmals überschätzt und die Leistungen anderer unterschätzt. Erleben die Schüler/-innen die Ergebnisse als nicht gerecht, können sie kognitive Dissonanzen und Gefühle von Ärger oder Schuld erleben.
- Die *prozedurale Gerechtigkeit* nimmt weniger die Ergebnisse, sondern die Prozesse, die zu diesen geführt haben, in den Blick. Bei der prozeduralen Gerechtigkeit wird der Blick darauf gerichtet, wie ein Ergebnis zustande kommt, ob die Mitglieder einer Organisation oder Institution eine Stimme haben und ob diese Stimme im Pro-

Tabelle 34: Kriterien fairer Prozesse (nach Klendauer et al. 2006, 189)

Stimme ('voice')	Die Betroffenen haben die Möglichkeit, ihren Standpunkt und ihre Argumente den Entscheidungsträgern zu präsentieren.
Regel der Konsistenz	Entscheidungsprozesse sind konsistent in Bezug auf verschiedene Personen und über den Zeitverlauf hinweg.
Regel der Unvoreingenommenheit (Neutralität)	Die Entscheidung wird nicht durch persönliches Selbstinteresse oder Voreingenommenheit der Entscheidungsträger beeinflusst.
Regel der Akkuratheit	Akkurate, d.h. korrekte und genaue Informationen werden gesammelt und bei der Entscheidungsfindung angemessen berücksichtigt.
Regel der Korrigierbarkeit	Es ist die Möglichkeit gegeben, Entscheidungen ändern zu können (etwa in Form von Beschwerdeverfahren).
Regel der Repräsentativität	Bedürfnisse und Meinungen aller betroffenen Parteien werden berücksichtigt.
Regel der Ethik	Der Entscheidungsprozess ist kompatibel mit persönlichen Wertvorstellungen der Betroffenen bzw. mit fundamentalen moralischen und ethischen Werten.

zess einer Entscheidungsfindung gehört wird. Wir führen Kriterien fair gestalteter Prozesse auf (vgl. Tabelle 34: Kriterien fairer Prozesse).

- „Mit *interaktionaler Gerechtigkeit* (Bies & Moag 1986) wird die zwischenmenschliche Seite von Prozessen bezeichnet, d.h. die Art und Weise, wie Entscheidungsträger sich den Betroffenen gegenüber verhalten" (Klendauer et al. 2006, 190). Dabei wird unterschieden, wie die Interaktion und Kommunikation gestaltet wird, ob also z.B. respektvolles Verhalten gezeigt und eine angemessene Sprache gewählt wird und ob offen, ehrlich, glaubwürdig und rechtzeitig adäquate Erklärungen zur Begründung von Entscheidungen abgegeben werden.

„Interaktionale Gerechtigkeit kann (…) an der konkreten Anwendung formaler Entscheidungsregeln festgemacht werden. D.h. inwieweit die kodifizierten prozessbezogenen Regeln (…) angemessen umgesetzt werden" (Klendauer et al. 2006, 190).

Mit Blick auf die Schule wird deutlich, dass der klaren Regelung der Abläufe, der Qualität der Prozesse und Anwendung der Regeln im Kontext verschiedener Situationen und bei verschiedenen Entscheidungen Bedeutung zukommt.

Die Wichtigkeit von Fairness für Schüler/-innen lässt sich, mit Blick auf Prozesse der Autonomiegewinnung im Kontext von Identitätsentwicklung und mit Blick auf die Wahrnehmung ihres Wertgeschätztseins durch die Lehrkraft und durch andere Gleichaltrige verstehen. Darüber hinaus ist Fairness ein eigenständiger moralischer Wert, der in der Schule, z.B. im Sportunterricht, aber auch im Schulleben vermittelt wird.

Wenn Schüler/-innen sich gerecht und fair behandelt fühlen, sind sie eher bereit, sich für die Schule, die Lehrkraft, die Schulklasse zu engagieren, sich an Gruppenregeln und Vereinbarungen zu halten, einen Beitrag in Gruppenarbeiten einzubringen und Autoritäten zu unterstützen. Umgekehrt kann die Reaktion auf erlebte Ungerechtigkeit darin bestehen, sich zu ärgern, passiven oder aktiven Widerstand zu zeigen oder zu resignieren. Ungerechtigkeit und Unfairness kann auch Auswirkungen auf die Schulleistungen haben. Die vorgestellten Überlegungen zeigen, dass der Gestaltung des Klassen- und Schullebens, dem Nachdenken über sinnvolle Verfahren und Regeln und deren Erarbeitung, Begründung und Anwendung in verschiedenen schulischen Situationen eine wichtige Bedeutung zukommt.

3.2.2 Konzeptionen, Lernarrangements und Methoden der Moralerziehung

Moralische Kompetenz wird in Verbindung mit der Einwicklung von Einsicht in den Sinn von Werten und Normen und ihre Begründung gebracht. Dabei wurden von Jean Piaget zwei Stadien moralischer Entwicklung unterschieden, nämlich das Stadium der Heteronomie und das Stadium der Autonomie. „Im *Stadium der Heteronomie* sind Regeln und Normen von Autoritäten gesetzt und unveränderbar. Die Autoritäten sind auch legitimiert, Übertretungen zu bestrafen. Im *Stadium der Autonomie* werden Regeln, Gebote und Verbote als gegenseitige Vereinbarungen betrachtet, die durch Maßstäbe der Gerechtigkeit legitimiert sind und deren Einhaltungen durch Selbstverpflichtung gesichert wird" (Trudewind 2006, 520).

In der pädagogischen Diskussion finden wir dieses Nachdenken über Werte auch im Kontext moralischen Lernens. Dazu liegt eine Vielzahl von Konzeptionen vor. Wir nehmen diese Diskussion vor allem unter dem Aspekt auf, wie mit Schüler/-innen in einer wertpluralen Gesellschaft über Werte und Normen gesprochen werden kann. Wolfgang Edelstein, nur einer der Autoren, die über moralisches Lernen gearbeitet haben, fordert, basierend auf den Überlegungen von Immanuel Kant, eine von Prinzipien gesteuerte Pflichtethik, eine Ethik, die rational zustimmungsfähig ist (2001, 25). Damit stellt sich die Frage, wie kognitiv kontrollierte Gewissensnormen für je spezifische Individuen ausgebildet und wie entsprechende Handlungsimperative in seinem Willen (d.h. seiner Motivation) kognitiv verankert werden können. Edelstein geht davon aus, dass eine entsprechende Kompetenz (moralische Kompetenz) aufgebaut werden kann. Eine entwicklungsbezogene Didaktik muss sich dieser Aufgabe in einer Gesellschaft stellen, die durch Wertpluralismus gekennzeichnet ist. Daher sei ein System moralischer Erziehung zu etablieren, das „mit unterschiedlichen Wertoptionen kompatibel ist" (Edelstein 2001, 26). Es wird eine Auseinandersetzung mit verschiedenen Prinzipien von Gerechtigkeit gesucht (Wohlwollen, Fürsorge, Verfahrensgerechtigkeit) und darauf gesetzt, dass durch die Auseinandersetzung mit der Umwelt, aber auch durch das Lernen in interpersonalen Konflikten gelernt werden kann. Daher sind belehrende Gespräche, Debatten, Diskurse, Problem- und Streitgespräche von Bedeutung. Wolfgang Edelstein (2001) unterscheidet verschiedene Formen der Aneignung von Moral, nämlich

- die Anerkennung der Gültigkeit und Achtung moralischer Regeln auf der Basis von Gehorsam gegenüber Autoritäten,
- die Einsicht in die Gültigkeit und die Achtung moralischer Regeln auf der Basis von Belehrung,
- die Suche nach gerechten Lösungen in Handlungs- und Verteilungskonflikten in heuristischen Prozeduren der Urteils- und Konsensfindung in moralischen Diskussionen,

- die Erarbeitung einer kognitiv fundierten, universalistischen Gerechtigkeitsethik im Diskurs und
- die Verpflichtung der Mitglieder einer ‚gerechten Gemeinschaft' auf im Konsens verabredete Regeln.

Will man Konflikte nicht durch Unterdrückung (Gehorsam), sondern Belehrung (Einsicht) lösen, ist auf die Entwicklung des Denkens zu setzen. „Es geht um gerechte und faire Lösungen von Handlungs- und Verteilungskonflikten, die zunächst einer einsichtsvollen Beurteilung und dann einer konsensuellen Bearbeitung bedürfen. Und Lösungen werden nicht ein für allemal mit Blick auf unveränderliche Regeln, sondern in Ansehung der situativen Bedingungen als kreative und adäquate Anwendung der Regeln stets neu konstruiert. Die Beteiligung an dieser heuristischen Prozedur der Urteils- und Konsensfindung bildet die Basis für eine moralische Gemeinschaft" (Edelstein 2001, 27). Moralische Diskurse ermöglichen das Suchen, Finden und Etablieren von ethischen Normen, das Suchen, Finden und Etablieren von Verfahren der Konsensfindung über moralische Normen, das Gestalten der Praxis mit Blick auf diese Normen (Etablierung von Bedingungen für die Akzeptanz der Normen) und die Befähigung zum kognitiv fundierten moralischen Urteil und die Verpflichtung auf verabredete Regeln (Edelstein 2001, 29). In Erörterung, wie moralische Kompetenz (mit Blick auf Wissen und die Qualität der Argumentation) erworben werden kann, werden verschiedene Strategien der Wert- und Moralerziehung (vgl. Tabelle 35: Konzeptionelle Ansätze der Moralerziehung und ihre Ausrichtung) genannt (vgl. Oser 2001; Schuster 2001).

Sokratisches Gespräch

Im sokratischen Gespräch geht es darum, ausgehend von den eigenen Vorkenntnissen oder dem Grundwissen in einem Gebiet, die Wahrheit über eine Sache herauszufinden durch Nachdenken, Argumentieren, Zweifeln, Erwägen und Abwägen. Es geht darum, sich ein Urteil zu bilden und zu neuen Einsichten zu kommen. Das sokratische Gespräch zielt auch auf ein Nachdenken über die Inhalte und den Sinn von Normen, Werten und sozialen Tugenden. Es wird durch eine Lehrkraft gelenkt, die einem Kind oder Jugendlichen durch kluges Nachfragen und Hilfestellungen beim Denken ermöglicht, Erfahrungen oder eigenes Wissen zu ordnen, nach Begründungen zu suchen oder Urteile zu fällen. Dabei entfalten die Lerner/-innen eigene Überlegungen, argumentieren und lassen sich bezogen auf eigene Wertvorstellungen verunsichern und bestätigen diese oder erkennen andere als bedeutsam. Das sokratische Gespräch kann auch in der Gruppe erfolgen. Die Lerner/-innen werden zum Denken und Überprüfen von Argumenten angeregt und kommen zu neuen Einsichten (vgl. Loska 1995).

Dilemmamethode

Die Dilemmamethode soll zur Beförderung von moralischer Kompetenz dienen. Sie wurde in Anlehnung an das sokratische Gespräch entwickelt. Unter der Dilemmamethode versteht man die Erzeugung kognitiv-moralischer Konflikte. Die den hypothetischen oder realen Alltagssituationen eingeschriebenen moralischen Konflikte, oftmals auch als Wertkonflikte, sollen sichtbar gemacht werden. Die Schüler sollen sich mit

Tabelle 35: Konzeptionelle Ansätze der Moralerziehung und ihre Ausrichtung (nach Oser 2001; Schuster 2001)

Konzeptionelle Ansätze der Wert- und Moralerziehung	Ansatzpunkte für Wert- und Moralerziehung in diesen Konzeptionen
Moralische Vorbilder	Modelllernen; Lernen von Moral durch Imitation und Identifikation
Wertevermittlung	Charakterbildung (Vermittlung moralischen Wissens und von Tugenden)
Schaffung eines ‚öffentlichen Wertklimas'; Werteübermittlung	Planmäßiges Nahebringen/Weitergeben von Normen und Werten von einer Generation an die andere; Versuch der Etablierung einer Gesinnungsethik; Wertelernen durch Erziehung, Sozialisation und Instruktion
Wertklärung und Wertentfaltung auf der Basis von Argumentationen	Bereitstellen von Beurteilungs- und Entscheidungskriterien für das Individuum, die zur Wertklärung beitragen können; Gleichberechtigung der Werte; Beförderung von diskursiven Verfahren der Werteklärung unter Gleichaltrigen
Wertanalyse – Reflexion und Argumentation über Werte	Reflexion über Werte
Entwicklungsorientierter Ansatz (in Anlehnung an Piaget und Kohlberg); Durchdenken moralischer Probleme und moralischer Dilemmata; Förderung moralischen Urteilens (und Handelns) durch Auseinandersetzung mit Konflikten; Wirksammachen von verschiedenen Werten in Aushandlungsprozessen	Durcharbeiten fremder und eigener moralrelevanter Konflikte und Dilemmata mit dem Ziel der Förderung der kognitiven und moralischen Urteilsbildung, moralischer Sensibilität und der Entwicklung von moralischer Kompetenz; Bemühen um ein (neues) Gleichgewicht zwischen divergierenden Werten bei einer Problemlage; Transformation des Urteils; Aufnehmen der Argumente des anderen; Vergleich der Argumente; Metaanalyse; Auseinandersetzung mit verschiedenen Werten
Realistischer Diskurs mit Blick auf verschiedene Prinzipien der Gerechtigkeit (Gerechtigkeit, Wahrhaftigkeit, Fürsorglichkeit) und Beförderung von Aussprache, Diskussion und Argumentation über Werte; Unterscheidung der Diskurse unter dem Gesichtspunkt der Vermeidung, der Delegation, der Alleinentscheidung, des unvollständigen oder vollständigen Diskurs.	Lösen realer Probleme in einer Gemeinschaft (Schulklasse, Schule); soziale Konflikte in Schulklasse und Schule werden für die Förderung moralischen Denkens und Handelns genutzt; Schaffung eines Forums für die Aussprache; Etablierung von Regeln für die Aussprache; Einbringen von Prinzipien der Gerechtigkeit (Gesinnung), Fürsorge (Konsequenzen), Wahrhaftigkeit (Redlichkeit) und Friedfertigkeit in die Aussprache.
Moralische Abstinenz	Keine Moralerziehung

den dabei stattfindenden Entscheidungsprozessen (und den gesetzten Prioritäten angesichts konkurrierender Werte), den Ergebnissen von Entscheidungen und den Entscheidungsbegründungen auseinandersetzen. Die Dilemmamethode kann, mit Blick auf die Nähe zu den eigenen (lebensweltlichen) Erfahrungen, von fiktiven Geschichten ihren Ausgang nehmen (hypothetische Dilemmata), von Geschichten, die in der Erfahrungswelt der Schüler angesiedelt sind und von handelnden Personen berichten, die den Schülern vergleichbar sind, und sich auf realistische Handlungsprobleme beziehen (semi-reale Dilemmata) oder von selbst erlebten Konfliktsituationen ihren Ausgang nehmen (Realkonflikte), mit dem Ziel, den moralischen Gehalt von Alltagssituationen herauszuarbeiten. Darüber hinaus können Wertkonflikte im Kontext wissenschaftlicher Disziplinen und ihrer Sichtweisen der Welt zum Thema werden. Die Dilemmamethode im Unterricht zielt darauf, dass Schüler/-innen einen Standpunkt einnehmen, begründen und vergleichen, sich in die Perspektive eines anderen versetzen (sich eindenken und einfühlen), präzise formulieren, argumentieren und begründen, Argumente auf Prämissen und Implikationen befragen, die Wertdilemmata in Entscheidungsalternativen erkennen und mit Blick auf getroffene Entscheidungen den dabei realisierten Wert erkennen und unter einer Metaperspektive einschätzen und bewerten. Dazu wird mit einem mehrschrittigen Modell gearbeitet:

1. Darbietung des Dilemmas und Verdeutlichung der Problemstellung in altersgerechter Form; Konzentration auf das Verständnis des Wertkonfliktes und die Situation der verschiedenen Akteure;
2. Erste spontane Standortbestimmung (Abstimmung und Sammlung von Entscheidungsgründen) mit Blick auf die Frage, wie sich der Akteur entscheiden soll;
3. Frage nach Begründungen für die jeweiligen Standpunkte resp. Voten; Versuch, durch unterschiedliche Voten einen Wertkonflikt als relevant und wichtig herauszuarbeiten;
4. Moraldiskussion mit dem Ziel der Überprüfung der Begründungen (Meinungsaustausch in der Lerngruppe unter Einsatz sokratischer Fragen) mit dem Ziel, jeweils verschiedene Argumentationen stark zu machen; Konzentration auf den moralischen Kern der Diskussion;
5. Abwägen aller vorgetragenen Argumente; neue moralische Entscheidung (Zusammenfassung der diskutierten Begründungen und Auswahl einer subjektiv als wichtig erachteten Begründung); zweite reflektierte Standortbestimmung;
6. Bewusstmachung der Veränderung gegenüber der ursprünglichen Entscheidung und ihrer Begründung;
7. Zusammenfassung des Erkenntnisprozesses auf dem Hintergrund der geführten Diskussion (vgl. Schuster 2001, 200).

Es geht bei dieser Methode um das Bewusstmachen eigener Entscheidungsgründe, um das Erkennen von Inkonsistenzen im Denken und Argumentieren und um das probeweise Erweitern von Denken und Argumentieren (vgl. Schuster 2001, 200). Die Dilemmamethode soll nicht nur im Unterricht, in eigenen Kursen oder in Klassenversammlungen angewandt werden, sie soll bei der Gestaltung des Schullebens in den „Just-Community-Schulen" Anwendung finden. Realkonflikte aus der Schule und ihre Klärung sollen als Chance für die Beförderung von Moralkompetenz verstanden werden.

Ethischer Diskurs

Beim ethischen Diskurs im Kontext der Schule werden Lehrkräfte und Schüler/-innen darauf verpflichtet, miteinander in einer symmetrisch angelegten Situation einen Diskurs zu führen, der sich auf die Kraft der Argumente stützt, die der Vernunft und Wahrheit verpflichtet sind. Dieser Diskurs ist eingebunden in eine ideale Sprechsituation, die in der Regel nicht wirklich gegeben ist, aber als Leitidee das Handeln bestimmen soll. Hier gelten folgende Bedingungen:

1. Alle potentiellen Teilnehmer eines Diskurses müssen die gleiche Chance haben, kommunikative Sprechakte zu verwenden, so dass sie jederzeit Diskurse eröffnen sowie durch Rede und Gegenrede, Frage und Antwort perpetuieren können.
2. Alle Diskursteilnehmer müssen die gleiche Chance haben, Deutungen, Behauptungen, Empfehlungen, Erklärungen und Rechtfertigungen aufzustellen und deren Geltungsanspruch zu problematisieren, zu begründen oder zu widerlegen, so dass keine Vormeinung auf Dauer der Thematisierung und der Kritik entzogen bleibt (...).
3. Zum Diskurs sind nur Sprecher zugelassen, die als Handelnde gleiche Chancen haben, repräsentative Sprechakte zu verwenden, d.h. ihre Einstellungen, Gefühle und Wünsche zum Ausdruck zu bringen. Denn nur das reziproke Zusammenstimmen der Spielräume individueller Äußerungen und das komplementäre Einpendeln von Nähe und Distanz in Handlungszusammenhängen bieten die Garantie dafür, dass die Handelnden auch als Diskursteilnehmer sich selbst gegenüber wahrhaftig sind und ihre innere Natur transparent machen.
4. Zum Diskurs sind nur Sprecher zugelassen, die als Handelnde die gleiche Chance haben, regulative Sprechakte zu verwenden, d.h. zu befehlen und sich zu widersetzen, zu erlauben und zu verbieten, Versprechen zu geben und abzunehmen, Rechenschaft abzulegen und zu verlangen usf. (Reese-Schäfer 2001, 25 f; vgl. Habermas 1983, 81 f).

Die ideale Sprechsituation ist bestimmt durch die Gleichverteilung der Kommunikationsrechte, durch Aufrichtigkeit und Gewaltlosigkeit. Sie ist an Öffentlichkeit geknüpft. Kommunikatives Handeln unterliegt vier Geltungsansprüchen, nämlich Verständlichkeit, Wahrheit, Richtigkeit (in Bezug auf die Normen) und Wahrhaftigkeit, wobei kommunikative Rationalität nicht als empirische Tatsache vorausgesetzt wird. „Der Diskursethik zufolge darf eine Norm nur dann Geltung beanspruchen, wenn alle von ihr möglicherweise Betroffenen *als Teilnehmer eines praktischen Diskurses* Einverständnis darüber erzielen (bzw. erzielen würden), dass diese Norm gilt" (Habermas 1983, 76). Jürgen Habermas verbindet das Diskursprinzip mit einer soziologischen Institutionentheorie. Seine Überlegungen können an dieser Stelle nicht entfaltet werden. Gleichwohl kann mit Blick auf die Schule, ihre Strukturen, ihre Verfassung und die Praktiken der Verständigung darauf abgehoben werden, dass – neben den rechtlichen und administrativen Akten – der kommunikative Modus von Bedeutung ist. „Gültig sind genau die Handlungsnormen, denen alle möglicherweise Betroffenen als Teilnehmer an rationalen Diskursen zustimmen könnten" (Habermas, zitiert nach Reese-Schäfer 2001, 94 f).

Mit Blick auf die Schule könnte daher angenommen werden, dass hier Meinungs- und Willensbildungsprozesse wichtig sind. Haben die Schüler/-innen und ihre Lehrer die Möglichkeit, durch Kommunikation Einfluss zu nehmen? Können sie durch diskursive Rationalität Entscheidungen treffen oder wenigstens beeinflussen? Wird durch symmetrische und offen angelegte Kommunikation und durch Diskussionen ‚ein weitgespanntes Netz von Sensoren' (Habermas 1998, 364) geknüpft, das dazu verhilft, Problemlagen schnell und sensibel wahrzunehmen, zu identifizieren und Probleme zu lösen?

Normen und Werte und Handlungskompetenzen

Wie bisher gezeigt, haben Lehrkräfte die Aufgabe, Normen und Werte nicht nur zu setzen, sondern sie argumentativ zu entfalten. Im Umgang mit Kindern und Jugendlichen sind Normen und Werte zu begründen. Auf dieser Grundlage kann geprüft werden, ob Tun, Verhalten oder Handeln mit diesen Normen und Werten in Widerspruch oder Übereinstimmung stehen.

Ist die Fähigkeit gegeben, das eigene Verhalten als passend oder widersprüchlich zu den Normen und Werten zu erkennen, können Entscheidungen darüber getroffen werden, ob das Verhalten beibehalten oder verändert werden soll. Voraussetzung dafür ist, dass das Verhalten den Schüler/-innen nicht einfach passiert (wie es beim Tun der Fall sein kann), sondern dass sie gewünschte Verhaltensweisen antizipieren und zeigen können. Wenn sie über diese Fähigkeiten nicht verfügen, müssen sie aufgebaut werden. Erst dann sind die Lerner/-innen in der Lage, sich für ein bestimmtes Verhalten zu entscheiden und es auch hervorzubringen. Pädagoginnen und Pädagogen stehen also nicht nur vor der Aufgabe, in einer pluralen Welt über Normen und Werte zu sprechen und über sie in einen Diskurs einzutreten, sondern auch Ideen darüber zu entwickeln, wie Kinder und Jugendliche befähigt werden können, nicht nur bloßes Tun oder Verhalten zu zeigen, sondern Handlungsfähigkeit zu entwickeln und die dafür erforderlichen Kompetenzen auszubilden.

3.2.3 Konflikte – Konfliktklärung – Konfliktbearbeitung – Konfliktlösung

Unter Konflikt wird eine Situation verstanden, in der miteinander unvereinbare Handlungstendenzen vorliegen. Kurt Lewin unterschied dabei Annäherungs-Annäherungskonflikte (zwei positive, aber sich gegenseitig ausschließende Handlungsalternativen stehen zur Wahl), Vermeidungs-Vermeidungskonflikte (es muss zwischen zwei unangenehmen Alternativen gewählt werden) und Annäherungs-Vermeidungskonflikte (die Handlung hat sowohl positive als auch negative Aspekte). Konflikte dieser Art werden als innere oder *intrapersonale Konflikte* bezeichnet. „Ein (innerer) Konflikt liegt dann vor, wenn eine Person (mindestens zwei) Tendenzen erfährt, die sie entweder gleichzeitig nicht realisieren kann oder für unvereinbar hält" (Berkel 2006, 669). Innere Konflikte können als Entscheidungskonflikte, als Rollenkonflikte oder als Wert- oder Zielkonflikte auftauchen (vgl. Berkel 2006, 670).

Geht es nicht um Handlungsalternativen einer Person, sondern sind die Handlungen mehrerer Personen nicht miteinander zu vereinbaren, wird von *interpersonalem* oder *sozialem* Konflikt gesprochen. „Ein (sozialer) Konflikt liegt dann vor, wenn zwei Akteure (Personen, Gruppen, Organisationen) durch gegensätzliche oder unvereinbare Handlungen einander behindern" (Berkel 2006, 670).

Glasl (1992) gibt folgende Definition: Ein sozialer Konflikt ist eine Interaktion

- zwischen Aktoren (Individuen, Gruppen, Organisationen usw.),
- wobei wenigstens ein Aktor
- Unvereinbarkeiten im Denken, Vorstellen, Wahrnehmen und/oder Fühlen und/oder Wollen
- mit dem anderen Aktor resp. den anderen Aktoren in der Art erlebt,
- dass im Realisieren eine Beeinträchtigung
- durch einen anderen Aktor (die anderen Aktoren) erfolgt.

Bereits dann, wenn ein Aktor sich beeinträchtigt fühlt, liegt danach ein Konflikt vor. Der andere Aktor braucht davon nichts zu ahnen. Diese Definition erlaubt die Abgrenzung des sozialen Konflikts von Missverständnissen, Meinungsverschiedenheiten etc., da nur beim Konflikt die spezifische Kombination von Unvereinbarkeit im Denken, Fühlen oder Wollen in Verbindung mit einer Beeinträchtigung im Handeln gegeben ist.

Karl Berkel nennt als Merkmale des Konflikterlebens einer Person, dass sie sich persönlich betroffen und unsicher fühlt und nicht genau weiß, was sie tun soll; sie antizipiert die Folgen verschiedener Entscheidungen und spürt den Druck, eine Lage möglichst rasch zu beenden, empfindet sie doch die Situation als belastend (vgl. Berkel 2006, 669).

Konflikte können unter verschiedenen Gesichtspunkten untersucht werden, erstens nach den Situationen, in denen sie auftauchen, ihren Gründen und den Motiven und Zielen, Werten, Interessen und Statuspositionen der Konfliktpartner und zweitens unter dem Gesichtspunkt ihrer Bearbeitung oder Lösung.

Jedem Konflikt ist eine Dynamik eingeschrieben. Konflikte werden oftmals nicht direkt, sondern in Form von *Metakommunikation* ausgetragen, d.h. Dritte werden in den Prozess der Konfliktaustragung eingeschaltet. Die Konfliktaustragung kann in vier verschiedenen sozialen Kontexten erfolgen, nämlich (1) durch Vermeidung der sozialen Beziehung; die Konfliktparteien gehen sich aus dem Weg, (2) durch Reduzierung von zwei Konfliktparteien durch ‚Liquidation' auf nur eine, z.B. durch Mobbing, Verbot, Vernichtung, (3) durch Schließen eines Kompromisses, oft unter Einbeziehen Dritter, und (4) durch Erweiterung der Sozialbeziehungen durch Einschaltung Dritter, die zur gegenseitigen Kommunikation und evtl. zur kognitiven Klärung des Konflikts beitragen (vgl. Gruber 1996, 19 f).

Konfliktlösungen

Konfliktlösungen bestehen in der Wiederherstellung der Handlungsfähigkeit von beiden (oder auch nur einem) Konfliktpartner. Guido Schwarz referiert die Grundmuster Flucht, Kampf mit anschließender Vernichtung des Gegners, Kampf mit anschließender Unterwerfung, Delegation an eine dritte Instanz, Kompromiss und Konsens.

Abwarten oder *Flucht* kann zeitweilig als Konfliktlösung erscheinen; oftmals stellt Flucht als Konfliktlösungsmuster jedoch keine Lösung dar, weil der Konflikt weiterhin besteht und evtl. der Flüchtling zum Angriff übergeht.

Oftmals erleben wir *Kämpfe*, die auf eine reale oder symbolische *Vernichtung des Gegners* zielen, vielleicht ausgedrückt durch Schimpf, Schande, Anprangerung, Mobbing.

Kampf mit anschließender Unterwerfung oder Unterordnung findet sich in institutionalisierten Statuspositionen in einer hierarchisch strukturierten Organisation. Methoden der Konfliktlösung durch Überreden, Manipulieren, Drohen, Intrigieren oder Abstimmen zählen dazu. Oftmals sind solche Formen der Unterwerfung verbunden mit der Herstellung einer Art Arbeitsteilung, die dazu führen, dass unterschiedliche Funktionen übernommen werden.

Praktiziert man die *Delegation* einer Konfliktbearbeitung an eine dritte Person, wird diese zu einer Instanz, die das Verfahren zur Bearbeitung bestimmt. Der Gedanke der Delegation findet sich im Prinzip der Gewaltenteilung, der Rechtsprechung, der Etablierung von Hierarchien zur Lösung von Konflikten, in der Regel auf der Grundlage klarer, rechtsverbindlicher Prinzipien oder (Verwaltungs-)Vorschriften. Das Prinzip von Sieg und Niederlage (auf der Basis des Kampfes zweier Parteien zur Lösung ihrer Streitigkeiten) wird durch das Einbeziehen einer übergeordneten Ebene aufgelöst. Oftmals kann damit jedoch eine geringere Identifikation mit der Konfliktlösung verbunden sein.

Erzielt man eine Teileinigung zwischen Konfliktparteien, spricht man von *Kompromissen*. Gute Kompromisse beziehen sich auf große Teilbereiche eines Problems; von ‚faulen Kompromissen' spricht man, wenn wichtige Aspekte eines Konflikts ausgeklammert werden. Man hält dann die Wiederaufnahme eines Gesprächs oder von Verhandlungen für bedeutsamer als eine weitgehende Einigung. Bei ‚faulen Kompromissen' muss man davon ausgehen, dass weitere Aspekte des Konflikts noch zu klären sind.

Der *Konsens* als Konfliktlösung ist der Abschluss eines gemeinsamen Prozesses, bei dem es darum geht, durch Kommunikation ein Verständnis für die Probleme des jeweiligen Gegenübers zu entwickeln und auf diese Weise durch Erweiterung des Weltbildes, eine Lösung zu entwickeln, die eine neue Qualität beinhaltet (vgl. Schwarz 2003, 72 ff).

„Empirisch lässt sich zeigen, dass eine Verbindung von Durchsetzen und Integration am wirksamsten Konflikte beendet: Die Parteien beziehen zunächst Position (klären ihre Standpunkte und Sichtweisen, formulieren ihre Erwartungen und Ziele) und explorieren danach Elemente für eine tragfähige Regelung. Integration ohne kraftvolle Selbstbehauptung reizt zum Ausnutzen, Durchsetzen ohne Integration endet in einem Patt (…) oder eskaliert (…). Die Abfolge Durchsetzen – Integration kann mehrmals durchlaufen werden, bis der Konflikt tatsächlich einen Abschluss findet" (Berkel 2006, 672).

Will man mit Konflikten umgehen, so geht es zunächst darum, einen (angespannten) Zustand als Konflikt zu erkennen, als Konflikt zu identifizieren und dann zu analysieren, um welche Art von Konflikt es sich handelt und worin genau der Gegensatz besteht. Nach diesen Prozeduren kann nach Klärung und Lösung gesucht werden.

Oftmals haben Menschen Angst davor, einen Konflikt zwischen zwei Personen wahrzunehmen. Hilka Otte spricht dann von einer getrübten Wahrnehmung. Diese Trübung kann Ergebnis einer Einsozialisation in eine rigide Anpassung sein. Dass ein eigener Standpunkt eingenommen wird, ist Voraussetzung dafür, einen zwischenmenschlichen Konflikt zu erkennen, zu verstehen, auszuhalten und zu lösen. Eine Form der Konfliktvermeidung kann darin bestehen, dass man den eigenen Standpunkt verwischt oder ihn nicht deutlich werden lässt (vgl. Otte 2005, 129).

Demokratische Gesellschaften mit pluralen Werten bringen es mit sich, dass zwischen einzelnen Menschen immer wieder Konflikte auftreten. Soll nicht, durch andauernden Kampf und durch das Streben nach Sieg, das Miteinander gefährdet werden, sind Konfliktbearbeitungen durch Machtausübung zu begrenzen. Daher sind Sensibilität für das Erkennen von Konflikten und die Fertigkeit zur frühzeitigen Bearbeitung von Konflikten gesellschaftlich notwendige Kompetenzen. Da die friedliche Bearbeitung von Konflikten nur in Kooperation mit dem Konfliktgegner erfolgen und die Lösung nur bei prinzipieller Akzeptanz des Rechts der anderen Partei auf eine andere Weltsicht und andere Werte gelingen kann, ist eine Sozialisation der Personen nötig, die bewirkt, dass das Eingehen von Kompromissen und das Finden von Konsens nicht als Misserfolg und gezeigte Schwäche erlebt wird, sondern als wünschenswerte Flexibilität, die als Stärke der Person bewertet wird. Nur eine Person, die sich selbst als wertvoll und geschätzt erlebt, kann die dafür nötige Bearbeitung der eigenen Emotionen (Wut, Enttäuschung, Verzicht) leisten und darauf wiederum stolz sein. Die soziale Kompetenz einer Konfliktbearbeitung nach Regeln ist von der Konfiguration des Selbst und der Kompetenz zur Kooperation auch mit Gegnern verknüpft. Die Abbildung der Schritte resp. Phasen der kooperativen Konfliktbearbeitung von Berkel (1990) verdeutlicht diesen Gedanken (vgl. Abbildung 27).

Der Ablauf der Konfliktbearbeitung von Schritt A: ‚Erregung kontrollieren' bis F: ‚Persönlich verarbeiten' beginnt und endet als Aufgabe der Selbstregulation. Nur bei geglückter Kooperation als notwendiger Form der Beziehung kann er erfolgreich verlaufen.

Die *Lösung in der Sache* ist nur denkbar, wenn die einzelnen Personen ihre Sichtweise der Situation um die Perspektive der jeweils anderen Partei erweitern, deren prinzipielle Akzeptanz aushalten und so einen erweiterten Lösungsraum generieren. Sind die potentiellen Lösungsräume beider Parteien groß genug, so dass auch Lösungsmöglichkeiten darin enthalten sind, die der Konfliktgegner ebenfalls angemessen finden kann, ist prinzipiell eine Lösung denkbar. Verfahren zur Konfliktbearbeitung in der Sache müssen also zur Erweiterung des persönlich akzeptablen Lösungsraums führen, die die ursprünglichen Handlungswünsche durch gleich gute, aber für den Gegner akzeptablere Handlungsoptionen zu ersetzen erlauben. Das geht nur, wenn die ur-

Abbildung 27: Kreislauf der Konfliktbewältigung (nach Berkel 1990)

sprüngliche emotionale Besetzung aufgegeben werden kann. Umstrukturierung der Situationselemente und Erkennen von gleich wertvollen Alternativen ohne Beharren auf dem ursprünglichen Anspruch ist die notwendige Zumutung an die am Konflikt beteiligten Personen.

„Die Art und Weise des Konfliktaustrags hinterlässt Folgen. Wenn der Streit beendet, der Zusammenhalt gestärkt, die Atmosphäre gereinigt, die Kommunikation offen, jeder Akteur gefestigt ist, dann hat sich der Konflikt *produktiv* ausgewirkt. Wenn er dagegen die Energie von der Aufgabe absorbiert, die Zusammenarbeit untergräbt, das Klima vergiftet, die Kommunikation blockiert und die Akteure in die Regression treibt, sind die destruktiven Folgen greifbar (...)" (Berkel 2006, 672).

Konfliktmanagement wird eingesetzt, um die sozialen und persönlichen Kosten eines Konflikts zu reduzieren. Es ist nötig, da Konflikte einer Dynamik der Eskalation unterliegen. Unbearbeitete Konflikte führen zur Verhärtung der Positionen, die Sache tritt zunehmend in den Hintergrund und die Schädigung des anderen Aktors wird wichtiger, bis am Ende der Eskalation die Schädigung des anderen sogar um den Preis der Selbstschädigung verfolgt wird. (Gehandelt wird nach der Maxime: ‚Gemeinsam in den Abgrund'). Konfliktmanagement wird durch das Formulieren von Regeln, durch Verhaltenskontrolle und durch verschiedene Formen geregelter Konfliktbearbeitung angestrebt. Lösungen können durch vorbehaltlose Zustimmung, durch ausgehandelte Kompromisse oder durch Druck auf eine oder beide Konfliktparteien erzielt werden. Grundsätzlich können drei verschiedene Formen des Konfliktmanagements unterschieden werden: Bei einer *strukturellen Variante* wird entweder durch Prophylaxe das Konfliktpotential reduziert oder es wird durch gezielte Stimulierung der Konfliktenergie eine kontrollierte Eskalation gefördert, die eine systematische Bearbeitung ermöglicht. Bei der *Variante des Aushandelns* wird eine Lösung durch Moderation angestrebt, der beide Parteien zustimmen können. Eine *formelle Variante* geschieht durch Einschaltung Dritter mit dem Ziel einer Konfliktlösung durch Mediation oder Streitschlichtung.

Angesichts der Gefahr von Eskalationen sind nur zu Beginn eines sozialen Konflikts weiche Methoden wie z. B. die Konfliktmoderation möglich. In späteren Stadien ist der Konflikt nur noch durch den Machteingriff einer dritten Partei zu befrieden. Nur zu Beginn kann es Regelungen geben, bei der beide Parteien von der Regelung profitieren. Später wird mindestens eine Partei Verluste erleiden. Im letzten Stadium gibt es nur noch Verlierer.

Konfliktlösungen in der Schule

Für die Schule gibt es unterschiedliche Vorschläge zur Bearbeitung von Konflikten. Wir finden Formen des einseitigen Nachgebens, des einseitigen Durchsetzens, des gemeinsamen Entscheidens durch Verhandlungen unter Einsatz von Argumentationen, des gemeinsamen Entscheidens durch Problemlösegespräche (im Klassengespräch, in der Mediation resp. Streitschlichtung), Konfliktlösungen durch das Einschalten eines Lehrers resp. einer Lehrerin oder der Schulleitung oder gar keine Konfliktlösungen und weiter schwelende Konflikte resp. Streit (vgl. Tabelle 36: Chancen und Grenzen verschiedener Vorschläge der Konfliktlösung).

Tabelle 36: Chancen und Grenzen verschiedener Vorschläge der Konfliktlösung

Form der Konfliktlösung	Beschreibung der Konfliktlösung	Chancen und Grenzen dieser Konfliktlösung
(einseitiges) Nachgeben	Versuch der Konfliktlösung durch Nachgeben.	Sinnvolles Vorgehen bei Niederlagen, bei geringer Chance, Ziele zu verwirklichen oder Ansprüche durchzusetzen, bei hohem Durchsetzungsaufwand und hohen emotionalen und sozialen Kosten.
(einseitiges) Durchsetzen	Versuch der Konfliktlösung durch Durchsetzung der Interessen.	Sinnvolles Vorgehen bei wichtigen Anliegen; hoher Preis, wenn Formen der Einschüchterung, Behinderung, Überredung, Nötigung, Erpressung eingesetzt wurden.
Gemeinsame Entscheidung durch Verhandlung (z.B. auch in Problemlösegesprächen)	Versuch der Konfliktlösung durch Verhandlungen (Reden über die verschiedenen Positionen, Begründen der jeweils eigenen Position, Versuch des Verstehens der Gegenposition, Diskussion von Lösungsmöglichkeiten, Suche nach einer Übereinkunft).	Verhandlungen sind problematisch, wenn beide Seiten ungleiche Positionen von Macht haben, über ungleiche Informationen verfügen oder eine Seite manipulative Taktiken verwendet. Verhandlungen können ein sinnvolles Vorgehen bei der Möglichkeit zu freier Entscheidung, Kontrollmöglichkeiten über Verfahren und Ergebnisse und Möglichkeiten zu Übereinkünften/Verträgen bilden.
Gemeinsame Entscheidung durch Mediation/Streitschlichtung	Versuch der Lösung des Konflikts durch Deeskalation unter Einschaltung einer dritten Person und durch Suche nach einer Übereinkunft. Der Mediator muss in der Lage sein, Machtungleichgewichte zu kompensieren, manipulative Taktiken zu unterbinden, Eskalationen zu vermeiden, gegenseitiges Verstehen zu fördern, Konflikte aus unterschiedlichen Perspektiven zu beleuchten, Hilfen bei der Erarbeitung von Lösungsoptionen zu geben und die Chancen für eine nachhaltige Übereinkunft zu verbessern (vgl. Montada & Kals 2001, 17).	Sinnvolles Verfahren bei Entscheidungsfreiheit mit Blick auf das Verfahren, seine Fortführung oder seinen Abbruch und bei Kontrolle des Prozesses der Konfliktbearbeitung. Sinnvolles Verfahren, wenn die Mediatoren/Streitschlichter über hinreichend Kompetenzen verfügen und eine aktive Rolle einnehmen können. Mediation ist kein geeignetes Verfahren bei Feindseligkeit.

Tabelle 36: Chancen und Grenzen verschiedener Vorschläge der Konfliktlösung

Form der Konfliktlösung	Beschreibung der Konfliktlösung	Chancen und Grenzen dieser Konfliktlösung
Entscheidung durch Einschaltung der Lehrkraft oder der Schulleitung	Konfliktlösung durch die Lehrkraft oder den Schulleiter	Sinnvolles Verfahren, wenn der/die Dritte mit genügend Kompetenz oder Autorität ausgestattet ist und die Entscheidung Akzeptanz findet. Problematisches Verfahren, weil Voreingenommenheiten und eigene Interessen in die Entscheidung mit eingehen können oder – bei mangelnder Autorität – kurzfristig oder langfristig nicht akzeptiert werden.
Gerichtliche Entscheidung	Konfliktlösung durch gerichtliches Verfahren	Geeignetes Verfahren, wenn Rechtsansprüche verletzt wurden. Kontrolle über den Prozess und die Entscheidung liegt bei Rechtsanwälten, Staatsanwälten und Richtern.
Keine Konfliktlösung – Eskalation des Streits	Die Streitparteien verhärten sich in ihren Positionen. Es kommt zur (emotionalen und sozialen) Eskalation des Konflikts; das Gespräch bricht ab. Eine Rationalität mit Blick auf den Konflikt ist nicht mehr gegeben; das Wissen um die ursprünglichen Auslöser des Konflikts geht verloren. Die Konfliktparteien sind bestimmt von Gedanken an Vergeltung/Rache und wollen ihre eigene Position durchsetzen.	

Kommunikation und Konflikte

Gelingende Kommunikation wird gebraucht, um den Konflikt erfolgreich bearbeiten zu können. Das Gespräch kann aber auch Teil des Konfliktgeschehens sein. *Konfliktäre Gespräche* sind bestimmt durch (1) typische Merkmale der Gesprächsorganisation, wie Pause oder Durcheinandersprechen und unkooperativer Themenwechsel, (2) eine gestörte Responsivität, z. B. durch Strategien des Ausweichens gegenüber dem Thema, des Wechsels auf eine andere Gesprächsebene, und (3) der gestörten Argumentation durch Verwendung unterschiedlicher Argumentationsstrategien (z. B. Übertreibungen) (vgl. Gruber 1996, 23).

In Gesprächen können folgende Konfliktarten unterschieden werden, nämlich *kommunikative Konflikte*, die dann auftreten, „wenn es zu einer unterschiedlichen Interpretation sprachlicher Zeichen durch einen Sprecher zu unterschiedlichen Zeitpunkten kommt. Ein *Zuwendungskonflikt* bezeichnet die Diskrepanz der Beachtung oder der Relevanzsetzung von Objekten durch zwei Systeme. Beim *Meinungskonflikt* geht es um eine Diskrepanz bezüglich der kognitiven Erfassung von Objekten und beim *sozialen Konflikt* schließlich um die Diskrepanz der Wertung von Objekten (hinsichtlich von Wahrheit)" (Richter 1979, zitiert nach Gruber 1996, 20).

Bei *Streitgesprächen* kann es sich um *Beziehungskonflikte* handeln; dabei berührt die unterschiedliche Beurteilung von Sachverhalten, Handlungen und Verhaltensweisen das *Image* des Gesprächsteilnehmers. Geht es um Handlungen, die eine Person in der Zukunft ausführen soll, handelt es sich um *konfliktäre Verhandlungen*. Wenn sich der Streit auf Sachverhalte bezieht, die nichts mit dem Image der beteiligten Streitparteien zu tun haben, spricht Schwitalla (1987) von *Disput* (vgl. Gruber 1996, 21).

Oftmals kommt es zu einer *Konfliktkommunikation*, die nicht nur von den beteiligten Individuen, sondern durch ihre Rollenpositionen beeinflusst ist. Dabei können Individuen mehrere Rollen gleichzeitig innehaben. Konfliktgespräche sind u. a. davon bestimmt, welche Rollenerwartungen jedem Teilnehmer aufgrund seiner Position zum Thema entgegengebracht wird. Zugleich entstehen gruppendynamisch bedingte Koalitions- und Kontrahentenstrukturen zwischen Teilnehmern. Darüber hinaus ist jeder Gesprächsteilnehmer durch die Zugehörigkeit zu weiteren Gruppen in seinem Handeln bestimmt. Von daher unterscheidet Gerhardt (1971) *Statusrollen, Interaktionsrollen* und *situationsunabhängige Rollen* (vgl. Gruber 1996, 47 f). Solange darauf gesetzt wird, Konflikte verbal (und nicht mit körperlicher Gewalt oder Waffengewalt) auszutragen, können Argumentation, Streit und Konflikt und jeweils passende Konfliktlösungsarten unterschieden werden.

Kinder werden allmählich in eine *Konfliktkommunikation* einsozialisiert. Schon Piaget (1972/1923) unterschied bei Auseinandersetzungen drei Stadien, nämlich die Auseinandersetzung, die primitive Diskussion und die echte Diskussion. „Die Auseinandersetzung ist von Handlungen oder Handlungsankündigungen begleitet, stellt also eine Zwischenform zwischen nonverbaler und verbaler Konfliktaustragung dar" (Gruber 1996, 27). Bei der primitiven Diskussion werden nur Behauptungen vorgetragen; bei der echten Diskussion (bei Kindern ab dem 7. Lebensjahr) werden Begründungen durch Konjunktionen mit Behauptungen verbunden. Konflikte induzieren Prozesse der kognitiven und sozialen Entwicklung.

Konfliktklärungen und Konfliktlösungen im Gespräch

Soll das Gespräch als Instrument der Konfliktbearbeitung dienen, müssen die oben dargestellten Varianten als Teil des Konfliktgeschehens erkannt und durch Formen des hilfreichen Sprechens ersetzt werden. Wir werden daher Vorschläge zur Veränderung der Kommunikation vorstellen.

Thomas Gordon entwickelte ein Konzept für die Lösung von Konflikten in der Schule. Ihn interessierte dabei die Kommunikation zwischen den Erwachsenen und den Schüler/-innen. Er behauptete, dass bisher die Beziehungen zwischen Erwachsenen und Kindern von Ungleichheit bestimmt gewesen seien. Es sei aber anzustreben, Beziehungen auf Offenheit und Transparenz, gegenseitiger Anerkennung und Anteilnahme, nötiger Distanz, offener und ehrlicher Kommunikation, gegenseitiger Befriedigung der Bedürfnisse und Wärme beruhen zu lassen (vgl. Gordon 1977, 17, 35). Er zeigte, wie Lehrer ihre Unterscheidungsfähigkeit gegenüber Problemen entwickeln können; diese sei notwendig, weil abhängig davon, wer ein Problem besitze, unterschiedliche Problembewältigungsstrategien zu wählen seien (vgl. Gordon 1977, 44 ff). Er legt dar, wie Lehrer durch die „Sprache der Annahme" und durch die Technik des „aktiven Zuhörens" Schüler/-innen dabei unterstützen können, Probleme zu bewältigen.

Hat die Lehrkraft das Problem, sei sie genötigt, Formen ineffektiver Konfrontation (durch Lösungs-, herabsetzende und indirekte Botschaften) zu vermeiden und sie durch „Ich-Botschaften" zu ersetzen, die das störende Verhalten genau benennen und seine konkreten Auswirkungen und die dadurch ausgelösten Gefühle beschreiben. Gordons Methode der „Konfliktbewältigung ohne Niederlage" im Gegensatz zu den traditionellen Konfliktbewältigungsversuchen nach dem Konzept von „Sieg und Niederlage" ist von gegenseitigem Respekt, Kommunikation in beide Richtungen und Suchen nach einer Lösung, die für beide Seiten annehmbar sei, bestimmt. Beim Versuch, Konflikte dialogisch zu lösen, sind Schüler und Lehrer auf den Austausch ihrer Ansichten, auf die Darlegung ihrer Werte und auf Interaktion angewiesen (vgl. Gordon 1977, 197 ff).

Mit Blick auf die Notwendigkeit, sich – bezogen auf den Lernprozess – Klarheit zu verschaffen, handelt es sich bei solchen Gesprächen zur Lösung von Konflikten um das *Basismodell des Problemlösens*. Die auftauchenden Probleme können unterschiedlich angelegt sein. Es kann sich um Sachprobleme handeln oder um Probleme mit Ordnungen und Regeln oder um Beziehungsprobleme in der Schulklasse oder um mangelhafte institutionelle Verfahren und Prozeduren. Oftmals haben die Probleme, die angesprochen werden, verschiedene Facetten. Beim Basismodell des Problemlösens geht es um die aktive Generierung und Nutzung der verfügbaren Informationen. Dabei sollen sowohl neue Erkenntnisse über die Welt (deklaratives Wissen) gewonnen, als auch die Verwendung von Heuristiken erworben werden. „Empfohlen wird eine Schrittfolge, die schleifenförmig zurückspringend abgearbeitet wird, bis die endgültige Lösung erreicht ist:

- Vorgabe oder eigenständige Definition eines Problems
- Analyse der Gegebenheiten
- Analyse der Ziele
- Analyse der Barriere(n)
- Entwicklung von Handlungsplänen (zur Informationsbeschaffung oder zur Lösung)
- Anwendung der Pläne
- Beobachtung und Evaluation der erzielten Ergebnisse
- Reflexion der Prozesse.

Diese Prozesse können von der Lehrperson durch Monitoring überwacht und, wenn angezeigt, durch Hilfestellungen unterstützt werden. Wichtig ist, prozessbezogen und nicht durch Vorgabe von Lösungsteilen zu helfen" (Kiper & Mischke 2004, 117). Bei Problemlösungsprozessen ist zu bedenken, dass Lösungen nur dann gelingen können, wenn die Lösung durch Umstrukturieren des vorhandenen Wissens gefunden werden kann.

Sind bei den Personen, die das Problem bearbeiten, die notwendigen Wissenselemente nicht vorhanden, ist zunächst Erweiterung des Wissens nötig, um dann die Lösung entwickeln zu können. Da nicht immer klar ist, welche Wissensbestände gebraucht werden, ist es oft nötig, sich probeweise Wissen anzueignen, um dann zu prüfen, ob damit eine Lösung möglich wird.

Mit Blick auf die zu einer Problemlösung notwendigen Schritte ist eine *Choreographie* des Problemgesprächs zu wählen, bei der das jeweils zu bearbeitende Problem geklärt und möglichst gelöst wird. Zugleich ist eine Heuristik des Problemlösens, also Problemlösen als Verfahren mit sinnvollen Schritten (Situationsanalyse, Zielanalyse, Mittelanalyse, Evaluationskriterien finden), zu lernen. Das bedeutet, dass eine doppelte Aufgabe besteht: Die Schüler/-innen müssen jeweils das konkrete Problem erkennen, bearbeiten und lösen und das Problemlösen als Verfahren erwerben. Das Problemlösen ist darüber hinaus mit Blick auf die Gleichaltrigen insgesamt und die Schulklasse als Institution (organisationales Lernen) in den Blick zu nehmen und zu gestalten.

Es sind folgende Schritte zur Klärung denkbar:

1. Worin besteht die sachliche Dimension des Problems? Worin besteht die emotionale Dimension des Problems (Problemdefinition)? Wer hat das Problem? Wie ist die Sicht auf das Problem aus verschiedenen Perspektiven? Wer kennt ein ähnlich gelagertes Problem, so dass es für alle interessant ist, sich mit ihm auseinanderzusetzen?
2. Was ist die Zielsetzung bei der Klärung und Lösung des Problems?
3. Entwicklung und Sammlung möglicher Lösungsvorschläge
4. Wertung der Lösungsvorschläge
5. Entscheidung für die beste Lösung und für diejenige, die von den beteiligten Konfliktpartnern angenommen werden kann
6. Suche nach Handlungsmöglichkeiten für die am Problem beteiligten Personen; Frage nach Unterstützungsmöglichkeiten für die Realisierung der Problemlösung durch Mitglieder der Schulklasse
7. Richtlinien für die Realisierung des Lösungsversuchs und Festlegung der Dauer für die Erprobung der gefundenen Lösungsvariante; evtl. Formulierung von Verhaltensregeln für alle Kinder, Kriterien für die Evaluation des Lösungsversuchs
8. Überprüfung der Umsetzung der gefundenen Lösungsvariante und Bewertung ihrer Effektivität.

Beim kontinuierlichen und wiederholten Bearbeiten von Problemen und Konflikten nach diesem Vorgehen kann es, wenn den Schüler/-innen die darin enthaltene Struktur als Weg der Konfliktbearbeitung und -lösung verdeutlicht wird, zum Aufbau positiver Routinen kommen. Die Schüler/-innen können einzelne Schritte einer Konfliktlösung zu zweit oder zu dritt anwenden. So erwerben sie eine formale Struktur für Problemlösungen.

Die Choreographie muss ermöglichen, bei vorgetragenen Szenen oder Ereignissen zunächst zu entdecken, worin das Problem besteht, wer das Problem hat, welche sachlichen Anteile, welche Beziehungsanteile, welche Fragen der persönlichen Betroffenheit und Deutung darin eingehen und wie das Problem möglicherweise mit anderen Gleichaltrigen, ihrem Denken und Verhalten, aber auch der Institution und ihren Strukturen zusammenhängt. Dabei kann auch erörtert werden, wann und unter welchen Bedingungen etwas zum Problem wird. Wichtig ist, mit den Schüler/-innen in ein Gespräch über ihre eigenen Ziele einzutreten. Es ist zu diskutieren, was dafür spricht, an dem Problem und dem Verzicht auf eine Klärung festzuhalten und welche Interessen die Einzelnen, aber auch die Gruppe haben könnten, das Problem zu lösen.

Hier müsste eine Zielklärung und evtl. Einigung auf bestimmte Ziele vorgenommen werden. Ein Blick sollte auch auf Barrieren geworfen werden, die der Lösung entgegenstehen. Dabei sollten diese Barrieren nicht personalisiert werden. Wichtig ist, auf der Basis geteilter Ziele verschiedene Handlungspläne zu entwickeln und Möglichkeiten der Umsetzung dieser Pläne zu durchdenken. Erfolge und Misserfolge der Umsetzung sind zu beobachten und anhand vereinbarter Maßstäbe zu überprüfen; Ergebnisse und Prozesse des Handelns sind zu reflektieren. Problemlösen im Rahmen einer Schulklasse muss dabei das Lernen zwischen Individuum, Gruppe und Schulklasse ausbalancieren.

Mediation

Verfahren zur (außergerichtlichen) Streitbeilegung werden unter dem Stichwort ‚Mediation' diskutiert. Verfahren zur geordneten Bearbeitung und Beilegung von Konflikten wurden in den letzten fünfzehn Jahren nicht nur informell praktiziert. Unter dem Stichwort ‚Mediation' wurde ein Verfahren etabliert, das in der Rechtspflege, Politik, Wirtschaft und Arbeitswelt, aber auch im Kontext von Trennungs- und Scheidungsverfahren oder in der Schule Anwendung findet. Unter dem Stichwort Mediation wird auch ein neuer Forschungsbereich umrissen, in den Wissen und Kenntnisse aus verschiedenen wissenschaftlichen Disziplinen (Jura, Psychologie, Konfliktforschung) eingebracht werden. Mediation wird dabei anderen institutionalisierten Verfahren (schiedsrichterliche Verfahren, Schlichtung, Gerichtsverfahren) gegenübergestellt. Sie zielt darauf, Konflikte unter Einschaltung Dritter (der Mediatoren) zu lösen. Für die Wahrnehmung der Aufgabe des Mediators oder der Mediatorin ist umfangreiches Expertenwissen erforderlich, damit die Konfliktparteien und die Gegenstandsbereiche und Inhalte des Konflikts verstanden, Beiträge zur Bewertung des Konflikts und zur Entwicklung von Lösungsoptionen geleistet und das Verfahren effektiv gesteuert werden kann (vgl. Montada & Kals 2001). Die Literatur über Mediation hat ihren Schwerpunkt darin, die für das Verfahren relevanten Wissensbestände zusammenzustellen, zur Professionalisierung der Mediatoren beizutragen und ihr Vorgehen bei der Mediation zu beschreiben. Die Struktur des Vorgehens in Schritten bleibt formal orientiert; es wird kaum auf die erforderlichen kognitiven und emotionalen Lernprozesse bei den beteiligten Konfliktparteien abgehoben. Im Folgenden soll der Versuch unternommen werden, entlang der angegebenen Schritte zur Mediation (vgl. Montada & Kals 2001, 179 ff) die dabei relevanten Prozesse auf der Seite der beteiligten Konfliktparteien zu benennen. Wir fügen die dabei zu organisierenden kognitiven und emotionalen Prozesse dazu, um zu zeigen, welches Lernen dabei zu organisieren ist (vgl. Tabelle 37: Mediation: Ein Prozess mit sechs Phasen).

Mediationsverfahren sind komplexe Prozesse, die nicht unbedingt gelingen müssen. Sie sind in jeder Phase mit Anstrengungen verbunden und können – in jeder Phase – abgebrochen werden oder scheitern. Sie sind nur erfolgreich, wenn die in jeder Phase notwendigen Lernprozesse bei den Beteiligten gelingen. Der Mediator oder die Mediatorin muss also nicht einen formalen Ablauf sicherstellen, sondern dafür sorgen, dass in jeder Phase der dabei notwendige Lernprozess zustande kommt. Zugleich muss er sich darüber klar sein, dass allein die Teilnahme am Mediationsverfahren schon umfassende Kompetenzen voraussetzt, z. B. die Fähigkeit zur Selbstverantwortung und Selbstverpflichtung.

Tabelle 37: Mediation: Ein Prozess mit sechs Phasen (vgl. Montada & Kals 2001, 179 ff)

Phase	Vorgehen des Mediators in den einzelnen Phasen	Kognitive und emotionale Prozesse bei den Beteiligten
I. Vorbereitung	1. Orientieren 2. Parteien zusammenstellen 3. Ziele klären 4. Rechtsbelehrung 5. Regeln festlegen 6. Rahmenbedingungen klären 7. Vertrag abschließen	• Klärung der Bereitschaft zur Teilnahme an der Mediation • Vergegenwärtigung von Erfolgsbedingungen • Vergegenwärtigung der Problembelastungen, Kosten des Konflikts • Klärung der Zielsetzung • Klärung, ob Bereitschaft aufgebracht werden kann, die Gegenseite anzuhören, nach einer guten Lösung für den Konflikt zu suchen, evtl. Absprachen zu beachten • Orientierung über formale Rahmenbedingungen und Regeln • Überprüfung, ob die Anforderungen an Selbstverantwortung und Selbstverpflichtungen eingelöst werden können • Klärung, ob Vertrauen in den Mediator und seine Expertise besteht • Klärung der Bereitschaft, einen Vertrag abzuschließen
II. Probleme erfassen und analysieren	8. Probleme artikulieren 9. Probleme analysieren 10. Erhoffte Gewinne durch den Konflikt klären	• Bereitschaft zur Artikulation des Problems, der Anlässe, Inhalte und Kosten • Bereitschaft, den Konflikt nicht als durch die Gegenseite verursacht zu begreifen, sondern eigene Anteile an Entstehung, Aufrechterhaltung und Eskalation zu erkennen • Bereitschaft, die Sicht des Gegenübers zu hören und zur Kenntnis zu nehmen • Bereitschaft, sich mit Konfliktgewinnen auseinanderzusetzen.
III. Konfliktanalyse	11. Tiefenstrukturen aufdecken 12. Bedingungen des Konflikts aufdecken	• Bereitschaft, sich mit dem Konflikt und mit ihm einhergehenden Geschichten und Aspekten auseinanderzusetzen • Bereitschaft, sich über Bedingungen des Konflikts Klarheit zu verschaffen

Tabelle 37: Mediation: Ein Prozess mit sechs Phasen (vgl. Montada & Kals 2001, 179 ff)

Phase	Vorgehen des Mediators in den einzelnen Phasen	Kognitive und emotionale Prozesse bei den Beteiligten
IV. Konflikte und Probleme bearbeiten	13. Lösungsoptionen generieren 14. Anliegen bewusst machen 15. Reflexion der Anliegen Dritter 16. Bewertung der Optionen	• Wissen über verschiedene Formen der Konfliktlösung erwerben und die Vorteile von Konsens, Kompromiss, Gewinner-Gewinner-Lösungen erkennen (sofern es nicht um Täter-Opfer-Konstellationen geht) • Bereitschaft zum „Produzieren" verschiedener Lösungsvorschläge • Eigene Anliegen vergegenwärtigen und Einbringer • Anliegen nicht anwesender Dritter klären • Lösungsvorschläge sichten und bewerten unter den Gesichtspunkten ihrer Effekte, Nebeneffekte, Machbarkeit und unter einer ethisch-moralischen Perspektive
V. Mediationsvereinbarungen treffen	17. Lösung auswählen und umsetzen 18. Kontrolle der Implementation festlegen 19. Einigung vertraglich festlegen	• Eine Lösung auswählen • Ideen für die Umsetzung der Lösung und die Überprüfung des Umsetzungsprozesses erörtern • Einigung formulieren und schriftlich festhalten.
VI. Evaluation und Follow-Up	20. Lösungsumsetzung kontrollieren 21. Summative Evaluation	• Sich auf den Prozess der Reflexion des Lösungshandelns einlassen • Das Einhalten der Absprache durchstehen und überprüfen lassen.

Streitschlichtung

Die Durchführung von Mediationsverfahren im Kontext von Schule stellt sich als komplexes Unterfangen dar. Fähigkeiten zur Teilnahme, die in den Mediationsverfahren für Erwachsene vorausgesetzt werden, müssen bei den Schüler/-innen erst aufgebaut werden. In der Schule wird ein solches Verfahren nicht von ausgebildeten Mediatoren durchgeführt, sondern von Schüler/-innen, die – über einen Kurs – erste Kompetenzen erworben haben. Während man in der Mediation davon ausgehen kann, dass Mediatoren diese Tätigkeit beruflich oder ehrenamtlich ausüben und dafür eine gewisse Kompetenz haben, müssen Schüler/-innen die Rolle eines Mediators neben ihrer Schülertätigkeit übernehmen. In Mediationsverfahren ist der Mediator in der Regel nicht Teil der Gruppe der Betroffenen, sondern kommt von außerhalb. Oft eignet er sich Kenntnisse über das Feld, den Konflikt, die Konfliktparteien an. In der Schule sind die Mediatoren Teil der Peer-Gruppe. Man erhofft sich, dass Gleichaltrige über Wissen zu sensiblen Themen, persönlichen Empfindlichkeiten und Animositäten und sozialen Hierarchien verfügen. Zugleich ist es aber schwierig, sich nicht zu sehr mit den streitenden Parteien zu verwickeln, weil die soziale Nähe viel größer ist. Während die Teilnahme an der Mediation durch Erwachsene oftmals davon getragen ist, sich einen kostspieligen juristischen Streit zu ersparen, ist die Motivation, an der Streitschlichtung in der Schule teilzunehmen, manchmal nur dann gegeben, wenn die Streitschlichtung fest in die Institution und ihre Kultur eingebunden ist und klar ist, dass – wenn keine Verständigung erarbeitet wird – harte Sanktionen folgen könnten.

Tabelle 38: Unterschiede zwischen Mediation und Streitschlichtung

Dimension	Mediation	Streitschlichtung
Soziale Nähe und Distanz	Soziale Distanz des Mediators gegenüber den Konfliktparteien.	Soziale Nähe der Streitschlichter gegenüber den Konfliktparteien; Mediator ist Teil der Gleichaltrigengruppe.
Expertise und Professionalität	Aufbau eigener (beruflicher) Expertise in diesem Bereich; Professionalisierungsprozesse. Mediatoren müssen, für Akzeptanz ihrer Rolle, ggf. über mehr juristische und/oder psychologische Expertise verfügen als die Konfliktparteien.	Ehrenamtliche Tätigkeit mit eingeschränkter Expertise. Expertise muss bei den Schüler/-innen und bei den Streitschlichtern liegen.
Rolle und Bedeutung	Starke Rolle der Mediatoren bei der Steuerung des Verfahrens; Interventionen, falls notwendig.	Eher eingeschränkte Steuerung; Absicherung durch Interventionsrecht von Lehrern als Ko-Schlichtern.
Regeln für das Verhalten	Spezifische Regeln für das Verhalten (Allparteilichkeit, produktive Gestaltungsfreiheit, Akzeptanz von Emotionen).	Spezifische Regeln für das Verhalten (Neutralität, Zurückhaltung, Sachlichkeit)
Konflikt und seine Dimensionierung	Umfassende Auseinandersetzung mit dem Konflikt; ggf. Aufarbeitung der Geschichte eines Konflikts; Berücksichtigung der Tiefstruktur des Konflikts; Recht auf Äußerung von Emotionen.	Konzentration auf Oberflächenstruktur des Konflikts; Versuch der Konfliktlösung nach Abklingen der Emotionen; Versuch, Sachlichkeit zu sichern.
Wertebene	Berücksichtigung von Wert-, Moral- und Gerechtigkeitsüberzeugungen.	Nur bedingte Auseinandersetzung mit Moral- und Gerechtigkeitsüberzeugungen.
Evaluation	Evaluation ist vorgesehen.	Keine Evaluation vorgesehen.

Zugleich ist die Rolle der Mediatoren in der Schule sehr fragil; sie müßte deutlich gesichert werden. Wir gehen im Folgenden auf die Unterschiede zwischen Mediation und Streitschlichtung ein (Tabelle 38: Unterschiede zwischen Mediation und Streitschlichtung).

Aber zunächst zu Ansätzen der Peer-Mediation in der Schule, die unter dem Stichwort „Streitschlichtung" bekannt wurden (vgl. Jefferys & Noack 1995).

Unter *Streitschlichtung* im Kontext der Schule versteht man den Versuch, Konflikte durch formalisierte, nichtdisziplinarische und nichthierarchische Verfahren so zu lösen, dass entweder ein Konsens oder ein Kompromiss zwischen den Konfliktpartnern geschlossen wird. Unter Schlichtung wird hier ein freiwilliges, in einem institutionalisierten Rahmen durchgeführtes Gespräch, das nach festen Regeln verläuft und in Anwesenheit von zwei neutralen Personen, den Streitschlichtern, durchgeführt wird, verstanden. Die Ziele der Schlichtung bestehen darin, die Streitpunkte zu erkennen, das Problem zu analysieren, nach Lösungen zu suchen, dabei die eigenen Standpunkte zu überdenken und solche Kompromisse zu finden, dass keine der Konfliktparteien eine Niederlage erlebt. Konfliktlösungen nach dem Prinzip „Gewinner – Verlierer" oder „Verlierer – Verlierer" sollen vermieden werden.

Man versucht, innerhalb der Schule eine schulinterne, institutionalisierte Schlichtungsinstanz, die sogenannten Streitschlichter einzurichten. Diese Streitschlichter als neutrale Dritte sollen das Verfahren hüten und eine geregelte Konfliktlösung „vermitteln". Die Streitschlichter müssen neutral sein (Prinzip der Neutralität), sie sollen das Verfahren hüten, dabei auf die einzuhaltenden Regeln hinweisen und deren Einhaltung sichern (Prinzip der Leitung durch Regeln), was sie im Gespräch erfahren, vertraulich behandeln (Prinzip der Vertraulichkeit) und andere zu Wort kommen und das Problem lösen lassen (Prinzip der Zurückhaltung).

Wenn eine Schule Streitschlichtung als Verfahren etabliert und Streitschlichter ausbildet, kommt es, will man Erfolge erzielen, darauf an, dass möglichst allen Schüler/-innen grundlegendes Wissen und grundlegende Fertigkeiten aus dem Bereich der sozialen Kompetenz vermittelt wird. Das Wissen, das im Kontext „kooperativer Konfliktlösetrainings" vermittelt wird (vgl. z.B. Jefferys & Noack 1995), umfasst die Gebiete Konflikte und Konfliktausgänge, Toleranz und Einfühlung, Gefühle erkennen und ausdrücken, Selbstkontrolle, Zuhören und Konfliktlösung. Der Erfolg des Programms ist abhängig von der Möglichkeit, dass die Schüler/-innen das Prinzip der Schlichtung verstehen, sich Hilfe von Dritten (Schlichtern) holen und bereit sind, im Sinne der Suche nach Kompromissen oder Umgestaltung von Situationen, den Konflikt zu lösen.

Es werden *Streitschlichter* ausgebildet, die in der Lage sein sollen, ein geregeltes Verfahren bei der Konfliktbearbeitung und Konfliktlösung sicherzustellen. Die Streitschlichter müssen über Wissen zum Verfahren der Schlichtung oder Mediation verfügen, Fähigkeiten zur Schlichtung haben und dafür erforderliche Kompetenzen ausbilden, Regeln für die Schlichtung kennen und eine Schlichtung bezogen auf den äußeren Rahmen und die Phasen des Ablaufs gestalten können. Sie müssen nicht nur das formale Vorgehen als Prozedur beherrschen, sondern die dahinter liegende Philosophie und Struktur, in deren Rahmen eine Konfliktlösung sich vollziehen kann, verstehen. Zugleich sollten sie in der Lage sein, das Vorgehen bei einer Schlichtung nicht nur formal zu vollziehen.

Die Kompetenzen der Schlichter umfassen die Fähigkeit, vertraulich mit Wissen um Konflikte umzugehen und sich neutral zu verhalten. Dazu müssen sie sich vergegenwärtigen, wie sie zu einem Streit oder Konflikt stehen, wie sie die daran beteiligten Schüler/-innen wahrnehmen und welche möglichen Vorbehalte und Ängste die am Konflikt Beteiligten vor der Schlichtung haben (könnten). Sie müssen im Prozess der Schlichtung genau beobachten, was jemand sagt und wie er es sagt, Interesse zeigen,

Tabelle 39: Hinweise zum Ablauf der Schlichtung

Ablauf der Schlichtung – Phasen	Ablauf der Schlichtung – Einzelschritte
1. Vorstellung	Die Schlichter stellen sich vor. Sie nennen *Freiwilligkeit* und *Vertraulichkeit* als Bedingung für die Teilnahme an der Schlichtung für alle Anwesenden.
2. Einleitung	Sie formulieren das *Ziel*, eine Konfliktlösung zu erarbeiten, die alle zufrieden stellt. Sie erläutern die *Regeln für den Ablauf der Schlichtung.* (Jeder darf seinen Standpunkt darstellen. Die Parteien kommen nacheinander zu Wort. Sie dürfen nicht handgreiflich werden oder den anderen unterbrechen.) Sie nennen Hilfen für die Konfliktparteien, z. B. sich beim Zuhören Stichpunkte zu machen. Sie *erläutern die Aufgaben der Streitschlichter,* beim Klärungs- und Lösungsprozess zu helfen und dafür Aussagen zusammenzufassen. Sie erläutern die *Idee des Abkommens.*
3. Standpunkte	Vortragen der verschiedenen Sichtweisen auf den Konflikt. Herausarbeiten des Konflikts. Evtl. Einzelgespräche mit den Konfliktparteien vor der Tür und Bitte um das Einbringen neu erhaltener Informationen.
4. Lösungen	Sammeln von möglichen Lösungen. Abwägenlassen der Vor- und Nachteile der verschiedenen Lösungen unter den Kriterien der Ausgewogenheit, Durchführbarkeit, Klarheit und Genauigkeit. Treffen von Entscheidungen durch beide Konfliktparteien für eine Lösung. Genaue Formulierung des Kompromisses und Verschriftlichung dieser Formulierung. Formulierung des Kompromisses als Abkommen/Vertrag und der Folgen, sofern das Abkommen nicht eingehalten wird. Vorlesen des Abkommens; Nachfragen (mit Blick auf Ergänzungen, Änderungen), Einholen der Zustimmung durch die Konfliktparteien, Anfertigen von Kopien (für jede Partei und für die Akte), Unterschreiben lassen.
5. Abschluss	Schlusswort, Dank für die Mitarbeit, Abheften des Schlichtungsformulars, evtl. Verabredung eines zweiten Termins.
6. Reflexion	Nachdenken über Ablauf und Ergebnis der Schlichtung und des eigenen Handelns als Schlichter (unter den Kriterien Neutralität, emotionale Beteiligung, offene Problemen); evtl. Klärung, ob eine Art Supervision notwendig ist.

passende Fragen stellen und die Regeln zur Anwendung bringen und evtl. helfen, Ideen für Konfliktlösungen zu entwickeln. Als Stütze erhalten die Schlichter Hinweise für das Vorgehen bei der Schlichtung (Tabelle 39: Hinweise zum Ablauf der Schlichtung).

Das Programm der Streitschlichtung muss sinnvoll in die Schulkultur einer Schule eingebunden sein. Eine oder mehrere Lehrkräfte müssen als Ausbilder, Ansprechpartner oder ggf. Ko-Schlichter bereit stehen.

Regeln setzen – die Einhaltung der Regeln sichern

Für die Gestaltung des täglichen Umgangs sind Strukturen (Wechsel von Unterricht und Pause; verschiedene Arbeitsecken; Rollenverteilungen in der Tischgruppe) hilfreich. Sie haben sozialisatorische Effekte und helfen dabei, ein bestimmtes Verhalten mit zu befördern. Klarheit in den Erwartungen und eine Gestaltung von Strukturen, die dabei helfen, diese – quasi beiläufig – zu erreichen, sind hilfreich. Daher muss die Lehrkraft überlegen, welche Strukturen und Abläufe hilfreich sind. Die Lehrkraft wirkt oftmals als Modell und kann über ihr Vorbild Hinweise geben, wie man sich verhalten kann. Oftmals ist es notwendig, gewünschte oder unerwünschte Verhaltensweisen zu explizieren. Dabei kann es sinnvoll sein, gewünschte Tugenden oder Umgangsweisen und ihren Sinn zu erklären und die Ergebnisse in Form von Vereinbarungen oder Regeln festzuhalten. Sie können Orientierung geben und zu Klarheit über erwartete Verhaltensweisen führen. Ein Metaunterricht über Unterricht als soziale Situation und erforderliche Verhaltensweisen, damit Lehren und Lernen gelingen können, sind ebenfalls notwendig. Manche Schüler/-innen können (positiv formulierte) Regeln kennen lernen, ihren Sinn verstehen und/oder die Erfahrung der Gestaltbarkeit, Modifizierbarkeit von Regeln erfahren (vgl. Tabelle 40: Metaunterricht).

Tabelle 40: Metaunterricht

Inhalte	Meta-Ebene	Operative Kompetenzen
Unterricht als Sozialsituation verstehen lernen und wissen, wovon erfolgreiche Lehr- und Lernprozesse und Interaktionsprozesse abhängig sind.	Die Gründe für Regeln kennenlernen und argumentativ nachvollziehen können. Die Modifizierbarkeit von Regeln erfahren. Die mit Regeln verbundenen kommunikativen Verständigungsprozesse erleben. Die Prävention von Konflikten durch Regeln erleben.	Das eigene Verhalten beobachten lernen. Die Übereinstimmung von Regel und Verhalten überprüfen. Kleine Schritte zum Aufbau solcher Verhaltenskompetenzen entwickeln, die dem Handeln nach Regeln entsprechen. Kompliziert zusammengesetzte Verhaltensweisen und die dafür notwendigen physischen und psychischen Qualitäten ausbilden resp. aufbauen.

Oftmals wird vorausgesetzt, dass die Schüler/-innen, wenn sie die Regeln gehört und verstanden haben, sofort in der Lage sind, sie in Verhalten umzusetzen. Das ist nicht immer der Fall. Wenn Schüler/-innen die Regeln kennen, einsehen und akzeptieren, aber trotzdem Schwierigkeiten haben, ein dazu passendes Verhalten zu zeigen, muss das nicht nur am fehlenden guten Willen liegen; es kann sein, dass das gewünschte Verhalten nicht zu ihrem Repertoire gehört und aufgebaut werden muss. Dazu muss die Schule einen Beitrag leisten.

Als Schritte dazu würde die Explikation des gewünschten Verhaltens und der Schritte zu seinem Erwerb gehören. Für viele Schüler/-innen können Schritte zur Hinführung zum gewünschten Verhalten darin bestehen, dass sie angeleitet werden, zunächst wahrzunehmen, was sie tun, welche Gefühle sie dabei haben, das eigene Tun mit dem gewünschten Verhalten, ausgedrückt in Regeln, zu vergleichen. Bei Abweichung des eigenen Tuns von den intendierten, also selbst gewünschten Verhaltensweisen müssen sie sich für eine Korrektur des Tuns entscheiden und Ideen dafür entwickeln, wie sie sich dem gewünschten Verhalten nähren können.

3.2.4 Partizipation in der Schulklasse – das Beispiel Klassenrat

Der Klassenrat ist eine in regelmäßigen Abständen stattfindende Versammlung in der Schulklasse, bei der wichtige Fragen des gemeinsamen Umgangs miteinander besprochen und geklärt werden. Er dient der Festlegung von Regeln für den gemeinsamen Umgang, für die Bestandsaufnahme der Situation in der Schulklasse und für die Suche nach Lösungen für vorhandene Probleme. Der Klassenrat ist nicht Teil des Unterrichts; er ist davon deutlich abgesetzt. Auch wenn der Klassenrat meist in der Form des Sitzkreises durchgeführt wird, ist er mehr als eine Arbeits- und Sozialform. Der Klassenrat ist ein Gremium, in dem Regelungen für die Gestaltung von Unterricht und Schule erörtert und Konflikte unter Gleichaltrigen bearbeitet werden. Im Klassenrat werden Regeln generiert, auf ihre Wirksamkeit überprüft und verworfen oder bestätigt und/oder weiterentwickelt. Die Klassenversammlung ermöglicht Lernen durch das Vorbild der Lehrkraft, die Deutungshilfen für Probleme gibt und angemessene Verfahren und Prozeduren sichert. Wenn wir den Klassenrat als ein Gremium verstehen, in dem – durch Metakommunikation – über kommunikative und interaktive Prozesse in der Schulklasse, über soziale Beziehungen und die konkrete Ausgestaltung der Interaktion nachgedacht wird, kann beiläufiges Lernen auch bezogen auf soziales und demokratisches Lernen im Sinne des Erwerbs bestimmter Diskursfähigkeiten und durch das bewusste Erlernen von Verfahren erfolgen. In den Klassenrat als Ort der Metakommunikation über Schule, Unterricht und über die Prozesse unter den Gleichaltrigen werden relevante Themen in der Regel nicht von der Lehrkraft eingebracht (sie kann durchaus an anderer Stelle sich mit den Schüler/-innen metakommunikativ über Schule und Unterricht verständigen), sondern von den Schüler/-innen.

Soziales Lernen im Klassenrat erfolgt eher beiläufig, während die Schüler/-innen andere Ziele, nämlich die Regelung sozialer Konflikte, anstreben. Lehrkräfte und Schüler/-innen verfolgen Problemlöse- und Handlungsziele. Um sie zu erreichen, wird die Klassenratssitzung abgehalten. Bezogen auf das Lernen im Klassenrat kann es auch sein, dass die Schüler/-innen Denkmuster und Standardprozeduren übernehmen. Wenn im Klassenrat eher beiläufig gelernt wird, ist dieses Lernen gebunden an die Qualität der Verfahren, der Argumentation, des Diskurses und an die Fähigkeit der Schüler/-innen, Interessen einzubringen, Probleme zu analysieren und Vorschläge zur Lösung zu entwickeln. Die Lehrkraft muss dabei die Prinzipien der Wahrhaftigkeit, Gerechtigkeit, Fairness und Solidarität zur Geltung bringen und durch ihre Anleitung die Qualität des Verfahrens sicherstellen. Der Klassenrat ist kein Ritual, das in der Schule nach einem festgelegten Ablauf praktiziert wird. Es geht nicht darum, identische Abläufe auf der Oberfläche des Geschehens zu wiederholen, sondern verschiedene Ereignisse mit Hilfe einer verlässlichen Tiefenstruktur des Vorgehens bearbeitbar zu machen.

Im Klassenrat gibt es daher notwendige Freiräume zur Erörterung von Themen, Szenen und Konflikten, zum Durchdenken verschiedener Handlungsoptionen, zum Ausprobieren und Überprüfen von Entscheidungen. Der Klassenrat eröffnet Denk- und Lernmöglichkeiten. Rituale setzen aber gerade nicht Analyse-, Denk- und Lernprozesse frei, sondern bestehen auf starrer Erfüllung der äußeren Form. Sie eignen sich daher nicht für das Problemerkennen, Problembearbeiten und -lösen und für die Weiterentwicklung der Institution. Die Prozesse in der Schulklasse werden im Klassenrat unter einer Metaperspektive betrachtet.

Der Klassenrat als Gremium und die erforderlichen Handlungsmodi

Unseres Erachtens ist es notwendig, sich über die Handlungsmodi zu verständigen, die – will man Partizipation ermöglichen – dabei zu praktizieren sind. Im Gremium Klassenrat werden – auf der Grundlage einer Distanz zum Alltag und unter einer Metaperspektive – die auftretenden Probleme benannt, diskutiert, analysiert und bearbeitet. Voraussetzung für deren Bearbeitung ist die erklärte Bereitschaft der Kinder, diese Probleme in den Klassenrat einzubringen und dort zu besprechen. Es können Formen der Interessenartikulation und Interessendurchsetzung resp. des Interessenausgleichs und Problemlöseheuristiken erlernt werden. Schüler/-innen erfahren dieses Gremium und die dort entwickelten Verfahren als Möglichkeit zur Vorbereitung und zum Treffen von Entscheidungen und ihrer Legitimation. Bei klaren Verfahrensregeln ist der Ausgang der Auseinandersetzung offen und von sachlichen Argumenten und der Überzeugungsarbeit abhängig. Dabei sollte dafür Sorge getragen werden, dass möglichst viele Gesichtspunkte zur Sprache kommen und bedacht werden. Die Lehrkraft muss durch metakommunikative Deutungen Hilfen dafür geben, veränderte Sichtweisen und neue Perspektiven einzunehmen.

Strukturen und Prozesse müssen passend zu Verfahren des demokratischen Artikulierens und des Einbringens von Interessen, des Interessenausgleichs und der Auseinandersetzung und Bearbeitung von Konflikten sein. Die Qualität der Arbeit des Gremiums ist abhängig von der Fähigkeit der Lehrkraft, die Perspektive auf Ereignisse und Probleme unter der Fragestellung zu organisieren, was die gesamte Gruppe daraus lernen kann. Es geht daher nicht darum, jedes Problem in den Klassenrat einzubringen, sondern solche, die außerhalb dieses Gremiums durch die Beteiligten allein nicht gelöst werden können und von deren Bearbeitung die gesamte Gruppe profitiert. Die Lehrkraft muss eine bestimmte *Heuristik der Problembearbeitung* gestalten und die gewählten Prozeduren des Vorgehens darauf abstimmen.

Prozesse in einem Gremium erhalten einen anderen Charakter, wenn keine Klarheit über die Funktion des Gremiums und die – auf die Ziele abgestimmten – sinnvollen Vorgehensweisen und Verfahren herrscht. Die Lehrkraft muss – als Hüterin der Zwecke dieses Gremiums – dafür Sorge tragen, dass es nicht ‚verkommt'. Der Klassenrat als Gremium und die möglicherweise gewählten Formen der Durchführung bewirken nicht per se etwas (Intendiertes); es kommt darauf an, dass die Schüler/-innen, auch durch das klare Denken und Handeln der Lehrkraft, durch die Qualität der Argumentation und Verfahren der Problemlösung und Überprüfung ihrer Wirksamkeit, durch die gemeinsame Genese von Regeln und Absprachen, Partizipation erfahren und ein demokratisches Denken und Handeln verstehen lernen. Partizipation wird nicht nur intentional – über die Verständigung über philosophische und politische Ideen und Verfahren gelehrt, sondern – durch eine passende Choreographie – beiläufig gelernt über Modelllernen, die Auseinandersetzung mit Argumenten, in Diskursen, durch die Analyse von Problemen und die Verwendung heuristischer Verfahren zur Problemlösung.

Wir möchten im Folgenden verdeutlichen, dass der Klassenrat, abhängig von seinem Verständnis und der Qualität der dort stattfindenden Prozesse, einen je unterschiedlichen Charakter erhalten kann (vgl. Kasten 6: Verschiedene Deutungen des Klassenrats).

Eine Fehldeutung des Klassenrats bestünde darin, wenn man ihn als ein „Therapeutisches Setting" oder als „Persönliche Beratungssituation" verstehen würde. Zwar können, wenn das von einzelnen Schülerinnen oder Schülern gewünscht wird, persönliche Rückmeldungen zu ihrem Verhalten gegeben und Möglichkeiten, Veränderungen anzulegen, erörtert werden. Die Schüler/-innen können auch Rückmeldungen über die Akzeptanz einer Person durch die Gruppe erhalten. Der Klassenrat ist jedoch kein Ort für erzieherisches oder therapeutisches Einwirken auf eine Schülerin oder einen Schüler (Deutung des Verhaltens eines Schülers). Neben der klaren Sicht auf den Charakter des Klassenrats als Gremium (und nicht als Beratungssituation) sollte die Gefahr der Stigmatisierung durch Veröffentlichung persönlicher Erfahrungen vermieden werden.

Der Klassenrat ist nur bedingt ein geeigneter Ort, um Probleme zwischen der Lehrkraft und den Schüler/-innen zu bearbeiten. Ist die Lehrkraft Teil eines Konflikts (und/oder Betroffene), kann sie – im Zweifelsfall – keine Moderatorenrolle übernehmen. Sollen daher Probleme zwischen der Lehrkraft und den Schüler/-innen zum Thema werden, ist mindestens ein anderer Heranwachsender heranzuziehen, der dafür einsteht, dass die wesentlichen Prinzipien (Gerechtigkeit, Fairness, Wahrhaftigkeit) und erforderliche Verfahrensschritte beachtet werden (vgl. Kiper 1998).

Der Klassenrat ist an der Schnittstelle von Vorderbühne und Hinterbühne der Schulklasse angelegt. Mutet man sich zu, Vorderbühne und Hinterbühne in den Blick nehmen und beeinflussen zu wollen, steigen die Anforderungen an die Lehrkraft und an die Schüler/-innen gleichermaßen. Bei der Gestaltung des Klassenrats ist darauf zu achten, dass eine Balance hergestellt wird zwischen dem Veröffentlichen von Erfahrung und ihrem Verdecken, zwischen Benennung von Problemen und ihrer Besänftigung, zwischen dem Aufdecken und Benennen von Unrecht und seinem ‚Verharmlosen'. Sobald Probleme angesprochen werden, werden sie – deutlicher als zuvor – zu sozialen Tatsachen. Von daher kann es sinnvoll sein, manchmal eine Offenlegung von Problemen zu verhindern oder genau zu prüfen, ob alle von den Schüler/-innen angesprochenen Ereignisse in den Klassenrat gehören.

Das Gremium Klassenrat kann also keine ‚Allzuständigkeit' für sich beanspruchen, sondern muss in einem festgesteckten Rahmen seinen Aufgaben nachkommen. Es ist genau zu prüfen, wofür der Klassenrat als Gremium geeignet ist. Zunächst muss deutlich sein, dass auf der Basis der Grundrechte und der Gesetze eines Landes und im

Aspekte des Klassenrats	Entartung des Klassenrats
Klassenrat als Forum Ort der Benennung der Probleme; Psychohygiene durch Veröffentlichung von Freude und Ärger; Bearbeitung der Probleme (Problemanalyse und Anwendung von Problemlöseheuristiken); Vereinbarung von Lösungsvarianten.	**Klassenrat als Meckerort** Ort der Benennung der Probleme; Hoffen auf eine Lösung von Problemen allein durch ihr Aussprechen; Verzicht auf die Anwendung von Problemlöse- oder Regelungsprozeduren; Vergrößerung der Probleme durch ihre Benennung und Etablierung als ‚soziale Tatsachen'. Ggf. Steigerung der Hilflosigkeit gegenüber der Vielzahl von Problemen; ggf. Wut, Verzweiflung, Resignation, Hoffnungslosigkeit, wenn keine Konfliktlösungsmöglichkeiten erkennbar werden. Gefahr einer möglichen Verschlechterung des Klassenklimas.
Klassenrat als Bühne Darstellen von Konflikten in leicht zeremonieller Form mit Beobachter/innen und Kommentatoren; Gestaltung einer kultivierten Form des Streitens und der Streitlösung; Identitätserprobung und sozialer Austausch über den Streit und die darin verwobenen ‚Parteien'; Urteilsbildung über zugrunde liegende Interessenkonflikte auf der Grundlage der Einschätzung der Sachlage durch die Gruppe; Vorschläge zum Interessensausgleich oder zur Konfliktlösung.	**Klassenrat als Tribüne** Ort des Benennens von Konflikten mit Fokus auf persönliche Schuld und Suche nach persönlich für den Konflikt Verantwortlichen; Personalisierung von Konflikten mit der Folge der Spaltung der Gruppe resp. des Zerfalls in verschiedene Cliquen; Zuschreibung von (mehr oder weniger akzeptierten) Rollen und deren Verfestigung; Ansprechen von Konflikten und Agieren von Abwertung, Hass, Gewalt ohne systematische Problemlösung; Konfliktverschärfung; Ein- und Ausgrenzungsprozesse in der Schulklasse. Es könnte sich das Phänomen einstellen, dass einige Kinder explizit darauf Wert legen, dass Konflikte nicht zur Sprache kommen, da sie sich durch die Diskussion eher verschärfen.
Klassenrat als Ort der Mediation und Streitschlichtung Ort der Vergegenwärtigung von Interessengegensätzen; Suche nach Wegen der Konfliktvermeidung durch das gegenseitige Berücksichtigen von Interessen; Zielsetzung: gegenseitiges Verstehen, Verständigung mit dem Ziel des Interessenausgleichs; Suche nach Konfliktlösungen ohne Niederlage (Thomas Gordon).	**Klassenrat als Tribunal** Ort der Anklage und Verurteilung ohne festgelegte Verfahrensregeln; kein Handeln nach Prinzipien der Wahrhaftigkeit, Fairness und Gerechtigkeit; stattdessen agiert die Gruppe Wut an einem Angeklagten (Sündenbock) aus. Die mit dem Klassenrat verbundenen Elemente der Choreographie (z. B. Eintrag auf der Wandzeitung; Vortragen der Konflikte) verkommen zu Formen der Drohung, Rache, Vorverurteilung und Schuldzuweisung.

Kasten 6: Verschiedene Deutungen des Klassenrats

Kontext der Institution Schule und des dort gültigen Schulgesetzes Probleme diskutiert, analysiert und bearbeitet werden. Von daher kann der Klassenrat z.B. nicht die Abschaffung der Schulpflicht, der Bildungsstandards oder des schulischen Lehrplans beschließen. Innerhalb des gesetzten Rahmens allerdings können Wege des Umgangs mit bestimmten Aufgaben in Unterricht und Schule erörtert werden. Es ist zu prüfen, ob die eingebrachten Ereignisse, Szenen, Themen und Probleme dafür geeignet sind, im Klassenrat zum Thema zu werden.

Persönlichkeitsentwicklung – Gruppenentwicklung – Institutionenentwicklung

Wenn der Klassenrat Partizipation befördern soll, dann ist zu vergegenwärtigen, dass diese eine persönliche, eine interaktionale und eine institutionelle Ebene umfasst.

Schutz der Personen

Die persönliche Ebene ist daran geknüpft, dass die Schüler/-innen sich trauen, Wünsche, Bedürfnisse und Interessen zu artikulieren, eine eigene Sicht zu äußern, Stellung zu beziehen, eine Position einzunehmen und eine Entscheidung zu fällen. Die Klassenversammlung muss das allen Schüler/-innen ermöglichen. Zugleich muss sie den Schutz der Person sicherstellen. Das bedeutet, dass Schüler/-innen, die etwas über sich und ihre Situation offenbaren, vor Abwertung, Häme, Spott geschützt werden und dass sie Entscheidungen darüber treffen dürfen, ob sie Probleme in den Klassenrat einbringen und dort besprechen wollen. Sie dürfen nicht gezwungen werden, ihre Probleme dort zu verhandeln, und ihnen dürfen auch nicht Sichtweisen oder zu realisierende Lösungen durch moralische Argumentation aufgezwungen werden.

Ideale Kommunikationssituation als kontrafaktische Idee

Die interaktionale Ebene von Partizipation ist nicht nur daran geknüpft, dass miteinander offen gesprochen wird. Es ist dafür Sorge zu tragen, dass sich jedes Kind mit seiner Sicht einbringen kann und jedes Kind mit seinen sachlichen Überlegungen und seinen Emotionen und sozialen Erfahrungen zu Wort kommt und verstanden wird. Dabei ist es ein Ziel, dass die Kinder lernen, sich in die Gefühle, Interessenlage und Sichtweisen eines anderen Kindes zu versetzen (Empathie), und dass sie lernen, sich als Teil der Gemeinschaft der Schüler/-innen resp. als Teil der Schulklasse sehen zu lernen. Das gemeinsame Interesse der Gruppe an der Lösung der Probleme und am Lernen aus diesem Problem muss erörtert werden. Dabei soll allen die Möglichkeit gegeben werden, Deutungen des Problems und Lösungsvorschläge einzubringen und gegeneinander abzuwägen. Die Schüler/-innen, die ihre Probleme in die Klassenversammlung einbringen, müssen die ‚Hoheit' resp. die ‚Kontrolle' über die Diskussion behalten und letztlich sich auch für eine Problemlösung und ihr Ausprobieren entscheiden können. Es ist Sorge dafür zu tragen, dass sie nicht als Personen beschädigt aus einer solchen Diskussion herausgehen. Das bedeutet auch, dass die Schüler/-innen, die ihr Problem besprechen lassen, nicht persönlich angegriffen oder verunglimpft werden dürfen.

Sicherung der Qualität der Prozesse und Strukturen

Auf der institutionellen Ebene ist dafür Sorge zu tragen, dass Verfahren entwickelt und etabliert werden, die Strukturen setzen, gestalten und weiterentwickeln. Die zugrunde liegende Philosophie versteht das Gremium und die dort stattfindenden Prozesse als Garant für Freiheit (versus Herrschaft der Starken), als Schutz des Einzelnen (versus Schutz der Majorität), als Gremium, in dem die Abläufe rechtsförmig angelegt und nicht willkürlich sind. Das Gremium als Ort der Aussprache, der Klärung, der Auseinandersetzung mit Interessen und des Problemlösens hilft, Schüler/-innen gegen die Macht Einzelner abzusichern. Zugleich müssen sie lernen, nicht nur die eigenen Interessen durchsetzen zu wollen, sondern die Idee der Solidarität zu entfalten. Es sind Prinzipien der Gerechtigkeit, der Fairness und Wahrhaftigkeit gegenüber allen Kindern, unabhängig von ihrer Position und Stellung in der Gruppe, zu beachten (Prinzipien der Wahrhaftigkeit, der Gerechtigkeit, der Fairness). Die Regeln für die Durchführung des Klassenrats müssen deren Beachtung sicherstellen (Durchführungsregeln). Zugleich sind Regeln der Diskretion zu beachten. Einbringen von Szenen, Erfahrungen und Problemen in den Klassenrat sind nur mit Zustimmung der betroffenen Schüler/-innen erlaubt. Deren Zustimmung zu ihrer Diskussion und Bearbeitung dürfen weder zur Ausgrenzung noch zu ihrer Demütigung gegenüber anderen führen. Ein Klassenrat, der Stigmatisierungsprozesse befördert, der dazu beiträgt, ‚Sündenböcke' auszugucken und stellvertretend zu bestrafen, der zu einseitigen Verurteilungen und Prozessen der Ausgrenzung führt, ist nicht hilfreich. Die Lehrkraft hat dafür zu sorgen, dass im Klassenrat Prinzipien der sachlichen Klärung von Konflikten beachtet werden, unabhängig von den betroffenen Personen. Die schwachen Schüler/-innen sind besonders zu schützen. Im Klassenrat darf das offene Ansprechen von Problemen nicht zur Disziplinierung dieser Schüler/-innen führen. Diese Prinzipien müssen der organisationalen Logik der Durchführung des Klassenrats (Durchführungsregeln und ihre Anwendung) eingeschrieben sein. Alle an der Klassenversammlung Beteiligten müssen sich auf die *Anwendung klarer Verfahrensregeln* verlassen können.

Exkurs: Eine ausgewählte Choreographie für den Klassenrat

Im Folgenden soll die in einer vierten Klasse über Jahre hinweg erarbeitete Choreographie des Klassenrats, die in dem Band „Selbst- und Mitbestimmung in der Schule. Das Beispiel Klassenrat" vorgestellt wurde (vgl. Kiper 1997), unter der Perspektive betrachtet werden, ob sie geeignet ist, zur Problembearbeitung und Problemlösung beizutragen und *Problemlösen* als Lernprozess auf einer Tiefenstruktur anzulegen.

Der Klassenrat erfolgt nach *verabredeten Regeln für Kommunikation und Interaktion* und in einer festen *Ablaufstruktur*. Diese Struktur soll den Schüler/-innen und ihrer Lehrkraft ermöglichen, den Prozess der Klärung der Situation (Situationsanalyse) und der Bearbeitung von Problemen vorzustrukturieren und im Kontext der Interaktionsdynamik den Überblick über den Diskussions- und Klärungsprozess ermöglichen. Zu den *Kommunikationsregeln* kann gehören, dass nur ein Kind spricht und während des Sprechens weder unterbrochen noch durch Meldungen irritiert werden darf, dass man ‚Ich-Aussagen' wählt, dass die Kinder sich gegenseitig ansprechen und dabei angucken, dass nicht über Kinder gesprochen wird, die abwesend sind. Zu den *Durchführungsregeln* gehört z.B. die schriftliche Ankündigung der zu besprechenden Probleme auf einer Wandzeitung, in einem Klassenratsbuch oder am schwarzen Brett (nachdem Klärungsversuche unter den Kindern selbst nichts gefruchtet haben), die Festlegung eines festen

Termins oder mehrerer Termine für die Klassenratssitzung pro Woche und die Einplanung eines angemessenen Zeitfensters für die Klärung des Problems. Zu der Choreographie kann das Festlegen der Aufgaben (Sitzungsleiter/-in, Vorleser/-in der Beschlüsse der letzten Woche, Protokollant/-in der neuen Beschlüsse) gehören. Oftmals erfolgt die formale Eröffnung der Sitzung des Klassenrats, die diesen von anderen Aktivitäten im Unterricht oder auch im Gesprächskreis deutlich als gesondertes Setting herausstellt. Manchmal ist es sinnvoll, in einer oder mehreren positiven Runden sich gegenseitig mitzuteilen, was man in der Schule und unter den Gleichaltrigen lobenswert fand (Feedback geben und nehmen). Es folgt ein Vorlesen der in der letzten Woche gefassten Beschlüsse und die Überprüfung ihrer Umsetzung (Evaluation der verabredeten Handlungen mit Blick auf ihre Tauglichkeit für eine Problemlösung). Dabei kann besprochen werden, ob die Lösungsvarianten weiter ausprobiert werden und/oder Gültigkeit behalten sollen. Dann können die Probleme nacheinander benannt und – bei Einverständnis der am Konflikt beteiligten Kinder – gemeinsam besprochen werden mit dem Ziel, eine Lösung für das Problem zu finden. Dabei ist es sinnvoll, sich zunächst einen Überblick über die vorhandenen Probleme zu verschaffen, um evtl. vorhandene Zusammenhänge zwischen ihnen herzustellen (erste Problemanalyse unter systemischer Perspektive). Die Reihenfolge der Problemdarstellung und Problembearbeitung in der Klassenversammlung wird – entsprechend der Eintragungen, der Dringlichkeit und der Anwesenheit der am Konflikt beteiligten, gesprächsbereiten Kinder – zu Beginn jeder Klassenversammlung festgelegt. Die Runde der Problemdarstellung, Problemanalyse und Problemlösung ist davon getragen, dass jeder Konflikt, bei dem die beteiligten Schüler/-innen zustimmen und der in den Klassenrat von den Beteiligten eingebracht wird, diskutiert wird. Die Perspektive der Diskussion soll nicht rückwärtsgewandt und unter einer Perspektive von Verantwortlichkeit oder Schuld geschehen, sondern unter dem Aspekt, wie man solche Probleme vermeiden, wie man sie beilegen oder lösen kann und was alle Schüler/-innen daraus lernen können. Es empfiehlt sich, ein Problem jeweils aus der Perspektive der beiden am Konflikt beteiligten Partner zu beleuchten. Dabei wird gefragt, inwiefern (mindestens) ein anderes Kind sich in die Situation eines der jeweils beteiligten Kinder (oder Kindergruppen) hineinversetzen kann. Da immer eine Schülerin oder ein Schüler aufgefordert wird, die Perspektive jeweils eines der in den Konflikt involvierten Kinder (oder Kindercliquen) zu übernehmen und den emotionalen und sachlichen Gehalt des Konfliktes aus dessen Perspektive darzustellen, werden die verschiedenen Sichtweisen auf ein Problem erkennbar. Um zu einer Problemlösung zu kommen, können von verschiedenen Kindern Lösungsvorschläge eingebracht werden. Es ist wichtig, dass die am Problem beteiligten Kinder sich für eine Problemlösung, die ihnen angemessen und praktikabel erscheint, entscheiden. Manchmal kann vereinbart werden, eine Lösungsvariante für einen bestimmten Zeitraum auszuprobieren. Die gefundenen Problemlösungen werden als Beschluss in einem Klassenratsbuch notiert; sie sind für eine bestimmte Zeit (meist eine Woche) verbindlich. Bei der nächsten Klassenratssitzung werden die Beschlüsse vorgelesen, überprüft und bekräftigt oder verworfen. Damit erweisen sich die Konfliktlösungen als vorläufig und modifizierbar. Schüler/-innen erleben, dass nicht jeder Konflikt durch eine einmalige Erörterung zu lösen ist. Manchmal müssen sie neu bearbeitet werden. Dabei sollten die Kinder, die es geschafft haben, sich neu und anders zu verhalten, in besonderer Weise gewürdigt werden.

Oberflächenmerkmale und Tiefenstrukturen im Klassenrat

Diese Choreographie für das Basismodell des Lernens ‚Problemlösen' kann nun daraufhin befragt werden, inwiefern sie geeignet ist, Problemlösen als Vorgehen zu erlernen. Dabei ist auch zu überprüfen, welche Erfahrungen bezogen auf das Lernen des Individuums (Persönlichkeitsbildung und Identitätsentwicklung), bezogen auf die Gestaltung der Arbeits- und Sozialbeziehungen unter Gleichaltrigen und der Schüler/-innen mit ihrer Lehrerin resp. ihrem Lehrer und bezogen auf die Gestaltung der Institution (Organisationsentwicklung in der Schulklasse) ermöglicht werden.

Zunächst ist zu würdigen, dass in diesem Klassenrat Kommunikationsregeln und Durchführungsregeln erarbeitet wurden und den Schüler/-innen bekannt sind. Zugleich ist hilfreich, dass es – zur Sicherung und Stützung des Verfahrens – verschiedene Rollen im Klassenrat gibt. Im Klassenrat ist durch die positiven und weiteren Runden eine Möglichkeit eröffnet, dass die Lehrkraft, aber auch die Schüler/-innen, Hinweise über Ereignisse und Szenen in der Schulklasse erhalten und von daher die Möglichkeit haben, über die Verbesserung des Sozialklimas und über die Vermeidung sich ankündigender Probleme nachzudenken, aber auch Hinweise darüber erhalten, was gelernt wurde.

Ist genügend soziale und politische Phantasie vorhanden, um Ereignisse, Szenen und Vorfälle zu erschließen? Wie wird mit den Eintragungen im Klassenratsbuch resp. auf der Wandzeitung umgegangen? Wird darauf geachtet, dass keine Gleichsetzung zwischen dem Beschreiben eines Ereignisses, der Benennung der daran beteiligten Personen und dem Problem vorgenommen wird? Gibt es genügend Zeit und Raum dafür, herauszufinden, worin das im Geschehen verborgene Problem besteht, durch welche Deutungen und Handlungsweisen es existiert und wer es hat? Oftmals sind viele in einer Schulklasse auftretenden Szenen mit einem gemeinsamen, tieferliegenden Problem verknüpft, das es aufzuspüren und zu lösen gilt.

In der Choreographie wird die Frage nach den mit einem Problem verbundenen Gegebenheiten vernachlässigt. Darauf sollte Wert gelegt werden, um einer Personalisierung des Problems entgegenzutreten. In der vorgestellten Choreographie erfolgt keine explizite *Diskussion der Zielsetzungen*, die das Interesse an der Problemlösung fundieren könnte. Oftmals wird implizit angenommen, dass Ziele von allen geteilt werden (z.B. alle Schüler/-innen wollen sich vertragen), oder Ziele werden von der Lehrkraft gesetzt oder eine Diskussion der Möglichkeiten zur Problemlösung findet ohne explizite Zielklärung statt. Gerade in der Diskussion über die Zielsetzungen, die Grundlage für die Suche nach Problemlösungsmöglichkeiten ist, kommt der Frage des Verhältnisses zwischen dem Einzelnen oder einigen Schüler/-innen und der Gemeinschaft und der Werteexplikation (durch Argumentation) eine wichtige Rolle zu.

Oftmals wird zu wenig Zeit dafür eingeräumt, dass die am Konflikt Beteiligten nach *Lösungsmöglichkeiten für das Problem* suchen oder dass die Schüler/-innen der Schulklasse soziale und politische Phantasie entfalten können, wie man ein solches Problem zukünftig vermeiden oder gemeinsam lösen kann. Es kommt oftmals vor, dass Lehrerinnen und Lehrer (oder auch die Sitzungsleiterin oder der Sitzungsleiter des Klassenrats) Lösungen vorschlagen (sich vertragen, sich versöhnen, sich entschuldigen). Auch wenn die Lehrkraft Lösungsvorschläge einbringt, muss sie dafür Sorge tragen, dass diesen explizit zugestimmt wird. Sie kann sie nicht einfach – per Amtsautorität – durchsetzen.

Problemlösen sollte nicht nur mit Blick auf die durch ein Problem betroffenen Schüler/-innen erfolgen. Die Aufmerksamkeit sollte auch darauf gerichtet werden, was die alle interessierenden Gesichtspunkte an der Problemlösung sind. Dies gelingt, wenn Verfahren der Problemvermeidung und der Problemlösung herausgestellt oder für alle verpflichtende Regeln generiert werden. Dabei ist auch der Blick darauf zu richten, diese in der Kultur der Schulklasse zu verankern (z.B. durch Aufschreiben der Regeln und geeignete Veröffentlichung; Überprüfung ihrer Einhaltung).

Manchmal werden durch eine ungeeignete Choreographie selbst Probleme und Konflikte erzeugt, z.B. dann, wenn durch die Rollen- und Aufgabenverteilung im Klassenrat (bestimmte Rollen werden von schul- und lernorientierten Schülerinnen oder Schülern übernommen) einseitig eine Teilung der Schülerschaft in ‚angepasst‘, ‚sozial integrativ‘ und in ‚Probleme verursachend‘, ‚störend‘ erfolgt. Werden immer wieder die gleichen Kinder als Probleme verursachend benannt und beschrieben und wird zu wenig auf ein Erfassen der Probleme gesetzt, kann der Effekt eintreten, dass Probleme als nur von einzelnen Schüler/-innen verursacht gerahmt werden. Die Lehrkraft muss daher in besonderer Weise dafür sorgen, dass der Klassenrat nicht zum Tribunal der Anklage, der Anschuldigung und der Stigmatisierung verkommt. Eine unzureichende Akzeptanz der Freiwilligkeit der Problembearbeitung im Klassenrat und der Wahl von Lösungsmöglichkeiten kann Kinder unter Druck setzen.

Zu Fragen der Passung der Choreographie im Klassenrat

Wie schon skizziert, wird im Klassenrat eher beiläufig gelernt. Partizipation wird nicht zum Lehrstoff oder Unterrichtsgegenstand, der gezielt erarbeitet wird. Stattdessen erfolgen Formen des beiläufigen Lernens auf der Ebene der Persönlichkeitsentwicklung und Identitätsbildung der Schüler/-innen, der Gestaltung des Zusammenlebens unter den Schüler/-innen und der Gestaltung der Organisation, hier der Schulklasse (Organisationsentwicklung). Die Lehrkraft muss mit Blick auf diese drei Ebenen das Geschehen diagnostizieren, begleiten und evaluieren.

Die Choreographie des Klassenrats muss den Entwicklungsstand der Schüler/-innen berücksichtigen. Praktiziert man einen Klassenrat im ersten Schuljahr, hat die Lehrkraft anders zu handeln, als wenn der Klassenrat in der Sekundarschule durchgeführt wird.

Uns erscheint es sinnvoll, die Unterscheidung von „Oberflächenmerkmalen des Unterrichts" und „Tiefenstrukturen" auch für den Klassenrat aufzunehmen (Oser & Baeriswyl 2001; Kiper & Mischke 2004, 2006). Zu prüfen ist, ob Lehrkraft und Schüler/-innen eine Choreographie im Klassenrat (die Oberflächenstruktur) wählen und gestalten, die geeignet ist, beiläufige Lernprozesse zu ermöglichen. Es geht uns also darum, die jeweilige Gestaltung des Klassenrats auf der Oberflächenstruktur im Hinblick auf die Passung zum zu ermöglichenden Lernprozess in den Blick zu nehmen.

In der Regel geht es in der Klassenversammlung um das *Basismodell des Problemlösens*. Die auftauchenden Probleme können unterschiedlich angelegt sein. Es kann sich um Sachprobleme handeln oder um Probleme mit Ordnungen und Regeln oder um Beziehungsprobleme in der Schulklasse oder um mangelhafte institutionelle Verfahren und Prozeduren. Oftmals haben die Probleme, die angesprochen werden, verschiedene Facetten. Beim Basismodell des Problemlösens geht es nach Kiper & Mischke (2004, 117f) um die aktive Generierung und Nutzung der verfügbaren Informationen. Dabei sollen sowohl neue Erkenntnisse über die Welt (deklaratives Wissen) gewonnen, als auch die Verwendung von Heuristiken erworben werden. „Empfohlen wird eine Schrittfolge, die schleifenförmig zurückspringend abgearbeitet wird, bis die endgültige Lösung erreicht ist:

- Vorgabe oder eigenständige Definition eines Problems
- Analyse der Gegebenheiten
- Analyse der Ziele
- Analyse der Barriere(n)
- Entwicklung von Handlungsplänen (zur Informationsbeschaffung oder zur Lösung)
- Anwendung der Pläne
- Beobachtung und Evaluation der erzielten Ergebnisse
- Reflexion der Prozesse.

Diese Prozesse können von der Lehrperson durch Monitoring überwacht und, wenn angezeigt, durch Hilfestellungen unterstützt werden. Wichtig ist, prozessbezogen und nicht durch Vorgabe von Lösungsteilen zu helfen" (Kiper & Mischke 2004, 117).

Mit Blick auf die zu einer Problemlösung notwendigen Schritte ist eine Choreographie des Klassenrats und seiner Durchführung zu wählen, bei der das jeweils zu bearbeitende Problem geklärt und möglichst gelöst wird. Zugleich ist eine Heuristik des Problemlösens, also *Problemlösen als Verfahren* zu lernen. Das bedeutet, dass eine doppelte Aufgabe besteht: Die Schüler/-innen müssen jeweils das konkrete Problem erkennen, bearbeiten und lösen und das Problemlösen als Verfahren erwerben. Das Problemlösen ist darüber hinaus mit Blick auf die Gleichaltrigen insgesamt und die Schulklasse als Institution (organisationales Lernen) in den Blick zu nehmen und zu gestalten.

Die Choreographie des Klassenrats muss – über die Etablierung des Klassenrats als Gremium – ermöglichen, bei vorgetragenen Szenen oder Ereignissen zunächst zu entdecken, worin das Problem besteht, wer das Problem hat, welche sachlichen Anteile, welche Beziehungsanteile, welche Fragen der persönlichen Betroffenheit und Deutung darin eingehen und wie das Problem möglicherweise mit anderen Gleichaltrigen, ihrem Denken und Verhalten, aber auch der Institution und ihren Strukturen zusammenhängt. Dabei kann auch erörtert werden, wann und unter welchen Bedingungen etwas zum Problem wird. Wichtig ist, mit den Schüler/-innen in ein Gespräch über ihre eigenen Ziele einzutreten. Es ist zu diskutieren, was dafür spricht, an dem Problem und dem Verzicht auf eine Klärung festzuhalten und welche Interessen die einzelnen, aber auch die Gruppe haben könnten, das Problem zu lösen. Hier müsste eine Zielklärung und evtl. Einigung auf bestimmte Ziele vorgenommen werden. Ein Blick sollte auch auf Barrieren geworfen werden, die der Lösung entgegenstehen. Dabei sollten diese Barrieren nicht personalisiert werden. Wichtig ist, auf der Basis geteilter Ziele, verschiedene Handlungspläne zu entwickeln und Möglichkeiten der Umsetzung dieser Pläne zu durchdenken. Erfolge und Misserfolge der Umsetzung sind zu beobachten und anhand vereinbarter Maßstäbe zu überprüfen; Ergebnisse und Prozesse des Handelns sind zu reflektieren.

Problemlösen im Rahmen einer Klassenversammlung oder im Klassenrat muss daher nicht nur die Problemlöseprozedur in kluger Weise durch die Choreographie anlegen. Es muss dabei das Lernen zwischen Individuum, Gruppe und Schulklasse ausbalancieren.

Zunächst muss *das Individuum* die Hoheit (resp. die Kontrolle) darüber behalten, ob es Ereignisse, Szenen, Konflikte im Klassenrat besprechen und mit der Gruppe erörtern will. Es darf nicht gezwungen werden, diese Problemklärung und Problemlösung im Klassenrat vorzunehmen. Ist die einzelne Schülerin oder der einzelne Schüler dazu bereit, bietet der Klassenrat die Möglichkeit, zu erfahren, dass ein Ereignis oder eine Szene oder ein Erleben noch nicht automatisch ein Problem darstellen muss. Im Gegenteil, das Problem muss erst konstruiert oder aufgedeckt werden. Probleme haben auch mit persönlichen Konstruktionen, mit Einschätzungen und Deutungen und mit Gefühlen zu tun. Um zu wissen, worin das Problem besteht und wer es hat, muss in einem diskursiven Verfahren um die angemessene Definition des Problems gerungen werden. Zugleich muss der Einzelne für sich das Recht einfordern und zur Geltung bringen, seine Sicht auf ein Ereignis, eine Szene einzubringen und seine Sicht des Problems und der damit verbundenen Rahmungen, Deutungen und Gefühle ebenso darzustellen wie die Sicht eines anderen oder mehrerer anderer zuzulassen, zu hören und zu verstehen. Der Einzelne macht also die Erfahrung, dass es mehrere Sichtweisen auf Ereignisse und Szenen gibt und dass darum gerungen werden muss, dass ein – in einem Ereignis oder in einer Szene enthaltenes – Problem angemessen erfasst wird. Auf dieser Grundlage ist eine Auseinandersetzung über Ziele erforderlich, wobei auch unterschiedliche Ziele verfolgt werden können. Hier ist eine Verständigung über Ziele oder eine Suche nach gemeinsamen Zielen angesagt. Ebenfalls kann erörtert werden, welche Barrieren oder Schwierigkeiten zu überwinden sind, wenn ein Problem gelöst werden soll. Dabei kann der Einzelne die Gruppe dafür nutzen, sich über Ziele Klarheit zu verschaffen, mögliche Barrieren, die einer Lösung entgegenstehen, zu bedenken und Ideen für eine Lösung mit entwickeln zu lassen. Gleichzeitig muss gesichert bleiben, dass die an einem Problem Beteiligten die Autonomie darüber behalten, ob und wie sie das Problem lösen wollen. Sie müssen daher eigenständig Ziele formulieren und diese für sich akzeptieren und aus den entwickelten Lösungsvorschlägen die für sie passenden auswählen, die sie ausprobieren wollen. Sie müssen dabei für sich selbst Erfolgsmaßstäbe festlegen, an denen Erfolg oder Misserfolg der Problemlösung erfasst und evaluiert werden soll.

Die *Gruppe der Gleichaltrigen* lernt im Kontext der Klassenversammlung, dass Szenen oder Ereignisse und ihre erste Einschätzung nicht einfach mit einem Problem gleichgesetzt werden sollten: Stattdessen sind die in einer Szene versteckten Probleme durch Analyse sichtbar zu machen. Dabei können mit einem Ereignis unterschiedliche Interessen, Sichtweisen und Deutungen verbunden sein, die es – im Kontext der Klärung, worum es bei einem Problem geht – herauszuarbeiten gilt. Die Gleichaltrigen lernen also unterschiedliche Interessen und Perspektiven, Deutungen und Einschätzungen kennen. Sie lernen, Sichtweisen und Gefühle der an einem Problem Beteiligten zu erkennen und zu verstehen und das Problem auf dieser Grundlage neu einzuschätzen. Sie können sich an der Diskussion um Ziele, Barrieren und Problemlösemöglichkeiten beteiligen und verschiedene Varianten durchspielen (z.B. andere Interpretation, Veränderungen in der Umwelt, im Verhalten, Kompromissbildung); dabei kann die Erfahrung gemacht werden, dass eine Gruppe, sofern sie sich nicht zu schnell an einer Meinung orientiert, sondern (maximal) unterschiedliche Perspektiven zur Entfaltung bringt, klüger sein kann als das Individuum. Sie muss zugleich die Kontrolle über die Entscheidung, über die Lösung des Problems und über die zu wählenden Handlungsschritte den am Konflikt Beteiligten zugestehen.

Bezogen auf die *Schulklasse* muss – neben Kommunikationsregeln, Durchführungsregeln und Fairnessregeln – gesichert werden, dass die Schüler/-innen die Erfahrung machen, dass in der Klasse nicht das Recht des Stärkeren herrscht, dass Szenen daraufhin befragt werden, was sie – bezogen auf Probleme – zum Ausdruck bringen, dass nicht einfache Prozesse der Personalisierung von Konflikten, der vereinfachten Schuld- oder Verantwortungszuschreibung gewählt, sondern die mit Problemen verbundenen Gegebenheiten betrachtet werden. Zugleich werden Ziele nicht einseitig von der Lehrkraft gesetzt, sondern gemeinsam entwickelt oder ausgehandelt. Die Klasse erwirbt eine Vielzahl von Ideen, wie Probleme konkret gelöst werden können (z. B. sich aus dem Weg gehen, sich nicht abwerten, anpöbeln, in Konflikte verwickeln lassen, sich abgrenzen, um Hilfe bitten, Hilfe holen). Sie erwirbt Verfahren, nach denen Szenen diskutiert, Probleme erkannt und Handlungsmöglichkeiten gefunden werden. Dabei werden Problembearbeitungsverfahren und Verhaltensweisen, die für die Problembearbeitung förderlich sind, erworben (z. B. genaues Zuhören, Einbringen unterschiedlicher Sichtweisen auf eine Szene, Verstehen, den Problemgehalt erschließen, individuelle und gemeinsame Ziele klären und abstimmen, sich Barrieren vergegenwärtigen, nach Lösungsmöglichkeiten suchen, sich für eine Lösung entscheiden, Unterstützung und Hilfe anbieten, ohne überwältigend zu wirken, die Entscheidung der Individuen akzeptieren). Dabei muss die Lehrkraft sicherstellen, dass Gerechtigkeit und Fairness gegenüber allen gewahrt wird. Meines Erachtens sollte den Schüler/-innen, die einen Konflikt eingebracht und ermöglicht haben, ihn in der Klasse zu diskutieren, explizit für ihre Bereitschaft und ihren Mut gedankt werden, weil sie allen einen Lernprozess ermöglichen.

Zur Rolle der Lehrkraft im Klassenrat

Wie schon angedeutet, kommt der Lehrkraft im Klassenrat eine wichtige Aufgabe zu. Sie hütet die Einhaltung bestimmter Regeln, steht ein für die Maximen der Gerechtigkeit, Fairness, Wahrhaftigkeit und des Schutzes der Schwächeren und für die Rechte der/s Angeklagten. Sie verweist auf Regeln, argumentiert auf einer hohen Stufe moralischen Denkens, führt zu Konsensbildung und Entscheidungen und bedenkt – bezogen auf die Gestaltung des Klassenrats – auch den Entwicklungsstand der Schüler/-innen. Die Lehrkraft hat im Klassenrat Aufgaben, denen sie durch direktes und indirektes Handeln nachkommen sollte.

Zunächst ist die Lehrkraft *ein normales Mitglied* im Klassenrat. Das heißt, dass sie sich an die Gesprächs- und Kommunikationsregeln und Ablaufmodalitäten des Klassenrats halten und *auf Macht verzichten* muss. Sie lässt sich auf die Schüler/-innen, ihre Sichtweisen und Deutungen, ihre Lösungsvorschläge und Aushandlungsprozesse ein Stück weit ein. In der Regel meldet sie sich wie die anderen Kinder und wird aufgerufen. Nur manchmal greift sie *direkt und sofort ein*; diesen Eingriff kündigt sie durch ein Zeichen an und erklärt ihn. Dieses Eingreifen kann notwendig werden, um Kinder vor der Thematisierung zu persönlicher Themen im Klassenrat zu schützen und um zu verhindern, dass Dinge im Klassenrat verhandelt werden, die dort nicht hingehören. Sie greift ein, wenn sie bemerkt, dass der Klassenrat in die Gefahr gerät, zum Tribunal zu verkommen. Dann wählt sie ‚Stopp-Signale' unter Verweis auf die zu beachtenden Regeln resp. unter Explikation der Regelverletzung.

Die Lehrkraft übergibt die Diskussionsleitung Schritt für Schritt an eine Schülerin oder einen Schüler und hilft diesen dabei, den Ablauf im Klassenrat zu gestalten; sie ist zugleich *Hüterin des Verfahrens*. Das heißt, sie erläutert – bei Bedarf – die grundlegende Philosophie des Rechtsstaates, verweist auf bestehende Grundrechte und erklärt sie und nennt gesetzliche Regelungen, die auch in der Schule gelten. In besonderer Weise sichert sie Fairness und Gerechtigkeit gegenüber allen Schüler/-innen, unabhängig von der Person. Sie sichert die Einhaltung der Regeln und gewährt Schutz. Zu den zu beachtenden Momenten bezogen auf das Vorgehen im Klassenrat gehört, dass für alle Schüler/-innen das gleiche Recht gilt: Alle müssen die gleiche Möglichkeit haben, Probleme einzubringen und Interessen wahrzunehmen. Die Lehrkraft muss das Individuum vor Angriffen schützen. Sie muss dafür Sorge tragen, dass Schüler/-innen, deren Probleme im Klassenrat verhandelt werden, in der Folge nicht stigmatisiert und ausgegrenzt werden, sondern dass wertschätzend, fair und gerecht mit ihnen umgegangen wird.

Während des Einbringens von Erfahrungen und Ereignissen (in Form von Szenen) hilft sie dabei, dass eine geeignete Problemdefinition vorgenommen wird. Sie trägt dafür Sorge, dass die Problembearbeitung nicht unter dem Fokus von Schuld und Verantwortung, also rückwärtsgewandt, sondern unter dem Aspekt erfolgt, was alle Schüler/-innen (mit Blick auf die Zukunft) daraus lernen können. Sie stärkt die *Prinzipien der Gemeinschaft* und schützt den/die Einzelne/n. Sie bringt Erklärungen und Deutungen eines Problems und seiner Genese ebenso ein wie Ideen für Lösungsmöglichkeiten, sorgt aber dafür, dass diese Ideen nicht einfach übernommen, sondern erörtert und bewertet werden. Sie setzt ihre Sichtweisen und Lösungsvorschläge nicht durch persönliche Macht oder Amtsautorität durch, sondern bezieht in die Problembearbeitung und -lösung möglichst viele Schüler/-innen ein. Sie sorgt dafür, dass die von der Gruppe vorgeschlagenen Lösungsideen verstanden und anhand angemessener Kriterien bewertet werden.

Die Lehrkraft balanciert die Interessen von Individuen und Gemeinschaft aus. Sie trägt – gegenüber der Gruppe – dafür Sorge, dass die Schüler/-innen darüber entscheiden dürfen und können, ob sie ein Problem in den Klassenrat einbringen und dort besprechen lassen wollen und dass sie – sofern sie sich dazu bereit gefunden haben – die Kontrolle darüber behalten, sich für eine geeignete Problemlösung entscheiden resp. auch andere verwerfen zu können. Zugleich verteidigt sie die Regeln der Gemeinschaft gegen den Egoismus des Einzelnen ebenso wie gegen potentielle Machtwünsche von Mitgliedern der Gruppe. Dabei verhindert sie auch Formen der Konfliktlösung durch Sadismus und Ausgrenzung durch gezieltes Eingreifen. Als Erwachsene verhält sie sich möglichst angemessen und argumentiert überzeugend (vgl. auch Kiper 2007).

3.2.5 Die Trainingsraummethode

„Der Trainingsraum ist ein Klassenzimmer oder ein eigens eingerichteter Raum für diejenigen Schüler/-innen, die im Unterricht stören und sich nicht an die geltenden Regeln halten wollen oder können. (…) Der Trainingsraum ist den ganzen Schultag über mit Trainingsraumlehrerinnen und -lehrern der betreffenden Schule besetzt, die dort abwechselnd Dienst tun und für diejenigen Schüler/-innen da sind, die sich für den Trainingsraum entschieden haben und damit zeigen, dass sie Hilfe und Unterstützung brauchen. Die Traininingsraumlehrerinnen und -lehrer sprechen mit ihnen in offener und respektvoller Haltung und versuchen herauszufinden, was die betreffenden Schüler/-innen bewegt hat, andere zu stören, welche Absicht, welche Ziele (…) sie damit verfolgt haben. (…) Zweck solcher Gespräche ist es, herauszuarbeiten, wie sie es erreichen können, nicht mehr zu stören und wie sie dann ihr Vorhaben möglichst in einem konkreten (...) Plan konkretisieren können" (Bründel & Simon 2003, 49). Die Trainingsraummethode hilft nicht, wenn Lehrkräfte ein falsches Klassenmanagement praktizieren oder schlechten Unterricht anbieten. Sie hilft (und nur dann), wenn Störungen durch persönliche Dispositionen einzelner Schüler/-innen ausgelöst werden. Sie besteht aus einer Vielzahl von Teilschritten, die sich sowohl auf Erwachsene als auch auf Schüler/-innen beziehen. Hierbei müssen die Lehrkräfte, die Eltern und die Schüler/-innen Regeln in der Schulklasse absprechen, sich darüber verständigen, dass Schüler/-innen die Chance haben, sich für die Beachtung der Regeln zu entscheiden, und, sofern sie die Regeln nicht beachten wollen oder können, nicht mehr am Unterricht teilnehmen können und stattdessen den Trainingsraum aufsuchen. Im Trainingsraum müssen Lehrkräfte oder sozialpädagogische Fachkräfte bereit stehen, die das Gespräch mit der jeweiligen Schülerin oder dem jeweiligen Schüler suchen, sich über die Szene, das Tun, Verhalten oder Handeln und ihre Ziele verständigen und mit ihnen nach alternativen Verhaltensmöglichkeiten suchen. Diese werden in Pläne umgesetzt. Er/sie darf erst wieder am Unterricht teilnehmen, sobald er/sie sich für die Rückkehr entschieden und dazu einen angemessenen Handlungsplan erstellt hat. Ggf. sind besondere Fertigkeiten mit den Schüler/-innen zu trainieren.

Der Sinn der Trainingsraummethode, eine Entscheidung für die Teilnahme am Unterricht, für das Zeigen der angemessenen Verhaltensweisen und für die Entwicklung dafür passender Pläne herbeizuführen, wird verfehlt, wenn sie von Lehrkräften dafür genutzt wird, Schüler/-innen ihrerseits aus dem Unterricht auszuschließen oder sie zu bestrafen. Umgekehrt können Schüler/-innen einen Ausschluss vom Unterricht provozieren, um in den Trainingsraum gehen zu können. Sie können darauf wetten, wie schnell sie es schaffen, in den Trainingsraum geschickt zu werden und gar – mit Schülern anderer Klassen – entsprechende Wettkämpfe veranstalten. Sie können sich mit Gleichaltrigen und Freunden aus anderen Schulklassen dort verabreden. Sie können im Trainingsraum eine ‚Pause' machen, sich erholen und Rückkehrpläne nur formal bearbeiten. Von daher ist der Trainingsraum nur so lange ein geeigneter Ort, als die Schüler/-innen tatsächlich danach streben, am Unterricht teilzunehmen und Lehrkräfte darauf orientiert sind, alle Schüler zu unterrichten. Der Trainingsraum kann seinen Charakter verändern, wenn er für falsche Zwecke genutzt wird (vgl. Kasten 7: Verschiedene Auffassungen des Trainingsraums). Dazu können je unterschiedliche Auffassungen des Trainingsraums beitragen.

Trainingsraum als Ort des Nachdenkens über Tun, Verhalten und Handeln, der Klärung der Ziele und Umsetzung in realistische Handlungspläne mit dem Ziel des Erwerbs von Selbststeuerungsfähigkeit.	Trainingsraum als Ort für ausgeschlossene Schüler/-innen, als Ort der Strafe durch Ausgrenzung und Aussonderung.
Trainingsraum als Ort der Umsetzung eigener Ziele (Provokation von Lehrkräften; Fernbleiben vom Unterricht, Kultivierung negativer Ziele).	Trainingsraum als Ort des angenehm gestalteten Aufenthalts, als Treffpunkt mit anderen Schüler/-innen aus verschiedenen Schulklassen, als Ort der Verständigung der „Helden" aus der Subkultur der Schule.

Kasten 7: Verschiedene Auffassungen des Trainingsraums

Die Trainingsraummethode basiert darauf, dass die Schüler/-innen den Unterricht als positives Angebot wahrnehmen und danach streben, an ihm teilzunehmen, auch durch Arbeit am eigenen Verhalten. Zugleich wird bei dieser Methode die Freiheit unterstellt, sich für die Teilnahme am Unterricht entscheiden oder diese Teilnahme (zumindest auf Zeit) ablehnen zu können. Voraussetzung ist, dass Lehrkräfte guten, lernwirksamen und interessanten Unterricht gestalten und die Möglichkeiten gegeben sind, allein oder mit anderen Lerner/-innen versäumten Stoff nachzuholen. Sollte eine Schülerin oder ein Schüler sich häufiger eher für den Besuch des Trainingsraums und gegen den Unterricht entscheiden, müsste genauer untersucht werden, welche tieferliegenden Probleme vorhanden sind und wie sie beseitigt werden können.

Der Trainingsraum als Methode bietet den Schüler/-innen eine Antwort auf Fehlverhalten, ermöglicht den Lehrkräften, die Schüler vor eine Alternative zu stellen (Verbleib im Unterricht oder Verlassen des Unterrichts) und den Schülern über unangemessene resp. zielführende Verhaltensweisen im Trainingsraum nachzudenken. Dafür wird den Lehrkräften eine Struktur des Vorgehens vorgeschlagen, die wir an dieser Stelle erweitern mit Blick auf den Lernprozess und die Erkenntnismöglichkeiten des Schülers

Tabelle 41: Schritte zur Wahrnehmung und Steuerung des Verhaltens im Klassenzimmer

Lernprozess im Klassenzimmer	... aus der Schülersicht	Fragen der Lehrkraft
Wahrnehmung des eigenen Verhaltens	Ich beginne, auf mein Verhalten zu achten, es zu beobachten und wahrzunehmen. Ich weiß um mein Verhalten.	Was tust du?
Vergleich des eigenen Verhaltens mit gewünschtem Normen, Regeln resp. gewünschten Verhaltensweisen; Erkennen von Übereinstimmung resp. Abweichung	Ich vergleiche mein Verhalten mit den Normen, den Regeln und den gewünschten Verhaltensweisen. Ich stelle Abweichungen fest.	Wie lautet die Regel?
Auseinandersetzung mit „logischen Folgen" für unangemessenes Verhalten; Durchdenken der Konsequenzen	Ich erkenne, dass unangemessenes Verhalten Folgen hat und in unterschiedlicher Weise sanktioniert wird. Wenn ich Regeln nicht beachte, hat das Folgen.	Was geschieht, wenn du gegen die Regel verstößt?
Entscheidungsprozess: Sofortige Verhaltensänderung oder Beginn eines Lernprozesses	Ich entscheide mich, mein Verhalten zu ändern oder ich werde genötigt, mich mit meinen Zielen, Absichten und sinnvollen Verhaltensmöglichkeiten auseinanderzusetzen.	Wofür entscheidest du dich?

resp. der Schülerin (vgl. Tabelle 41: Schritte zur Wahrnehmung und Steuerung des Verhaltens im Klassenzimmer).

Die Lehrkraft ist hier Vertreter/-in des Realitätsprinzips. Sie fragt nach dem Verhalten (Was tust du?), konfrontiert – indirekt – mit der Regel (Wie lautet die Regel?), erinnert an logische Folgen (Was geschieht, wenn du gegen die Regel verstößt?), akzeptiert ihr Gegenüber, seine/ihre Freiheit, und fragt nach der Entscheidung (Wofür entscheidest du dich?) und lässt – je nach Entscheidung – eine Konsequenz folgen (Verbleib oder Verlassen des Unterrichts). Damit wird auf den Schüler nicht moralisch, sondern sachlich reagiert. Der Schüler wird aufgefordert, sein Verhalten wahrzunehmen, mit den Regeln zu vergleichen und sich die Konsequenzen des Verhaltens zu vergegenwärtigen und dann eine Entscheidung zu fällen. Der Lehrer steht dafür, die Einhaltung der Regeln mit dem Ziel der Ermöglichung des Lehrens und Lernens für alle zu sichern.

Bewältigung von Ambivalenzkonflikten

Die Schüler/-innen haben dabei evtl. auch *Ambivalenzkonflikte* zu lösen. Darunter verstehen wir, dass sie innere Konflikte auflösen müssen. Die Konflikte könnten darin bestehen, dass sie einerseits am Unterricht teilnehmen wollen, jedoch zu ihren Bedingungen, also unter Zeigen von unangemessenem Verhalten. Dieses Verhalten kann egoistisch motiviert sein oder als Selbstausdruck wahrgenommen werden (ich mache, was ich will); es kann antisozial oder antiautoritär motiviert sein (mir kann keiner was sagen); es kann auch nur Ausdruck von Gedankenlosigkeit sein. Von einem Ambivalenzkonflikt sprechen wir, weil evtl. die Schüler etwas ‚sowohl ... als auch' machen und sich nicht für eine Seite entscheiden wollen. Mit den Fragen durch die Lehrkraft: ‚Was tust du?' und ‚Wie lautet die Regel?' werden die Schüler vor die Aufgabe gestellt, den Ambivalenzkonflikt in eine Richtung aufzulösen, also eine Entscheidung zu treffen, die einen Verzicht einschließt. Man kann nicht im Unterricht bleiben und lernen und sich zugleich unangemessen verhalten. Sie machen also Erfahrungen mit der Konstruktion der Welt (Gültigkeit von Regeln, die von allen akzeptiert werden müssen); die Erfahrung des Realitätsprinzips kann manchmal Wut auslösen. Gleichwohl ist damit die Chance für einen weiteren Schritt in der Entwicklung gegeben. „Die Fähigkeit, das Realitätsprinzip gelten zu lassen, Ambivalenzen zeitweilig auszuhalten und sich schließlich zu entscheiden und zu handeln, ist einer der wesentlichen Aspekte von ‚Ich-Stärke'" (Otte 2005, 133). Die Lehrkraft muss wissen, wie schwierig es für Schüler/-innen sein kann, einen solchen Ambivalenzkonflikt zu lösen und die Kraft zu haben, ruhig zu vermitteln, dass beide Möglichkeiten nicht gleichzeitig realisiert werden können (vgl. auch Tabelle 42: Schritte zum Nachdenken über das eigene Verhalten und über Alternativen).

Interventionen und Lernprozesse

Die pädagogische Fachkraft im Trainingsraum muss anders vorgehen als die Lehrkraft im Klassenraum. Ihr kommt die Aufgabe zu, mit dem Kind oder Jugendlichen über sein Verhalten nachzudenken. Sie muss wissen, dass dieses Verhalten auf der Ebene des Tuns, Verhaltens oder Handelns angelegt sein konnte. Je nachdem sind andere Strategien der Gesprächsführung und der Unterstützung resp. Konfrontation notwendig. Gehen wir im Folgenden davon aus, dass der Jugendliche auf der Ebene des Tuns oder Verhaltens agiert hat. Die pädagogische Fachkraft muss zunächst herausfinden, was

Tabelle 42: Schritte zum Nachdenken über das eigene Verhalten und über Alternativen

Lernprozess im Trainingsraum	... aus der Schülersicht	Fragen der pädagogischen Fachkraft im Trainingsraum
Nachdenken über Szenen, Sozialsituationen und das eigene Verhalten	Ich rekonstruiere Szenen, vergegenwärtige meine Sichtweise (Schuldzuschreiben, Nichtübernahme von Verantwortung) und vergegenwärtige mir meine Verhaltensweisen.	Was ist passiert? Wie ist es dazu gekommen? Wie hast du dich verhalten? Was hast du genau gemacht? Was hat dein Gegenüber gesehen? Gehört?
Nachdenken über das eigene emotionale Wohlbefinden resp. Missbehagen in der Situation	Ich werde aufmerksam auf mein emotionales Erleben.	Wie hast du dich gefühlt?
Nachdenken über eigene Ziele und Absichten und Bestätigen resp. Verwerfen ausgewählter Ziele	Ich denke über meine Ziele und Absichten nach und akzeptiere die richtigen und verwerfe – in Auseinandersetzung mit ethischen und moralischen Prinzipien – die unangemessenen und falschen.	Was war deine Absicht? Was wolltest du?
Nachdenken über Handlungspläne zum Erreichen der Ziele	Ich suche nach Möglichkeiten, um die von mir akzeptieren Ziele auf sozial angemessene Weise zu erreichen.	Was willst du erreichen? Was kannst du tun, um deine Ziele zu erreichen? Gibt es noch andere Möglichkeiten, um deine Ziele zu erreichen?
Entwickeln von Ideen für die Umsetzung in Handeln – Planung	Ich plane mein Vorgehen kleinschrittig. Ich vergegenwärtige mir, woran andere und ich sehen können, ob ich (partiell) erfolgreich bin.	Was wirst du genau tun? Wie gehst du konkret vor? Worin bestehen die einzelnen Schritte? Worauf musst du achten?
Überprüfen der Pläne auf Realisierbarkeit unter dem Gesichtspunkt ihres Umfangs, der benötigten Zeit und der Passung zum Problem	Ich lerne, eng begrenzte und realistische Pläne zu machen und die Realisierungsmöglichkeiten und Grenzen mit zu überdenken. Ich formuliere Handlungsschritte konkret und positiv.	Sind deine Planungen realistisch? Woran siehst du, dass du erfolgreich bist? Was wäre der kleinste Erfolg für dich?
Suche nach Hilfe/ Unterstützung	Ich suche mir Hilfe und Unterstützung.	Was würde dir helfen? Wer könnte dir bei deinem Vorhaben helfen?

im Unterricht geschah (Was ist passiert?). Sie muss – gemeinsam mit dem Jugendlichen – die Szenen rekonstruieren. Dazu muss sie den Jugendlichen erzählen lassen und nach seinem Verhalten fragen. Sie muss dann – da die Lehrkraft nicht da ist – in Loyalität mit dieser Lehrkraft nachfragen, wie die Szene wohl aus der Sicht der Lehrkraft erlebt wurde, was sie gesehen, gehört und möglicherweise gedacht hat. (Was hat dein Gegenüber gehört? ... gesehen? ... gedacht?). Sie muss mit dem Jugendlichen ein Verständnis der Szene und der Problematik des eigenen Verhaltens erarbeiten. Dabei geht es auch darum, die Emotionen des Jugendlichen zu erfassen. Worum ging es ihm auf der emotionalen Ebene? War er gekränkt, beschämt, verletzt, wütend? Die Gefühle prägen ja das Erleben des Ereignisses und führen dazu, ein bestimmtes Verhalten zu zeigen. Daher fragt die pädagogische Fachkraft nach den Gefühlen. (Wie hast du dich gefühlt?). Sie fragt dann nach den Absichten des Schülers. Diese Frage unterstellt, dass es Absichten (also mindestens rudimentäre Ziele und Handlungspläne) gab. Die Frage unterstellt, dass hier nicht aus dem Modus des Tuns heraus agiert wurde. Aber selbst wenn das der Fall war, kommt die pädagogische Fachkraft durch die Frage nach den Absichten mit dem Kind oder Jugendlichen in ein Gespräch über seine Zielsetzungen und Wünsche. Diese Wünsche resultieren oftmals aus Gefühlen (Ich wollte es ihr/ihm mal richtig zeigen! Ich wollte Beachtung! Ich fand es ungerecht und deshalb ...). Die pädagogische Fachkraft kann durch das Nachfragen dazu beitragen, dass der Jugendliche seine Ziele für sich klärt. Auf dieser Grundlage leitet sie dazu an, Handlungspläne zu entwerfen. (Was kannst du tun, um deine Ziele zu erreichen?). Hier kann es sinnvoll sein, in die Planung einzelner Schritte zur Zielerreichung einzutreten. (Was wirst du genau tun? Wie gehst du konkret vor?) Zusätzlich könnte nach Alternativen gesucht werden. (Gibt es noch andere Möglichkeiten, um deine Ziele zu erreichen?) Die pädagogische Fachkraft muss den Jugendlichen dabei unterstützen, realistische Planungen zu entwickeln und sich nicht zu viel vorzunehmen. Indem sie auffordert, sich Erfolg konkret und positiv auszumalen, hilft sie dabei, nicht *Vermeidungsziele* zu for-

Tabelle 43: Überprüfung des Erfolgs

Lernprozesse im Trainingsraum	... aus der Schülersicht	Fragen der pädagogischen Fachkraft
Evaluation des Erfolgs	Ich überprüfe den Erfolg meines Handelns. Ich freue mich über Erfolg. Ich entwickele Frustrationstoleranz, wenn ich nicht erfolgreich war, und entscheide mich für einen weiteren Versuch.	Was hat geklappt? Was hat nicht geklappt?
Anpassung des Vorgehens (Übernahme von Verhaltensweisen in das eigene Repertoire oder Suche nach neuen Verhaltensweisen)	Ich plane mein weiteres Vorgehen.	Willst du nächstes Mal genauso vorgehen? Was willst du anders machen?

mulieren, sondern *Annäherungsziele*. Der Erfolg wird in Teilaspekte aufgeteilt. Dadurch wird eine Freude über das Erreichen positiver Teilziele möglich. In der Regel arbeitet der Jugendliche im Trainingsraum eigenständig an *Handlungsplänen* (Rückkehrplänen) und legt diese schriftlich vor.

Die Überprüfung des Erfolgs und die Arbeit an eigenen Zielsetzungen und Handlungsplänen scheint uns bedeutsam zu sein. Sie hat – in der gegenwärtigen Fassung der Trainingsraummethode – keinen systematischen Ort, müsste aber unseres Erachtens in Kooperation von Lehrkraft, pädagogischer Fachkraft und Jugendlichem mit in den Blick genommen werden (vgl. Tabelle 43: Überprüfung des Erfolgs).

Versucht man, das Lehrerverhalten dem Lernprozess zuzuordnen, dann verbergen sich hinter den zunächst durch die Lehrerfrage skizzierten Handlungsweisen resp. Interventionen komplexe Formen der Anleitung und Unterstützung im Medium der Interaktion. Sie sollen in der folgenden Tabelle (Tabelle 44: Hilfen der Lehrkraft für den Schüler beim Lernen der Wahrnehmung und Steuerung des Verhaltens) entsprechend akzentuiert werden.

Wenn wir die Interventionen der Lehrkraft im Klassenzimmer und das der pädagogischen Fachkraft im Trainingsraum betrachten, dann umfassen sie verschiedene Elemente, wie Nachfragen, Konfrontieren, um Entscheidung bitten, Szenen rekonstruieren, Ziele klären und beim Entwickeln von Handlungsplänen Hilfe geben, Erfolge positiv und kleinschrittig formulieren helfen, beim Nachdenken über Unterstützungsmöglichkeiten coachen.

Für das *Verstehen* ist *aktives Zuhören* notwendig. Das aktive Zuhören wird realisiert durch das Stellen von Fragen, das Wiedergeben der Gedanken und der Gefühle des Schülers. Für das *Einmassieren des Realitätsprinzips* sind die Klärung des Verhaltens, sein Vergleich mit Normen resp. Regeln und seine Einschätzung und Hilfen für die Suche nach angemessenen Handlungsmöglichkeiten notwendig. Der pädagogischen Fachkraft, die diese Gespräche führt, stehen folgende Vorgehensweisen zur Verfügung:

- *Paraphrasieren*: Dabei wird das vom Schüler Gesagte aufgenommen und mit eigenen Worten wiedergegeben. Dabei bleibt die pädagogische Fachkraft eng an dem Gesagten; sie fasst die Aussagen des Schülers evtl. mit eigenen Worten zusammen.
- *Implizites herausarbeiten*: Die pädagogische Fachkraft versucht, genau zu erfassen und zu verstehen, was der Schüler gesagt hat. Sie geht in ihrer Zusammenfassung aber über das explizit Gesagte hinaus, fasst das implizit Angesprochene in eigene Worte. Manchmal wird der Schüler zu einer Explizierung angeregt, indem eine Spur im Gespräch in besonderer Weise aufgegriffen und akzentuiert wird.
- *Fragen stellen*: Dabei werden von der pädagogischen Fachkraft gezielt Fragen an den Schüler gestellt. Er soll z. B. einen Sachverhalt präziser schildern oder Informationen geben, die das Verstehen ermöglichen oder erleichtern.
- *Prozessdirektiven*: Prozessdirektiven sind Interventionen, bei denen der Schüler aufgefordert wird, etwas genauer zu betrachten oder zu bearbeiten. Er soll bei einem Aspekt des Problems bleiben, Informationen geben und Gefühle artikulieren. Dabei wird auch nach den Emotionen gefragt, die durch ein Ereignis, einen Sachverhalt oder ein Problem ausgelöst wurden (vgl. Sachse & Maus 1991, 47; 81).

Sachse und Maus teilen den Explizierungsprozess in drei Hauptstufen ein, nämlich Beschreibung eines Ereignisses oder eines Problems, Bewertung des Ereignisses mit Blick auf die ausgelösten Gefühle und Klärung von Aspekten des inneren Bezugssystems, die

Tabelle 44: Hilfen der Lehrkraft für den Schüler für die Wahrnehmung und Steuerung des Verhaltens

Gestaltung der förderlichen Interaktion im Klassenzimmer	Lehrerfrage	Bedeutung des Lehrerverhaltens
Ich stelle ein Arbeitsbündnis her, z.B. durch Bitte um ein Gespräch.	Ich möchte mit dir über ... sprechen. Bist du dazu bereit?	Lehrer bietet ein Gespräch an und holt das Einverständnis des Schülers für ein solches Gespräch ein.
Ich helfe dem Schüler, sein Verhalten wahrzunehmen, z.B. durch Unterbrechung des Ablaufs, Aufmerksamkeit schaffen für Verhaltensweisen (Unterscheidung von Tun, Verhalten, Handeln).	Was tust du?	Ich frage nach, was der Schüler tut. Ich bitte ihn, sein Verhalten wahrzunehmen und zu verbalisieren und es somit wahrzunehmen.
Ich organisiere einen Vergleich zwischen dem Verhalten des Schülers und dem gewünschten Verhalten durch Erinnerung an die Regeln und durch Initiierung eines Vergleichsprozesses.	Wie lautet die Regel?	Ich konfrontiere den Schüler mit den Normen und Werten resp. Regeln und gebe ihm die Chance, die Passung/Nichtpassung von Verhalten und Normen resp. Regeln zu sehen. Dabei unterscheide ich, ob dem Schüler das Verhalten einfach passiert ist (Tun, Verhalten) oder ob er es geplant hat und daher eine Auseinandersetzung mit dem Handeln unter den Gesichtspunkten der Regel resp. der Sicht der Situationen durch andere nötig ist.
Ich erinnere an verabredete Konsequenzen bei unangemessenem Verhalten.	Was geschieht, wenn du gegen die Regel verstößt?	Ich erinnere an die Konsequenzen, die auf ein Fehlverhalten folgen.
Ich erinnere an die Entscheidungsmöglichkeiten und verhelfe dazu, bewusst eine Entscheidung zu treffen: Sofortige Änderung des Verhaltens oder Beginn eines Lernprozesses	Wofür entscheidest du dich?	Ich stelle den Schüler vor eine Entscheidung und frage nach, wie er sich entscheidet.

Tabelle 44: Hilfen der Lehrkraft für den Schüler für die Wahrnehmung und Steuerung des Verhaltens

Gestaltung der förderlichen Interaktion im Trainingsraum	Frage der pädagogischen Fachkraft	Bedeutung des Verhaltens der pädagogischen Fachkraft im Trainingsraum
Ich ermögliche ein gemeinsames Nachdenken über Szenen, Sozialsituationen und das eigene Verhalten und die Wahrnehmung dieses Verhaltens durch andere; ich gebe Hilfe dabei, soziales Verstehen – mit Blick auf andere und mich selbst – zu entwickeln. Ich versuche, genau das Verhalten zu markieren, das unerwünscht, unangemessen war. Ich versuche zu klären, welche Ziele dem Verhalten zugrunde lagen.	Was ist passiert? Wie ist es dazu gekommen? Wie hast Du dich verhalten? Was hast du genau gemacht? Was hat dein Gegenüber gesehen? Gehört?	Ich frage nach der Situation aus der Sicht des Schülers. Ich frage nach seinem Verhalten. Ich antizipiere das Verhalten des Gegenübers und dessen Sichtweise und eröffne die Chance für Lernen durch Kontrastierung mit anderen Sichtweisen. Ich markiere, welches Verhalten unangemessen war, und versuche, eine Zielklärung dabei vorzunehmen.
Ich lenke die Aufmerksamkeit auf das Erleben der Situation unter Reflexion des emotionalen Wohlbefindens resp. Missbehagens in der Situation.	Wie hast du dich gefühlt?	Ich versuche, das Gefühl des Schülers in der Situation zu verstehen und zu verbalisieren.
Ich versuche, einen Prozess des Nachdenkens über die Ziele zu initiieren und vor allem angemessene Ziele zu verstärken.	Was war deine Absicht? Was wolltest du? War das in Ordnung? Was willst du erreichen?	Ich versuche mit dem Schüler über seine Ziele ins Gespräch zu kommen. Ich trenne Ziele und Verhalten. Ich gebe Hilfen für die Zielklärung.
Ich versuche, mit dem Schüler Handlungspläne zu entwickeln; dabei können sinnvolle Verhaltensmöglichkeiten, diese zu erreichen, mit angesprochen werden.	Was willst du erreichen? Was kannst du tun, um deine Ziele zu erreichen? Gibt es noch andere Möglichkeiten, um deine Ziele zu erreichen?	Mit Blick auf seine Ziele versuche ich, den Schüler beim Entwickeln von sinnvollen Handlungsplänen zu unterstützen. Ich ermögliche ihm, verschiedene Ideen für erfolgreiches Handeln zu entwickeln.

Tabelle 44: Hilfen der Lehrkraft für den Schüler für die Wahrnehmung und Steuerung des Verhaltens

Gestaltung der förderlichen Interaktion im Trainingsraum	Frage der pädagogischen Fachkraft	Bedeutung des Verhaltens der pädagogischen Fachkraft im Trainingsraum
Ich versuche, einen Problemlöseprozess zu unterstützen, in dem der Schüler – aus der Vielzahl der entwickelten Ideen – einen Handlungsplan für sein Vorgehen zum Erreichen der Ziele entwirft.	Was wirst du genau tun? Wie gehst du konkret vor? Worin bestehen die einzelnen Schritte? Worauf musst du achten?	Ich höre zu, wie er einen Handlungsplan aufstellt, und helfe dabei, ihn zu präzisieren und die Schritte detailliert festzulegen.
Ich ermögliche, einige Prüfoperationen durchzuführen mit Blick auf die Realisierbarkeit unter dem Gesichtspunkt ihres Umfangs, der benötigten Zeit und der Passung zum Problem.	Sind deine Planungen realistisch? Woran siehst du, dass du erfolgreich bist? Was wäre der kleinste Erfolg für dich?	Ich spreche mit ihm darüber, woran man den Erfolg der Umsetzung des Handlungsplans sehen könnte, woran der Schüler und seine sozialen Gegenüber seine Wirksamkeit erkennen können.
Ich ermutige den Schüler, über mögliche Hilfe und Unterstützung bei der Umsetzung seines Plans nachzudenken.	Was würde dir helfen? Wer könnte dir bei deinem Vorhaben helfen?	Ich frage nach Unterstützungs- und Hilfsmöglichkeiten, damit der Schüler diese für sich mobilisieren kann.
Gestaltung förderlicher Interaktionen	**Frage**	**Gemeinsames Verhalten von Lehrkraft und pädagogischer Fachkraft**
Ich versuche, mit dem Schüler Kriterien für den Erfolg des Geschehens zu durchdenken und eine Evaluation des Erfolgs vorzubereiten.	Was hat geklappt? Was hat nicht geklappt?	Ich helfe dabei, den Erfolg/Misserfolg zu überprüfen und dabei zu helfen, verbesserte Strategien des Vorgehens zu entwickeln.
Ich versuche, Hilfen zu geben, zukünftige Sozialsituationen zu antizipieren und prüfen zu lassen, welche Verhaltensweisen zum festen Repertoire gehören sollen.	Willst du nächstes Mal genauso vorgehen? Was willst du anders machen?	Ich helfe dabei, hilfreiche Verhaltensweisen als wirksam zu erkennen und zu markieren, dass man sie auch beim nächsten Mal anwenden kann.

Stufe 1	Keine Bearbeitung relevanter Inhalte erkennbar.	Schüler wirft keine relevanten Fragestellungen auf.
Stufe 2	Intellektualisierung	Es werden Theorien herangezogen, die sich auf Wissen, aber nicht auf Gefühle oder persönliche Daten beziehen.
Stufe 3	Bericht	Neutrale Schilderung eines Ereignisses, einer Situation oder eines Verhaltens.
Stufe 4	Bewertung	Hierbei erfolgt eine Zuschreibung von Werten gegenüber einem Menschen, einem Ereignis, einem Verhalten. Der Wert erscheint als Eigenschaft des Inhalts.
Stufe 5	Persönliche Bewertung	Der Schüler bewertet eine Person, ein Ereignis, ein Verhalten und erkennt diese Bewertung als Teil seines eigenen Bezugssystems.
Stufe 6	Persönliche Bedeutung	Gefühle oder gefühlte Bedeutungen werden gespürt und angegeben.
Stufe 7	Explizierung relevanter Bedeutungsstrukturen	Der Schüler expliziert relevante Bedeutungsaspekte mit Blick auf Personen, Ereignisse, Situationen und Verhalten.
Stufe 8	Integration	Der Schüler stellt Verbindungen zu weiteren Bedeutungsaspekten her und setzt sie mit anderen in eine Beziehung.

Abbildung 28: Stufen des Explizierungsprozesses (nach Sachse & Maus 1991, 50f)

zu einer spezifischen Reaktion auf diese Ereignisse führen. Sie nennen folgende Stufen im Explizierungsprozess (vgl. Abbildung 28: Stufen des Explizierungsprozesses, nach Sachse & Maus 1991, 50f).

Das Gespräch ist eine Art *Lehrdialog*; er besteht aus einer Mischung aus Aufforderungen zum Erzählen und Rekonstruieren von sozialen Situationen resp. Szenen, Rekapitulation der eigenen Äußerungen und Rekonstruieren des eigenen Verhaltens. Damit verbunden ist ein *Verstehen* durch aktives Zuhören, Herausarbeiten von Zielen und Gefühlen, Nachfrage nach Zielen/Absichten, Zusammenfassung und Verstehen des Schülers. Neben diesem Verstehen auf der Basis der Darstellung der eigenen Sicht auf die Szene durch den Schüler übernimmt die Lehrkraft den Part der *Konfrontation*. Sie stellt die mögliche Sicht der Lehrkraft oder anderer Schüler auf die Szene vor, fragt nach Normen und Regeln und ermöglicht, das eigene Verhalten – in Kontrastierung mit der Szene – aus der Sicht anderer resp. im Fokus der Normen und Regeln noch einmal neu zu betrachten.

Die Lehrkraft fragt nach Absichten und Zielen und übernimmt einen verstehenden Part und fordert auf, sich darüber zu äußern, wie man die Ziele anders erreichen, was man konkret tun kann und woran die Lehrkraft und/oder die anderen Schüler eine Veränderung des Verhaltens bemerken könnten. Sie gibt Hilfen für das Entwickeln konkreter Pläne, für das Nachdenken über Unterstützungs- und Hilfsmöglichkeiten beim Realisieren des Plans, und fordert auf, ihn schriftlich festzuhalten.

Sich ein inneres Modell vom Gegenüber bilden, um angemessen zu intervenieren

Lehrkräfte müssen diese Unterscheidung von Tun, Verhalten und Handeln kennen und sie bei Nachfragen und Interventionen berücksichtigen. In Prozessen der Klärung des gezeigten Schülerverhaltens in bestimmten Situationen muss herausgefunden werden, ob es dabei um Tun, Verhalten oder Handeln ging. Dann sollte herausgefunden werden, ob es bestimmte Reize gibt, die bestimmte Verhaltensautomatismen auslösen, um zu überlegen, wie diese Automatismen durchbrochen werden können. In den Gesprächen mit den Schüler/-innen über das Verhalten (z.B. in Gesprächen im Trainingsraum) muss die Lehrkraft eine Modellvorstellung über den Schüler resp. die Schülerin und wie er/sie „tickt" entwickeln, um konkrete Hilfsangebote erarbeiten zu können. Die Gespräche helfen daher auch unter einer diagnostischen Perspektive. Daher kann sich die Lehrkraft fragen:

- Wie nimmt der Schüler resp. die Schülerin die Situation wahr?
- Über welche Inhalte spricht die Schülerin resp. der Schüler?
- Was lässt sich beim Zuhören über die Art und Weise erfahren, wie der Schüler/die Schülerin diese Inhalte bearbeitet?
- Wie ist sein Handlungssystem beschaffen (Tun – Verhalten – Handeln)?
- Auf welche sozialen Fähigkeiten kann man, auf der Basis des Gesprächs, Rückschlüsse ziehen?
- Kann der Schüler/die Schülerin eine Handlungsplanung vornehmen?

Die Lehrkraft muss aus diesem Gespräch Ideen darüber entnehmen, welches Wissen der Schüler benötigt. Benötigt er Informationen und Wissen? Benötigt er Hilfen für die Entwicklung sozialer Phantasie? Benötigt er Hilfen für Problemlösungsprozesse? Benötigt er Unterstützung bei der Verarbeitung von Gefühlen? Benötigt er eine scharfe Auseinandersetzung mit unsozialen Zielsetzungen und asozialen Normen und Werten?

Ziele klären – Handlungspläne entwickeln – förderliches Verhalten erlernen

Es gibt Schüler/-innen, denen durch den Trainingsraum allein nicht geholfen werden kann. Unter der Voraussetzung, dass die Lehrkräfte guten Unterricht anbieten, klare Regeln abgesprochen haben und förderliche Gespräche zur Klärung im Trainingsraum stattfinden, muss gefragt werden, warum diese Maßnahmen bei einigen Schüler/-innen nicht greifen. Das kann verschiedene Ursachen haben. Die Ursachen können z.B. darin liegen, dass diese Schüler keine Ziele formulieren können oder sich schon aufgegeben haben oder dass sie unfähig sind, Handlungspläne zum Erreichen dieser Ziele zu formulieren oder diejenigen Verhaltensweisen zu denken und zu zeigen (und durch Erfolge in ihr Repertoire aufzunehmen), die zielführend sind. Notwendig ist in diesem Zusammenhang die Unterscheidung von Tun, Verhalten und Handeln.

Beim *Tun* gibt es in der Auslösung des Verhaltens Anteile unbewusster Steuerung; der rational geplante Handlungsanteil wird von diesen überformt. So kann z.B. aufgrund von Projektionen oder Ängsten auf Aktionen eines Gegenübers heftiger reagiert werden, als das angemessen ist.

Verhalten wird durch bestimmte Reize in einer Situation ausgelöst. So können z. B. bestimmte Momente in einer Situation Angst auslösen, auch wenn die Gesamtsituation insgesamt nicht als bedrohlich erlebt wird.

Von *Handeln* wird erst gesprochen, wenn eine rationale, verzerrungsfreie Analyse einer Situation möglich ist, eine Zuordnung von Zielen erfolgt, wenn ein Handlungsrepertoire vorhanden ist und aus diesem ausgewählt und es gezielt eingesetzt werden kann.

Wenn Schüler ein (störendes) Verhalten zeigen, kann ihnen dieses Verhalten einfach geschehen oder es kann beabsichtigt und/oder geplant sein. Manchmal stehen die Schüler ihrem Tun ebenfalls hilflos gegenüber, weil es ihnen einfach passiert ist, ohne dass sie es wollten oder ohne dass sie sich steuern konnten. „Schüler, die ihre den Unterricht störende Aktion nicht als bewusste, zu einem Ziel führende Handlung geplant haben, denen die Störung im Modus des Verhaltens oder Tuns passiert ist, haben diffuse Antizipationsgefüge" (Mischke 2006, 78). Lehrkräfte müssen gerade diesen Schülern helfen, angemessene Pläne zu entwickeln und Erfahrungen mit der Umsetzung solcher Pläne zu sammeln, damit sie Erfolge erzielen können, aus denen sie lernen.

Das Sprechen über Gefühle (Casper 1995; Mitmansgruber 2003) hat dabei besondere Bedeutung. Die bei den Aktionen auftretenden Gefühlslagen erlauben eine Einschätzung, ob die Person über ein funktionierendes System zur Handlungsplanung und Ausführungskontrolle verfügt. Positive Gefühle in der Situation signalisieren, dass die Person ihre Ziele beim Agieren erreicht. Negative Gefühle signalisieren, dass entweder die Abläufe als unangemessen erlebt werden oder die Ziele verfehlt werden. Ist die Person nicht fähig, bei unangenehmen Gefühlen eine alternative Handlung zu planen oder auszuführen, dann liegt der Verdacht nahe, dass es Defizite im System gibt (fehlende Pläne, fehlende Planungsfähigkeit, fehlende Motivation zur Umsetzung der Planung, zum Durchhalten bei der Umsetzung etc.).

Psychisch gesunde Menschen verfügen in der Regel über Handlungsschemata und können Handlungen entwerfen, die zur Befriedigung der Bedürfnisse beitragen. Sie verfügen über *intentionale Schemata*. Menschen mit Problemen versuchen oftmals, bestimmte Situationen zu vermeiden (Vermeidungsschemata), oder erleben Situationen als konflikthaft (Konfliktschemata). In ihrem Handeln dominieren Ambivalenzen oder Strategien der Vermeidung. „Die von den Personen als Ersatzhandlungen ausgebildeten Symptome (z. B. Vermeidungshandeln) lösen sich von den ursprünglichen situativen Bedingungen ab und werden auch in anderen Situationen ausgelöst. Auftretendes Fehlverhalten oder Unterrichtsstörungen können also ein Symptom dafür sein, dass die Person hier Probleme hat.

Von daher ist mit Blick auf die oben genannten Teilbereiche (Ziele formulieren können – Handlungspläne entwickeln können – angemessenes Verhalten zeigen können) das Geschick der Lehrkräfte gefragt, die jeweiligen Probleme herauszufinden und passende Angebote zu entwickeln.

- Wenn Schüler/-innen schon tief resigniert sind und sich für sich selbst und ihre Zukunft wenig erhoffen, ist eine Auseinandersetzung mit ihren Lebenszielen erforderlich und Hilfe beim Entwickeln realistischer Pläne zu geben. Dann ist mit ihnen abzuklären, wo die Schule ihnen beim Erreichen dieser Ziele Hilfen geben kann (vgl. Kap. 1.3.3 Selbstmanagement und die Förderung selbstgesteuerten Lernens).
- Wenn die Schüler/-innen zwar (realistische) Ziele haben und evtl. auch benennen

können, aber nicht in der Lage sind, hilfreiche und zielführende Pläne zum Erreichen dieser Ziele zu formulieren, ist Hilfe erforderlich, um die Voraussetzungen zum Erreichen dieser Ziele genauer zu klären, und (verschachtelte) Handlungspläne, um die Ziele zu erreichen, zu entwickeln (vgl. Kap. 1.3.3 Selbstmanagement und die Förderung selbstgesteuerten Lernens).
- Haben die Schüler/-innen Ziele und auch erfolgreiche Handlungspläne, fehlen ihnen aber Möglichkeiten, das dafür notwendige Verhaltensrepertoire zu entfalten, weil sie zu oft auf der Ebene des Tuns agieren oder unzureichende Verhaltensweisen haben, müssen sie evtl. Formen der Steuerung des eigenen Verhaltens erwerben oder solche Verhaltensweisen erlernen und trainieren, die für das Umsetzen ihrer Handlungspläne förderlich sein könnten. Dabei werden Fragen der Selbststeuerung und Selbstregulation relevant.

3.2.6 Krisen – biographische Brüche – Traumata

Soziale Kompetenz von Schüler/-innen kann dadurch gefährdet sein, dass sie persönliche Probleme haben, familiäre und persönliche Krisen durchleben, zahlreiche Belastungen erleben, in Armutslagen aufwachsen oder traumatisierende Erfahrungen erlitten. Im Schulalltag und in der Literatur finden wir drei verschiedene Antworten auf Belastungen und Krisen von Schüler/-innen.

Eine Antwort besteht in einer Ignoranz der Alltagswirklichkeit, der Belastungen und Erfahrungen der Schüler/-innen und der Krisen, Konflikte und traumatisierenden Erlebnisse. Die Schüler/-innen werden, wenn sie als Konsequenz dieser Erfahrungen Problemverhalten zeigen, als schwierige Kinder oder Jugendliche wahrgenommen. Es wird, basierend auf starren moralischen Anforderungen und durch Appelle an den Willen das gewünschte Verhalten eingeklagt, ohne sich der Frage zu stellen, welche Krisenerfahrungen ein Kind evtl. zusätzlich zu den schulischen Anforderungen bewältigen muss. Die Konsequenz ist, dass die Schüler/-innen die Schule und ihre Lehrkräfte als wenig hilfreich, ungerecht oder gar als zusätzliche Belastung erleben und sich nicht nur alleingelassen, sondern überfordert fühlen.

Eine andere Antwort besteht darin, diverse mögliche Problemlagen von Kindern inhaltlich zum Thema machen zu wollen, z.B. Armut und Arbeitslosigkeit, Vernachlässigung, Gewalt, sexuelle Übergriffe, Krankheit, Tod, Scheidung der Eltern etc. Einerseits kann die Schule dann nur noch eingeschränkte Angebote im Bereich des fachlichen Lernens machen; andererseits werden die Kinder oder Jugendlichen mit dem ‚Elend in der Welt' überfordert. Die Schüler/-innen machen vielleicht die Erfahrung, dass sie nicht allein Krisen und Belastungen durchleben müssen, aber mehr kann die Schule zunächst nicht tun. Problematisch erscheint uns, wenn in diesem Kontext eine Subjektivierung, Emotionalisierung und Therapeutisierung des Unterrichts eingeleitet wird und die Schüler/-innen mit den Angeboten auf die Verdoppelung des Elends fixiert werden.

Uns scheint es daher sinnvoll, an die Überlegungen von Otto Friedrich Bollnow (1877–1959) zu erinnern. Bollnow unterschied stetige Verläufe und Unterbrechungen oder Krisen. Pädagogik müsse nicht nur auf stetige Verläufe Einfluss nehmen, sondern sich auch mit Krisen auseinandersetzen. Dass es unstetige Entwicklungen und Verläufe gebe, zeigten auch die Ergebnisse von Reifungs- und Entwicklungstheorien. Von solchen Schüben in der Entwicklung (Bollnow 1959, 24) seien Krisen zu unterscheiden. Sie seien bestimmt durch die Störung des normalen Lebensablaufs, die Plötzlichkeit des Auftretens, ihre Intensität und die Gefährdung des Fortbestands (eines Lebens, eines Glaubens oder Denksystems, einer Institution). Krisen würden – durch den Zwang zum Treffen von Entscheidungen – zur Herstellung eines neuen Gleichgewichtszustands beitragen können. Erfolgreich bewältigte Krisen könnten zur Reinigung, Erneuerung und zu höheren Stufen der Reife führen. Bollnow gab als Beispiel für Krisen solche im Kontext der körperlich-seelischen Entwicklung, im Lebenslauf, sittliche oder Glaubenskrisen, Krisen zwischen Menschen oder von Institutionen (Ehekrisen, Regierungskrisen, Wirtschaftskrisen). Er fragte danach, ob sie als Teil des menschlichen Lebens oder als Störung und Missgeschick wahrgenommen werden müssten. Je nach Auffassung würde man sich entweder auf ein Durchstehen von Krisen oder auf ein Ausweichen hin orientieren. Je nach Einschätzung würden die Interventionen anders aussehen (Akzeptieren und Zuspitzen versus Auffangen und Abschwächen der krisenhaften Prozesse). Weil Krisen eine grundlegende *Gefährdung* eingeschrieben sei, dürften Menschen nicht in die Krise gestoßen oder ihre Krise verschärft werden. Es müsse im Kontext der Pädagogik darüber nachgedacht werden, wie mit unstetigen Prozessen und Krisen umgegangen werden solle. Als pädagogische Antworten auf Unstetigkeit und Krisen nannte er die Grundformen der Erweckung, Ermahnung, Beratung und Begegnung. Die Grundform der *Erweckung* findet sich nicht als religiöse Erweckung, sondern daran angelehnt in der Pädagogik im Sinne des Aufrufens, des Ansprechens des Gewissens, verbunden mit der Hoffnung auf die Stärkung der seelischen Kräfte. Dabei wird darauf gesetzt, dass durch Erweckung bisher schlummernde Einsichten hervortreten. Erweckung erinnert an den plötzlichen Übergang vom Schlaf in den Wachzustand durch einen Eingriff von außen. Im Kontext religiösen Denkens ist sie mit dem Gedanken der Umkehr, oftmals auch der Buße und der Neuorientierung, verbunden. Erweckung zielt auch auf Verwandlung, auf den (abrupten) Übergang von einem alten in einen neuen Zustand. Die Grundform der *Ermahnung* basiert auch auf einem Eingriff in ein fremdes Leben durch Appell, Warnung, Zurechtweisung. Die Ermahnung zielt darauf, eine Gefahr zu vermeiden, sich für das richtige Verhalten und Handeln zu entscheiden. Sie dient dazu, ein als angemessen angesehenes Verhalten anzuspornen. Als Mahnung kann sie an eine Verpflichtung, ein Versprechen, eine Schuld erinnern und den Charakter eines Vorwurfs erhalten. Die Ermahnung hat die Freiheit des Gegenübers, auch des Kindes oder Jugendlichen zur Voraussetzung. In der moralischen Rede (oder Predigt) dient sie zur Ausrichtung des Handelns auf Werte. Die *Beratung* kann auf die Vermittlung von Erkenntnissen über einen Sachverhalt, auf die Vermittlung einer besseren Einsicht, auf die Ermutigung zu einem bestimmten Verhalten oder auf das Zeigen eines Auswegs zielen. Beratung kann auch eine Entscheidung vorbereiten. Sie basiert auf einem gemeinsamen Besinnen über die Situation und auf Situationserkenntnis, auf ein Nachdenken über verschiedene Optionen und die Vorbereitung einer Entscheidung. Die *Begegnung* versteht Bollnow als seelische Berührung von Mensch zu Mensch; sie erscheint ihm als ein nicht voraussehbares Ereignis. In der Begegnung vollzieht sich Verstehen.

Biographische Brüche und Krisen von Kindern wurden ca. zwanzig Jahre später von Theodor Schulze und Dieter Baacke (1979) im Kontext biographischer Reflexionen in der Pädagogik erneut zum Thema gemacht. Im Kontext des sozialen Lernens wurden an verschiedenen Stellen Vorschläge entwickelt, wie Krisenerfahrungen von Kindern oder Jugendlichen in der Schule behandelt werden können (vgl. Kiper 1987;

Kiper 1996). Gleichwohl scheint es uns geboten, dass Lehrkräfte den Lerner/-innen und ihrem Schicksal gegenüber Respekt entwickeln und aus einer Position der Achtung heraus handeln sollten.

3.2.7 Opposition – intellektuelle Kritik und soziales Lernen

Welche Rolle haben Schüler/-innen, die vermeintlich den Unterricht stören, jedoch die Funktion von Intellektuellen im Kontext der Schule einnehmen? Dazu wollen wir uns kurz die Rolle der Intellektuellen in der Gesellschaft vergegenwärtigen. Die Intellektuellen stellen Fragen von öffentlichem Interesse und thematisieren relevante Probleme, die Alltagsfragen übergreifen. Sie nehmen Partei. Sie zeigen auf Missstände in der Gemeinschaft, fordern eine kritische Prüfung der Tatsachen ein und wirken wie Seismographen, die – einem Frühwarnsystem vergleichbar – auf Probleme aufmerksam machen. Oftmals engagieren sie sich für eine bestimmte Sicht von Institutionen, Strukturen, Prozessen und Personen und versuchen, die Öffentlichkeit auf Probleme aufmerksam zu machen und auf das Meinungsklima Einfluss zu nehmen. Intellektuelle in diesem Sinne übernehmen die Rolle eines kritischen Korrektivs (vgl. Carrier 2007). Der Kern intellektuellen Engagements besteht in *Kritik*. Sie basiert auf Klugheit und Urteilskraft, auf Fähigkeiten, die aus Reflexionserfahrungen erwachsen. Die Rolle des Intellektuellen ist oftmals gebunden an Außenseiterpositionen, historisch in der Figur des Narren, des Richters, des Propheten oder Heilers (Arzt, Therapeut). „Der Richter kritisiert die, die ihm vorgeführt werden, durch sein *Urteil*. Der Narr kritisiert das Geschehen, das er begleitet, durch seine Lebensweise oder seinen *Spott*. Der Prophet kritisiert die sozialen und religiösen Verhältnisse als verkehrt durch seine neue *Offenbarung*. Und der Arzt oder Therapeut kritisiert eine Lebens- oder Denkweise als *krank*" (Hampe 2007, 41). Oftmals generiert diese Kritik eine Antistruktur (vgl. Hampe 2007, 34).

Wir wollen nun überlegen, welche Funktion in der Schulklasse oder in der Schule der intellektuell begründeten Kritik durch Schüler/-innen zukommt. Wir sehen u. a. die Folgenden: Kritik an abschließenden Erkenntnissen, verbunden mit einer Herausforderung zum Denken, Einbringen und Begründen von Werten, Einfordern von Kontroversen, Ausrichten der Aufmerksamkeit auf Problempunkte und Schwachstellen bei Personen und in der Institution, Einfordern von Engagement und (auch organisationaler) Lösungen, Einüben in Kreativität, Nachdenken über Zielvorstellungen, Zukunftsentwürfe, Weltsichten und nicht zuletzt das Eintreten für eine überpersönliche Sache.

Intellektuelle Expertise kann oftmals von denjenigen Schüler/-innen in die Schulklasse eingebracht werden, die aufgrund ihrer sozialen Lage, Ethnie oder biographischen Erfahrungen zu Außenseitern dadurch werden, dass sie Strukturen und Prozesse klarer sehen. Wenn die Außenseitersicht nicht nur dazu führt, dass ein besonderer Fokus gewählt wird, sondern wenn sie sich mit einer besonderen Fähigkeit zum Denken verbindet und in Argumenten artikuliert, werden die intellektuell-kritischen Schüler/-innen oftmals weder von den Gleichaltrigen noch von ihren Lehrkräften besonders geschätzt, besteht doch die Gefahr, dass sie die Kompetenzen von Gleichaltrigen und die Expertise der Lehrkräfte in Frage stellen. Wenn wir davon ausgehen, dass ihnen in der Gemeinschaft eine wichtige Rolle zukommt, weil – durch das Befördern kontroverser Diskurse – oftmals Denkprozesse ausgelöst werden oder Gruppen zu besseren Entscheidungen kommen können, besteht die Kunst der Lehrkräfte darin, diesen Schülern wichtige Aufgaben im Kontext der Schulklasse zuzuweisen. Denkbar sind die Rollen des Streitschlichters oder Mediators, des Experten für Probleme (Kassandra), des Experten für Visionen (Prophet) oder des Wächters über die Qualität der Prozesse etc.

3.2.8 Unterstützung des sozialen Lernens in der Regelschule

Zur Aufgabe der Lehrkräfte

Es gibt viele inhaltliche Konzeptionen sozialen Lernens und unterschiedliche Programme für den Aufbau und das Trainieren bestimmter Fähigkeiten. Uns scheint es bedeutsam, dass Lehrkräfte unterscheiden, welche Art von Lernen Schüler/-innen benötigen:

- Haben Schüler/-innen Informationen oder benötigen sie diese?
- Können sie Sachprobleme oder soziale Probleme einschätzen und durchdenken oder nicht?
- Sind sie in der Lage, Ziele zu entwickeln?
- Sind Problemlöseheuristiken – passend zum Problem und zur Situation – vorhanden oder müssen sie aufgebaut werden?
- Können sie Strategien entwickeln, und wie komplex und passend sind sie?
- Ist für die Ausführung das erforderliche Verhaltensrepertoire vorhanden oder müssen sie es erwerben und/oder trainieren?

Von daher wird deutlich, dass allgemeine Inhalte zum sozialen Lernen und allgemeine Trainingsprogramme, die unspezifisch sind und je nach Bekanntheitsgrad, Mode, Geschmack ausgewählt werden, wenig hilfreich sind. Notwendig wäre zu prüfen, ob diese Programme zu den Problemen der Schüler/-innen passen und genau zu durchdenken, was an Wissenselementen und an operativen Kompetenzen erworben werden muss und kann. Oftmals könnte eine genaue Auseinandersetzung mit Unterrichtseinheiten oder Programmen zum sozialen Lernen und ihre Anpassung an den eigenen Bedarf hilfreich sein. Dabei könnten folgende Prüffragen gestellt werden:

- Passen Unterrichteinheiten resp. Programme zum sozialen Lernen zur Kultur der deutschen Schule und des Unterrichts?
- Wird der für ihre Wirksamkeit erforderliche Umbau von Unterricht, Schule und Lehrerverhalten mit bedacht und verwirklicht?
- Wird die den Unterrichtseinheiten resp. Programmen zum sozialen Lernen zugrunde liegende Philosophie geteilt?
- Werden der curriculare Aufbau resp. die Schritte des Vorgehens verstanden und sinnvoll verwendet?
- Werden die Unterrichtseinheiten resp. Trainings in Unterricht und Schule so durchgeführt, dass ihr innerer Gehalt realisiert wird oder werden sie nur formal ‚abgearbeitet'?

Zur Unterscheidung von intentionalem und beiläufigem Lernen als Voraussetzung, die Aufgabe der Schule nicht zu verfehlen

Wir gehen davon aus, dass die Schule eine geniale gesellschaftliche Erfindung ist, die dazu beitragen kann (Ethos und Professionalität der Lehrkräfte vorausgesetzt), dass dort fachliche und überfachliche Kompetenzen erworben werden. Dafür müssen die Strukturen in der Schule auf die Beförderung sozialen (oder moralischen) Lernens hin angelegt sein. Jedoch ist hierbei darauf zu achten, dass die Strukturen in der Schule und die Qualität der dort stattfindenden Prozesse *beiläufig* zum Erwerb sozialer Kompetenz beitragen. Dieser beiläufige Erwerb sozialer Kompetenz kann – durch Meta-

Tabelle 45: Unterschiede im Selbstverständnis der Regelschule und der Just-Community-Schule

Dimension	Regelschule	Just-Community-Schule
Verständnis der Schule	Institution in der modernen, arbeitsteiligen Gesellschaft.	Verständnis der Schule als Gemeinschaft und als Labor zur Beförderung von kognitiv-moralischer Entwicklung durch Diskurse.
Zielsetzung	Förderung fachlicher und überfachlicher Kompetenzen durch Curriculum und Strukturen.	Förderung des kognitiv-moralischer Denkens und Argumentierens durch Curriculum und moralische Diskurse.
Ethos der Schule	Explikation abgestimmter Werte im Leitbild der Schule.	Gemeinschaft, Gerechtigkeit, Verantwortung, Fairness werden als Werte gesetzt.
Verfassung	Rahmenverantwortlichkeit durch die Gesellschaft, Steuerung über die Politik; Institution mit Strukturen und Arbeitsabläufen; Schulverfassung; Beteiligungsrechte.	Einrichtung von Gremien, die der Förderung eines hohen kognitiv-moralischen Niveaus dienen (z.B. Schulversammlung, Fairnesskomitee).
Gremienstruktur	Klassenversammlungen, Jahrgangsversammlungen und Schulversammlungen können als Gremien institutionalisiert werden.	Klassenversammlungen und Schulversammlungen, Fairnesskomitee, Vermittlungsausschuss werden als Lernarrangements verstanden.
Aufgabe der Gremien	Möglichst effektive und wirksame Konfliktbearbeitung und Konfliktklärung.	Organisation eines kognitiv-moralischen Entwicklungsprozesses mit dem Ziel der Höherentwicklung der Einzelnen.
Lehrkräfte	Amtsautorität und professionelle Expertise.	Kognitiv-moralische Autorität; Argumentations- und Überzeugungsfähigkeit.

lernen – verstärkt werden, indem deutlich gemacht wird, warum etwas so geregelt wird, was man dabei lernt und nun inzwischen auch kann.

Es wäre fatal, die Schule und ihre Strukturen und Prozesse vor allem für intentionales soziales Lernen nutzen zu wollen, weil auf diese Weise der Zweck der Schule (Aufbau fachlicher und überfachlicher Kompetenz) und der Sinn ihrer Gremien (Bearbeitung tatsächlicher Sachprobleme und Konflikte) verfehlt wird. Genau diese Verwechselung von intentionalen und beiläufigen Lernprozessen können wir am Beispiel der „Just-Community-Schulen", der „Gerechten Schulgemeinschaften" aufzeigen.

Die „Just-Community-Schulen" verstehen sich als Schulmodelle, in denen die Schule als Ganzes so gestaltet wird, dass Kinder und Jugendliche zu sozial engagierten und moralisch verantwortlichen Menschen erzogen werden. Die Schule übernimmt die Aufgabe der bewussten „Herausbildung gemeinschaftlicher Normen", der Entwicklung von Handlungsfähigkeiten der Schüler/-innen im Kontext sozialer Verwobenheit und die „Entfaltung moralischer Empathie und Solidarität durch Partizipation und die Herausbildung von gemeinsam getragener Verantwortung" (Oser & Althof 2001, 233). Vergleichen wir zunächst die Unterschiede im Selbstverständnis der Regelschulen und der Just-Community-Schulen (vgl. Tabelle 45: Unterschiede im Selbstverständnis der Regelschule und der Just-Community-Schule).

Während sich die Regelschule als Institution und Organisation versteht, wird in der *Just-Community-Schule* ihr Gemeinschaftscharakter und die (moralische) Verantwortung des Einzelnen für die Gemeinschaft betont. Daher sollen die Just-Community-Schulen klein und überschaubar sein (ca. 80–120 Schüler/-innen und ihre Lehrer). Ihre Zielsetzung besteht darin, zur Weiterentwicklung des moralischen Denkens und der moralischen Argumentation durch die innere Gestaltung der Schule beizutragen. Die Förderung der kognitiven und moralischen Entwicklung soll durch ein entsprechendes Curriculum, durch Diskurse und durch die Schülerversammlungen erfolgen.

In den Just Community-Schulen werden die Werte ‚Gemeinschaft', ‚Gerechtigkeit', ‚Verantwortung' und ‚Fairness' betont. Es wird erwartet, dass sich die Schüler/-innen und die Lehrer mit den Normen der Gemeinschaft identifizieren und nach diesen Prinzipien auftauchende Konflikte lösen. Wer den Zielsetzungen nicht zustimmt, mit dem Abhalten von Schulversammlungen und diskursiven Verfahren als Grundlage für Entscheidungsfindungen nicht einverstanden ist, passt nicht in die Schule. Demokratie in der Schule erscheint als Ausdruck der Selbstorganisation des sozialen Lebens. Die Gremien in der Schule werden einerseits als Ausdruck partizipatorischer Demokratie verstanden, andererseits sollen sie – unter moralischer Perspektive – „für erzieherische Zwecke" (Oser & Althof 1992, 386) genutzt werden.

Die innere Organisation der kleinen Just-Community-Schulen ist komplex angelegt, damit die Ziele der Schule erreicht werden können. Gefordert wird die Stützung des Programms durch die Schulverwaltung und die Schulleitung. Die *Schulversammlung* soll durch eine *Vorbereitungsgruppe aus Schüler/-innen und Lehrern* vorbereitet werden. Die Schulversammlung wird ergänzt durch einen sogenannten Vermittlungsausschuss, der die Normen stützt und dafür sorgt, dass die Beschlüsse ausgeführt werden. Er übernimmt Aufgaben der Normensicherung, der Beratung, der Streitschlichtung, der Rehabilitation Einzelner und koordiniert verschiedene Aktivitäten. Der Vermittlungsausschuss „muss immer wieder darauf hinweisen, was Geltung hat und worauf der Einzelne sein ‚Versprechen' abgab. Dieses Erinnern ist eine Form des Aufrechterhaltens des inneren Dialogs zwischen normativen Beschlüssen und individuellen, gegen diese Geltungsansprüche gerichteten Bedürfnissen. Handeln wird nicht so sehr vom Urteil her, sondern durch die Wachhaltung kooperativer Beschlussfassung unter ‚Druck' gesetzt" (Oser & Althof 1992, 381). Die Schüler/-innen haben die Möglichkeit, sich vor dem Vermittlungsausschuss zu rechtfertigen; er kann Rehabilitationen vornehmen. Dadurch entsteht ein Gremium (mit dem Charakter von Gericht und Exekutive gleichermaßen) neben der gemeinsamen Schulversammlung. Das *Fairnesskomitee* sorgt dafür, dass die gefällten Entscheidungen beachtet und in Handeln umgesetzt werden.

Die Durchführung der Schulversammlung geschieht mit dem Ziel, moralisches Lernen zu ermöglichen. Sie erscheint als geeignetes *Lernarrangement*. In den *Schulversammlungen* werden in *diskursiven Verfahren* Probleme besprochen, Interessen ausgehandelt und Entscheidungen gefällt. Durch die Anwesenheit, Beteiligung und überlegende Argumentation von Schulleitern und Lehrkräften in der Schulversammlung soll ein höheres Niveau moralischen Denkens erzeugt werden. Weil das Ziel darin besteht, die (moralische) Entwicklung zu befördern, tritt das Lernen am Fall in den Vordergrund; dabei wird das Lernmaterial aus dem täglichen Interaktionsprozess gewonnen (Oser & Althof 1992, 354).

In den Just-Community-Schulen wird Vertrauen in eine offen und kontrovers geführte Auseinandersetzung mit Meinungen, Wertungen und Grundhaltungen gesetzt. In den Just-Community-Schulen werden die Diskussions- und Entscheidungsprozesse in der Schulversammlung dadurch begrenzt, dass es ‚*Sondierungsabstimmungen*' (Oser & Althof 1992, 410) gibt, der Schulleiter bestimmte Prozesse unterbinden resp. Entscheidungen hinauszögern kann und darüber hinaus ein Vetorecht (Oser & Althof 1992, 410) hat. Auch hier soll der Schulleiter, wenn die Versammlung in der Gefahr steht, inhumane Entscheidungen zu fällen, unter Verweis auf die Menschenrechte und die geltenden Gesetze intervenieren (Oser & Althof 1992, 413 f).

Da diese Auseinandersetzung als *Lernarrangement* zur Beförderung kognitiv-moralischer Entwicklung verstanden wird, kann diesen Prozessen viel Zeit gewidmet werden. Da es nicht in erste Linie um konkrete Problemlösungen geht, sondern die Schulversammlung vor allem zur Unterstützung von Entwicklung und zur Verbesserung des Niveaus kognitiv-moralischer Argumentation dienen soll, existiert – bezogen auf die Bewertung der Ergebnisse der Versammlungen – kein Erfolgskriterium zur Qualität der konkreten Problemlösung. Erfolg und Misserfolg werden, bezogen auf ein von außen herangetragenes Kriterium, nämlich den Beitrag zur Beförderung des Niveaus der kognitiv-moralischen Argumentation eingeschätzt; sie sind damit von der Bewertung durch die gemeinsame Schulversammlung weitgehend unabhängig.

Daher gibt es neben den schon genannten Gremien *Zusammenkünfte der Lehrkräfte,* in denen die Prozesse in der Schule unter dem Gesichtspunkt der Entwicklung der Schüler/-innen und der Beförderung des Lernens betrachtet werden (Oser & Althof 1992, 363). Die Lehrkräfte in den Just-Community-Schulen sind einerseits normale Mitglieder in den Schulversammlungen, die jedoch durch überzeugende Argumentation dafür Sorge tragen sollen, dass die kognitiv-moralische Entwicklung der Schüler/-innen befördert wird. Indem einige von ihnen – als Teil der Vorbereitungsgruppe – die Schulversammlungen mit vorbereiten, kommt ihnen die Aufgabe zu, die Versammlungen als Lernarrangements so zu gestalten, dass das intendierte Lernen möglich wird. Zugleich müssen sie in den Versammlungen aber als normale Mitglieder agieren. Daneben gibt es eigene Lehrertreffen, in denen die Lehrkräfte die Schülerversammlungen unter der Perspektive betrachten, inwiefern sie Lernen und Entwicklung ermöglicht haben. „Es muss eine regelmäßige Zusammenkunft der sich beteiligenden Lehrer vorgesehen werden mit dem Ziel, a) die Theorie auf der entwicklungspsychologischen, philosophischen, soziologischen und schulpraktischen Ebene zu studieren, b) die jeweiligen Sitzungen (…) zu analysieren und auszuwerten, ferner zu beraten und zu motivieren und c) das Curriculum zu planen" (Oser & Althof 1992, 363). Das bedeutet, dass die Struktur in der Schule die gemeinsame Schulversammlung aller durch eigene Orte der Reflexion durch die Lehrkräfte ‚puffern' muss. Die Lehrkräfte sollen die Schulversammlung einerseits als Gremium der Partizipation, andererseits als Lernarrangement ansehen, das Entwicklung befördern und Lernen ermöglichen soll. Hier ist strukturell eine ‚Double-bind'-Situation angelegt.

Das Verständnis der Prozesse in der Schule, die eigentlich beiläufig zum Aufbau sozialer Kompetenz beitragen könnten, als intentionale Lernprozesse bewirkt die Gefahr, dass die Schule sich in hohem Maße mit sich selbst, ihren Verfahren und Prozeduren beschäftigt und dies als Lernprozess deutet. Daher kommt oftmals das Lernen von Inhalten zu kurz (vgl. Oser & Althof 1992, 454).

Während in den Just-Community-Schulen an die Lehrer sehr hohe Ansprüche gestellt werden, mit der Konsequenz, dass sich diese oftmals überfordert fühlen, auch deshalb, weil wenig Erfolg des Handelns sichtbar wird. Die Veränderung in der kognitiv-moralischen Struktur bewirkt nicht unbedingt ein besseres Verhalten (vgl. Oser & Althof 2001, 361). Ungeklärt ist, ob die Schulversammlungen in den Just-Community-Schulen auch dann erfolgreich sind, wenn die Schulleiter oder die Lehrer über kein ‚Charisma' verfügen (vgl. Oser & Althof 1992, 457).

In den Just-Community-Schulen wird die Argumentation von Lehrkräften und Kindern nicht inhaltlich-konkret, bezogen auf ihre Hilfe bei der Lösung konkreter Probleme in den Blick genommen, sondern es wird – mit Blick auf die Stadien kognitiv-moralischer Entwicklung und losgelöst vom Inhalt – untersucht, auf welchem Niveau sich die Argumentation bewegt. Die Schulversammlung und die anderen Gremien erscheinen wie Laborsituationen, die dabei helfen können, ein Untersuchungsfeld für moralische Argumentation zu entwickeln. Es geht um abstrakte kognitiv-moralische Höherentwicklung; sie muss sich nicht in der Fähigkeit zeigen, Probleme besser anzugehen.

Das grundlegende Problem, das durch die verschiedenen Konzeptionen zweier Varianten von Schule (Regelschule versus Just-Community-Schule) und ihre jeweiligen Leitorientierungen je unterschiedlich beantwortet wird, besteht zunächst in der Schwierigkeit, die Vermittlung von Wissen und Können, von Kompetenzen (hier: der Kompetenz zum moralischen Denken und Argumentieren) durch die Organisation zu gestalten. In der Regelschule wird eher auf die Strukturen einer Organisation gesetzt. In der Just-Community-Schule wird auf das Charisma und die Kompetenz der Lehrkräfte vertraut.

Reicht es aber aus, in Institutionen nur auf das Charisma oder die Kompetenz von Personen zu setzen? Helmut Willke unterscheidet ‚dumme' und ‚intelligente' Organisationen. Zu den *intelligenten Organisationen* zählt er jene, die gut mit durchschnittlichen Mitgliedern auskommen und die durch ihre Regelsysteme, Verfahren, Kontrollprozesse und Balancierungsmechanismen, die in ihre Verfasstheit eingelassen sind, eine institutionelle Weisheit zum Ausdruck bringen. Die Institution ist in der Lage, die Mittelmäßigkeit der Mitglieder zu kompensieren. Das Wissen in intelligenten Organisationen beruht auf zwei Pfeilern, auf der Qualität der Verfasstheit der Organisation und auf der Qualität und Expertise der Mitglieder, deren Wissen und Kompetenzen nur bedingt innerhalb der Organisation erzeugt wird. „Beide Pfeiler zusammen erst bieten gegenüber den Kontingenzen und Anforderungen einer dynamischen Umwelt einigermaßen Gewähr dafür, dass die notwendigen Anpassungen gelingen, weil sich Schwächen der einen Seite durch Stärken der anderen kompensieren lassen" (Willke 1997, 23).

Mit Blick auf unser Thema stellt sich daher die Aufgabe, die Institution Schule so anzulegen, dass in ihren institutionellen Strukturen, in ihren Regelsystemen, Kommunikationsmustern und Verfahren, in ihren Leitlinien und Arbeitsabläufen, in ihren Routinen und Traditionen das Wissen über die Beförderung von Mündigkeit der Lerner/-innen durch den Erwerb überfachlicher Kompetenzen mit Hilfe solcher Verfahren eingelagert wird, die beiläufig zur Selbststeuerungs-, Selbstregulationsfähigkeit, kommunikativer, kooperativer und sozialer Kompetenz beitragen.

Hinweise zur Organisation sozialer Lernprozesse in der Schule

Abschließend soll die Verschränkung von individueller Entwicklung und sozialen Gebilden, besonders von Institutionen, erörtert werden. Der Erwerb von Selbstregulation, Selbstkonzept und instrumentellen Kompetenzen zur Kooperation geschieht in *individuellen Lernprozessen* des Individuums. Das Kooperieren, die Übernahme einer Rolle, die Steuerung eines Gruppenprozesses sind *interaktive Geschehen*. Damit das Individuum Interagieren lernen kann, werden soziale Gebilde gebraucht, in denen Interaktion erfahrbar wird. Die Schule ist eine Institution, in der es ständig in den unterschiedlichsten sozialen Gebilden zu Interaktionen kommt. Es gibt die Beziehung zu einer einzelnen Person, sei es Freundschaft oder gar Feindschaft, Gruppen bilden sich, Schulklassen werden zusammengesetzt, Personen werden in Gremien gewählt etc. Lernen findet nicht nur dort statt, wo es einen expliziten Lernwunsch oder eine Lernzumutung gibt, sondern auch da, wo man im Alltagsgeschehen Zeit verbringt, Zeuge von Ereignissen wird, sich gut oder schlecht fühlt. Da Lernen sich nicht auf offizielle Anlässe beschränken lässt, wird deutlich, dass es – bezogen auf soziale Ereignisse – sehr viel mehr informelle Lerngelegenheiten gibt als offiziell gestaltete.

Soziales Lernen kann so gesehen in *Konfliktverarbeitung* bestehen. Schüler, die bei offiziellen unterrichtlichen Lernangeboten mit den positiven Werten der psychologischen Unterstützung von Mitmenschen konfrontiert werden, z.B. durch Kinder- und Jugendliteratur über eine gute Mutter oder einen fürsorglichen Lehrer, erleben möglicherweise in ihrem Alltag von den realen Rollenträgern Vernachlässigung oder ungerechte Behandlung. Die offiziell vertretenen Werte können bei dieser Konstellation als ideologische Positionen erlebt werden, denen keinerlei Deckung in der Realität entspricht. Den Schüler/-innen stellt sich dann folgende Frage: Geht es im alltäglichen Leben also nur um eine Außendarstellung, die das eigene Tun ideologisch rechtfertigt, und um die Kunst, unter diesem Deckmantel egoistische Interessen oder die eigene Bosheit zu leben?

Sollen positive soziale Werte als realistische Optionen angesehen werden, muss der junge Mensch glaubhaft eine Realisierung dieser Werte in seinem Umfeld erleben. Fürsorge und Schutz von Schwächeren wird nur eine Person leben, die damit Erfahrungen in ihrem eigenen sozialen Umfeld machen konnte. Die Konsequenz aus diesen Überlegungen besteht darin, die Institution Schule als informellen Lernort genauer zu untersuchen und sich zu fragen, wie die Institution gestaltet sein muss, damit die gesellschaftlich erwünschten Werte und Handlungsdispositionen in dieser Institution ausgebildet werden können. Da keine Institution verhindern kann, dass sich in ihr Personen aufhalten, die fehlerhaft handeln, kann es nicht darum gehen, an den Idealismus der Lehrpersonen und deren menschliche Perfektion zu glauben. Stattdessen sind Strukturen und Instanzen zu schaffen, die Verstöße gegen zentrale Werte bearbeiten und den Opfern Schutz bieten. Legitimität und Legalität des Umgangs mit Personen ist dabei ein hohes Gut. Wohlwollen der Menschen untereinander oder gar Liebe sind nicht einklagbar, aber Achtung und Umgang unter Berücksichtigung der Würde des Menschen darf abgefordert werden.

Unter diesem Gesichtspunkt kommt der Gremienarbeit, der Interessenvertretung, der Gestaltung demokratisch legitimierter Entscheidungen, aber auch den Hilfs- und Beratungsdiensten in der Schule eine wichtige Funktion zu. Wenn Schüler erleben, dass Kungelei wichtiger und erfolgreicher ist als klare und transparente Entscheidungswege mit angemessener Beteiligung der Betroffenen oder dass Hilfsdienste zwar existieren, aber der Zugang zu ihnen unnötig erschwert ist, entsteht der Eindruck, dass nur Macht und nicht die Interessen des Einzelnen zählen.

In einem sozialen Umfeld, das keine Beeinflussung zulässt, in dem man sich nicht geachtet und fürsorglich behandelt fühlen kann, ist es schwer, ein positives Selbstkonzept zu entwickeln und sein Handeln an positiven sozialen Werten auszurichten. Schulen und Lehrkräfte müssen sich der Wirkung ihres Handelns und der von ihnen geschaffenen Strukturen auf die Schüler bewusst sein und danach trachten, dass keine oder wenige performative Widersprüche auftreten: Das, was gelehrt und gesagt wird, muss auch das sein, was getan wird. Das Tun wird mehr Wirkung haben als das Sagen. Schülerorientierung ist unglaubwürdig, wo im Stundenplan kein Zeitfenster zu erkennen ist, an dem Zeit und Muße dafür da ist, sich mit der Sicht der Schüler und deren Problemlagen zu beschäftigen und dafür keine geordneten sozialen Formen konstruiert werden. Die Wertschätzung von Kunst und Musik ist dann schwierig, wenn im Alltag des Schullebens beide nicht vorkommen, sondern diese nur als Fach unterrichtet werden.

Wir haben am Beispiel der Konfliktregelung und des Klassenrats gezeigt, dass es nicht nur darum geht, Oberflächenabläufe zu inszenieren, sondern zu lernen, die notwendigen Prozesse zu erzeugen (vgl. auch Kiper & Mischke 2004; Kiper & Mischke 2006). Für das beiläufige Lernen ist wichtig, dass die Lehrkräfte sich immer wieder fragen, ob nur formale Hüllen erfahrbar sind oder ob die substantiell notwendigen Prozesse sich auch tatsächlich ereignen und sie in Reflexion und Metakommunikation verständlich gemacht werden können. Die oft verwendeten Konzepte, wie Schul- und Klassenklima oder Führungsstil, haben hier ihre Berechtigung (vgl. Kiper & Mischke 2004, 143 ff): Sie verdeutlichen als theoretische Konstrukte, dass nicht die einzelne Aktion eine Wirkung hat, sondern die Summe der gleich bleibenden verlässlichen Interaktionsmuster.

Die Betonung des informellen beiläufigen Lernens durch Teilhabe am Alltagsgeschehen soll nicht so gedeutet werden, dass gezielte Lernarrangements überflüssig wären. Das Leben ist als Lerngelegenheit nicht immer ausreichend, weil es nicht von selbst begrifflich strukturiert abläuft. Erst die Interpretation des Geschehens mit geeigneten begrifflichen Rastern macht das Wiedererkennen strukturell ähnlicher Abläufe möglich. Ohne gezieltes Unterweisen oder Lernen von theoretischen Konstrukten bleibt die Erfahrung blind. Schon Immanuel Kant (1724–1804) entfaltete in seiner ‚Kritik der reinen Vernunft' (1781) die These, dass Begriffe ohne Anschauung leer, Anschauungen ohne Begriffe blind sind (vgl. Kant 1974, 279, 307).

Stellt sich eine Institution als unveränderbar und lernunfähig dar, bietet sie den in ihr lebenden Menschen keine Lernmöglichkeit mit Veränderungsprozessen; in einer Gesellschaft, in der die Notwendigkeit besteht, dass ein Lernen von Organisationen geschieht, wäre das ein schwerwiegender Mangel, da die Menschen dann nicht angemessen auf Veränderungsprozesse vorbereitet würden. Nimmt man dieses Argument ernst, hat die Schulentwicklung nicht nur eine Bedeutung für Schulverwaltung und Schulaufsicht, sondern sie wird zu einem pädagogischen Ansatz der Schule selbst: Lehrkräfte und Schüler/-innen sollten sich über Veränderungen verständigen, diese planen, ausführen und evaluieren, um Modelle für ein Lernen von Organisationen zu konkretisieren.

Wichtig dabei ist, dass auch Organisationen die Wahl zwischen Vermeidungszielen und Annäherungszielen haben. Bei notwendigen Veränderungen sollte der Fokus nicht nur und vor allem auf Wege zur Verhinderung von Falschem gelegt werden; stattdessen sind Wege zu positiven Zielen zu denken. Das gilt auch für Schulordnungen. Sie sollten Regeln für das Erreichen des Richtigen benennen und nicht aus Verboten bestehen und natürlich von jeder Gruppe aktiv entwickelt und nicht nur tradiert werden (vgl. auch Kiper 2001, 222 ff).

Der Aufbau und die Veränderung von Einstellungen und Wertsystemen wird theoretisch als Prozess der Informationsverarbeitung gedeutet. Für das Gelingen spielen die Klarheit der Botschaft, die Stärke der Argumente und vor allem die Glaubwürdigkeit der Informationsquelle eine wichtige Rolle. Eine Kluft zwischen der Botschaft und dem Handeln der Quelle verhindert die Übernahme.

Wichtig ist auch die Erkenntnis, dass Verhaltensänderungen zu Einstellungsänderungen führen können. Wer durch die strukturierenden Faktoren einer Situation sein Verhalten ändert, wird auch seine Einstellungen ändern. Dies kann genutzt werden, indem man eine Person bittet, eine ihr selbst fremde Position argumentativ zu vertreten. Die Konsequenz wird sein, dass beim Vertreten der Position sich die ursprüngliche negative Einstellung ändert. Der Effekt tritt auch auf, wenn die Lehrkraft ihr voraussagt, es gehe um ein Experiment und nicht um Manipulation durch die Lehrkraft (Bohner & Wänke 2006).

4 Überfachliche Kompetenzen und Identitätsbildungsprozesse

In diesem Kapitel wollen wir den Aufbau von Selbstkompetenz und Sozialkompetenz im Kontext von Prozessen der Identitätsentwicklung diskutieren und der Frage nachgehen, welchen Beitrag die Schule dazu leisten kann. Die sich dabei stellende begriffliche Schwierigkeit besteht darin, dass diese Konzepte selbst – angesichts gesellschaftlicher Entwicklungen – modifiziert und verändert werden. Wir nehmen zunächst die Zielsetzung von Heinrich Roth auf, der die Vision eines mündigen Menschen entwarf und ihm umfassende Handlungsfähigkeit zuschrieb. Auf dieser Grundlage fragen wir nach den Prozessen zum Erwerb dieser mündigen Handlungsfähigkeit. Zu diesem Zweck führen wir das Konzept der Identität ein und diskutieren diesen Ansatz auf dem Hintergrund von Überlegungen verschiedener Autoren. Wir fragen dann nach der Bedeutung der Schule für die Förderung dieser Prozesse und diskutieren das Konzept der Entwicklungsaufgaben. Abschließend erörtern wir die Selbstbestimmungstheorie kritisch und stellen die Überlegungen von Gertrud Nunner-Winkler vor, die darauf abhebt, auf den Modus der Aneignung von Inhalten zu setzen. Wir schließen mit Überlegungen zur Förderung der Identitätsentwicklung in der Schule im Kontext des Erwerbs von Selbstregulationsfähigkeit, kooperativer und sozialer Kompetenz.

4.1 Die Zielsetzung: der handlungsfähige Erwachsene

Heinrich Roth nennt als Aufgabe von Erziehung und Bildung, solche Lernprozesse anzulegen und zu befördern, die einem Kind resp. Jugendlichem helfen, zu einem mündigen Erwachsenen zu werden. Der mündige Erwachsene, der sich durch umfassende Handlungsfähigkeit in der jeweiligen Gesellschaft auszeichnet, wird zum Leitmodell. Der Psychologe unterscheidet also Handlungsfähigkeit von Tun und Verhalten.

„Der mündige Mensch verfügt (...) über ein entwickeltes und ausgebautes *Steuerungs- und Kontrollsystem*, d.h. über ein Ich und Ich-Leistungen, zweitens (...) über ein ausgebautes *Orientierungssystem*, d.h. er kann sich wahrnehmend, vorstellend, sprachlich kommunizierend und denkend mit der Welt auseinandersetzen. Er besitzt drittens ein entwickeltes und ausgebautes *Wertungssystem*, d.h. er kann das, was er wahrgenommen und erkannt hat, nach Wert- und Gütemaßstäben, Sach- und Sozialnormen beurteilen und bewerten. Er vermag sich viertens eines entwickelten und geformten *Motivations- und Interessensystems* zu bedienen, d.h. seine Antriebskräfte und Energien haben sich auf bestimmte Objekte und Ziele ausgerichtet (...). Er verfügt fünftens über ein *Wirksystem*, d.h. über Fertigkeiten und Fähigkeiten, Können und Leistungsformen, die es ihm ermöglichen, das, was er will, eingesehen und positiv bewertet hat, was überdies seine Bedürfnisse befriedigt, auch zu *tun*, mindestens innerhalb seines persönlichen Lebens-, Interessen- und Berufsfeldes. Und er kann sechstens ein *Lernsystem* nutzen, d. h. er ist fähig, aus seinen Erfolgen und Misserfolgen für sein künftiges Verhalten Konsequenzen zu ziehen, was bedeutet, dass er aus seinen Erfahrungen zu lernen vermag" (Roth 1971, 220).

Der mündige Mensch zeichnet sich aus durch die Fähigkeiten zum problemlösenden Denken, zu dauerhafter Motivation und Anstrengungsbereitschaft zur Erfüllung seiner Wünsche und zur Wahrnehmung der gesellschaftlichen Verpflichtungen, zu emotional-affektiven Stellungnahmen auf der Grundlage von Gütemaßstäben und durch die Fähigkeiten, gemäß Sach- und Werteinsichten zu handeln, lebenslang zu lernen und sich zu steuern und zu kontrollieren (Roth 1971, 220 ff). Heinrich Roth skizziert, welche Reifungs-, Entwicklungs- und Lernprozesse notwendig sind, um zu einem handlungsfähigen Erwachsenen zu werden. Er unterscheidet verschiedene Bereiche, in denen Lehr- und Erziehungsprozesse notwendig sind (vgl. Roth 1971, 175, 222):

Im *Orientierungssystem* sind die perzeptiven und kognitiven Fähigkeiten und die Fähigkeit zum problemlösenden Denken zu entwickeln. Die anzulegenden Lehr- und Erziehungsprozesse zielen auf die Gewinnung von Informationen (Wissen von Fakten, Begriffen, Prinzipien, Regeln, Ideen usw.).

Im *Antriebs- und Motivationssystem* muss ein leistungsfähiger Energiehaushalt (im Ausgleich von egozentrischen Lustinteressen und sozial-gesellschaftlichen Pflichtinteressen) aufgebaut werden durch solche Erziehungsprozesse, die helfen, die vorgegebene Energie in motivierte Aktivität verwandeln: in Leistungsmotivation, Motivation im Sinne kultureller Interessen, Motivation zur Selbstverwirklichung und Selbstbestimmung, Umwandlung von extrinsischer zu intrinsischer Motivation, soziale Motivation usw.

Im *Wertungssystem* sind emotional-affektive Kräfte und Fähigkeiten zu sensibilisieren und zu stabilisieren durch Lehr- und Erziehungsprozesse zur Gewinnung von Gütemaßstäben: Internalisierung von Werten, Normen und Idealen, Erlernen von Kriterien zur Bewertung und Beurteilung von Normen, Errichtung von Hemmungen für sinnwidriges und unsoziales Verhalten.

Im *Wirk- oder Handlungssystem* ist – mit Blick auf relevante Leistungsformen – gelerntes Können aufzubauen durch das Einüben von Fertigkeiten, Verhaltensweisen, Leistungsformen, durch die Erweiterung der Handlungsfähigkeit zu mündiger und kritisch-produktiver Handlungsfähigkeit.

Im *Lernsystem* sind Prozesse aktiven, selbstgesteuerten Lernens anzulegen.

Im *Steuerungs- und Kontrollsystem* sind Prozesse zur Gewinnung von Selbstkontrolle, Selbstmächtigkeit und Selbstführung durch Verstärkung der Ich-Kräfte, um von der Fremdbestimmung zur Selbstbestimmung zu gelangen, anzulegen (vgl. Roth 1971, 175, 222).

Der Wissenschaftler führt aus, durch welche fachlichen, sozialen und moralischen Lernprozesse schrittweise die Handlungsfähigkeit aufgebaut werden kann. Für ihn ist das Zerlegen des instinktiven oder quasi-instinktiven Handlungsablaufs in Ziele (Absichten) und Mittel die erste Fortschrittsstufe in der Entwicklung der menschlichen Handlung, der Beginn der geführten Handlung. Die Genese der Handlungsfähigkeit beginnt im Hinblick auf ein antizipiertes Ziel durch gelenktes, probierendes Handeln und durch eine Mittelwahl mit Blick auf ein bewusst intendiertes Ziel (vgl. Roth 1971, 448 ff). Die zeitliche Vorwegnahme der Ziele im Orientierungssystem (Entwicklung von Voraussicht) ist ein entscheidender Schritt, dem – bei der Entwicklung von Zielen über einen größeren zeitlichen Spannungsbogen – die Erörterung über Ziele und die

Mittel, um sie zu erreichen, folgen können. Selbstbestimmung ist an die Fähigkeit geknüpft, sich Ziele zu setzen und im Verfolgen der Ziele ihre Realitätserfahrungen zu erweitern. Heinrich Roth geht davon aus, dass die Herausbildung mündiger Handlungsfähigkeit an das Erlernen von sacheinsichtigem, sozialeinsichtigem und werteinsichtigem Verhalten und Handeln geknüpft ist. Es geht also um die Entwicklung von Sachkompetenz und intellektueller Mündigkeit, um Sozialkompetenz und sozialer Mündigkeit und Selbstkompetenz und moralischer Mündigkeit (vgl. Roth 1971, 448). Auch Roth interessiert sich für die Situationen, die ein/e Erzieher/-in oder eine Lehrkraft schaffen muss, damit darin diese Kompetenzen erworben werden können (vgl. auch unsere Einleitung in diesen Band).

Wie werden Menschen handlungsfähig?

In Kindheit und Jugend werden wichtige Grundlagen für die Entwicklung dieser umfassenden Handlungsfähigkeit gelegt. In den von Heinrich Roth genannten Dimensionen ist angedeutet, in welchen Bereichen eine Entwicklung stattfinden muss. Bezogen auf die Jugendphase wird in der entwicklungspsychologischen Literatur darauf abgehoben, dass hier Prozesse der Identitätsentwicklung anzulegen sind.

Unter der Jugendphase wird eine Übergangsperiode verstanden, die zwischen der Kindheit und dem Erwachsenenalter liegt. Jugendliche müssen Schritt für Schritt die Vorrechte von Kindern aufgeben und sich mit Aufgaben und Rollen von Erwachsenen vertraut machen. Die Dauer der Jugendphase ist einerseits abhängig vom Zeitpunkt des Eintritts der Geschlechtsreife und von der Länge des Zeitraums, der für die Übernahme von Rollen und Aufgaben in der Gesellschaft als notwendig angesehen wird, also von der Dauer der Schulzeit und der Länge von Ausbildung und/oder Studium. Früher begann das Jugendalter mit der Geschlechtsreife und endete mit dem Übergang in die Arbeitswelt; es dauerte ca. vier bis fünf Jahre. Heute umfasst das Jugendalter in der Regel zehn Jahre, dem fünf weitere Jahre des frühen Erwachsenenalters oder der Postadoleszenz folgen. Oftmals wird das Jugendalter selbst noch einmal unterschieden in frühes Jugendalter (11–14 Jahre), mittleres Jugendalter (15–18 Jahre) und spätes Jugendalter (18–22 Jahre). Die zunehmende Ausdehnung des Jugendalters hängt mit einer Vorverlegung der Geschlechtsreife zusammen (säkulare Akzeleration; in den letzten 150 Jahre kam es schrittweise zu einer Vorverlegung um insgesamt vier Jahre), mit der Verlängerung der Schul- und Ausbildungszeiten und damit einem späteren Berufseintritt. „Die Zeitspanne, in der sich Familien mit Jugendlichen befinden, wurde somit in beide Richtungen ausgedehnt" (Hofer & Pikowsky 2001, 241). Diese ausgedehnte Jugendphase soll dabei helfen, sich auf das Erwachsenwerden vorzubereiten und die dafür notwendigen Grundlagen zu legen. Manfred Hofer (2003) zeigte, dass dabei Wertkonflikte und in der Konsequenz auch motivationale Handlungskonflikte auftauchen (vgl. Tabelle 46: Wertkonflikte als Grundlage von Motivationskonflikten).

Die Wertkonflikte haben zur Konsequenz, dass die Anforderungen (vor allem der Schule) in Konkurrenz zu attraktiven Freizeitgestaltungen geraten können. Je nach Wertorientierung wird Verhalten und Handeln ausgerichtet, wobei – je nach eigener Wertpriorität und getroffener Entscheidung – die motivationalen Handlungskonflikte besser oder schlechter verarbeitet werden.

Für die Jugendphase werden bestimmte Entwicklungsaufgaben akzentuiert. Das Vorbereiten auf den Status des Erwachsenen im Kontext der Herausbildung eines eige-

Tabelle 46: Wertkonflikte als Grundlage von Motivationskonflikten
(vgl. Hofer 2003, Hofer et al. 2004)

Leistungsorientierung	Wohlbefindensorientierung
Ausrichtung auf Erfolge in der Zukunft (Wertschätzung schulischer Arbeit)	Ausrichtung auf Wohlbefinden in der Gegenwart (Wertschätzung von Freizeit)
Belohnung wird in der Zukunft erwartet (Belohnungsaufschub)	Belohnung soll in der Gegenwart erfolgen (kein Belohnungsaufschub)
Orientierung an schulischen Anforderungen	Ausrichtung an den Attraktionen der Freizeit
Arbeitsdisziplin; schulische Leistungsbereitschaft	Selbstaktualisierung; Genuss der Gegenwart

nen Lebensentwurfs wird in der Entwicklungspsychologie und in der Sozialisationstheorie im Kontext des Begriffs Identität diskutiert.

Positionen, die den Begriff und das Konzept der Identität in der heutigen Gesellschaft kritisch sehen, stehen solchen gegenüber, die an diesem Konzept festhalten.

Die kritische Sicht des Identitätskonzepts

Gergen beschreibt Muster des sozialen Wandels, die das Individuum immer tiefer in die soziale Welt eintauchen und es zwingen, sich mit immer mehr Meinungen, Werten und Lebensstilen auseinanderzusetzen (vgl. Gergen 1991, 1996). „Die Verinnerlichung der Dispositionen der verschiedenen anderen, denen wir ausgesetzt sind, versetzt uns in die Lage, ihre Positionen einzunehmen, ihre Einstellungen zu übernehmen, ihre Sprache zu sprechen, ihre Rollen zu spielen. So wird unser Selbst von anderen bevölkert. Die Folge ist ein ständig anwachsendes Gefühl von Zweifel an der Objektivität jeder Position, die man vertritt" (Gergen 1996, 147). Im Gedächtnis seien Lebensmuster von anderen Identitäten gespeichert, die bei Gelegenheit in die Tat umgesetzt würden. Das Selbst werde als individuelles ausgelöscht und stattdessen von Teilidentitäten besetzt. Diese würden als ‚Schattenwirklichkeiten' zu inneren Dialogen beitragen, Maßstäbe setzen, Überlegungen initiieren. Der typische Zustand des Individuums sei der eines inneren Konfliktes. Auch Oerter und Dreher markieren die Grenzen des Identitätskonzeptes. Sie liegen darin, dass die gesellschaftlichen Grundlagen für die Ausbildung von Identität verloren gehen. Resultat sind Formen der Identität „ohne stabilen Kern und ohne innere Verpflichtung" (Oerter & Dreher 2002, 299), wenig gefestigte Menschen, die sich gerade auf diese Weise unklaren gesellschaftlichen Werten und Erfordernissen rasch und geschickt durch häufige Positionskorrektur und gefällige Selbstrepräsentation anpassen und häufig kurzfristig und oberflächlich angelegte Kontakte herstellen (‚Surfer') oder die mit unverbundenen Werthaltungen und Gewohnheiten die unvereinbaren Anforderungen in verschiedenen Lebensbereichen ausbalancieren (‚Patchwork-Identität', ‚Bastelbiographien', individuelle ‚Lebenscollagen'). Auch wenn das Konstrukt der Identität kritisch gesehen werden kann, so halten wir es doch im Kontext der Leitidee des erwachsenen, mündigen, handlungsfähigen Menschen für geeignet, um sich über die in Kindheit und Jugend stattfindenden Prozesse und Entwicklungsaufgaben Klarheit zu verschaffen.

Zum Identitätsbegriff in verschiedenen wissenschaftlichen Disziplinen

Karl Haußer (1995) verdeutlicht, dass das Konzept der Identität sowohl unter einer Außen- wie unter einer Innenperspektive betrachtet werden kann. Daher finden wir den Identitätsbegriff sowohl in der soziologischen resp. sozialisationstheoretischen wie in der psychologischen und pädagogischen Forschung. Während in der soziologischen oder sozialisationstheoretischen Literatur mit Begriffen, wie persönliche, soziale, kulturelle, ethnische, nationale Identität (oder Geschlechtsrollenidentität), gearbeitet wird und Fragen der Gestaltung von Rollen, Aspekte wie Rollendistanz, Ambiguitätstoleranz und Identitätsdarstellung diskutiert werden, beschäftigt sich die Identitätspsychologie mit Fragen des Selbstwertkonzeptes, des Selbstwertgefühls, des Selbstbewusstseins und der Kontrollüberzeugungen.

Bei der Diskussion um Identität kann eine Innenperspektive und eine Außenperspektive unterschieden werden. Bei der Innenperspektive stehen die Fragen: „Wer bin ich?" resp. „Wer möchte ich sein?" im Vordergrund; es geht um Fragen der eigenen Individualität oder Besonderheit. Bei der Außenperspektive stehen die sozialen Reaktionen auf Verhalten und von außen zugeschriebene Merkmale und Rollen im Mittelpunkt der Betrachtung. Identität lässt sich – bezogen auf Inhaltsbereiche oder Definitionsräume – mit Blick auf Geschlecht, Körperlichkeit, Alter, Arbeit, Beruf, intellektuelles Leistungsvermögen, Freizeit, Nationalität, Religion und ihr Zusammenspiel untersuchen. Bereichsübergreifende Kriterien, die für die Identitätsdiskussion konstitutiv sind, sind die der *Individualität* (Einzigartigkeit), der *Konsistenz*, d.h. die übersituativ gültige, ausgewogene Relation zwischen den verschiedenen Bestandteilen der Selbsterfahrung, die *Kontinuität*, also das „Sich-selbst-gleich-Bleiben" und die *Wirksamkeit*, also Kontrollerfahrungen (vgl. Fuhrer & Trautner 2005, 336 ff). Es werden verschiedene theoretische Perspektiven der Entwicklung von Identität unterschieden, u.a. (1) Identität als Ergebnis der Bewältigung psychosozialer Entwicklungsaufgaben, (2) Identität als Ergebnis strukturgenetischer, regulativer Prozesse (wie Assimilation und Akkomodation) und (3) Identität als Ergebnis soziogenetischer Prozesse (vgl. Fuhrer & Trautner 2005).

Unser Verständnis von Identität

Wir wollen im Folgenden mit Karl Haußer unter Identität verstehen „die Einheit aus Selbstkonzept, Selbstwertgefühl und Kontrollüberzeugungen eines Menschen, die er aus *subjektiv bedeutsamen* und betroffen machenden Erfahrungen über Selbstwahrnehmung, Selbstbewertung und personale Kontrolle entwickelt und fortentwickelt und die ihn zur Verwirklichung von Selbstansprüchen, zur Realitätsprüfung und zur Selbstwertherstellung im Verhalten motivieren. Identität ist nicht nur Ergebnisvariable verarbeiteter und generalisierter, subjektiv bedeutsamer und betroffen machender Erfahrungen. Identität ist auch Bedingungsvariable für motivationale und Handlungsimpulse: aufgrund der spezifisch ausgeprägten und inhaltlich besetzten Identitätskomponenten Selbstkonzept, Selbstwertgefühl und Kontrollüberzeugungen werden innere Verpflichtungen eingegangen, wird Selbstansprüchen in Bedürfnissen und Interessen nachgegangen, wird Kontrolle ausgeübt. Je nach Erfahrungsverarbeitung können das Bedürfnis nach Selbstwertherstellung und das nach Realitätsprüfung in Einklang oder Widerspruch zueinander stehen, wobei ein jedes Bedürfnis situationsspezifisch und auch Persönlichkeitsspezifisch dominieren kann" (Haußer 1995, 66 f).

Die Zielsetzung: der handlungsfähige Erwachsene

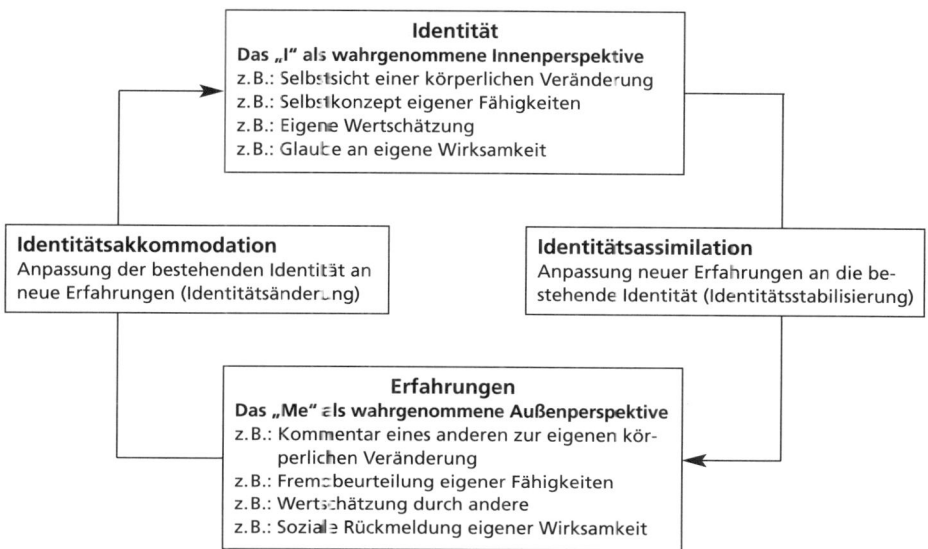

Abbildung 29: Modell des Identitätsprozesses (Haußer 1995, 63)

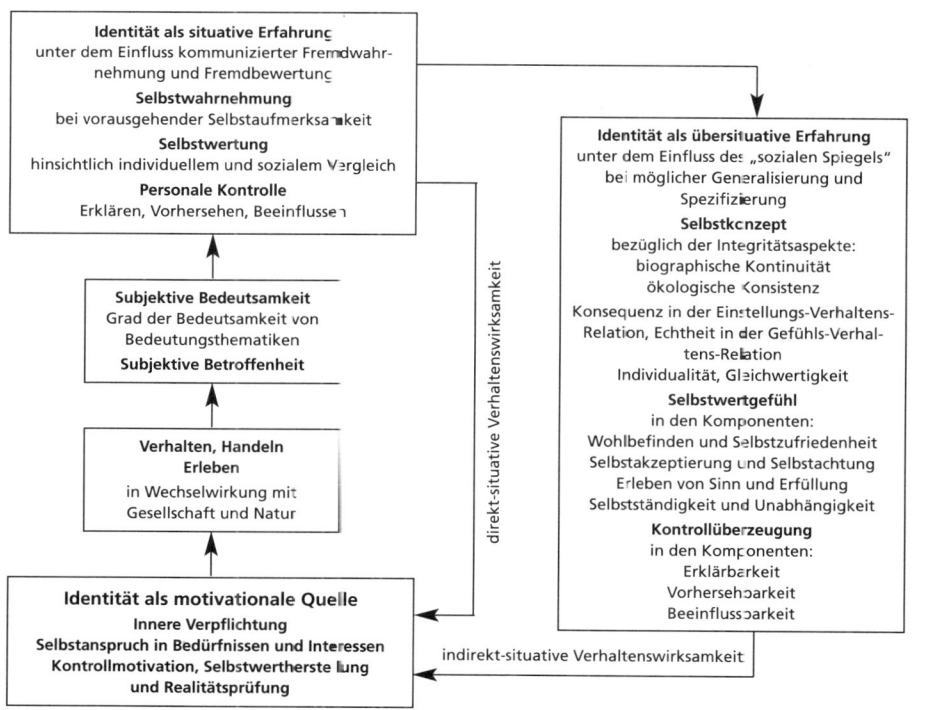

Abbildung 30: Modell der Identitätsregulation (Haußer 1995, 65)

237

4.2 Prozesse der Identitätsentwicklung

Hier kann nicht die komplexe Diskussion um Identität referiert werden, jedoch soll versucht werden, die Diskussion um die Identitätsentwicklung und die Diskussion um Selbststeuerung und Selbstregulation – unter pädagogischer Perspektive – aufeinander zu beziehen. Dazu werden einige der Modelle aufgenommen.

Die Überlegungen von Erik H. Erikson

In den Überlegungen des Psychologen Erik H. Erikson (1902–1994) wird Identität als Wahrnehmung der eigenen (biographischen) Gleichheit und Kontinuität in der Zeit verstanden; der Kern der Persönlichkeit wird als stabil erlebt. Er verortete die Identitätsentwicklung als Aufgabe in der Jugendphase. Er ging davon aus, dass relevante Ich-Eigenschaften aus erfolgreich bewältigten kritischen Ereignissen der Entwicklung erwachsen. Jeder müsse lernen, Schritte auf eine greifbare kollektive Zukunft hin zu tun, ein definitives Ich innerhalb der sozialen Wirklichkeit zu entwickeln und den zeitlichen Entwicklungsplan des Organismus mit der Struktur der sozialen Institutionen in Einklang zu bringen (vgl. Erikson 1984, 230, 245, 265). Identität sei das Ergebnis der Bewältigung solcher Anforderungen, die aus der Einbettung in eine Sozialordnung erwachsen. Dabei seien Ich-Entwicklung und Identitätsentwicklung eng miteinander verbunden. Einmal seien die körperlichen und psychosexuellen Veränderungen zu integrieren und dann sei eine Auseinandersetzung mit den Anforderungen und mit der möglichen eigenen Position in der Gesellschaft zu führen (vgl. Tabelle 47: Phasen und Phasenthematiken der psychosozialen Entwicklung nach Erikson, zusammengestellt aus Erikson 1981, 91 ff und 1982, 241 ff, zitiert nach Haußer 1995, 76).

Tabelle 47: Phasen und Phasenthematiken der psychosozialen Entwicklung nach Erikson

Thematik	Phase	Pole der Thematik bzw. Krise
Ethik der Integrität	8. Reife	Integrität vs. Verzweiflung
Ethik des Schaffens und Zeugens	7. Erwachsenenalter	Schöpferische Tätigkeit vs. Stagnation
Ethisches Gefühl	6. Frühes Erwachsenenalter	Intimität vs. Isolierung
Leitbilder der Ideologie vs. Aristokratie	5. Pubertät und Adoleszenz	Identität vs. Identitätsverwirrung
Technologisches Ethos	4. Latenz	Tätigkeit vs. Minderwertigkeitsgefühle
Ökonomisches Ethos	3. Lokomotorisch-genial	Initiative vs. Schuldgefühle
Recht und Ordnung	2. Muskulär-anal	Autonomie vs. Scham und Zweifel
Religion	1. Oral-sensorisch	Vertrauen vs. Misstrauen

Die Überlegungen von James E. Marcia

Auf der Grundlage der Überlegungen von Erik H. Erikson (1902–1994) entwickelte James E. Marcia (1966) den Versuch, Identität empirisch zu überprüfen. Sein Modell bezieht sich vor allem auf das Jugendalter und frühe Erwachsenenalter, wobei die Frage nach der Entwicklung der Identität sich ein Leben lang und nicht nur in einer Altersphase stellt. Marcia geht davon aus, dass ein Kind zunächst die Wertvorstellungen und Überzeugungen seiner Eltern übernimmt. Im Zustand *übernommener Identität* geht man klare innere Verpflichtungen ein. Die Orientierungen wurden jedoch von Eltern oder anderen Autoritätspersonen übernommen; man hat keine Alternativen exploriert und keine Krise durchlebt. In Pubertät und Adoleszenz kommt es zu einem Zustand der Identitätsverwirrung; übernommene Vorstellungen werden in Frage gestellt; eigene Lebensentwürfe liegen noch nicht vor (Identitätsdiffusion). Im Zustand *diffuser Identität* geht man keine innere Verpflichtung ein; es fehlt auch die eigenständige Auseinandersetzung mit Identitätsthemen und die Bereitschaft, Entscheidungen zu treffen. Die diffuse Identität wird noch einmal unterschieden in ‚Entwicklungsdiffusion' (im Sinne eines Durchgangsstadiums), ‚sorgenfreie Diffusion' (eine Diffusion, die sich nicht in sozial auffälligem Verhalten zeigt), ‚Störungsdiffusion' (als Folge von un-

Untersuchtes Merkmal	diffuse Identität	Moratorium	Übernommene Identität	erarbeitete Identität
	(keine Festlegung für Beruf oder Werte)	(gegenwärtige Auseinandersetzung mit beruflichen oder sonstigen Wertfragen)	(Festlegung auf Beruf oder Werte, die von den Eltern ausgewählt wurden)	(Festlegung auf Beruf und Wertpositionen, die selbst ausgewählt wurden)
Selbstwertgefühl	niedrig	hoch	niedrig (männlich) hoch (weiblich)	hoch
Autonomie	extern kontrolliert	internale Kontrolle	autoritär	internale Kontrolle
Kognitiver Stil	impulsiv, extreme kognitive Komplexität	reflexiv, kognitiv komplex	impulsiv, kognitiv wenig komplex	reflexiv, kognitiv komplex
Intimität	stereotype Beziehungen	fähig zu tiefen Beziehungen	stereotype Beziehungen	fähig zu tiefen Beziehungen
Soziale Interaktion	zurückgezogen, fühlen sich vor den Eltern nicht verstanden, hören auf Peers und Autoritäten	frei, streben intensive Beziehungen an, wetteifern	ruhig, wohlerzogen, glücklich	zeigen nichtdefensive Stärke, können sich für andere ohne Eigennutz einsetzen

Abbildung 31: Einige Kennzeichen der vier Identitätszustände (nach Marcia 1980, zitiert nach Oerter & Dreher 2002, 297)

bewältigten kritischen Lebensereignissen, biographischen Umbrüchen oder mangelnden Ressourcen) und ‚kulturell adaptive Diffusion' (entweder als verbreitete Form von Identität in multikulturellen Gesellschaften, in denen es beruflich und privat als angemessen gilt, sich nicht festzulegen, oder als Form eines Identitätserbes im Sinne einer ‚Identitätshülse', bei dem man Identität übernimmt, bei Gewohntem bleibt und vor Neuem und Fremden zurückschreckt). Dagegen ist das *Moratorium* durch Krise, Experiment und Auseinandersetzung bestimmt. Menschen im Moratorium befinden sich im Kampf zwischen verschiedenen Alternativen; ihnen ist bewusst, dass sie sich – früher oder später – entscheiden müssen; die Lösung besteht in einer erarbeiteten Identität mit einer inneren Verpflichtung. Das Moratorium ist ein Durchgangsstadium zur *erarbeiteten Identität*. Der Zustand der erarbeiteten Identität verläuft oftmals über die Bewältigung einer Krise, bei der Ansichten anderer kritisch geprüft und ein eigener Standpunkt erlangt wird, dem man sich verpflichtet (vgl. Abbildung 31: Einige Kennzeichen der vier Identitätszustände).

Die vier genannten Identitätszustände unterscheiden sich im Ausmaß der Exploration und der inneren Verpflichtung. Die *Exploration* wird dabei als Voraussetzung wahrgenommen, die Entwicklungsaufgaben konstruktiv zu bewältigen. Sie ist einerseits abhängig von bestimmten Fähigkeiten (z. B. kritisches Denkvermögen; Fähigkeit zur Perspektivenübernahme) und andererseits von den Orientierungen (z. B. Einstellungen, Vorurteile, Rigidität). Als Bedingungen für die Exploration bei der Identitätsbildung nennt Grotevant (1987) u. a. die Informationssuche, das Vorhandensein resp. Nichtvorhandensein von konkurrierenden Handlungstendenzen und die (Un-)Zufriedenheit mit der eigenen Identität (vgl. Fuhrer & Trautner 2005, 353).

„*Krise* beinhaltet das Ausmaß an Unsicherheit, Beunruhigung oder auch Rebellion, das mit der Auseinandersetzung verbunden ist. *Verpflichtung* kennzeichnet den Umfang des Engagements und der Bindung in dem betreffenden Lebensbereich und Exploration erfasst das Ausmaß an Erkundung des in Frage stehenden Lebensbereichs mit dem Ziel einer besseren Orientierung und Entscheidungsfindung" (Oerter & Dreher 2002, 295).

In Berzonskys Identitätsmodell der Verarbeitungs- und Identitätsstile (1992) werden die vier Identitätszustände mit drei verschiedenen Verarbeitungs- resp. Identitäts-

Tabelle 48: Verschiedene Status der Identität nach Marcia, verbunden mit Verarbeitungs- und Identitätsstilen (vgl. Fuhrer & Trautner 2005, 347 ff)

Verpflichtung/ Exploration	Krise	Keine Krise
Innere Verpflichtung	Erarbeitete Identität (Informationsorientierung, aktive Suche, Auswahl und Beurteilung von Informationen; Treffen von Entscheidungen, Festlegung)	Übernommene Identität (Normorientierung; Bezug auf die Normen signifikant anderer bei Entscheidungen).
Keine innere Verpflichtung	Moratorium (Informationsorientierung, aktive Suche, Auswahl und Beurteilung von Informationen)	Diffuse Identität (Vermeiden einer Problemkonfrontation)

stilen verbunden. „Dabei unterscheidet er drei Prozessorientierungen, die den vier Zuständen zugeordnet sind: Informationsorientierung, Vermeidung und normative Orientierung. Die vier Zustände unterscheiden sich auf Grund sozial-kognitiver Prozesse darin, (1) wie Entscheidungen getroffen werden, (2) wie mit Problemen umgegangen wird und (3) wie die Auseinandersetzung mit identitätsstiftenden Bereichen wie Beruf, Partnerschaft/Familie, usw. stattfindet" (Fuhrer & Trautner 2005, 354) (vgl. Tabelle 48: Verschiedene Status der Identität nach Marcia, verbunden mit Verarbeitungs- und Identitätsstilen).. In Berzonskys Modell wird auf die Mechanismen der Erfassung und Verarbeitung selbstrelevanter Informationen innerhalb verschiedener Identitätsbereiche fokussiert.

Während Eriksons Konzept eine altergebundene Stufenfolge (im Sinne einer Vervollkommnung) umfasst, besteht Marcias Konzept aus einer Typologie von möglichen Identitätszuständen; der Identitätsstatus eines Menschen kann – getrennt nach Bereichen – durch Identitätsstatus-Interviews erfasst werden. Als Forschungsergebnisse ergab sich, dass ein und dieselbe Person – je nach Lebensweltbereich – sich in verschiedenen Identitätszuständen befinden und sich eine Veränderung des Identitätsstatus in jedem Lebensalter vollziehen kann. Der Identitätsstatus kann auch mit den Lebensbedingungen zusammenhängen (Kontextbezug). Der Anteil von Spätjugendlichen mit

Tabelle 49: Kritische Lebensereignisse, die Identitätsänderungen auslösen können (Whitbournes & Weinstock 1982, 128, zitiert nach Haußer 1995, 87)

Lebensbereich	Lebensereignisse	Beispiele
Selbstkonzept	Veränderungen im körperlichen Erscheinungsbild, in Fähigkeiten, in der Behandlung durch andere	Ergrauendes Haar
Persönliche Ziele	Erfolg oder Fehlschlag bei wichtigen Bemühungen	Berufliche Beförderung
Werte	Zustimmung zu oder Ablehnung von Überzeugungen durch wichtige andere	Jugendlicher, der in eine Gegenkultur gerät
Motive	Billigung oder Ablehnung von Verhaltensweisen, die auf das Erreichen von Zielen gerichtet sind	Kündigung wegen unfairer Methoden gegenüber beruflichen Konkurrenten
Zwischenmenschliche Beziehungen	Bilden oder Auflösen enger Beziehungen	Ehescheidung, Trennung oder Tod des Partners
Soziale Rolle	Einnahme oder Verlust von Positionen mit normativen Erwartungen	Großvater und Großmutter werden
Persönliches/ Soziales Milieu	Naturkatastrophen und Unfälle, kulturelle und ökonomische Veränderungen	Beginn einer wirtschaftlichen Rezession in einem Land

diffuser Identität hat sich seit 1984 erhöht (vgl. Fuhrer & Trautner 2005, 349). Neben einer kontinuierlichen Identitätsarbeit können auch durch kritische Lebensereignisse Identitätsänderungen ausgelöst werden können. Die Verlaufsmuster können progressiv oder regressiv sein (vgl. Fuhrer & Trautner 2005, 351 ff). Die Tabelle 49 zeigt exemplarisch kritische Lebensereignisse in verschiedenen Lebensbereichen, die Identitätsänderungen auslösen können.

Weitere Überlegungen

Robert Kegans Theorie der Entwicklungsstufen des Selbst, dargestellt in einem Spiralmodell der Selbstentwicklung, fasst verschiedene Entwicklungstheorien zusammen und versucht den Gegensatz von kognitiv-theoretischen (Piaget, Kohlberg) und psychoanalytischen Ansätzen (Freud, Erikson) zu überwinden. Für Kegan ist das Selbst das System, das Bedeutungen konstruiert. Unter Bedeutung versteht er die jeweilige Organisation der Weltauffassung (Kegan 2005, 67). „Die Bedeutungsentwicklung beruht auf einem Prozess, der ausschlaggebend dafür ist, welchen Teil der Organismus zum Selbst erklärt und welchen er dem Bereich des anderen zuteilt" (Kegan 2005, 108). Er begreift Entwicklung als „eine das ganze Leben über wirkende Aktivität der Differenzierung und Integration von Selbst und anderen" (Kegan 2005, 111). Er hebt ab auf die Bedeutung wichtiger anderer Personen, auf die Beziehungsnetze resp. die ‚einbindenden Kulturen'. Die Wichtigkeit anderer Personen liegt in drei Aufgaben: Bestätigung und Ermutigung, Angebot ‚widerspenstiger Erfahrungen', um die nächste Stufe der Entwicklung vorzubereiten, und Gegenwärtigkeit, die es dem Kind resp. Jugendlichen ermöglicht, während des und nach dem Übergang in die nächste Stufe in vertraute Sozialbeziehungen zurückkehren zu können und sich von Belastungen zu erholen (vgl. Fuhrer & Trautner 2005, 361).

Kegans Stufentheorie betrachtet nicht nur die die schrittweise Differenzierung des Selbst von seiner Welt und neue Integration, sondern zeigt, dass diese Dynamik aus dem Wechsel zwischen den beiden Polen der Unabhängigkeit und der Zugehörigkeit resultiert. Auf jeder neuen Stufe wird eine qualitativ neuartige Ich-Welt-Beziehung konstituiert. Dabei werden die aktiv-konstruktiven Aspekte der Identitätsentwicklung durch Weiterarbeit an den Beziehungen und Ausweitung der Bereiche autonomer Kontrolle sichtbar (vgl. auch Fuhrer & Trautner 2005, 563).

In Modellen der Identitätsentwicklung durch Soziogenese wird in besonderer Weise auf die Entwicklung von Identität im Kontext interpersonaler Beziehungen abgehoben. Der symbolische Interaktionismus reflektiert die Interaktion zwischen Menschen mittels Symbolen, hier der gemeinsamen Sprache (vgl. z.B. die Überlegungen von Damon & Hart (1988), Tajfel (1982) und Turner (1987)).

Zur Integration verschiedener Aspekte im Identitätskonzept von Storch und Riedener

Storch und Riedener (2005) gehen davon aus, dass Identität durch strukturale und prozessuale Aspekte gekennzeichnet ist. Sie verstehen Identitätskompetenz als „Fähigkeit, auf die ständig zunehmenden unterschiedlichen Aspekte der Lebenswelt adäquat zu reagieren und die entsprechenden Aspekte der eigenen Identität laufend umzugestalten" (Storch & Riedener 2005, 19).

In ihrer Konzeption von Identität integrieren sie verschiedene Aspekte: das Körperselbst, das adaptive Unbewusste und das Ich. Das Körperselbst unterscheiden sie in

Tabelle 50: Kegans Stufentheorie

	Benennung	Beschreibung der relevanten Prozesse
Stadium 0	Stadium der Einverleibung	Das Neugeborene lebt in einer ‚objektlosen Welt'. Wichtigste Aufgabe besteht in der Ausdifferenzierung der Unterscheidungsfähigkeit von Selbst und Nicht-Selbst durch Aufnahme von Objektbeziehungen. Dabei wird die Zentrierung auf sich selbst aufgegeben, Objektwahlen und eine Zuwendung zur Außenwelt finden statt. Die Welt wird als von mir verschieden wahrgenommen; ich kann zur Welt in Beziehung treten, statt in sie eingebunden zu sein. Das gelingt über die Aktivität der Bedeutungsentwicklung. „Ich bin nicht mehr meine Reflexe, sondern ich habe sie (...). Ich bin jetzt das, was die Reflexe koordiniert" (Kegan 2005, 114).
Stufe 1	Das impulsive Gleichgewicht	Das Kind kann zwischen Selbst und Nicht-Selbst unterscheiden, koordiniert seine Reflexe, Wahrnehmungen und Impulse. Das Kind hat noch nicht die Fähigkeit, zwei Wahrnehmungen zu vergleichen und kann Ambivalenz nicht ertragen.
Stufe 2	Das souveräne Gleichgewicht	Das Kind entwickelt sein Rollenverständnis. Es wird fähig, auch die Rolle des anderen zu übernehmen. Damit einher geht eine Form der Abkapselung, der Selbstgenügsamkeit, der Schaffung einer privaten Welt. Die äußere wie die innere Welt gewinnen an Beständigkeit. Das Kind bildet ein Selbstkonzept aus; es weiß, was es ist (Konstruktion der eigenen Autorität). „Ich bin nicht mehr meine Bedürfnisse, sondern ich habe Bedürfnisse" (Kegan 2005, 134). Das Kind entwickelt die Fähigkeit zur Bedürfniskoordination. Damit verbunden ist das Gefühl von Macht, Unabhängigkeit und Einflussvermögen.
Stufe 3	Das zwischenmenschliche Gleichgewicht	Der Gleichgewichtszustand ergibt sich aus der Orientierung an den zwischenmenschlichen Beziehungen. Das Selbst wird ‚umgänglich'. Es ist die gemeinschaftliche Realität.
Stufe 4	Das institutionelle Gleichgewicht	Regulation des Selbst und Kontrolle der sozialen Beziehungen nach einer inneren Logik. Fähigkeit zur Selbstregulation und zur Autonomie entsteht. Überprüfung der sozialen Beziehungen auf innere Stimmigkeit.
Stufe 5	Das überindividuelle Gleichgewicht	Lösung des Selbst aus der Ich-Bezogenheit; Selbstreflexion und Selbsthinterfragung. Fähigkeit, emotionale Konflikte zu erkennen und zu tolerieren.

das nicht bewusstseinsfähige Protoselbst und in das gefühlte Kernselbst (auch bestimmt durch Körperempfindungen und Emotionen). Im *Körperselbst* sind alle Erfahrungen gespeichert. Über somatische Marker werden Annäherungs- und Vermeidungsverhalten bestimmt. „Nach Bohleber bildet das vorsprachliche Kern-Selbstgefühl die Basis und die Verankerung unseres Identitätsgefühls und trägt dazu bei, dass wir uns in aller Veränderung stets als die gleichen fühlen" (Storch & Riedener 2005, 24). Dieses Gefühl resultiert aus Erfahrungs- und Interaktionsprozessen; die persönliche Geschichte legt fest, wie wir die Informationen aus der Umwelt verarbeiten. Das *adaptive Unbewusste* wird verstanden „als ein modular-aufgebautes Prozess-System, das sich in ständiger lernender Auseinandersetzung mit der Umwelt laufend entwickelt" (Storch & Riedener 2005, 25). Dabei wird zurückgegriffen auf das Wissen, dass es psychische Prozesse gibt, die nicht an das Bewusstsein gekoppelt sind, sondern davon unabhängig verlaufen. Die emotionalen Erfahrungen sind hier gespeichert. Das adaptive Unbewusste enthält auch ein Bewertungssystem, das hilft, geeignete Handlungen auszuwählen. Das *Ich* ist an die Bewusstseins- und Aufmerksamkeitsprozesse gekoppelt. Das Ich ist in der Lage, bewusst zu denken, und auch, über sich selbst nachzudenken. Es nimmt Informationen aus der Außenwelt auf und bearbeitet diese Informationen in der virtuellen Innenwelt. Die Autorinnen unterscheiden das Ich in einen Teil, der beobachtet, und in einen, der beobachtet wird. Das Ich denkt über sich selbst nach. Das *Selbst* besteht aus einem gut organisierten System von Glaubenssätzen, selbst gewählten moralischen Standards und persönlichen Werten (vgl. Krause & Riedener 2005, 39). „Das Selbstkonzept wird (...) als eine im Bewusstsein verfügbare Gedächtnisrepräsentation aufgebaut" (Storch & Riedener 2005, 43). „Bohleber (1997) definiert das Identitätsgefühl als ‚aktives inneres Regulationsprinzip'. Es stellt ‚eine übergeordnete Instanz dar, die Handlungen und Erfahrungen daraufhin überprüft, ob sie zu einem passen, d.h. ob sie in die zentralen Selbstrepräsentationen, die für das Identitätsgefühl den Bezugrahmen abgeben, integrierbar sind'" (Krause & Riedener 2005, 57). Die dabei relevant werdenden Pole verlaufen zwischen dem Gefühl von authentisch/positiv und nicht-authentisch/negativ.

Vom Tun oder Verhalten zum Handeln

Oftmals befinden sich Schüler/-innen in einem spezifischen Modus gegenüber dem eigenen Verhalten resp. vertreten dazu auch eine bestimmte Position. „DiClemente und Velasquez (2002) nennen als solche Modi Reluktanz (reluctance; Widerstand), Rebellion, Resignation und Rationalisierung (vgl. Walter et al. 2007, 23). *Reluktanz* meint, dass das eigene Verhalten nicht als problematisch wahrgenommen wird und daher auch nicht verändert werden soll. Bei der *Rebellion* verharrt man in eigenen Verhaltensweisen, weil man nicht will, dass andere einem sagen, was man tun oder wie man sich verhalten soll und weil man die anderen für eigenes, problematisches Verhalten verantwortlich macht. Haben die Jugendlichen aufgegeben, an Möglichkeiten der Verhaltensänderung zu glauben, weil die Situationen und die ablaufenden Reaktionen als übermächtig erlebt werden, erleben wir *Resignation*. Manchmal zeigt sich auch der Wunsch nach Beibehaltung des Verhaltens in *Rationalisierungen*. Je nach Modus sind unterschiedliche Formen der Intervention und Hilfe gefragt. Bei der *Reluktanz* muss Schritt für Schritt verdeutlicht werden, dass hier Verhaltensprobleme vorliegen, oftmals, indem die Sicht der anderen (von Gleichaltrigen, Lehrern, Eltern) ins Feld geführt wird und die kurzfristigen und langfristigen Folgen des Verhaltens durchgespielt werden. Im Modus der Rebellion sind die Wirksamkeit des Ausharrens in den Verhaltensweisen und die Folgen für die Person selbst zu erörtern. Dazu hilft es vielleicht, weniger schädliche Verhaltensmöglichkeiten aufzuzeigen, die trotzdem erlauben, einen Protest zum Ausdruck zu bringen oder die eigenen Motivationen zu klären. Im Modus der *Resignation* sind Unterstützungen anzubieten oder zu organisieren und Fehlkonzepte über die Schnelligkeit oder den schnellen Erfolg beim Erreichen von Zielen zu korrigieren. Wählen die Lerner/-innen Formen der *Rationalisierung*, so ist es sinnvoll, die Vor- und Nachteile des Problemverhaltens durchzuspielen (vgl. Walter et al. 2007, 23 f).

4.3 Zur Bedeutung von Identitätsarbeit

Storch & Riedener betonen die Bedeutung alltäglicher Identitätsarbeit. Dabei unterscheiden sie einen Identitätsentwurf, ein Identitätsprojekt und die Identitätsrealisierung. Sie heben ab auf das Veränderungspotential eines Individuums und damit auf Identität als etwas Veränderbares. Das Identitätsgefühl soll dabei ermöglichen, Veränderungen im Kontakt mit den eigenen Wurzeln, dem inneren Kern und der eigenen Geschichte zu vollziehen. Hilfreich sei es, wichtige Entscheidungen im Einklang mit dem persönlichen Identitätsgefühl zu treffen. Sie akzentuierten die Entwicklung von Identität in Auseinandersetzung mit anderen Menschen. Solche Begegnungen können mehr oder weniger erfreulich sein. Eigene Bedürfnisse sind mit denen anderer Menschen zu koordinieren. Dazu sei es nötig, einen eigenen Standpunkt festzulegen, am besten durch eine Kombination von Nachdenken und Nachfühlen. Erst dann sei es sinnvoll, sich darüber zu informieren, was die anderen meinen.

„Bohleber (1997) definiert das Identitätsgefühl als ‚aktives inneres Regulationsprinzip'. Es stellt ‚eine übergeordnete Instanz dar, die Handlungen und Erfahrungen daraufhin überprüft, ob sie zu einem passen, d.h. ob sie in die zentralen Selbstrepräsentationen, die für das Identitätsgefühl den Bezugrahmen abgeben, integrierbar sind'" (Krause & Riedener 2005, 57). Die dabei relevant werdenden Pole verlaufen zwischen dem Gefühl von authentisch/positiv und nicht-authentisch/negativ.

In Identitätsbildungs- und Identitätsänderungsprozessen sind Zuschreibungsprozesse und spezifische Wertsetzungen von Wichtigkeit. Sie geschehen über die Imitation von oder die Identifikation mit Modellen. Persönliche Begegnungen mit Menschen, die als Vorbilder gewählt werden, oftmals in Verbindung mit Schlüsselerlebnissen, können Prozesse der Identitätsbildung auslösen (vgl. Haußer 1995, 99 ff). Gerät man in neue Situationen, in denen die gewohnten Verhaltensweisen nicht ausreichen, kann Nachdenken ausgelöst werden. Bei Krisen und Konflikten, bei der Tangierung eigener Interessen oder in Vorbereitung auf Entscheidungen wird Nachdenken verlangt; dabei können zwischenmenschliche Beziehungen der Gegenstand oder Auslöser von Reflexionen sein.

Haußer zeigt, dass im Falle bedrohter Handlungsfähigkeit, also dann, wenn es zu einer Diskrepanz kommt zwischen der Einschätzung der Schwierigkeiten in einer Situation und dem eigenen Bewältigungspotential, die Situation betreffend, Identitätsänderungsprozesse ausgelöst werden können. Krisen – im Gegensatz zu einfachen Belastungen – sind in der Regel unvorhergesehene, bedeutsame Ereignisse und Situationen, in denen die eigenen Denk- und Verhaltensmöglichkeiten nicht ausreichen, die zur Unterbrechung von Routinen und oftmals zu psychischen Desintegrationsprozessen führen;

sie sind bestimmt von unzureichenden oder fehlschlagenden Bewältigungsversuchen. Reagiert das Individuum nicht mit Abwehr oder Hilflosigkeit, sondern mit kognitiver Umstrukturierung und Bewältigungshandeln, können Identitätsbildungsprozesse ausgelöst werden (vgl. Haußer 1995, 107 ff).

Aus kulturellen und biographischen Gründen kann Identitätsentwicklung auch scheitern. Es kann schwer fallen, unter biographischer Perspektive ein zukünftiges Sein zu denken (Auflösung der Zeitperspektive); aufgrund von Scham und Zweifel kann es zur ‚Identitätsbefangenheit' oder zur ‚Flucht in eine negative Identität' oder zu ‚Arbeitslähmungen' kommen (vgl. Fend 2001, 406 f). Aber auch „Formen der Überidentifikation mit Eltern und Erwachsenen, das Anklammern an Vorbilder, starre Positionen, fest gefügte Vorurteile und Ideologien" können ein Problem sein. „Zwischen Diffusion und Rigidität den richtigen Weg zu finden, dies ist der von vielen Seiten bedrohte Weg der Identitätsarbeit" (Fend 2001, 407).

Identität und Selbstbestimmung

In der Selbstbestimmungstheorie (vgl. Deci & Ryan 1993) wird nicht nur die Frage nach dem Erreichen von Handlungszielen gestellt, sondern überlegt, ob Menschen beim Erreichen gesellschaftlich gewünschter Ziele von ihren eigenen Bedürfnissen entfremdet sind. Bedürfnisse werden also ideologiekritisch befragt. In der Regel werden Bedürfnisse nach Autonomie (Selbstwirksamkeit, Kontrolle über das eigene Leben), nach Kompetenzerleben und nach sozialer Eingebundenheit als wichtig verstanden. In der Selbstbestimmungstheorie wird diskutiert, wie Menschen ursprünglich heteronom kontrolliertes Verhalten zu einem selbstbestimmten Verhalten transformieren. Deci und Ryan gehen von einem Internalisierungsprozess in vier Stufen aus. „Auf der ersten Stufe werden Handlungen aus der Sicht der Person vollständig von außen gesteuert, weshalb von einer ‚externalen Regulation' gesprochen wird. Die Beeinflussung des Lernverhaltens durch die Umwelt kann auf der Basis von normativen Forderungen, Androhungen von Strafen oder direkt in Abhängigkeit von kontingent eingesetzten Verstärkungen erfolgen. Auf der zweiten Stufe der ‚introjizierten Regulation' verortet die handelnde Person den Handlungsimpuls zwar in der eigenen Person; in dem Gefühl, auf inneren Druck hin gehandelt zu haben, kommt jedoch zum Ausdruck, dass sie nicht im Einklang mit ihrem Selbst handelt und ihr Verhalten lediglich der Verringerung von Scham- und Angstgefühlen dienen soll oder auf die Erlangung von Zustimmung seitens relevanter Bezugspersonen abzielt. (...) Bereits auf der dritten Stufe der ‚identifizierten Regulation' zielt das Handeln auf die Erreichung selbst gesteckter Ziele ab und spiegelt insofern die von der Person vertretenen Werthaltungen. Handeln auf der vierten Stufe der ‚integrierten Regulation' weist jedoch einen noch höheren Grad an Selbstbestimmung auf, weil die im Handeln zum Ausdruck kommenden Ziele und Werthaltungen vollständig und widerspruchsfrei in das Selbst der Person integriert wurden" (Wild & Gerber 2006, 85).

Entwicklungsaufgaben in der Jugendphase

Während diese Theorie die Vermittlung von Identitätsbildungsprozessen im Kontext der gesellschaftlichen Anforderungen zu wenig fasst, ist die Verschränkung im Konzept der Entwicklungsaufgaben berücksichtigt. Identitätsarbeit gelingt, wenn sich der Einzelne an den gesellschaftlichen Anforderungen abarbeitet. Mit dem Begriff der Entwicklungsaufgabe wird Entwicklung als Lernprozess gefasst, der sich über die gesamte Lebensspanne streckt und durch die Auseinandersetzung mit realen Anforderungen zum Erwerb von Fertigkeiten und Kompetenzen führt und dazu verhilft, ein befriedigendes Leben in der modernen Gesellschaft zu führen. Entwicklungsaufgaben ergeben sich aufgrund von Prozessen physischer Reifung, gesellschaftlicher Erwartungen und aufgrund individueller Zielsetzungen und Werte. Sie heben ab auf die Handlungskonsequenzen, die aus der Auseinandersetzung mit der Realität und ihrer Bewertung durch das Individuum zu ziehen sind. Für die Adoleszenz, also im Alter von 12–18 Jahren, werden von Dreher und Dreher (1985, 59) folgende Entwicklungsaufgaben aufgeführt:

1. „Neue und reifere Beziehungen zu Altersgenossen beiderlei Geschlechts aufbauen
2. Übernahme der männlichen oder weiblichen Geschlechterrolle
3. Akzeptieren der eigenen körperlichen Erscheinung und effektive Nutzung des Körpers
4. Emotionale Unabhängigkeit von den Eltern und von anderen Erwachsenen erreichen
5. Vorbereitung auf Ehe und Familienleben
6. Vorbereitung auf eine berufliche Karriere
7. Werte und ein ethisches System erlangen, das als Leitfaden für Verhalten dient – Entwicklung einer Ideologie
8. Sozial verantwortliches Verhalten (Dreher & Dreher 1985, 59, zitiert nach Fend 2001, 211).

Helmut Fend unterscheidet *Entwicklungsaufgaben* in solche, *die vom Jugendlichen selbst angegangen werden müssen*, wie z. B. die folgenden: „den Körper bewohnen lernen", „Umgang mit Sexualität lernen" und „Umbau der sozialen Beziehungen". Daneben stellt er Entwicklungsaufgaben heraus, an denen *die Schule* einen wichtigen Anteil hat. Dazu zählt er den „Umbau der Leistungsbereitschaft", „die Berufswahl", „Bildung" und „Identitätsarbeit" (vgl. Fend 2001). Mehr noch, der Wissenschaftler versteht „den Umgang mit Schule" selbst als Entwicklungsaufgabe. Dabei sind die Rahmenbedingungen für die Auseinandersetzung mit Schule abhängig von kontextuellen Möglichkeitsräumen und von den internen Handlungsmöglichkeiten des Jugendlichen.

Helmut Fend ist interessiert an einer „Entwicklungspsychologie solcher ‚interner Rahmenbedingungen'" (2001, 330), die bei der Bewältigung schulischer Anforderungen wirksam werden. Er würdigt die Schule als Institution, die die Voraussetzung für die Entstehung der Jugendphase schuf und ausgewählte Persönlichkeitsmerkmale, wie eine Haltung disziplinierter Handlungsregulation und ein Verhältnis des Menschen zu sich selbst, fördert. Als Voraussetzung der Nutzung von schulischen Lernmöglichkeiten seitens der Jugendlichen nennt er die Entwicklung des Habitus der Lernanstrengung und die zunehmende Selbstverantwortung und Selbstregulierung (vgl. Fend 2001, 335ff). In der Jugendphase müsse nicht nur eine neue Einstellung zur Schule gewonnen, sondern auch neue Fähigkeiten zur Lernregulierung entfaltet werden. Jugendliche müssten sich bewusst in ein Verhältnis zu den schulischen Anforderungen und Lernmöglichkeiten setzen.

„‚Umgang mit Schule in der Adoleszenz' bedeutet somit:
- zunehmende Eigenständigkeit und Eigenverantwortung in der Regulierung von Anstrengung und Zeitinvestition entwickeln und von der Lenkung durch Autoritäten unabhängiger werden,

- den emotionalen Bezug zur Schule reorganisieren, ihn selektiv gestalten und von einer Totalidentifikation Abstand nehmen,
- Interessensschwerpunkte als Ausgangsbasis für Berufsentscheidungen entwickeln (...),
- aus dem sich herauskristallisierenden Selbstbild, was man kann, was einen interessiert und was man gerne tut, eine Zielperspektive für die zukünftige Ausbildung, den Beruf und den damit verbundenen Lebensweg entwickeln (...),
- die von der Schule attestierte Leistungsfähigkeit in das eigene Selbst einbauen, sie mit der Bedürfnisdynamik der Person integrieren,
- schulische Erfolgs-, Misserfolgsprofile mit dem Bedürfnis nach Selbstwert und ‚Größe' versöhnen,
- individuelle Leistungserbringung mit kollegialen sozialen Haltungen harmonisieren lernen" (Fend 2001, 350f).

Mit dem Konzept der Entwicklungsaufgaben können soziokulturelle Entwicklungsnormen gesetzt werden; es wird auch die Einschätzungen der eigenen Leistungsfähigkeit möglich. Nach Oerters Auffassung ist die Entwicklungsaufgabe „eine individuelle Setzung ..., die sich sowohl auf die soziokulturelle Entwicklungsnorm wie auf die wahrgenommene eigene Leistungsfähigkeit bezieht" (Oerter 1978, 74, zitiert nach

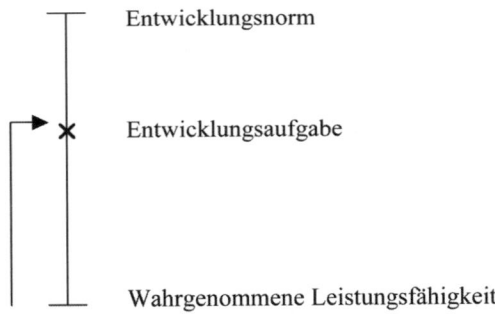

Abbildung 32: Entwicklungsaufgabe als Niveausetzung bei positiver Distanz (Oerter 1978a, 75, zitiert nach Haußer 1995, 90)

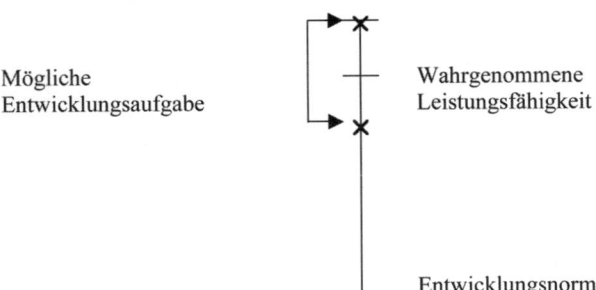

Abbildung 33: Entwicklungsaufgabe als Niveausetzung bei negativer Distanz (Oerter 1978a, 75, zitiert nach Haußer 1995, 91)

Haußer 1995, 89). Eine Person kann sich eine Entwicklungsaufgabe in der Höhe der Entwicklungsnorm oder oberhalb der eigenen Leistungsfähigkeit, aber unterhalb der Entwicklungsnorm setzen (vgl. Abbildung 32: Entwicklungsaufgabe als Niveausetzung bei positiver Distanz).

Sie kann aber auch die eigene Leistungsfähigkeit als besser ausgebildet als die Entwicklungsnorm erleben; dann gibt es die Möglichkeit, die Entwicklungsaufgabe höher zu setzen, beizubehalten oder herabzusetzen (vgl. Abbildung 33: Entwicklungsaufgabe als Niveausetzung bei negativer Distanz).

Entwicklungsaufgaben der Jugendlichen in der Wissensgesellschaft

Wir haben die Leitidee des handlungsfähigen Menschen vorgestellt und gezeigt, dass Handlungsfähigkeit im Kontext von Prozessen des Erwachsenwerdens aufgebaut werden muss. Wir haben gezeigt, dass dabei Prozesse der Identitätsentwicklung zu gestalten sind, die von der Fähigkeit zur Selbstwahrnehmung, Selbstbewertung und personalen Kontrolle mit bestimmt sind. Wir haben die Gesellschaft als Wissensgesellschaft konkretisiert. In der Wissensgesellschaft besteht die Aufgabe der Schule u. a. darin, den Kindern und Jugendlichen zu reichhaltigem, differenziertem und fundiertem, zu intelligent nutzbaren und subjektiv verarbeiteten Wissen zu verhelfen und zugleich die genannten überfachlichen Kompetenzen aufzubauen.

Auch wenn wir die Gesellschaft als Wissensgesellschaft beschreiben, so können wir doch auch feststellen, dass neben der Faszination auch die Skepsis gegenüber Wissen zugenommen hat. Diese zeigt sich in einer kritischen Haltung gegenüber den Effekten angewandten Wissens (z. B. in Risikotechnologien), in der klaren Bestimmung der Grenzen wissenschaftlicher Erkenntnis und in Werten, die weniger auf Leistung setzen, sondern von hedonistischer Genussorientierung bestimmt sind (vgl. Hofer 2003). Dabei wird von der Schule (und manchmal auch von den Eltern) an den Jugendlichen die Anforderung gestellt, akademische Leistungsfähigkeit aufzubauen. Im Kontext von Freizeit werden eher Genussfähigkeit und Kontaktfähigkeit nachgefragt.

Die Jugendlichen stehen oftmals vor Zielkonflikten, bei denen sie ein Abwägen der jeweiligen Vor- und Nachteile der Anforderungen der Schule und der Angebote der Freizeit für ihre Gegenwart und Zukunft vornehmen müssen. Jugendliche lösen dieses Dilemma durch Aufschieben oder Hinausschieben schulischer Arbeiten, durch das Zulassen von Ablenkungen, durch das Hin- und Herspringen zwischen verschiedenen Tätigkeiten und durch Multitasking (vgl. Hofer 2003). Hofer arbeitet heraus, dass die Schule daher die Aufgabe hat, auch akademisch wenig motivierte Schüler/-innen in die Lage zu versetzen, ihre Aufmerksamkeit in ausreichender Dauer und Konzentration auf schulische Inhalte zu richten (vgl. Hofer 2003, 247). Das sei nur möglich durch die Bereitstellung von Strukturen, die gegen alternative Verlockungen abschirmen und durch die Sicherung, dass die verfügbare Zeit für das Lernen genützt würde.

Tätigkeiten als Sinn oder Zweck – zum Modus von Aneignungsprozessen

Gertrud Nunner-Winkler fragt, wie durch pädagogisches Handeln Identitätsbildungs- und Identitätsänderungsprozesse befördert werden können. Dabei geht sie davon aus, dass ein Problem darin besteht, dass Dinge, die ihren Sinn in sich selbst haben, z. B. Lernen, Bildung oder Selbstverwirklichung, in verkehrter Weise zu Zwecken würde. Es ginge nicht mehr darum, die Lust am Lernen zu erfahren, sondern das Ziel des Statuserwerbs zu realisieren. Wenn Tätigkeiten mit dem Ziel, eine Belohnung zu erlangen, ausgeübt werden, werden sie entwertet; die intrinsische Motivation geht verloren; die Tätigkeiten werden als fremdbestimmt wahrgenommen. Nunner-Winkler verdeutlicht, dass die vorherrschenden Identitätskonzeptionen unzureichend sind. Es ginge nicht darum, bestimmte Rollen einzunehmen und bestimmte Aufgaben zu bewältigen (Berufswahl treffen, eine Geschlechtsrollenidentität erwerben), es ginge auch nicht darum, individuelle Einmaligkeit, Einzigartigkeit oder Authentizität herzustellen; statt dessen sei *nach dem Modus der Aneignung von Inhalten* zu fragen. Nur wenn deutlich sei, dass eine Person in Lernprozessen, autonom bestimmt, ihre Anschauungen und Meinungen ändere, könne davon ausgegangen werden, dass sie mit sich identisch sei. Autonomie sei daher der Kern von Identität.

Mit Blick auf diesen Autonomieerwerb unterscheidet die Psychologin drei Stufen: Die erste Stufe ist die *Stufe der Freiheit*. Das Individuum ist frei zu tun, was es will. Die Freiheit könne durch innere und äußere Einschränkungen begrenzt sein. Äußere Einschränkungen könnten in physischen Barrieren bestehen, innere Einschränkungen basierten auf mangelnden Fähigkeiten zu kognitiver oder affektiver Distanz (vgl. Nunner-Winkler 1990, 676). Die zweite *Stufe* sei die *der Selbstbestimmung*. Das Individuum ist frei zu tun, was es will und besitzt die Fähigkeit, wollen zu können, was es tun will. Nunner-Winkler geht davon aus, dass diese Fähigkeit darauf basiert, auf der Basis von Gründen zum unmittelbaren Wollen Stellung zu nehmen. „Ich bestimme mit Gründen, ob ich wirklich will, was ich unmittelbar will" (1990, 677). Dabei geht sie davon aus, dass die Fähigkeit zur Selbstbestimmung eingeschränkt sein kann. Dann verhalten sich Menschen auf der Grundlage bestimmter Ursachen und entwickeln Pseudogründe, um ihr Verhalten zu begründen. Nunner-Winkler zeigt, dass die Fähigkeit zur Selbstbestimmung entwickelt werden muss. Die dritte Stufe, die *Stufe der Autonomie*, sei bestimmt von der Fähigkeit des Individuums, selbst zu bestimmen, wie es handeln wolle, gemäß Kriterien, die es selbst (begründet) wählen könne. Das Individuum befolge dabei Normen, weil es sie selbst für richtig halte (vgl. Tabelle 51: Stufen der Herausbildung von Identität, nach Nunner-Winkler 1990).

Nunner-Winkler zeigt, dass bestimmte Zielsetzungen (wie Selbstbestimmung, Autonomie, Selbstverwirklichung, Identität) nicht willentlich und direkt hergestellt werden können. Sie können nur als Begleitprodukt der Hingabe an eine Sache, als Begleiterscheinung von Handlungen entstehen, „die zu einem anderen Zweck unternommen werden" (1990, 680). Mit Blick auf die oben vorgestellten Überlegungen bedeutet das, nicht nur zu überprüfen, ob die Entwicklungsaufgaben angegangen werden, sondern in welchem Modus dies geschieht. Insbesondere bedeutet dies nicht, dass es unerlaubt sei, die Kinder und Jugendlichen mit (Leistungs-)Anforderungen zu konfrontieren, sondern nur, dass sie darin zu unterstützen sind, sich in Autonomie mit diesen Anforderungen auseinanderzusetzen. Autonomie in diesem Sinne bedeutet, Gütemaßstäbe und Kriterien des erfolgreichen Lernhandelns wählen zu können.

Überlegungen zur Identitätsentwicklung in der Schule

Mit den folgenden Überlegungen schließt sich gewissermaßen der Kreis der Bezüge: Das Individuum muss in der moderne Gesellschaft lernen, reguliert zu handeln und auch Lernhandlungen zu steuern; es muss Möglichkeiten des Kooperierens mit anderen erschließen und Kooperationsfähigkeit aufbauen; es muss soziale Kompetenz entfalten und sich in sozialen Bezügen Regel orientiert verhalten. In der eigenen Entwick-

Tabelle 51: Stufen der Herausbildung von Identität (nach Nunner-Winkler 1990)

Stufen zur Herausbildung von Identität	Leitsatz	Fehlverständnis	Förderung durch die Schule
Freiheit	Ich bin frei zu tun, was ich will.		Förderung der Fähigkeit zu kognitiver und affektiver Distanz gegenüber den unmittelbaren Bedürfnissen.
Selbstbestimmung	Ich bestimme mit Gründen, ob ich wirklich will, was ich unmittelbar will.	Handeln auf der Basis von Ursachen und unter Angabe von Pseudogründen. Wollen und Handeln resultieren nicht unmittelbar aus Gründen; sie basieren auf einer wertenden Stellungnahme. Wollen und Handeln erfolgen nicht selbstbestimmt, sondern aufgrund innerer oder äußerer Gründe, die der eigenen Kontrolle entzogen sind (z. B. Suchtverhalten).	Förderung der Fähigkeit, die eigenen Wünsche, Bedürfnisse, Interessen auf der Basis von Gründen zu prüfen und begründet zu handeln. Förderung der Fähigkeit zur Selbstbestimmung (gegen Neigungen zu bequemer Konformität, Manipulation/Suggestion) und gegen andere Einschränkungen.
Autonomie	Ich selbst bestimme, was ich will, gemäß Kriterien, die ich selbst bestimmen kann. Die Kriterien werden nicht einfach übernommen, sondern selbst gesetzt.	Fixierung auf die Abwehr sozialer Kontrolle; Entwicklung eines Fehlverständnisses von Autonomie; Verwechselung von Inhalt und Aneignungsmodus; Missverständnis des Wesens notwendiger Nebenprodukte.	Förderung des genuinen Interesses an Sachverhalten. Förderung des Engagements für eine Sache, als deren Begleiterscheinung verschiedene Ziele (z. B. Identität, Autonomie) erreicht werden können. Beförderung des Wissenserwerbs und Kompetenzaufbaus als Mittel zu einem selbstbestimmten Zweck.

lung wird sich dabei (durch das Feedback der jeweils anderen, das wie ein sozialer Spiegel wirkt und durch den direkten sozialen Vergleich) ein Selbstbild entwickeln. Im Jugendalter werden diese Prozesse reflexiv: der oder die Jugendliche wird mit der Frage der Gestaltbarkeit des Selbst und mit erforderlichen Entscheidungen für eine gewünschte Identität und ihre Ausbildung konfrontiert. Das Ich bewertet die Entwicklung der eigenen Person und wählt Lernprozesse, d.h. Erfahrungsmöglichkeiten aus, die das Ich verändern können: die Person wird ein Produkt ihrer selbst. Es kommt dabei nicht darauf an, alle Normen zu ignorieren oder nur zu tun, was man will. Stattdessen ist das Konzept der Bindung an gewählte Normen und Werte zu erkennen und im Sinne einer autonomen Entscheidung anzuwenden (vgl. die vorgestellten Überlegungen von Gertrud Nunner-Winkler).

Die pädagogische Begleitung dieser Prozesse beinhaltet hohe Anforderungen an die Lehrkraft. Bei der Bewältigung dieser Aufgabe sind Mittel, wie externe Vorgaben zum persönlichen Handeln der Jugendlichen oder direkte Lenkung, weitgehend wirkungslos, weil sie den notwendigen Prozess der Autonomiegewinnung verhindern. Daher geht es darum, die individuellen Prozesse der Jugendlichen durch Begleitung und Beratung zu unterstützen, Hinweise auf Prozesse zu geben und Gespräche – im Sinne eines Coachings – zu führen. Darüber hinaus sind Gelegenheiten zu arrangieren, in denen die Jugendlichen die eigenen Handlungsentscheidungen vor der Ausführung prüfen können. Sie müssen es ermöglichen, die dem Handeln vorgelagerten Überlegungen über Indikatoren des gewünschten und angestrebten Erfolgs zu verfeinern. So können auch Gruppenprozesse des Reflektierens angeregt werden. Das Recht des Jugendlichen auf eigene Erfahrung und auch auf Scheitern darf dabei nicht ignoriert werden. Ein Klima der Akzeptanz und des Wohlwollens kann helfen, sich auf solche individuellen und kollektiven Reflexionen einzulassen.

Die Idee des Gestaltens von entwicklungsförderlichen Umgebungen sollte auch dann beibehalten werden, wenn es Störungen oder Fehlentwicklungen bei einzelnen Schüler/-innen gibt. Einige solcher Fehlentwicklungen sollen hier angesprochen werden. Sie können z.T. durch Unterricht oder durch therapeutisches Einwirken korrigiert werden.

- Apathie oder fehlende Motivationen sind Symptome, die besonders dann unbeachtet bleiben, wenn die betroffene Person kein störendes Sozialverhalten zeigt. Das Symptom verweist aber auf eine möglicherweise tiefgreifende Entwicklungsstörung (die erlernte Hilflosigkeit). Die Möglichkeit, eigene Bedürfnisse zu befriedigen und motiviert zu handeln muss, evtl. mit therapeutischer Hilfe, zurückerobert werden. Dabei muss sich die Schule immer wieder folgende Fragen stellen: Bieten wir den Schüler/-innen genügend Chancen, Handlungserfolge zu erleben? Geben wir genügend Möglichkeiten zur Selbstpräsentation als kompetente Person? Werden Settings konstruiert, in denen die Schüler/-innen immer wieder an schwierigen Aufgaben zu scheitern drohen, führt diese Erfahrung letztlich zu weniger Lerngewinn als wenn die Möglichkeit eröffnet wird, Schritt für Schritt eine Aufgabe zu meistern. Hier ist die angemessene Organisation von Förderangeboten (vgl. Kiper & Mischke 2006, 123ff) nötig, um nicht das individuelle Selbst als Triebkraft des Lernens zu verlieren.
- Schüler/-innen mit Selbstwertproblemen (z.B. fehlende Ich-Stärke, Unfähigkeit, sich in einer Gruppe zu behaupten, Schüchternheit) brauchen Unterstützung, z.B. durch Trainingsphasen im Unterricht, die angemessene Interaktionen thematisieren. Trai-

ningsprogramme, wie die von Hinsch und Pfingsten (2002), können wertvolle Anregungen bieten, um selbstsicheres und aggressives Verhalten unterscheiden zu lernen und sich im Alltag selbstsicher zu verhalten.
- Von großer Bedeutung ist die Auseinandersetzung mit und Korrektur des aggressiven Verhaltens von Schüler/-innen. Wichtig ist der Gedanke, dass es sich bei aggressivem Verhalten nicht um eine unveränderbare Eigenschaft einer Person, sondern um erworbenes Sozialverhalten handelt. Wie aus epidemiologischen Untersuchungen bekannt ist, genügt schon die Sichtbarkeit von gewaltförmigem Verhalten in der sozialen Umgebung, um bei Menschen das Risiko, später selbst gewaltförmig zu handeln, drastisch zu erhöhen. Gewalt zieht sofort die Aufmerksamkeit auf sich und versperrt so den Blick dafür, dass für das Verändern des Verhaltens der gewalttätigen Person an alternativen Formen des Sozialverhaltens gearbeitet werden muss. Dabei ist der Gedanke des Opferschutzes von großer Wichtigkeit. Darüber hinaus ist es aber auch sinnvoll, an der Veränderung des Verhaltens der Täter zu arbeiten, auch als Beitrag zu einem langfristigen Schutz. Der Sonderschullehrer Jochen Korte (1996, 1997) legte eine Reihe von Vorschlägen vor, wie eine Schule die Problematik von Aggression und Gewalt in Kampagnen (projektförmiger Arbeit an dem Thema für eine begrenzte Zeit) durch soziale Unterweisung im Unterricht und durch Elternarbeit bearbeiten kann. Für Täter können gezielte Einzel- und Gruppentrainings angeboten werden (vgl. die Überlegungen der Psychologen Petermann & Petermann (2005) und von Fröhlich-Gildhoff (2006)). In diesen Trainings wird am Selbstbild, der Selbststeuerung von Gefühlen, an dem Umgang mit Konfliktsituationen gearbeitet. Versteht man die Bausteine der Trainings auch als Hinweise zu einem Curriculum des sozialen Lernens, müssen Lehrkräfte die damit verbundenen Wissensbestände und Kompetenzen erwerben und für den Unterricht nutzen.
Bei der Arbeit mit Tätern ist allerdings eine intensivere therapeutische Arbeit nötig, die möglicherweise auch deshalb nötig wird, weil diese Personengruppe aufgrund ihrer Biographie eine gegenüber weniger aggressiven Menschen veränderte Umgangsweise mit Belohnung beim Lernen erworben hat (vgl. Matthews et al. 2000).

Die therapeutische Arbeit durch sozialpädagogische und psychologische Fachkräfte und die Modifikation des Verhaltens durch Lehrkräfte sollte nicht den Blick dafür verstellen, dass der Schutz der einzelnen Person, Regelungen zum Aushandeln von Interessen und Verfahren der Konfliktbearbeitung Standardleistungen einer schulischen Entwicklungsumgebung sind, die – neben der fachlichen Qualität des Unterrichts – in einer Schule sichergestellt werden müssen.

Innerhalb des Fachunterrichts der verschiedenen Disziplinen gibt es zahlreiche Möglichkeiten, mit den Kindern und Jugendlichen über Lebensentwürfe, Familien- und Berufspläne und Wege zur Bewältigung von Krisen ins Gespräch zu kommen. Auch im Medium von Texten können Wege zum Identitätserwerb gezeigt werden (vgl. Kiper 1987). Die theoretische Basis für diese Aufgaben haben wir hier vorgestellt; sie ist vorhanden. Die Aufgaben in Lehrerbildung und Weiterbildung sind deutlich: sich Fähigkeiten zur Selbststeuerung und Selbstregulation aneignen, sie in Prozessen der Kooperation umsetzen und unterstützende Lernumgebungen konstruieren lernen. Lehrkräfte müssen selbst lernen und vorführen, was sie von ihren Schüler/-innen erwarten. Wir wollen durch diesen Band einen Beitrag dazu leisten, dass diese Kompetenzen erworben werden.

Anhang – Basismodelle des Lernens

In der Integrativen Didaktik (Kiper & Mischke 2004) haben wir, basierend auf den Überlegungen von Hans Aebli (2001) und einem Denkansatz von Fritz Oser und Franz J. Baeriswyl (2001), die Unterscheidung von Sichtstrukturen des Unterrichts (oftmals auch Choreographien des Unterrichts oder Unterrichtsskripte genannt) und Tiefenstrukturen, d. h. den logisch notwendigen Schritten des zu organisierenden Lernprozesses, aufgenommen. Die logischen Schritte im Lernprozess werden gebraucht, damit der erforderliche Denkvorgang alle notwendigen Elemente enthält. Die Reihenfolge der Schritte kann dabei – aus dramaturgischen Gründen – wechseln. Wir gehen davon aus, dass aus der Lernpsychologie und den hier entwickelten Unterscheidungen des Lernens die zu organisierenden fachlichen und überfachlichen Lernprozesse nicht gewonnen werden können. Stattdessen gehen wir, an Hans Aebli anknüpfend, davon aus, dass mit Blick auf eine Auseinandersetzung mit den zu lernenden Inhalten (Sachanalyse) oder zu entwickelnden Kompetenzen und mit Blick auf die dabei relevant werdenden Lernprozesse Basismodelle des Lernens relevant werden, die von uns benannt wurden. Wir haben diese Überlegungen für das fachliche Lernen exemplarisch erörtert und gezeigt, wie entsprechende Überlegungen bei der Unterrichtsplanung berücksichtigt werden müssen. In diesem Band wollten wir zeigen, dass auch beim Aufbau überfachlicher Kompetenzen die von uns vorgestellten Basismodelle des Lernens bedeutsam werden und wollen daher für die Leserinnen und Leser diese Basismodelle noch einmal aufführen (vgl. Kiper & Mischke 2004, 114 ff).

Erfahrungen machen

Dabei sind die folgenden Elemente konstitutiv:

1. Erfahrung ist mit der eigenen Person über die Aktivitäten in einer Situation verknüpft. Das Lernen durch Erfahrungen beginnt daher mit der Reflexion der potentiell möglichen eigenen Aktivitäten und ihrer Kontextbedingungen.
2. Die Aktionen sind in geeignetem Kontext auszuführen.
3. Die Bedeutungen der mit der Aktivität verknüpften Erlebnisse sind durch sozialen Austausch zu entfalten, daher müssen die Lerner über ihre Erlebnisse berichten.
4. Auf der Grundlage einer Analyse der gemeinsamen Elemente unterschiedlicher subjektiver Wahrnehmungen wird nach Generalisierungsmöglichkeiten gesucht.
5. Abschließend kann die Reflexion ähnlicher Erfahrungen in den Geschichten anderer oder in Texten erfolgen.

Wissen erwerben

Dazu gehört, *die Bedeutung eines Wortes erfassen*. Dazu sind Vorkenntnisse zu aktivieren; ein prägnantes Beispiel wird gegeben und mit der neuen Bedeutung verknüpft. Die spezifischen Merkmale werden herausgearbeitet bzw. durch Kontrastierung verdeutlicht. Die aktive Anwendung der erworbenen Wortverwendung und die Erweiterung des Kontextes ermöglichen die Festigung des Wortes und seiner Bedeutung.

Dazu gehört weiter, einen Begriff zu bilden. Hier wird angenommen, dass es nicht nur um eine Benennung geht, sondern um die Bildung einer Klasse von Objekten. Auch hier sind die Vorkenntnisse zu aktivieren. Anhand der Vorstellung eines Prototyps der Objektklasse ist der Begriff anzubahnen; durch die Analyse der kritischen Attribute und durch die Abgrenzung gegenüber Objekten, die nicht dazugehören, wird der Begriff erarbeitet. Durcharbeiten des Begriffs im Sinne von Anwendung, Analyse- und Syntheseaufgaben festigt die Begriffsbildung. Die Anwendung in erweiterten Kontexten unter Hinzuziehen unterschiedlicher, aber ähnlicher Konzepte erweitert das Wissenssystem.

Dazu gehört, einen Sachverhalt oder/und einen Vorgang zu erfassen und in einem mentalen Modell *zu repräsentieren.* Hierbei geht es einerseits um die Entwicklung von komplexeren begrifflichen Zusammenhängen, andererseits um die explizite Verknüpfung mit Vorstellungsbildern oder Ablaufschemata. Zunächst ist ein Überblick über das Gesamtgeschehen zu gewinnen. Relevante Teile sind analytisch abzugrenzen und in ihrer Rolle im Gefüge des Ganzen zu bestimmen. Für die jeweiligen Teile gilt dann ein Vorgehen analog zur Begriffsbildung. Wird der Aufbau von Vorstellungsbildern angestrebt, ist – von der Beschreibung des Vorgangs ausgehend – die Bildung von Modellen anzuregen und durch visuelle Darstellung zu unterstützen. Der Durchlauf durch das gesamte Wissensgefüge mit unterschiedlichem Auflösungsgrad – mal nur die Verkettung der Elemente, mal einzelne Elemente in unterschiedlich feiner Durchstrukturierung – sorgt für ein flexibel einsetzbares Wissenssystem.

Reflexion/Kontemplation über Inhalte und über Werte

Hier sind die konkreten Erlebnisse zu aktivieren und in ihrer Bedeutung zu erkennen. Dazu ist nötig, die subjektiv unterschiedlichen Interpretationen der Erlebnisse als abhängig von Bezugssystemen (biografischen Erfahrungen oder unterschiedlichen Ordnungs- oder Wertsystemen) zu verstehen. Hilfreich ist der Perspektivenwechsel, um die Veränderbarkeit der Bedeutung bei Anwendung eines anderen Bezugssystems erfahren zu können. Die abschließenden Überlegungen sollten die persönliche Bedeutung trotz des Wissens um die potentielle Perspektivität der Interpretationen thematisieren. Die Reflexion von Inhalten bedient sich sachlicher Bezugssysteme. Bei der Beurteilung von Handlungen geht es um den Bezug zu Wertvorstellungen. Bei der Reflexion von Werten ist eine Kompetenzsteigerung durch das Nachdenken über Wertsysteme und die Möglichkeiten der Legitimation von Werten möglich.

Handeln in der äußeren Welt und mental (eine Operation ausführen)

Da Handeln definitionsgemäß mit kontrollierter zielführender Aktion zu tun hat, sind folgende Schritte konstitutiv:
- Klärung der situativen Gegebenheiten
- Formulierung alternativer Ziele und Auswahl
- Generierung alternativer Handlungspläne
- Auswahl eines geeigneten Plans
- Ausführung mit Ausführungskontrolle
- Evaluation der Handlungsergebnisse und Reflexion des Prozesses.

Beim Aufbau einer inneren Handlung ist eine Schrittfolge der Verinnerlichung zu organisieren. Ausgehend von einer zunächst äußeren Handlung in der Welt oder an Modellen bis zur stummen inneren Handlung an einer mentalen Repräsentation ist ein Übergang durchzuführen; die Zahl der dazu notwendigen Teilschritte kann individuell stark variieren.

Problemlösen und Entdecken

Dieser Lernweg strebt den Wissensaufbau durch aktive Generierung und Nutzung der verfügbaren Informationen an. Dabei sollen sowohl neue Erkenntnisse über die Welt (deklaratives Wissen) gewonnen, als auch die Verwendung von Heuristiken erworben werden. Empfohlen wird eine Schrittfolge, die schleifenförmig zurückspringend abgearbeitet wird, bis die endgültige Lösung erreicht wird:

- Vorgabe oder eigenständige Definition eines Problems
- Analyse der Gegebenheiten
- Analyse der Ziele
- Analyse der Barriere(n)
- Entwicklung von Handlungsplänen (zur Informationsbeschaffung oder zur Lösung)
- Anwendung der Pläne
- Beobachtung und Evaluation der erzielten Ergebnisse
- Reflexion der Prozesse.

Diese Prozesse können von der Lehrperson durch Monitoring überwacht und, wenn angezeigt, durch Hilfestellung unterstützt werden. Wichtig ist, prozessbezogen und nicht durch Vorgabe von Lösungsteilen zu helfen.

Argumentieren – im Diskurs und beim Aushandeln

Zunächst muss eine Redesituation als Fall von Argumentieren erkannt und definiert werden, dann werden die aufgetretenen Argumente in ihrem jeweiligen Gehalt analysiert. Es wird dann über Verfahren der Entscheidung über die Gültigkeit der Argumente bzw. über Möglichkeiten der Einigung nachgedacht; diese Verfahren werden angewendet und das Resultat evaluiert.

Gestalten/Ausdrücken durch Worte und Schrift und durch kreative Medien (Musik, Bild, Tanz)

Hier bedarf es einer Vorbereitung der Situation und einer Bereitstellung der Materialien. Es wird eine emotionale Ausgangslage erzeugt. Hilfreich ist die Erarbeitung von unterstützenden kognitiven Strukturen, die bei der kreativen Umsetzung der aufgebauten Energielage in einer Gestaltung verwendet werden können (Regeln der Gestaltung, Arbeitstechniken etc.). Dann erfolgt die kreative Umsetzung und anschließend eine Präsentation und Reflexion der Ergebnisse und Erfahrungen.

Leistungssteigerung durch Entwicklung des Systems (qualitativer Sprung)

Mit diesem Basismodell kommen längerfristige und einzelne Erfahrungen transzendierende Lernprozesse in den Blick. Die in einzelnen Lernprozessen erfahrenen Diskrepanzen zu der bisherigen Denk- und Handlungsstruktur können in einer Person einen qualitativen Sprung bewirken, der sich auf alle anderen Bereiche der Leistungserbringung auswirkt. Taucht eine solche neue Stufe auf, ist die Anwendung der eben gewonnenen Möglichkeiten auf andere Felder sinnvoll und stabilisierend. Motor zur Veränderung sind gezielte und reflektierte Diskrepanzerlebnisse. Die Verarbeitung kann durch Hilfen, z. B. durch Gestaltung von strukturierten Erfahrungssituationen, Aufforderung zur Reflexion und Coaching, unterstützt werden. Das von Fritz Oser und Franz J. Baeriswyl (2001) aufgeführte Basismodell der Strategieverwendung ist in dieser Sicht kein eigenständiges Basismodell, sondern spezifischer Teil jedes Basismodells wie auch der ihm jeweils zugehörigen Kontrollprozesse.

Nachwort

Anlass für das Nachdenken über dieses Thema war zunächst die Planung und Durchführung eines Symposions am 13.1.2006 unter dem Thema „Zwischen Selbstregulation und Steuerung – Neue Impulse für das Lernen im Unterricht" an der Carl von Ossietzky-Universität Oldenburg, das freundlicherweise durch die EWE-Stiftung mit unterstützt wurde. Es referierten Prof. Dr. Gerhard W. Lauth (Köln) über „Lernen und Lernförderung aus kognitiv behavioraler Sicht", PD Dr. Heinz Neber über „Selbstgesteuertes Lernen im Unterricht", Prof. Dr. Manfred Hofer (Mannheim) über das Thema „Zur Theorie motivationaler Handlungskonflikte", Claudia Winter (Mannheim) über „Das Self-Monitoring Tool: ein Selbstbeobachtungstraining zur Förderung des selbstgesteuerten Lernens", Prof. Dr. Matthias Grünke (damals: Oldenburg) über die Förderung begrifflich-kategorialer Verarbeitung als Grundlage des selbstgesteuerten Lernens und Dr. Wolfgang Mischke (Oldenburg) über „Handlungsplanung im Rahmen eines Kompetenz- und Standardorientierten Unterrichts".

Das Symposion fragte damit nach Lernen und Möglichkeiten der Lernförderung, nach der Bedeutung, die der Motivation im Zusammenhang mit selbstgesteuertem Lernen zukommt, und nach der Gestaltung von Selbstbeobachtungsprozessen. Außerdem wurde die Frage nach der Bedeutung der vorgetragenen Überlegungen für die Handlungsplanung im Rahmen eines kompetenz- und standardorientierten Unterrichts aufgeworfen. Mit dem Symposion war die Hoffnung auf die Initiierung eines Dialogs zwischen Lehr-Lern-Forschung und Allgemeiner Didaktik bzw. Theorie des Unterrichts verbunden. Es wurde zu Ehren von Dr. Wolfgang Mischke, einem der Grenzgänger zwischen Psychologie und Pädagogik, zu seinem 60. Geburtstag initiiert.

Mit diesem Symposion wurde an der Fakultät für Erziehungs- und Bildungswissenschaften auf die Bedeutung hingewiesen, über relevante fächerübergreifende Kompetenzen nachzudenken, die durch Unterricht fundiert werden müssen. Da eine Vielzahl der Referentinnen und Referenten auf diesem Symposion aus laufenden Forschungsprojekten berichteten und planten, ihre Überlegungen an anderer Stelle zu publizieren, entschieden wir uns dafür, diese Impulse aufzunehmen und für die Konzeption von Unterricht und Schule fruchtbar zu machen. Der vorliegende Band soll dazu einen Beitrag leisten.

Wir danken der EWE-Stiftung für die Förderung des Symposions, das wichtige Grundlagen für die Weiterführungen der Überlegungen zur Förderung fächerübergreifender Kompetenzen durch Schule und Unterricht legte, der Carl von Ossietzky-Universität Oldenburg für ein Forschungssemester für mich, das es ermöglichte, die an verschiedenen Stellen entwickelten Überlegungen zusammenzuführen und weiterzuentwickeln.

Oldenburg/Rastede im Herbst 2007 *Hanna Kiper*

Literatur

Aebli, Hans: Zwölf Grundformen des Lehrens. Stuttgart: Klett-Cotta 2001 (11. Auflage)
Aebli, Hans: Grundlagen des Lehrens. Eine Allgemeine Didaktik auf psychologischer Grundlage. Stuttgart: Klett-Cotta 1987
Affelt, Manfred: Erlebnisorientierte Gruppenarbeit in der Schule. Bad Heilbrunn: Klinkhardt 1994
Antons, Klaus: Praxis der Gruppendynamik. Übungen und Techniken. Göttingen: Hogrefe 1974
Apel, Hans-Jürgen: Herausforderung Schulklasse. Bad Heilbrunn: Klinkhardt 2002
Ardelt-Gattinger, Elisabeth, Gattinger, Erich: Gruppenarten und Gruppenphasen. In: Ardelt-Gattinger, Elisabeth, Lechner, Hans & Walter Schlögl (Hrsg.): Gruppendynamik. Göttingen: Verlag für Angewandte Psychologie 1998, S. 2–9
Ardelt-Gattinger, Elisabeth, Lechner, Hans & Walter Schlögl (Hrsg.): Gruppendynamik. Göttingen: Verlag für Angewandte Psychologie 1998
Arnold, Rolf, Lermen, Markus: Lernen, Bildung und Kompetenzentwicklung – neue Entwicklungen in Erwachsenenbildung und Weiterbildung. In: Wiesner, Gisela, Wolter, Andrä (Hrsg.): Die lernende Gesellschaft. Weinheim, München: Juventa 2005, S. 45–60
Aronson, Elliot: Förderung von Schulleistung, Selbstwert und prosozialem Verhalten: die Jigsaw-Methode. In: Huber, Günter L., Rotering-Steinberg, Sigrid, Wahl, Diethelm (Hrsg.): Kooperatives Lernen. Weinheim, Basel: Beltz 1984, S. 48–59
Artelt, Cordula, Demmrich, Anke, Baumert, Jürgen: Selbstreguliertes Lernen. In: Deutsches PISA-Konsortium (Hrsg.): PISA 2000. Opladen: Leske+Budrich 2001, S. 271–298
Artelt, Cordula, Moschner, Barbara (Hrsg.): Lernstrategien und Metakognition. Münster, New York, München, Berlin: Waxmann 2005
Asendorpf, Jens, Banse, Rainer: Psychologie der Beziehung. Bern, Göttingen, Toronto, Seattle: Hans Huber 2000
Aubert, Wilhelm: Interessenkonflikt und Wertkonflikt: Zwei Typen des Konflikts und der Konfliktlösung. In: Bühl, Walter (Hrsg.): Konflikte und Konfliktstrategie. Ansätze zu einer soziologischen Konflikttheorie. Neuwied: Sammlung Luchterhand 1973, S. 178–205 (Original: 1963)
Baacke, Dieter: Die 13- bis 18jährigen. Einführung in die Probleme des Jugendalters. München, Wien, Baltimore: Beltz 1979 (2. erw. Auflage) und Weinheim, Basel: Beltz 1994 (7. Auflage)
Bastian, Johannes: Einführung in die Unterrichtsentwicklung. Weinheim, Basel: Beltz 2007
Bastians, Frauke, Runde, Bernd: Instrumente zur Messung sozialer Kompetenzen. In: Zeitschrift für Psychologie, 210 (4), 2002, S. 186–196
Baumert, Jürgen, Klieme, Eckhard, Neubrand, Michael, Prenzel, Manfred, Schiefele, Ulrich, Schneider, Wolfgang, Tillmann, Klaus-Jürgen, Weiß, Manfred: Fähigkeit zum selbstregulierten Lernen als fächerübergreifende Kompetenz. Berlin 2001. Unter: http://www.mpib-berlin.mpg.de/en/Pisa/newweb/CCCdt.pdf (aufgerufen am 8.7.2007, 15.05 Uhr)
Bavelas, Alex: Communication patterns in task oriented groups. J. of the acoustical Soc. Amer 22 (1950) p. 725–730
Becker, Georg E., Dietrich, Beate, Kaier, Ekkehard: Konfliktbewältigung im Unterricht. Bad Heilbrunn: Klinkhardt 1976
Berg, Hans-Jürgen: Entwicklung einer Schulklasse zur Gruppe. Erfahrungen mit Interaktionsübungen in einer Berufsfachschulklasse im Lernort Berufsschule. Frankfurt/M: Haag + Herchen 1990
Berkel, Karl: Konflikttraining. Heidelberg: Sauer 1992
Berkel, Karl: Konflikt. In: Bierhoff, Hans-Werner, Frey, Dieter (Hrsg.): Handbuch der Psychologie. Handbuch der Sozialpsychologie und Kommunikationspsychologie. Göttingen, Bern, Wien, Toronto, Seattle, Oxford, Prag: Hogrefe 2006, S. 669–675

Berzonsky, M.D.: Identity style and coping strategies. Journal of Personality 60 (1992) 4, p. 771–788

Bierhoff, Hans-Werner: Entwicklung prosozialen Verhaltens und prosozialer Persönlichkeit. In: Friedlmeier, Wolfgang: Prosoziale Motivation. In: Bierhoff, Hans-Werner, Frey, Dieter (Hrsg.): Handbuch der Psychologie. Handbuch der Sozialpsychologie und Kommunikationspsychologie. Göttingen, Bern, Wien, Toronto, Seattle, Oxford, Prag: Hogrefe 2006, S. 158–165

Bierhoff, Hans-Werner, Frey, Dieter (Hrsg.): Handbuch der Psychologie. Handbuch der Sozialpsychologie und Kommunikationspsychologie. Göttingen, Bern, Wien, Toronto, Seattle, Oxford, Prag: Hogrefe 2006

Bies, R.J. & Moag, J.S.: Interactional justice: Communication criteria of fairness. In: R. J. Lewicki, B.H. Sheppard & M.H. Bazerman (Eds): Research on negotiation in organizsations. Greenwich, CT: JAI Press 1986, p. 43–55

Boekaerts, Monique: The adaptable learning process: Initiating and maintaining behavioural change. Applied Psychology, 41 (4) (1992), p. 377–397

Boekaerts, Monique: Self-regulated learning: A new concept embraced by researchers, policy makers, educators, teachers, and students. Learning and Instruction, 7 (2) (1997), p. 161–186

Boekaerts, Monique: Self-regulated learning: Where we are today. International Journal of Educational Research 31 (1999), p. 445–475

Boekaerts, Monique, Pintrich, Paul R., Zeidner, Moshe (Eds.): Handbook of Self-Regulation. San Diego, San Francisco, New York, Boston, London, Sydney, Tokyo: Academic Press 2000

Bönsch, Manfred: Soziales und politisches Lernen im Sachunterricht der Grundschule. In: Silkenbeumer, Rainer (Hrsg.): Politischer Unterricht und soziales Lernen in der Grundschule. Frankfurt/M, Berlin, München: Diesterweg 1979, S. 69–93

Bönsch, Manfred: Grundlegung sozialer Lernprozesse heute. Weinheim, Basel: Beltz 1994

Bönsch, Manfred: Selbstgesteuertes Lernen in der Schule. Neuwied, Kriftel: Luchterhand 2002

Bohner, Gerd, Wänke, Michaela: Einstellungen. In: Bierhoff, Hans-Werner, Frey, Dieter (Hrsg.): Handbuch der Psychologie. Handbuch der Sozialpsychologie und Kommunikationspsychologie. Göttingen, Bern, Wien, Toronto, Seattle, Oxford, Prag: Hogrefe 2006, S. 404–414

Bollnow, Otto Friedrich: Existenzphilosophie und Pädagogik. Stuttgart, Berlin, Köln, Mainz 1959

Bonnet, Andreas: Hol's dir das hinten raus und halt die Klappe! Von Kooperation in aufgabenbasierten Lernumgebungen im Chemieunterricht, ihrem Scheitern und wie man beides erforschen kann. In: Rabenstein, Kerstin, Reh, Sabine (Hrsg.): Kooperatives und selbständiges Arbeiten von Schülern. Zur Qualitätsentwicklung von Unterricht. Wiesbaden: VS 2007, S. 87–108

Bräu, Karin: Selbständiges Lernen in der gymnasialen Oberstufe. Baltmannsweiler: Schneider Hohengehren 2002

Brezinka, Wolfgang: Von der Pädagogik zur Erziehungswissenschaft. Weinheim und Basel: Beltz 1972

Brodbeck, Felix C., Kerschreiter, Rudolf, Frey, Dieter & Stefan Schulz-Hardt: Gruppenleistung. In: Bierhoff, Hans-Werner, Frey, Dieter (Hrsg.): Handbuch der Psychologie. Handbuch der Sozialpsychologie und Kommunikationspsychologie. Göttingen, Bern, Wien, Toronto, Seattle, Oxford, Prag: Hogrefe 2006, S. 638–645

Brody, Celeste M.: Kooperatives Lernen und implizite Theorien der Lehrer aus konstruktivistischer Sicht. In: Huber, Günter L: Neue Perspektiven der Kooperation. Baltmannsweiler: Schneider Hohengehren 1993, S. 105–117

Bromme, Rainer, Jucks, Regina, Rambow, Riklef: Experten-Laien-Kommunikation im Wissensmanagement. In: Reinmann, Gabi, Mandl, Heinz (Hrsg.): Psychologie des Wissensmanagements. Göttingen, Bern, Toronto, Seattle, Oxford, Prag: Hogrefe 2004, S. 176–188

Bründel, Heidrun, Simon, Erika: Die Trainingsraummethode. Weinheim, Basel: Beltz 2003

Buhrmeister, D.: Need fulfillment, interpersonal competence, and the development contexts of early adolescent friendship. In: W. M. Bukowski, A. F. Newcomb & W. W. Hartup (Eds.): The company they keep. Friendship in childhood and adolescence. Cambridge: Cambridge University Press 1996, p. 158–185

Carrier, Martin: Engagement und Expertise: Die Intellektuellen im Umbruch. In: Carrier, Martin, Roggenhofer, Johannes (Hrsg.): Wandel oder Niedergang? Die Rolle der Intellektuellen in der Wissensgesellschaft. Bielefeld: transcript 2007, S. 13–32

Carver, Charles. S., Scheier, Michael F.: Origins and functions of positive and negative affect: A Control-process view. Psychological Bulletin, 97, (1990) p. 19–35

Carver, Charles S., Scheier, Michael F.: On the self-regulation of behaviour. Cambridge: Cambridge University Press 1998

Carver, Charles S., Scheier, Michel F.: On the Structure of Behavioral Self-Regulation. In: Boekaerts, Monique, Pintrich, Paul R., Zeidner, Moshe (Eds.): Handbook of Self-Regulation. San Diego, San Francisco, New York, Boston, London, Sydney, Tokyo: Academic Press 2000, p. 42–84

Cohen, Elizabeth G: Bedingungen für kooperative Kleingruppen. In: Huber, Günter L: Neue Perspektiven der Kooperation. Baltmannsweiler: Schneider Hohengehren 1993, S. 45–53

Cohen, Elizabeth G.: Restructuring the Classroom: Conditions for Productive Small Groups. Review of Educational Research Spring 1994, Vol. 64, No. 1, p. 1–35

Coburn-Staege, Ursula: Rechtsextremismus bei Jugendlichen. Was kann die Schule dagegen tun? In: Hauptschulzentrum Schwäbisch Gmünd (Hrsg.): Nachgeben – sich durchsetzen – ein fächerverbindendes Thema für die Klasse 7. Baltmannsweiler: Schneider Hohengehren 2000, S. 91–118

Damon, William & Hart, D.: Self understanding in childhood and adolescence. New York: Cambridge University Press: 1988

Deci, Edward L., Ryan, Richard M.: Die Selbstbestimmungstheorie der Motivation und ihre Bedeutung für die Pädagogik. In: ZfPäd 2/1993, S. 223–238

Deitering, Franz G.: Selbstgesteuertes Lernen. Göttingen, Bern, Toronto, Seattle: Hogrefe 1995

Dietrich, Stephan: Selbstgesteuertes Lernen – eine neue Lernkultur für die institutionelle Erwachsenenbildung? In: Dietrich, Stephan, Fuchs-Brüninghoff u.a.: Selbstgesteuertes Lernen. Auf dem Weg zu einer neuen Lernkultur. Deutsches Institut für Erwachsenenbildung. Frankfurt/M 1999, S. 14–23. Unter: http://www.die-bonn.de/esprid/dokumente/doc-1999/dietrich99_01.pdf (aufgerufen am 10.2.06)

Dörner, Dietrich: Emotion und Wissen. In: Reinmann, Gabi, Mandl, Heinz (Hrsg.): Psychologie des Wissensmanagements. Göttingen, Bern, Toronto, Seattle, Oxford, Prag: Hogrefe 2004, S. 117–132

Dreher, E./Dreher, M.: Entwicklungsaufgaben im Jugendalter: Bedeutsamkeit und Bewältigungskonzepte. In: Lipmann, D./Stuksrud, A. (Hrsg.): Entwicklungsaufgaben und Bewältigungsprobleme in der Adoleszenz. Göttingen 1985, S. 56–70

Drössler, Stephanie, Röder, Bettina, Jerusalem, Matthias: Förderung von Selbstwirksamkeit und Selbstbestimmung im Unterricht. In: Landmann, Meike, Schmitz, Bernhard (Hrsg.): Selbstregulation erfolgreich fördern. Praxisnahe Trainingsprogramme für effektives Lernen. Stuttgart: Kohlhammer 2007, S. 206–231

Dubs, Rolf: Lehren und Lernen – ein Wechselspiel. In: Dietrich, Stephan, Fuchs-Brüninghoff u.a.: Selbstgesteuertes Lernen. Auf dem Weg zu einer neuen Lernkultur. Deutsches Institut für Erwachsenenbildung. Frankfurt/M 1999, S. 57–70. Unter: http://www.die-bonn.de/esprid/dokumente/doc-1999/dietrich99_01.pdf (aufgerufen am 10.2.06)

Edelstein, Wolfgang: Gesellschaftliche Anomie und moralpädagogische Intervention. Moral im Zeitalter individueller Wirksamkeitserwartungen. In: Edelstein, Wolfgang, Oser, Fritz, Schuster, Peter (Hrsg.): Moralische Erziehung in der Schule. Weinheim, Basel: Beltz 2001, S. 13–34

Edelstein, Wolfgang, Oser, Fritz, Schuster, Peter (Hrsg.): Moralische Erziehung in der Schule. Weinheim, Basel: Beltz 2001

Einsiedler, Wolfgang: Lehrmethoden zur Instruktionsverbesserung. In: Huber, Günter L., Krapp, Andreas, Mandl, Heinz (Hrsg.): Pädagogische Psychologie als Grundlage pädagogischen Handelns. München: Urban & Schwarzenberg 1984, S. 153–219

Einsiedler, Wolfgang, Neber, Heinz, Wagner, Angelika C.: Selbstgesteuertes Lernen im Unterricht – Einleitung und Überblick. In: Neber, Heinz, Wagner, Angelika C., Einsiedler, Wolfgang (Hrsg.): Selbstgesteuertes Lernen. Weinheim, Basel: Beltz 1978, S. 13–32

Erikson, Erik H.: Kindheit und Gesellschaft. Stuttgart: Klett-Cotta 1984 (9. Auflage)
Ertl, Bernhard, Mandl, Heinz: Kooperationsskripts. In: Mandl, Heinz, Friedrich Helmut Felix (Hrsg.): Handbuch Lernstrategien. Göttingen, Bern, Wien, Toronto, Seattle, Oxford, Prag: Hogrefe 2006, S. 273–281
Faulstich, Peter: Einige Grundfragen zur Diskussion um ‚selbstgesteuertes Lernen'. In: Dietrich, Stephan, Fuchs-Brüninghoff u. a.: Selbstgesteuertes Lernen. Auf dem Weg zu einer neuen Lernkultur. Deutsches Institut für Erwachsenenbildung. Frankfurt/M 1999, S. 24–39. Unter: http://www.die-bonn.de/esprid/dokumente/doc-1999/dietrich99_01.pdf (aufgerufen am 10.2.06)
Faulstich, Peter: Lernen braucht Support – Aufgaben der Institutionen beim ‚Selbstbestimmten Lernen'. In: Kraft, Susanne (Hrsg.): Selbstgesteuertes Lernen in der Weiterbildung. Schneider Hohengehren: Baltmannsweiler 2002
Faulstich, Peter: ‚Selbstbestimmtes Lernen' – vermittelt durch Professionalität der Lehrenden. In: Witthaus, Udo, Wittwer, Wolfgang, Clemens, Espe (Hrsg.): Selbstgesteuertes Lernen. Theoretische und praktische Zugänge. Bielefeld 2008
Fend, Helmut: Theorie der Schule. München, Wien, Baltimore: Urban & Schwarzenberg 1980
Fend, Helmut: Entwicklungspsychologie des Jugendalters. Opladen: Leske+Budrich 2001 (2. Auflage)
Fisher, Jeffrey D., Nadler, Anne & Whitcher-Alagna, Sheryle (1998): Four conceptualizations of reactions to aid: In: Jeffrey D. Fisher, Anne Nadler & Bella M. DePaulo (Eds.): New directions in helping. Vol. 1: Recipient reactions to aid (pp. 52–58) New York: Academic Press 1983
Fröhlich-Gildhoff, Klaus: Freiburger Anti-Gewalt-Training (FAGT). Ein Handbuch. Stuttgart: Kohlhammer 2006
Forneck, Hermann J.: Konzept Selbstlernen. Gießen o.J.
Friedlmeier, Wolfgang: Prosoziale Motivation. In: Bierhoff, Hans-Werner, Frey, Dieter (Hrsg.): Handbuch der Psychologie. Handbuch der Sozialpsychologie und Kommunikationspsychologie. Göttingen, Bern, Wien, Toronto, Seattle, Oxford, Prag: Hogrefe 2006, S. 143–149
Friedrich, Helmut F., Mandl, Heinz: Analyse und Förderung selbstgesteuerten Lernens. In: Weinert, Franz E., Mandl, Heinz (Hrsg.): Psychologie der Erwachsenenbildung. In: Enzyklopädie der Psychologie. Themenbereich D. Serie I. Band 4. Göttingen, Bern, Toronto, Seattle: Hogrefe 1997, S. 237–293
Fuchs, Carina: Selbstwirksam Lernen im schulischen Kontext. Bad Heilbrunn: Klinkhardt 2005
Fuhrer, Urs, Trautner, Hanns Martin: Entwicklung und Identität. In: Asendorpf, Jens (Hrsg.): Enzyklopädie der Psychologie. Themenbereich C. Serie V. Band 3. Soziale, emotionale und Persönlichkeitsentwicklung. Göttingen, Bern, Toronto, Seattle, Oxford. Prag: Hogrefe 2005, S. 335–424
Gergen, Kenneth J.: Das übersättigte Selbst. Identitätsprobleme im heutigen Leben. Heidelberg 1996
Gerhardt, Uta: Rollenanalyse als kritische Soziologie. Neuwied: Luchterhand 1971
Gläser-Zikuda, Michaela: Training selbstregulierten Lernens auf der Basis des Portfolio-Ansatzes. In: Landmann, Meike, Schmitz, Bernhard (Hrsg.): Selbstregulation erfolgreich fördern. Praxisnahe Trainingsprogramme für effektives Lernen. Stuttgart: Kohlhammer 2007, S. 111–130
Goleman, Daniel: Emotionale Intelligenz. München 2005 (1997). Erste amerikanische Ausgabe New York 1995
Gordon, Thomas: Lehrer-Schüler-Konferenz. München: Heyne 1996 (1. deutsche Ausgabe Hamburg 1977)
Grawe, Klaus: Neuropsychotherapie. Göttingen, Bern, Toronto, Seattle, Oxford, Prag: Hogrefe 2004
Gräsel, Cornelia, Gruber, Hans: Kooperatives Lernen in der Schule. In: Seibert, Norbert (Hrsg.): Unterrichtsmethoden kontrovers. Bad Heilbrunn: Klinkhardt 2000, S. 161–175
Green, Norm, Green, Kathy: Kooperatives Lernen im Klassenraum und im Kollegium. Seelze-Velber: Kallmeyer & Klett 2005 (3. Auflage 2007)

Grotevant, H.D.: Toward a process model of identity formation. Journal of Adolecent Research 2 (1987), 203–222

Grow, G.O.: „Teaching Learners to Be Self-Directed." Adult Education Quarterly 41, 1991, 125–149

Gruber, Helmut: Streitgespräche. Zur Pragmatik einer Diskursform. Opladen: Westdeutscher Verlag 2006

Grundke, Peter: Interaktionserziehung in der Schule. Modell eines therapeutischen Unterrichts. München: Juventa 1975

Gudjons, Herbert (Hrsg.): Handbuch Gruppenuntericht. Weinheim, Basel: Beltz 1993

Habermas, Jürgen: Moralbewusstsein und kommunikatives Handeln. Frankfurt/M: Suhrkamp 1983, S. 53–126

Habermas, Jürgen: Erläuterungen zur Diskursethik. Frankfurt/M: Suhrkamp 1991

Habermas, Jürgen: Theorie des kommunikativen Handelns. Band I und II. Frankfurt/M: Suhrkamp 1988

Habermas, Jürgen: Faktizität und Geltung. Beiträge zur Diskurstheorie des Rechts und des demokratischen Rechtsstaats. (1992) Frankfurt/M: Suhrkamp 1998

Hacker, Winfried: Handlungsleitende psychische Abbilder („Mentale Modelle'). In: Kuhl, Julius, Heckhausen, Heinz (Hrsg.): Motivation, Volition und Handlung. Enzyklopädie der Psychologie. Themenbereich C. Serie IV. Band 4. Göttingen, Bern, Toronto, Seattle; Hogrefe 1996, S. 769–794

Hampe, Michael: Propheten, Richter, Ärzte, Narren: Eine Typologie von Philosophen und Intellektuellen. In: Carrier, Martin, Roggenhofer, Johannes (Hrsg.): Wandel oder Niedergang? Die Rolle der Intellektuellen in der Wissensgesellschaft. Bielefeld: transcript 2007, S. 33–54

Haußer, Karl: Identitätspsychologie. Berlin, Heidelberg, New York: Springer 1995

Havighurst, Robert J.: Development tasks and education. New York 1948

Hellmann, Andreas, Kiper, Hanna, Mischke, Wolfgang: Die Modellierung und Messung sozialer Kompetenz von Schülern in der Sekundarstufe I (Klasse 5 und 6). Antrag an die DFG im Rahmen des Schwerpunktprogramms: Kompetenzmodelle zur Erfassung individueller Lernergebnisse und zur Bilanzierung von Bildungsprozessen (SPP 1293). Manuskript. Oldenburg 2007

Hinsch, Rüdiger, Pfingsten, Ulrich: Gruppentraining sozialer Kompetenzen GSK. Grundlagen, Durchführung, Anwendungsbeispiele. Weinheim: Beltz PVU 2002 (4. völlig neu bearbeitete Auflage)

Hofer, Manfred: Familienbeziehungen in der Entwicklung. In: Hofer, Manfred, Wild, Elke, Noack, Peter: Lehrbuch Familienbeziehungen. Göttingen, Bern, Toronto, Seattle: Hogrefe 2001, S. 4–27

Hofer, Manfred: Wertewandel, schulische Motivation und Unterrichtsorganisation. In: Schneider, Wolfgang, Knopf, Monika (Hrsg.): Entwicklung, Lehren und Lernen. Göttingen, Bern, Toronto, Seattle: Hogrefe 2003, S. 235– 253

Hofer, Manfred, Fries, Stefan, Reinders, Heinz, Clausen, Marten, Dietz, Franziska, Schmid, Sebastian: Individuelle Werte, Handlungskonflikte und schulische Lernmotivation. In: Doll, Jörg, Prenzel, Manfred (Hrsg.): Bildungsqualität von Schule: Lehrerprofessionalisierung, Unterrichtsentwicklung und Schülerförderung als Strategien der Qualitätsverbesserung. Münster, New York, München, Berlin: Waxmann 2004, S. 329–344

Hofer, Manfred, Pikowsky, Birgit: Familien mit Jugendlichen. In: Hofer, Manfred, Wild, Elke, Noack, Peter: Lehrbuch Familienbeziehungen. Göttingen, Bern, Toronto, Seattle: Hogrefe 2001, S. 241–264

Hoffmann, Joachim: Vorhersage und Erkenntnis. Göttingen: Hogrefe 1993

Huber, Anne A., Müller, Günter F.: Die Gruppe als Vermittlerin individueller Lernprozesse. In: Ardelt-Gattinger, Elisabeth, Lechner, Hans & Walter Schlögl (Hrsg.): Gruppendynamik. Göttingen: Verlag für Angewandte Psychologie 1998, S. 218–233

Huber, Günter L: Neue Perspektiven der Kooperation. Baltmannsweiler: Schneider Hohengehren 1993

Huber, Günter L: Lernprozesse in Kleingruppen: Wie kooperieren Lerner? In: Unterrichtswissenschaft – Zeitschrift für Lernforschung. Vol. 23, No. 4, S. 316–331

Huber, Günter L.: Lernen in Gruppen/Kooperatives Lernen. In: Mandl, Heinz, Friedrich Helmut Felix (Hrsg.): Handbuch Lernstrategien. Göttingen, Bern, Wien, Toronto, Seattle, Oxford, Prag: Hogrefe 2006, S. 261–272

Jefferys, Karin, Noack, Ute: Streiten, Vermitteln, Lösen. Das Schüler-Streit-Schlichter-Programm für die Klassen 5 bis 10. Lichtenau: AOL 1995

Jerusalem, Matthias, Klein-Heßling, Johannes: Soziale Kompetenz. Entwicklungstrends und Förderung in der Schule. In: Zeitschrift für Psychologie. 210 (4) 2002, S. 164–174

Jüngling, Christiane: Wenn Gruppenaufgaben politisch sind: Entscheidungsstrategien bei komplexen Problemen mit Interessenkonflikten. In: Ardelt-Gattinger, Elisabeth, Lechner, Hans & Walter Schlögl (Hrsg.). Gruppendynamik. Göttingen: Verlag für Angewandte Psychologie 1998, S. 128–138

Jürgens, Barbara: Schwierige Schüler? Disziplinkonflikte in der Schule. Baltmannsweiler: Schneider Hohengehren 2000

Kanning, Uwe Peter: Soziale Kompetenz – Definition, Strukturen und Prozesse. In: Zeitschrift für Psychologie 210 (4) 2002, S. 154–163

Kanning, Uwe Peter: Diagnostik sozialer Kompetenzen. Göttingen, Bern, Toronto, Seattle: Hogrefe 2003

Kanfer, Frederik H.: Die Motivierung von Klienten aus der Sicht des Selbstregulationsmodells. In: Enzyklopädie der Psychologie. Motivation, Volition und Handlung. Göttingen, Bern, Toronto, Seattle: Hogrefe 1996, S. 909–921

Kanfer, Frederick H., Reinecker, Hans, Schmelzer, Dieter: Selbstmanagement-Therapie. Heidelberg: Springer Medizin Verlag 2006 (4. Auflage)

Kasten, Hartmut: Pubertät und Adoleszenz. Wie Kinder heute erwachsen werden. München, Basel: Ernst Reinhardt 1999

Kant, Immanuel: Kritik der reinen Vernunft. Werkausgabe Band III., Herausgegeben von Wilhelm Weischedel. Frankfurt/M: Suhrkamp 1974

Kegan, Robert: Die Entwicklungsstufen des Selbst. Fortschritte und Krisen im menschlichen Leben. München: Kindt (1986) 2005 (1. amerikanische Auflage 1982)

Kiper, Hanna: ‚… und sie waren glücklich'. Alltagstheorien und Deutungsmuster türkischer Kinder als Grundlage einer Analyse didaktischer Materialien und Konzeptionen am Beispiel des Faches Sachunterricht. Hamburg: EB Rissen 1987

Kiper, Hanna: Soziales Lernen im Sachunterricht am Bespiel der Bearbeitung von Trennungs- und Scheidungserfahrungen durch Kinder. In: Glumpler, Edith: Sachunterricht heute. Bad Heilbrunn: Klinkhardt 1996, S. 131–147

Kiper, Hanna: Selbst- und Mitbestimmung in der Schule. Das Beispiel Klassenrat. Baltmannsweiler: Schneider Hohengehren 1997

Kiper, Hanna: Geschlechtsspezifische Identität – nur eine Frage für Mädchen und Frauen? In: Dietrich Hoffmann & Gerhard Neuner (Hrsg.): Auf der Suche nach Identität. Weinheim: Deutscher Studienverlag 1997, S. 51–66

Kiper, Hanna: Zur Partizipation von Schülerinnen und Schülern – am Beispiel einer Diskussion der Zensurengebung im Klassenrat. In: Henkenborg, Peter, Kuhn, Hans-Werner (Hrsg.): Der alltägliche Politikunterricht. Opladen: Leske+Budrich 1998, S. 33–56

Kiper, Hanna: Einführung in die Schulpädagogik. Weinheim, Basel: Beltz 2001

Kiper, Hanna: Sekundarbereich I – jugendorientiert. Baltmannsweiler: Schneider Hohengehren 2001

Kiper, Hanna: Heinrich Roth als Pädagogischer Psychologe und seine Beiträge zu einer Theorie der Schule, ihres Curriculums und des Unterrichts – neu gelesen. In: Hoffmann, Dietrich, Gaus, Detlef, Uhle, Reinhard (Hrsg.): Die Reformkonzepte Heinrich Roths – verdrängt oder vergessen? Zur Rekonstruktion von Realistischer Erziehungswissenschaft und Entwicklungspädagogik. Hamburg: Dr. Kovac 2006, S. 105–124

Kiper, Hanna: Der Klassenrat. Über Deutungen und Fehldeutungen seines Charakters und der stattfindenden Lernprozesse. In: PF: ue Nr. 4/2007, S. 238–243

Kiper, Hanna, Mischke, Wolfgang: Einführung in die Allgemeine Didaktik. Weinheim, Basel: Beltz 2004

Kiper, Hanna, Mischke, Wolfgang: Einführung in die Theorie des Unterrichts. Weinheim, Basel: Beltz 2006

Klann-Delius, Gisela: Sich seiner Gefühle bewusst werden. Sprache, Bewusstheit und Selbstaufmerksamkeit. In: Salisch, Maria von (Hrsg.): Emotionale Kompetenz entwickeln. Stuttgart: Kohlhammer 2002, S. 93–110

Klein, Werner, Krey, Bodin: Umgang mit schwierigen Schülern. Baltmannsweiler: Schneider Hohengehren 1999

Klendauer, Ruth, Streicher, Bernhard, Jonas, Eva & Frey, Dieter: Fairness und Gerechtigkeit. In: Bierhoff, Hans-Werner, Frey, Dieter (Hrsg.): Handbuch der Psychologie. Handbuch der Sozialpsychologie und Kommunikationspsychologie. Göttingen, Bern, Wien, Toronto, Seattle, Oxford, Prag: Hogrefe 2006, S 187–195

Klippert, Heinz: Methodentraining. Übungsbausteine für den Unterricht. Weinheim, Basel: Beltz 1994 (7. Auflage 1998)

Klippert, Heinz: Teamentwicklung im Klassenraum. Weinheim, Basel: Beltz 1998

Klippert, Heinz: Eigenverantwortliches Arbeiten und Lernen. Bausteine für den Fachunterricht. Weinheim, Basel: Beltz 2001

Klippert, Heinz: Lehrerentlastung. Strategien zur wirksamen Arbeitserleichterung in Schule und Unterricht. Weinheim, Basel: Beltz 2006

Kluwe, Rainer H.: Kontrolle eigenen Denkens und Unterricht. In: Treiber, Bernhard & Franz E. Weinert (Hrsg.): Lehr-Lernforschung. München: Urban & Schwarzenberg 1982, S. 113–133

Knowles, Malcom S., Holton, Elwood F. & Swanson, Richard A.: Lebenslanges Lernen. Andragogik und Erwachsenenbildung. Herausgegeben von Reinhold S. Jäger. Heidelberg: Spektrum 2007 (6. Auflage)

Köller, Olaf, Schiefele, Ulrich: Selbstreguliertes Lernen im Kontext von Schule und Hochschule. In: ZfPP 17. Jg. (2003) Heft 3/4, S. 155–157

Konrad, Klaus, Traub, Silke: Kooperatives Lernen. Theorie und Praxis in Schule, Hochschule und Erwachsenenbildung. Baltmannsweiler: Schneider Hohengehren 2005

Kormann, Georg: Konfliktmediation in der pädagogischen Arbeit. In: Hauptschulzentrum Schwäbisch Gmünd (Hrsg.): Nachgeben – sich durchsetzen – ein fächerverbindendes Thema für die Klasse 7. Baltmannsweiler: Schneider Hohengehren 2000, S. 5–25

Korte, Jochen: Sozialverhalten ändern! Aber wie? Ideen und Vorschläge zur Förderung sozialen Verhaltens an Schulen. Weinheim, Basel: Beltz 1996

Korte, Jochen: Stundenentwürfe zur sozialen Unterweisung. Verhalten erkunden, erörtern und trainieren. Weinheim, Basel: Beltz 1997

Kruse, Lenelis: Soziale Normen. In: Bierhoff, Hans-Werner, Frey, Dieter (Hrsg.): Handbuch der Psychologie. Handbuch der Sozialpsychologie und Kommunikationspsychologie. Göttingen, Bern, Wien, Toronto, Seattle, Oxford, Prag: Hogrefe 2006, S. 694–700

Kuhl, Julius: Motivation, Konflikt und Handlungskontrolle. Berlin: Springer 1983

Kuhl, Julius: Wille und Freiheitserleben: Formen der Selbststeuerung. In: Die Motivierung von Klienten aus der Sicht des Selbstregulationsmodells. In: Enzyklopädie der Psychologie. Motivation, Volition und Handlung. Göttingen, Bern, Toronto, Seattle: Hogrefe 1996, S. 665–765

Kuhl, Julius: A Functional-Design Approach to Motivation and Self-Regulation: Thy Dynamics of Personality Systems und Interactions. In: Boekaerts, Monique, Pintrich, Paul R., Zeidner, Moshe (Eds.): Handbook of Self-Regulation. San Diego, San Francisco, New York, Boston, London, Sydney, Tokyo: Academic Press 2000, p. 111–169

Kultusministerkonferenz: Selbstgesteuertes Lernen in der Weiterbildung. Beschluss der KMK vom 14.4.2006 (unter: http://www.kmk.org/doc/selbstlern.htm; aufgerufen am 19.1.2006 um 10:31 Uhr)

Laireiter, Anton-Rupert: Soziale Unterstützung. In: Bierhoff, Hans-Werner, Frey, Dieter (Hrsg.): Handbuch der Psychologie. Handbuch der Sozialpsychologie und Kommunikationspsychologie. Göttingen, Bern, Wien, Toronto, Seattle, Oxford, Prag: Hogrefe 2006, S. 166–173

Laireiter, Anton-Rupert, Lager, Caroline: Soziales Netzwerk, soziale Unterstützung und soziale Kompetenz bei Kindern. In: Zeitschrift für Entwicklungspsychologie und Pädagogische Psychologie. 38 (2) 2006, S. 69–78

Lamberigts, René, Diepenbrock, Jan-Willem: Aktivierender Unterricht in einer kooperativen Lernumwelt: Implementation und Effekte in einem Feldexperiment. In: Huber, Günter L. (Hrsg.): Neue Perspektiven der Kooperation. Baltmannsweiler: Schneider Hohengehren 1993, S. 94–103

Landmann, Meike, Schmitz, Bernhard: Die Kombination von Trainings mit standardisierten Tagebüchern: Angeleitete Selbstbeobachtung als Möglichkeit der Unterstützung von Trainingsmaßnahmen. In: Landmann, Meike, Schmitz, Bernhard (Hrsg.): Selbstregulation erfolgreich fördern. Praxisnahe Trainingsprogramme für effektives Lernen. Stuttgart: Kohlhammer 2007, S. 151–163

Landmann, Meike, Schmitz, Bernhard (Hrsg.): Selbstregulation erfolgreich fördern. Praxisnahe Trainingsprogramme für effektives Lernen. Stuttgart: Kohlhammer 2007

Lauth, Gerhard W., Schlottke, Peter F.: Training mit aufmerksamkeitsgestörten Kindern. Weinheim, Basel, Berlin: Beltz PVU 2002 (1. Auflage 1993)

Lompscher, Joachim (Hrsg.): Theoretische und experimentelle Untersuchungen zur Entwicklung geistiger Fähigkeiten. Berlin: Volk und Wissen 1975

Loska, Rainer: Lehren ohne Belehrung. Leonard Nelsons neosokratische Methode der Gesprächsführung. Bad Heilbrunn: Klinkhardt 1995

Lucht, Vera, Münkemüller, Wolf, Oelkers, Hannelore, Oelkers, Jürgen: Soziales Lernen im Primarbereich. In: Prior, Harm (Hg.): Soziales Lernen in der Praxis. München: Juventa 1978, S. 22–58

Luhmann, Niklas, Schorr, Karl Eberhardt: Das Technologiedefizit der Erziehung und die Pädagogik. In: dies. (Hrsg.): Zwischen Technologie und Selbstreferenz. Fragen an die Pädagogik. Frankfurt/M: Suhrkamp 1982, S. 11–40

Mack, Raymond, Snyder, Richard: The Analysis of Social Conflict – Towards an Overview and Synthesis. In: Jandt, F. (ed): Conflict Resolution through Communication. New York: Harper & Row 1973, p. 25–87

Mandl, Heinz, Friedrich Helmut Felix (Hrsg.): Handbuch Lernstrategien. Göttingen, Bern, Wien, Toronto, Seattle, Oxford, Prag: Hogrefe 2006

Martens, Jens Uwe, Kuhl, Julius: Die Kunst der Selbstmotivierung. Stuttgart; Kohlhammer 2005 (2. aktualisierte Auflage)

Matthews, Gerald, Schwean, Vicki L., Campbell, Sian E., Saklofske, Donald H., Mohamed, Abdalla A.R.: Personality, Self-Regulation, and Adaption: A Cognitive-Social Framework: In: Boekaerts, Monique, Pintrich, Paul R., Zeidner, Moshe (Eds.): Handbook of Self-Regulation. San Diego, San Francisco, New York, Boston, London, Sydney, Tokyo: Academic Press 2000, p. 171–207

Meichenbaum, Donald: Intervention bei Stress. Anwendung und Wirkung des Stressimpfungstrainings. Bern, Göttingen, Toronto, Seattle: Hans Huber 1991 (2. Auflage 2003) (1. amerikanische Auflage 1985)

Merget-Kullmann, Miriam, Wende, Milena, Perels, Franziska: Erzieherinnentraining ‚Lernen lernen mit dem Krixel' – Ein Programm zur Förderung selbstregulativer Kompetenzen von Erzieherinnen und Kindern im Vorschulalter. In: Landmann, Meike, Schmitz, Bernhard (Hrsg.): Selbstregulation erfolgreich fördern. Praxisnahe Trainingsprogramme für effektives Lernen. Stuttgart: Kohlhammer 2007, S. 232–250

Meyer-Willner, Gerhard: Differenzieren und Individualisieren. Bad Heilbrunn: Klinkhardt 1979

Mischke, Wolfgang: Zur Verzahnung theoretischer und praktischer Elemente in der LehrerInnenausbildung. In: Hinz, Renate, Kiper, Hanna, Mischke, Wolfgang (Hrsg.): Welche Zukunft hat die Lehrerbildung in Niedersachen? Baltmannsweiler: Schneider Hohengehren 2002, S. 117–134

Mischke, Wolfgang:. Gesprächsführung im Trainingsraum. In: Balz, Hans-Jürgen (Hrsg.). Eigenverantwortliches Handeln im Unterricht – Das Trainingsraum-Programm im Urteil von Schülern und Lehrern. Bochum: Denken & Handeln. Beiträge aus Wissenschaft und Praxis. Schriftenreihe der Evangelischen Fachhochschule Rheinland-Westfalen-Lippe, 2006, S. 72–84

Mitmansgruber, Horst: Kognition und Emotion. Die Regulation von Gefühlen im Alltag und bei psychischen Störungen. Bern, Göttingen, Toronto, Seattle: Hans Huber 2003

Moegling, Klaus (Hrsg.): Didaktik des selbständigen Lernens. Bad Heilbrunn: Klinkhardt 2004

Mojzisch, Andreas, Kerschreiter, Rudolf, Schulz-Hardt, Stefan: Wissensmanagement bei Entscheidungen in Gruppen. In: Reinmann, Gabi, Mandl, Heinz (Hrsg.): Psychologie des Wissensmanagements. Göttingen, Bern, Toronto, Seattle, Oxford, Prag: Hogrefe 2004, S. 189–203

Montada, Leo, Kals, Elisabeth: Mediation. Lehrbuch für Psychologen und Juristen. Weinheim: Psychologie Verlags Union, Beltz 2001

Mummendey, Hans Dieter: Psychologie des ‚Selbst'. Göttingen, Bern, Wien, Toronto, Seattle, Oxford, Prag: Hogrefe 2006

Neber, Heinz: Selbstgesteuertes Lernen. In: Neber, Heinz, Wagner, Angelika C., Einsiedler, Wolfgang (Hrsg.): Selbstgesteuertes Lernen. Weinheim, Basel: Beltz 1978, S. 33–44

Neber, Heinz: Individuum und selbstgesteuertes Lernen. In: Neber, Heinz, Wagner, Angelika C., Einsiedler, Wolfgang (Hrsg.): Selbstgesteuertes Lernen. Weinheim, Basel: Beltz 1978, S. 132–151

Neber, Heinz: Selbstgesteuertes Lernen. In: Treiber, Bernhard & Franz E. Weinert (Hrsg.): Lehr-Lernforschung. München: Urban & Schwarzenberg 1982, S. 89–112

Neber, Heinz, Wagner, Angelika C., Einsiedler, Wolfgang (Hrsg.): Selbstgesteuertes Lernen. Weinheim, Basel: Beltz 1978

Nürnberger Projektgruppe: Erfolgreicher Gruppenunterricht. Praktische Anregungen für den Schulalltag. Leipzig, Stuttgart, Düsseldorf: Ernst Klett 2001

Nuhn, Hans-Eberhard: Partnerarbeit als Sozialform des Unterrichts. Weinheim, Basel: Beltz 1995

Nunner-Winkler, Gertrud: Jugend und Identität als pädagogisches Problem. In: ZfPäd. 36. Jg. (1990) Nr. 5, S. 671–686

Oerter, Rolf, Dreher, Eva: Jugendalter. In: Oerter, Rolf, Montada, Leo (Hrsg.): Entwicklungspsychologie. Weinheim, Basel, Berlin 2002, S. 258–318

Oerter, Rolf: Jugendalter. In: Oerter, Rolf/ Montada, Leo (Hg.): Entwicklungspsychologie. Ein Lehrbuch. München-Weinheim 1987 (2. neubearb. und erw. Auflage), S. 265–338

Oser, Fritz: Acht Strategien der Wert- und Moralerziehung. In: Edelstein, Wolfgang, Oser, Fritz, Schuster, Peter (Hg.): Moralische Erziehung in der Schule. Weinheim, Basel: Beltz 2001, S. 63–89

Oser, Fritz: Aus Fehlern lernen. In: Göhlich, Michael, Wulf, Christoph, Zirfas, Jörg (Hrsg.): Pädagogische Theorien des Lernens. Weinheim, Basel 2007, S. 203–212

Oser, Fritz, Althof, Wolfgang: Moralische Selbstbestimmung. Modelle der Entwicklung und Erziehung im Wertebereich. Stuttgart: Klett-Cotta 1992

Oser, Fritz, Althof, Wolfgang: Die Gerechte Schulgemeinschaft: Lernen durch Gestaltung des Schullebens. In: Edelstein, Wolfgang, Oser, Fritz, Schuster, Peter (Hg.): Moralische Erziehung in der Schule. Weinheim, Basel: Beltz 2001, S. 233–268

Oser, Fritz, Baeriswyl, Franz: Choreographies of Teaching. Briding Intruction to Learning. In: Richardson, Virginia (Ed.): Handbook of research on teaching. American Educational Research Association. 2001, p. 1031–1065

Otte, Hilka: Prozeduren sozialen Verhaltens. Wie unbewusste Regeln unsere Beziehungen gestalten – und behindern. Paderborn: Junfermann 2005

Oudenhoven, Jan Pieter van: Kooperatives Lernen und Leistung: Eine konditionale Beziehung. In: Huber, Günter L: Neue Perspektiven der Kooperation. Baltmannsweiler: Schneider Hohengehren 1993, S. 180–189

Pallasch, Waldemar: Gruppendynamische Hilfen in der Kleingruppenarbeit. In: Gudjons, Herbert (Hrsg.): Handbuch Gruppenunterricht. Weinheim, Basel: Beltz 1993, S. 111–123

Pauli, Christine, Reusser, Kurt: Zur Rolle der Lehrperson beim kooperativen Lernen. In: Schweizerische Zeitschrift für Bildungswissenschaften. 22 (3), S. 421–442

Perels, Franziska: Hausaufgaben-Training für Schüler der Sekundarstufe I: Förderung selbstregulierten Lernens in Kombination mit mathematischem Problemlösen bei der Bearbeitung von Textaufgaben. In: Landmann, Meike, Schmitz, Bernhard (Hrsg.): Selbstregulation erfolgreich fördern. Praxisnahe Trainingsprogramme für effektives Lernen. Stuttgart: Kohlhammer 2007, S. 33–51

Perels, Franziska, Schmitz, Bernhard, Bruder, Regina: Trainingsprogramm zur Förderung der Selbstregulationskompetenz von Schülern der achten Gymnasialklasse. In: Unterrichtswissenschaft 31. Jg., 2003, Heft 1, S. 23–37

Petermann, Franz: Klinische Kinderpsychologie. Das Konzept der sozialen Kompetenz. In: Zeitschrift für Psychologie 210 (4), 2002, S. 175–185

Petermann, Franz, Petermann, Ulrike: Training mit aggressiven Kindern. Weinheim, Basel: Beltz PVU 2005

Petillon, Hanns: Soziales Lernen in der Grundschule. Anspruch und Wirklichkeit. Frankfurt/M: Diesterweg 1993

Philipp, Elmar: Teamentwicklung in der Schule. Weinheim, Basel: Beltz 1996

Piaget, Jean: Sprechen und Denken des Kindes. Düsseldorf: Schwann 1972 (franz. Original 1923)

Prior, Harm (Hrsg.): Soziales Lernen. Düsseldorf: Schwann 1976

Rabenstein, Kerstin, Reh, Sabine (Hrsg.). Kooperatives und selbständiges Arbeiten von Schülern. Zur Qualitätsentwicklung von Unterricht. Wiesbaden: VS 2007

Reese-Schäfer, Walter: Jürgen Habermas. Frankfurt/New York: Campus 2001 (3. Auflage)

Reinmann-Rothmeier, Gabi, Mandl, Heinz: Unterrichten und Lernumgebungen gestalten. In: Krapp, Andreas, Weidenmann, Bernd (Hrsg.): Pädagogische Psychologie. Ein Lehrbuch. Beltz/Psychologie Verlags Union, Weinheim 2001, S. 601–646.

Reinmann-Rothmeier, Gabi, Mandl, Heinz: Individuelles Wissensmanagement. Bern, Göttingen, Toronto, Seattle: Hans Huber 2000

Reinmann, Gabi, Mandl, Heinz (Hrsg.): Psychologie des Wissensmanagements. Göttingen, Bern, Toronto, Seattle, Oxford, Prag: Hogrefe 2004

Reischmann, Jost: Selbstgesteuertes Lernen – Verlauf, Ergebnisse und Kritik der amerikanischen Diskussion. In: Dietrich, Stephan, Fuchs-Brüninghoff u. a.: Selbstgesteuertes Lernen. Auf dem Weg zu einer neuen Lernkultur. Deutsches Institut für Erwachsenenbildung. Frankfurt/M 1999, S. 40–56. Unter: http://www.die-bonn.de/esprid/dokumente/doc-1999/dietric99_01.pdf (aufgerufen am 10.2.06)

Renkl, Alexander, Beisegel, Stefanie: Lernen in Gruppen. Landau: Verlag Empirische Pädagogik 2003

Renkl, Alexander, Wittwer, Jörg, Große, Cornelia, Hauser, Sabine, Hilbert, Tatjana, Nückles, Matthias & Silke Schworm: Instruktionale Erklärungen beim Erwerb kognitiver Fertigkeiten: sechs Thesen zu einer oft vergeblichen Bemühung. In: Hosenfeld, Ingmar & Friedrich-Wilhelm Schrader (Hrsg.): Schulische Leistungen. Grundlagen, Bedingungen, Perspektiven. Münster: Waxmann 2006, S. 205–223

Richter, Helmut: Konflikte in Dialogen. In: Heindrichs, W., Rumpf, G. (Hrsg.): Dialoge. Beiträge zur Interaktions- und Diskursanalyse. Hildesheim: Gerstenberg 1979, S. 39–65

Roth, Heinrich: Pädagogische Anthropologie. Band II. Entwicklung und Erziehung. Hannover, Berlin, Darmstadt, Dortmund: Schroedel 1971

Saarni, Carolyn: Die Entwicklung von emotionaler Kompetenz in Beziehungen. In: Salisch, Maria von (Hrsg.): Emotionale Kompetenz entwickeln. Stuttgart: Kohlhammer 2002, S. 3–30

Sachse, Rainer, Maus, Claudia: Zielorientieres Handeln in der Gesprächspsychotherapie. Stuttgart, Berlin, Köln: Kohlhammer 1991

Sader, Manfred: Psychologie der Gruppe. Weinheim, München: Juventa 1994 (4. Auflage)

Salisch, Maria von: Emotionale Kompetenz entwickeln: Hintergründe, Modellvergleich und Bedeutung für Entwicklung und Erziehung. In: dies. (Hrsg.): Emotionale Kompetenz entwickeln. Stuttgart: Kohlhammer 2002, S. 31–50

Salovey, P. & J.D. Mayer. Emotional Intelligence. Imagination, Cognition and Personality. 9 (1989–90), p. 185–211

Schaller, Roger: Das große Rollenspiel-Buch. Grundtechniken, Anwendungsbeispiele, Praxisbeispiele. Weinheim, Basel: Beltz 2001
Schiefele, Ulrich, Pekrun, Reinhard: Psychologische Modelle des fremdgesteuerten und selbstgesteuerten Lernens. In: Weinert, Franz E. (Hrsg.): Psychologie des Lernens und der Instruktion. Enzyklopädie der Psychologie. Themenbereich D. Serie I, Band 2. Göttingen, Bern, Toronto, Seattle: Hogrefe 1996, S. 249–278
Schmitz, Bernhard: Selbstregulation – Sackgasse oder Weg mit Forschungsperspektive? In: ZfPP 17. Jg. (2003) Heft 3/4, S. 221–232
Schnebel, Stefanie: Unterrichtsentwicklung durch kooperatives Lernen. Baltmannsweiler: Schneider Hohengehren 2003
Schneider, Hans-Dieter: Kleingruppenforschung. Stuttgart: B.G. Teubner 1975
Schulz-Hardt, Stefan, Frey, Dieter: Wie der Hals in die Schlinge kommt: Fehlentscheidungen in Gruppen. In: Ardelt-Gattinger, Elisabeth, Lechner, Hans & Walter Schlögl (Hrsg.). Gruppendynamik. Göttingen: Verlag für Angewandte Psychologie 1998, S. 139–158
Schulte, Jeanette: Das Streitgespräch in der Schule. In: Hauptschulzentrum Schwäbisch Gmünd (Hrsg.): Nachgeben – sich durchsetzen – ein fächerverbindendes Thema für die Klasse 7. Baltmannsweiler: Schneider Hohengehren 2000, S. 27–36
Schuster, Peter: Von der Theorie zur Praxis – Wege zur unterrichtspraktischen Umsetzung des Ansatzes von Kohlberg. In: Edelstein, Wolfgang, Oser, Fritz, Schuster, Peter (Hrsg.): Moralische Erziehung in der Schule. Weinheim, Basel: Beltz 2001, S. 177–212
Schwarz, Guido: Konfliktmanagement in der Schule. Wien: öbv et hpt 2003
Schwenkmezger, Peter, Steffgen, Georges, Dusi, Detlev: Umgang mit Ärger. Göttingen, Bern, Toronto, Seattle: Hogrefe 1999
Schwitalla, Johannes: Sprachliche Mittel der Konfliktreduzierung in Streitgesprächen. In: Schank, Gerd, Schwitalla, Johannes (Hrsg.): Konflikte in Gesprächen. Tübingen: Narr 1987, S. 99–175
Senge, Peter M.: Die fünfte Disziplin. Kunst und Praxis der lernenden Organisation. Stuttgart: Klett-Cotta: 1998 (1. amerikanische Ausgabe 1990)
Shachar, Hana, Sharia, Shlomo: Schulorganisation und kooperatives Lernen im Klassenzimmer: eine Interdependenz. In: Huber, Günter L: Neue Perspektiven der Kooperation. Baltmannsweiler: Schneider Hohengehren 1993, S. 54–70
Shaftel, Fanny R. , Shaftel, George; Rollenspiel als soziales Entscheidungstraining. München, Basel: Ernst Reinhardt 1973
Shaw, Marvin E.: Group Dynamics. The Psychology of Small Group Behavior. Mexico, Montral, New Delhi, Panama, Paris, Sao Paulo, Singapore, Sydney, Tokyo, Toronto: McGraw-Hill 1971
Siebert, Horst: Selbstgesteuertes Lernen und Lernberatung. Neuwied, Kriftel: Luchterhand 2001
Simons, P. Robert Jan: Lernen, selbständig zu lernen – ein Rahmenmodell. In: Mandl, Heinz & Helmut F. Friedrich (Hrsg.): Lern- und Denkstrategien. Analyse und Intervention. Göttingen: Hogrefe 1992, S. 251–264
Slavin, Robert E.: Kooperatives Lernen und Leistung: Eine empirisch fundierte Theorie. In: Huber, Günter L. (Hrsg.): Neue Perspektiven der Kooperation. Baltmannsweiler: Schneider Hohengehren 1993, S. 151–170
Sokolowski, Kurt: Wille und Bewusstheit. In: Kuhl, Julius, Heckhausen, Heinz (Hrsg.): Motivation, Volition und Handlung. Enzyklopädie der Psychologie. Themenbereich C. Serie IV. Band 4. Göttingen, Bern, Toronto, Seattle; Hogrefe 1996, S. 485–530
von Spiegel, Hiltrud: Methodisches Handeln in der Sozialen Arbeit. Grundlagen und Arbeitshilfen für die Praxis. München. Basel: Ernst Reinhardt 2004
Stanford, Gene: Gruppenentwicklung im Klassenraum und anderswo. Aachen-Hahn: Hahner Verlagsgesellschaft 1995 (New York 1977)
Steins, Gisela: Sozialpsychologie des Schulalltags. Das Miteinander in der Schule. Stuttgart: Kohlhammer 2005
Stöger, Heidrun, Ziegler, Albert Trainingsprogramm zur Verbesserung lernökologischer Strategien im schulischen und häuslichen Lernkontext. In: Landmann, Meike, Schmitz, Bernhard

(Hrsg.): Selbstregulation erfolgreich fördern. Praxisnahe Trainingsprogramme für effektives Lernen. Stuttgart: Kohlhammer 2007, S. 89–110

Storch, Maja, Krause, Frank: Selbstmanagement – ressourcenorientiert. Bern: Hans Huber 2005 (1. Auflage 2002)

Storch, Maja, Riedener, Astrid: Ich pack's! – Selbstmanagement für Jugendliche. Bern: Hans Huber 2005

Straka, Gerald A.: Selbstgesteuertes Lernen als Chance lebenslangen Lernens? Konzept, empirische Ergebnisse und Konsequenzen. In: Wiesner, Gisela, Wolter, Andrä (Hrsg.): Die lernende Gesellschaft. Weinheim, München: Juventa 2005, S. 161–179

Stroebe, Wolfgang, Hewstone, Miles, Stephenson, Geoffrey: Sozialpsychologie. Eine Einführung. Berlin, Heidelberg: Springer 1996

Tajfel, Henri (Ed.): Social Identity and Intergroup Relations. Cambridge: Cambridge University Press 1982

Thommen, Beat, Ammann, Rolf & Mario von Cranach: Handlungsorganisation durch soziale Repräsentation. Welchen Einfluss haben therapeutische Schulen auf das Handeln ihrer Mitglieder? Bern, Stuttgart, Toronto: Hans Huber 1988

Trudewind, Clemens: Soziale und moralische Kompetenz. In: Bierhoff, Hans-Werner, Frey, Dieter (Hrsg.): Handbuch der Psychologie. Handbuch der Sozialpsychologie und Kommunikationspsychologie. Göttingen, Bern, Wien, Toronto, Seattle, Oxford, Prag: Hogrefe 2006, S. 515–522

Turner, John-C.: A self-categorization theory. In: J.C. Turner, M.A. Hoff, OP. J. Oakes, S.D. Reicher & M.S. Wetherell (Eds.): Rediscovering the social group: A self-categorizsation theory. Oxford: Blackwell 1987, pp 42–67

Ulich, Dieter: Gruppendynamik in der Schulklasse. München: Ehrenwirth 1971

Wahl, Diethelm: Handeln unter Druck. Der weite Weg vom Wissen zum Handeln bei Lehrern, Hochschullehrern und Erwachsenenbildnern. Weinheim: Deutscher Studienverlag 1991

Walker, Jamie: Gewaltfreier Umgang mit Konflikten in der Grundschule. Berlin: Cornelsen, Scriptor 1995 (1995 a)

Walker, Jamie: Gewaltfreier Umgang mit Konflikten in der Sekundarstufe I. Berlin: Cornelsen, Scriptor 1995 (1995 b)

Walter, Daniel, Rademacher, Christiane, Schürmann, Stephanie, Döpfner, Manfred: Grundlagen der Selbstmanagementtherapie bei Jugendlichen. Göttingen, Bern, Wien, Toronto, Seattle, Oxford, Prag: Hogrefe 2007

Webb, N.: Task-related verbal interaction and mathematics learning in small groups. Journal of Research in Mathematics Education, 22 (1991), pp. 366–389

Wehner, Theo, Dick, Michael, Clases, Christoph: Wissen orientiert Kooperation – Transformationsprozesse im Wissensmanagement. In: Reinmann, Gabi, Mandl, Heinz (Hrsg.): Psychologie des Wissensmanagements. Göttingen, Bern, Toronto, Seattle, Oxford, Prag: Hogrefe 2004, S. 161–175

Weidner, Margit: Kooperatives Lernen im Unterricht. Seelze-Velber: Kallmeyer 2003

Weinert, Franz E.: Selbstgesteuertes Lernen als Voraussetzung, Methode und Ziel des Unterrichts. In: Unterrichtswissenschaft 1982 (Nr. 2), S. 99–110

Wellenreuther, Martin: Lehren und Lernen – aber wie? Baltmannsweiler: Schneider Hohengehren 2004

Wellhöfer, Peter R.: Schlüsselqualifikation Sozialkompetenz. Stuttgart: Lucius & Lucius 2004

Wiesner, Gisela, Wolter, Andrä: Einleitung. In: Die lernende Gesellschaft. Weinheim, München: Juventa 2005, S. 7–44

Wiesner, Gisela, Wolter, Andrä (Hrsg.): Die lernende Gesellschaft. Weinheim, München: Juventa 2005

Wild, Elke, Gerber, Judith : Einführung in die Pädagogische Psychologie. Opladen & Farmington Hills: Verlag Barbara Budrich 2006

Wild, Elke, Hofer, Manfred, Pekrun, Reinhard: Psychologie des Lerners. In: Krapp, Andreas , Weidenmann, Bernd (Hrsg.): Pädagogische Psychologie. Ein Lehrbuch. Weinheim: Beltz PVU 1994, S. 207–270

Willke, Helmut: Supervision des Staates. Frankfurt/M: Suhrkamp 1997
Willke, Helmut: Systemisches Wissensmanagement. Stuttgart: Lucis & Lucius, UTB 2001 (2. neubearb. Auflage)
Willke, Henk, van Knippenberg, Ad: Gruppenleistung. In: Stroebe, Wolfgang, Hewstone, Miles, Stephenson, Geoffrey: Sozialpsychologie. Eine Einführung. Berlin, Heidelberg: Springer 1996, S. 455–502
Wilson, Timothy D., Dunn, Elizabeth W.: Self-Knowledge: Its Limits, Value, and Potential for Improvement. In: Annu. Rev. Psychol. (2004) 55, p. 493–518
Witte, Erich H., Engelhardt, Gabriele: Zur sozialen Repräsentation der (Arbeits-)Gruppe. In: Ardelt-Gattinger, Elisabeth, Lechner, Hans & Walter Schlögl (Hrsg.). Gruppendynamik. Göttingen: Verlag für Angewandte Psychologie 1998, S. 25–29
Witte, Erich H., Lecher, Silke: Leistungskriterien für aufgabenorientierte Gruppen. In: Ardelt-Gattinger, Elisabeth, Lechner, Hans & Walter Schlögl (Hrsg.). Gruppendynamik. Göttingen: Verlag für Angewandte Psychologie 1998, S. 52–61
Whitbourne, Susan K., Comilda S. Weinstock: Die mittlere Lebensspanne. Entwicklungspsychologie des Erwachsenenalters. München: Urban & Schwarzenberg 1982
Zysno, Peter V.: Die Klassifikation von Gruppenaufgaben. In: Ardelt-Gattinger, Elisabeth, Lechner, Hans & Walter Schlögl (Hrsg.). Gruppendynamik. Göttingen: Verlag für Angewandte Psychologie 1998, S. 10–24

Liste der Tabellen und Abbildungen

Tabellen

Tabelle 1:	Aufgaben der Schule bei der Förderung fächerübergreifender Kompetenzen	17/18
Tabelle 2:	Modi der Wissensgenerierung in Organisationen	22
Tabelle 3:	Taxonomie von Lernstrategien	34
Tabelle 4:	Beispielitems aus dem Fragebogen zu Lernstrategien im Studium	35
Tabelle 5:	Zur Unterscheidung von Modi der Emotionsregulation	39
Tabelle 6:	Zur Unterscheidung von zwei Grundhaltungen	41
Tabelle 7:	Kennzeichen verschiedener Grundhaltungen	42
Tabelle 8:	Einfluss von Emotionen auf kognitive Prozesse und Handlungen	45
Tabelle 9:	Elemente der emotionalen Reaktion und ihre Funktionen	46
Tabelle 10:	Die fünf Primäremotionen und zugehörige ‚kritische Zeitpunkte' von Plänen und Zielen	47
Tabelle 11:	Lernarten und Kontrollüberzeugungen	50
Tabelle 12:	Didaktische Konzeptionen in der Erwachsenenbildung	52
Tabelle 13:	Zur Unterscheidung von Erwachsenenbildung und Allgemeiner Bildung in den Regelschulen	55
Tabelle 14:	Prozesse – Interventionsziele – Hilfreiche Techniken – Lernprozesse	72
Tabelle 15:	Beispiele von Stress reduzierenden Selbstinstruktionen	76
Tabelle 16:	Sich eine Stützstruktur geben	79
Tabelle 17:	Zusammenfassung einer erweiterten Typologie von Aufgabenarten	98
Tabelle 18:	Leistung von Gruppen bei verschiedenen Aufgabentypen	99
Tabelle 19:	Effekte von Kooperation, Wettbewerb resp. Mischformen auf die Gruppenleistung	100
Tabelle 20:	Ein heuristisches Modell der Kompetenzen für kooperatives Lernen	112
Tabelle 21:	Phasenmodell in Gruppen	115
Tabelle 22:	Ausgewählte Publikationen zum kooperativen Lernen	116/117
Tabelle 23:	Vorzüge kooperativer Lerngruppen gegenüber traditioneller Gruppenarbeit	118
Tabelle 24:	Merkmale kooperativen Lernens	121
Tabelle 25:	Rahmenbedingungen für kooperatives Lernen	122/123
Tabelle 26:	Methoden beim kooperativen Lernen, ihre traditionell beschriebene Funktion und die relevanten Basismodelle des Lernens	124
Tabelle 27:	Basismodelle des Lernens und ihre Berücksichtigung beim kooperativen Lernen	125/128

Tabelle 28:	Kontextorientierte und prozessorientierte Ansätze beim kooperativen Lernen	129
Tabelle 29:	Zur Unterscheidung verschiedener Steuerungsregime	150
Tabelle 30:	Auswirkungen emotionaler Fertigkeiten von Kindern auf ihre soziale Kompetenz	154
Tabelle 31:	Inhaltsbezogene und allgemeine soziale Kompetenzen eines Kompetenzmodells	163
Tabelle 32:	Schwerpunktsetzungen in ausgewählten Unterrichtseinheiten	167/168
Tabelle 33:	Mentale Modelle von Problem- und Konfliktsituationen und Wegen zur Konfliktlösung	169
Tabelle 34:	Kriterien fairer Prozesse	173
Tabelle 35:	Konzeptionelle Ansätze der Moralerziehung und ihre Ausrichtung	176
Tabelle 36:	Chancen und Grenzen verschiedener Vorschläge der Konfliktlösung	184/185
Tabelle 37:	Mediation: Ein Prozess mit sechs Phasen	190/191
Tabelle 38:	Unterschiede zwischen Mediation und Streitschlichtung	192
Tabelle 39:	Hinweise zum Ablauf der Schlichtung	194
Tabelle 40:	Meta-Unterricht	195
Tabelle 41:	Schritte zur Wahrnehmung und Steuerung des Verhaltens im Klassenzimmer	210
Tabelle 42:	Schritte zum Nachdenken über das eigene Verhalten und über Alternativen	212
Tabelle 43:	Überprüfung des Erfolgs	213
Tabelle 44:	Hilfen der Lehrkraft für den Schüler für die Wahrnehmung und Steuerung des Verhaltens	215–217
Tabelle 45:	Unterschiede im Selbstverständnis der Regelschule und der Just-Community-Schule	225
Tabelle 46:	Wertkonflikte als Grundlage von Motivationskonflikten	235
Tabelle 47:	Phasen und Phasenthematiken der psychosozialen Entwicklung nach Erikson	238
Tabelle 48:	Verschiedene Status der Identität nach Marcia, verbunden mit Verarbeitungs- und Identitätsstilen	240
Tabelle 49:	Kritische Lebensereignisse, die Identitätsänderungen auslösen können	241
Tabelle 50:	Kegans Stufentheorie	243
Tabelle 51:	Stufen der Herausbildung von Identität	251

Abbildungen

Abbildung 1:	Personales und organisationales Wissen	22
Abbildung 2:	Individuelles Wissensmanagement	23
Abbildung 3:	Das Rubikon-Modell	24
Abbildung 4:	Schematische Darstellung eines kybernetischen Rückkopplungsprozesses	27

Abbildung 5: Ein Modell selbstgesteuerten Lernens 31
Abbildung 6: Ein Modell des selbstregulierten Lernens 37
Abbildung 7: Grows Stufen der Lernautonomie 50
Abbildung 8: Präferierte Lernstrategien und gewünschte Lehrstrategien .. 52
Abbildung 9: Aspekte der Selbstregulation 62
Abbildung 10: Lernmechanismus zum Aufbau von Antizipationen 65
Abbildung 11: Handlungsphasen und ihre metakognitive Bearbeitung 81
Abbildung 12: Arbeitspsychologisches Kooperationsmodell 84
Abbildung 13: Ein heuristisches Modell kooperativer Kompetenz 88
Abbildung 14: Randbedingungen des Entscheidungsautismus 94
Abbildung 15: Symptomatik des Entscheidungsautismus 95
Abbildung 16: Drei Motivationen, um den individuellen Beitrag zur
              Gruppenaufgabe zu reduzieren 101
Abbildung 17: Inhaltliche Abgrenzung der Dimensionen,
              sozio-emotionale und aufgabenbezogene Faktoren'
              zu ‚Passiv- und Aktivkriterien' 102
Abbildung 18: Bedingungen, die positive oder negative Reaktionen
              beim Hilfeempfänger hervorrufen 131
Abbildung 19: Drei - Ebenen - Taxonomie Sozialer Unterstützung 132
Abbildung 20: Quadrate-Übung 135
Abbildung 21: Rose-Krasnors Pyramidenmodell der sozialen Kompetenz .. 156
Abbildung 22: Affektive soziale Kompetenz 157
Abbildung 23: Modell der elaborierten Genese sozial kompetenten
              Verhaltens 160
Abbildung 24: Modell der automatisierten Genese sozial kompetenten
              Verhaltens 161
Abbildung 25: Rahmenmodell der sozialen Kompetenz 161
Abbildung 26: Strukturmodell der Entwicklung sozialer Kompetenz 164
Abbildung 27: Kreislauf der Konfliktbewältigung 182
Abbildung 28: Stufen des Explizierungsprozesses 218
Abbildung 29: Modell des Identitätsprozesses 237
Abbildung 30: Modell der Identitätsregulation 237
Abbildung 31: Einige Kennzeichen der vier Identitätszustände nach Marcia 239
Abbildung 32: Entwicklungsaufgabe als Niveausetzung bei positiver Distanz 248
Abbildung 33: Entwicklungsaufgabe als Niveausetzung bei negativer Distanz 248

Kästen

Kasten 1: Prüffragen für Trainings und Unterrichtseinheiten 68
Kasten 2: Das Beobachtungssystem von Bales - „Interaction Process
           Analysis" (IPA) 103
Kasten 3: Prüffragen für das Lernen in Gruppen 105
Kasten 4: Unterschiede zwischen kooperativem Arbeiten und
           kooperativem Lernen 106
Kasten 5: Die acht Fertigkeiten der emotionalen Kompetenz 155
Kasten 6: Verschiedene Deutungen des Klassenrats 199
Kasten 7: Verschiedene Auffassungen des Trainingsraums 209

Materialien

Material 1:	Frageraster zur Selbstbeobachtung	73
Material 2:	Beobachtungsbogen zu meinem Verhalten beim Anfertigen der Hausaufgaben	73
Material 3:	Beispiele für eine Selbstbefragung	74
Material 4:	Wie komme ich zu Zielen?	76
Material 5:	Wie plane ich ein Vorgehen?	77
Material 6:	Selbstinstruktion zur Planung des Vorgehens	77

Michael Göhlich/Jörg Zirfas

Lernen

Ein pädagogischer Grundbegriff

2007. 208 Seiten. Kart.
€ 22,-
ISBN 978-3-17-018869-3

Lebenslang zu lernen gilt heute als Notwendigkeit. Die Gesellschaft ist zu einer Lerngesellschaft geworden und Lernen zu einem Vorgang von zentraler Bedeutung.

Das Buch entfaltet die Systematik eines genuin pädagogischen Lernbegriffs und richtet sich damit gegen Verkürzungen, die mit der Verwendung psychologischer und in jüngster Zeit neurowissenschaftlicher Lerntheorien einhergehen. Die Suche nach dem Lernbegriff in der Geschichte der Pädagogik, in der pädagogischen Anthropologie und in den Praktiken pädagogischer Institutionen sowie die Auseinandersetzung mit Lerntheorien anderer Disziplinen dienen dazu, eine den Problemen pädagogischer Praxis angemessene Theorie des Lernens zu entwerfen. In diesem Sinne werden vier pädagogische Dimensionen des Lernens rekonstruiert: Wissen-Lernen, Können-Lernen, Leben-Lernen und Lernen-Lernen.

Die Autoren:
Prof. Dr. Michael Göhlich und **Prof. Dr. Jörg Zirfas** lehren am Institut für Pädagogik der Universität Erlangen-Nürnberg.

www.kohlhammer.de

W. Kohlhammer GmbH · 70549 Stuttgart
Tel. 0711/7863 - 7280 · Fax 0711/7863 - 8430